국제이해교육 총서 2

국제이해교육의 이론과 실제

| 부산대학교 사범대학 국제이해교육연구팀 |

학지사

머리말

왜 국제이해교육인가

우리가 사는 세계는 공존(coexistence)과 이해(understanding), 그리고 상호 의존(interdependence)의 시대로 급속히 진입하고 있다. 국민국가(nation-state) 체제가 이미 그 한계를 드러내며 새로운 국제체제의 등장을 요구하고 있다. 국민국가 체제는 1648년 베스트팔렌 조약 이후 약 360여 년간 국제사회를 지배해 온 운영원리이자 규범으로 기능해 왔다. 그러나 국경과 주권, 그리고 민족주의로 대변되는 국민국가 체제는 근본적으로 동전의 양면과 같은 성격을 지니고 있다. 국민국가 체제는 일국 차원에서는 명확한 자국 영토 내에서의 통일성과 독립적 주권 행사, 그리고 공동체 의식의 강화를 통해 국가 발전에 기여해 왔지만, 국제적 차원에서는 배타적 주권 행사와 갈등적인 민족주의 경쟁으로 인해 국민국가 간의 경쟁과 충돌, 그리고 전쟁의 연속이라는 부정적 측면 또한 동반해 왔다.

국민국가 체제는 분명 더는 회피하기 어려운 한계에 직면해 있다. 국민국가 체제는 현재 세계화와 지역주의라는 심각한 도전에 직면해 있고 변화하고 있다. 기존의 국민국가 체제가 세계화와 지역주의가 요구하는 후기 국민국가(post nation-state) 체제와 공존하고 있는 것이 21세기 초입 국제체제의 모습이다. 국경과 주권, 그리고 자국 영토 내 거주민의 공동체 의식(민족주의)을 바탕으로 구성된 200여 개의 국민국가가 국제체제를 구성하고 있지만, 이러한 전통적인 국제체제가 탈주권, 탈국경, 탈영토, 탈민족주의 성향의 세계화와 지역주의가 촉진하고 있는 후기 국민국가 체제와 공존하고 있는 것이 현단계 국제체제의 중추적 모습이다. 이러한 현상은 전통적인 국민국가 체제가 완벽히 사라지거나 허물어진 것이 아니라는 점에서 '탈국민국가' 체제라고 지칭하기 어렵다. 이렇듯 전통적인 국민국가 체제가 세계화와 지역주의가 촉발하고 있는 후기 국민국가 체제와 공존하고 있는 현단계 국제체제를 이 글에서는 '세계화된 국제체제'라고 지칭한다.

세계화된 국제체제는 국가 간의 선을 긋는 국경과 독립적인 주권 행사, 그리고 배타적인 민족주의 경쟁이 얼마나 시대착오적인 비합리적 제도이고 부적합한 행위인지를 있는 그대로 보여 준다. 세계화된 국제체제가 요구하는 시대적 압력과 강제 앞에 국민국가 체제가 얼마나 부적합하고 무기력한지를 보여 주는 사례는 다양하다.

첫째, 지구 온난화로 인한 환경 파괴 문제는 더는 국민국가 체제로는 해결하기 어렵다. 배타적이고 독립적이며 이기적으로 분열된 국민국가들이 탈영토적이고 초국경적인 월경성 환경 문제를 해결하기에는 근본적으로 한계가 있다. 바둑판에서 작은 집 중심의 사고에 빠져 집착하다 보면 전체 바둑판을 잃게 된다. 환경보호 측면에서 국제사회가 추진하고 있는 더욱 강력하고 포괄적인 기후변화협약을 가로막고 있는 가장 근본적인 장벽은 선진국과 선발 개도국 간의 갈등, 선진국과 선진국 간의 갈등, 선발 개도국과 후발 개도국 간의 갈등이다. 이들 국가 간 갈등은 국민국가 체제와 작은 집 중심의 바둑판식 사고 간의 밀접한 유사성을 입증한다. 국민국가의 자국 이기주의 사고는 지구라는 거대한 바둑판을 위협하는 가장 강력한 요인이다.

둘째, 국민국가 체제는 다문화 사회와는 근본적으로 공존하기 쉽지 않다. 다문화 사회는 지구적 차원의 인구이동의 산물이다. 국민국가 체제의 이상적인 유형은 1민족 1국가 체제이며, 한국과 일본은 그 대표적인 나라다. 그러나 지구적 차원의 인구이동은 1민족 1국가 체제가 더는 존재하기 어렵게 만들고 있다. 지구적 차원의 인구이동은 여러 차원에서 발생한다. 과거 노예무역은 초기 다문화 사회의 등장에 지대한 영향을 끼쳤지만, 지구적 차원의 인구이동을 유발하고 있는 가장 중요한 원인은 국민국가 간의 인구 격차다.

물이 높은 곳에서 낮은 곳으로 흘러 모이듯, 인구이동은 인구수가 많은 나라에서 인구수가 적은 나라로 이동하기 마련이다. 특히, 선진국과 개도국, 그리고 최빈국 간의 임금격차는 지구적 차원의 노동력 이동을 광범위하게 촉진하고 있으며, 환경 파괴로 인한 기후난민 또한 인구이동을 야기하고 있다. 여기에 더해 인권 문제와 관련하여 발생하고 있는 난민 문제 또한 인구이동을 촉발하고 있다.

이러한 요인들이 야기한 지구적 차원의 인구이동은 다문화 사회의 지구적 확산과 심화로 귀결되고 있다. 다문화 사회의 확산과 심화는 과거 식민지 시대 노예이동이 야기한 전통적 초기 다문화 사회뿐 아니라 한국과 일본 같은 1민족 1국가 형태의 국민국가도 회피하기 어려운 시대적 흐름이 되어 버렸다. 다문화 사회의 확산과 심화에서 자유로울 수 있는 국민국가는 더는 존재하기 어렵다. 국민국가 체제의 대표적 속성인 배타적이고 독립적인 국경관리와 주권행사 및 민족주의 운영은 다문화 사회와는 근본적으로 어울리기 어려운 서로 이질적인 것이다. 다문화 사회의 확산과 심화가 회피하기 어려운 시대적 흐름이라면 국민국가 체제의 속성인 배타적이고 독점적인 국경관리와 주권행사 및 민족주의 동원은 어떤 식으로든 조정되어야 하고 수정되어야 한다.

셋째, 정보통신 혁명, 자본과 무역 자유화, 그리고 지구적 차원의 위험사회(risk society)의 등장은 국민국가의 국경과 주권의 영향력을 더없이 약화시키고 있다. 정보통신 혁명은 빛처럼 빠른 속도로 거미줄보다 촘촘한 지구적 차원의 정보통신 네트워크를 건설하며 국민국가의 국경과 영토를 갈수록 무력화시키고 있다. 국가 간 자유무역과 자본자유화의 확산은 무역과 자본의 국제적 흐름에서 국민국가가 관리하고 개입할 수 있는 여지를 전례 없이 더욱더 축소시키고 있다. 정보통신 혁명은 국민국가의 영토와 국경을 관리와 규제 측면에서 사실상 무의미하게 만들고 있으며, 무역과 자본자유화 및 경제 지역주의의 확산 역시 국가의 관리와 규제 기능을 심각하게 훼손하고 있다. 신종 바이러스의 창궐과 전파가 더욱 빈번하고 용이해지고 있으며, 환경

파괴와 이상기후가 가속화되고 있다. 이뿐이 아니다. 전혀 예상하지 못했던 환경 호르몬의 생물과 생태계 교란 부작용이 나날이 확산되고 있다. 이러한 지구적 차원의 위험사회 등장은 국민국가 중심의 관리와 규제 능력이 세계화된 국제체제의 시대에 얼마나 부적절하고 부적합한지를 여실히 보여 주고 있다. 국민국가 체제는 세계화된 국제체제와 위험사회에 대응하기에는 너무나 낡고 비효율적인 체제다.

넷째, 세계화된 국제체제는 개개인의 정체성 변화도 추동하고 있다. 기존의 정체성은 국민국가에 한정되어 있었다. 자국 내에서 민족주의교육과 민주시민교육을 받고 성장한 국민국가의 구성원들은 국가 중심 정체성을 지니고 있었다. 예를 들어, 영국 사람은 영국 사람으로서 자신의 정체성을 규정하고 있었다. 그러나 지역주의와 세계화의 확대 · 심화는 국민국가 중심의 단일 정체성이 복합적이고 다원적인 정체성으로 변화하는데 가장 강력한 동력을 제공하고 있다. 유럽통합은 복합적이고 다원적인 정체성의 대표적 사례를 보여 준다. 유럽통합과 유럽 지역주의의 확대 · 심화는 전통적 국민국가 체제의 약화와 해체를 동반하고 있는데, 이 결과 유럽연합 시민들은 복합적이고 다원적인 정체성을 부여받고 있다. 예를 들어, 스코틀랜드 사람은 스코틀랜드 사람이라는 지방 정체성과 영국 사람이라는 국민국가 정체성, 그리고 유럽연합 시민이라는 지역 정체성을 동시에 부여받고 있다. 세계화가 더욱 진전될수록 세계시민(global citizenship)이라는 정체성도 확산될 것으로 보인다. 이 경우 개개인의 정체성은 지방, 국가, 지역, 세계라는 단위에서 중층적이고 복합적으로 규정될 가능성이 높아진다.

지구적 차원에서 세계화와 지역주의의 확대 및 심화 흐름은 회피하기도 어려울 뿐 아니라 불가역적이기도 하다. 개개인의 정체성 변화는 이제 되돌리기 어려운 변화 앞에 놓인 것이다. 지방 정체성, 국민국가 정체성, 지역 정체성, 세계 정체성 등과 같은 복합적이고 다원적인 정체성이 등장하면서 전통적 사회교육의 양 기둥인 민주시민교육과 민족주의교육은 심각한 변화의 압력에 노출되어 있다. 세계화된 국제체제에서의 사회교육은 일국 중심의 전통적 민주시민교육과 민족주의교육뿐 아니라 지역시민교육, 세계시민교육 등도 함께 수행하도록 강제받고 있다. 예를 들어, 우리나라에서는 민주시민교육, 민족주의교육, 동북아 시민교육, 세계시민교육 등이 동등성을 가지고 교육되어야 한다.

다섯째, 직접적 폭력인 전쟁뿐 아니라 종속과 착취, 빈곤과 기아, 식수와 의약품 및 의료시설 부재, 교육시설 미비, 남녀 차별과 종교 차별, 인종 분규, 환경 파괴 등과 같은 구조적 폭력을 국제체제에서 더는 존속시켜서는 곤란하다. 냉전질서가 붕괴된 지 20여 년이 넘어가고 있으며, 국제평화를 기원하고 국제윤리를 추구하는 단체(비정부기구, 국제기구 등)와 운동의 지구적 기반도 확대되었다. 국제여론의 역할도 확대되어 지구적 차원의 합리적인 견제와 균형이 확산되고 있다. 지구적 차원에서 인류 공동체와 지구 공동체, 그리고 문명 공동체 의식이 강화되면서 더는 전쟁과 구조적 폭력에 대한 근본적인 변혁 없이 인류의 역사를 지속하기는 어렵고 무리가 있다. 그러나 국민국가 체제는 전쟁 친화적이며 구조적 폭력에도 친화적이다. 국민국가 체제는 갈등론적이고 원자론적이며, 지구 공동체, 문명 공동체, 인류 공동체 등 공동체주의적 지구촌을 건설하는 데 부적합한 체제다. 국민국가 체제는 국제관계학 이론 중 자유주의보다는 현실주의에 친화적인 국제체제다. 국민국가 간의 전쟁 가능성이 항상 열려 있으며, 국가 간의 이기적이고 배타적인 경쟁으로 인한 국가 간 빈부 격차와 구조적 폭력의 항존 가능성이 폭넓게 열려 있기 때문이다. 국민국가 체제가 더는 전쟁을 정당화하고 구조적 폭력에 면죄부를 부여하는 수단과 변명으로 활용되어서는 곤란하다. 국민국가 체제의 암묵적 규범 중 하나인 주권개입불가원칙 때문에 특정 국가 내의 인종 분규와 대량학살, 그리고 독재자에 의한 국민들의 기아와 빈곤을 국제사회가 더는 눈 감고 모른 척할 수는 없는 것이다. 구조적 폭력을 해결하기 위해 주권개입불가원칙은 국제사회에서 확고한 예외를 인정받아야 한다.

앞에서 살펴본 국민국가 체제의 한계와 시대적 요구에의 부적합성은 국제이해교육(Education for International Understanding: EIU)이 왜 현재 우리에게 필요한지를 역설적으로 반증한다. 국제이해교육은 국제평화교육이고 공동체주의적 지구촌 건설을 추구한다는 점에서 공존과 이해, 상호의존 시대에 적합한 교육이자 학문이다. 국제이해교육은 국민국가 체제의 한계를 극복하고 지구적 위험사회에 대비하고 극복할 수 있는 교육적이자 학문적인 기반이다. 국제이해교육은 제2차 세계대전 이후 국제적 차원에서 평화교육의 필요성을 절감하고 국제연합교육과학문화기구(UNESCO, 이하 유네스코)가 주도적으로 추진해 온 일종의 국제평화교육으로, 국제관계학에서 인간의 이성과 합리성을 신뢰하고 국제평화 건설의 가능성을 추구하는 이상주의(Idealism)와 자유주의(Liberalism) 계열에 속하는 교육이자 학문이다. 이렇듯 세계화된 국제체제에서 국제이해교육의 필요성은 재론의 여지 없이 확실한 것이지만 국제이해교육이 무엇이고 어떠한 내용을 가르치는 것인지는 불분명하다. 국제이해교육이 국제관계학(International Relations), 세계교육(Global Education), 평화교육(Peace Education), 다문화교육(Multi-cultural Education), 세계시민교육(Global Citizenship Education), 지구사회교육(Global Society Education) 등과 어떻게 다른지 현재로서는 답하기 쉽지 않다. 학자들 간의 합의도 없으며, 그러한 학문적 시도도 없었다.

국제이해교육의 문제점은 더 있다. 첫째, 국제이해교육이란 명칭은 부적절하다. 국제이해교육이란 용어는 1947년 유네스코가 처음으로 사용한 용어다. 냉전질서가 붕괴되고 세계화가 확대·심화되고 있는 21세기 현재와는 상당한 괴리가 있는 학문명인 것이다. 국제이해교육이란 명칭은 '국제'라는 용어와 '이해'라는 용어에서 그 한계를 지적할 수 있다. 국제(international)라는 용어는 '국가 간(inter-nations)'이란 의미를 지닌다. 세계화 시대의 국제관계는 국민국가 간 관계뿐 아니라 국제기구, 지역기구, 다국적기업, 비정부기구, 국제언론사 등 다양한 행위자 간의 관계를 모두 포괄한다. 세계화 시대의 국제관계는 국가 간 관계에만 한정되지 않는다. '국제'라는 용어는 세계(global)란 용어로 대체되어야 한다. 이해(understanding)라는 용어도 마찬가지다. 세계화되고 위험사회화된 국제체제에서 평화와 공존을 위한 지구촌의 노력은 '이해' 수준에 머물러서는 별 의미가 없다. 환경 파괴와 이상기후, 환경 호르몬과 신종 바이러스의 급속한 확산, 국민국가 간의 빈부 격차와 양극화 가속, 최빈국 기아와 빈곤의 심화 등과 같은 지구적 문제는 '이해' 수준이 아니라 적극적인 '참여와 행동'을 필요로 한다. 이렇게 본다면 국제이해교육이라는 학문명을 '세계평화교육' 등으로 변경하는 작업이 시대적 요구에 걸맞은 것일지도 모른다.

둘째, 국제이해교육은 너무나 이상주의적이고 자유주의적인 학문이자 교육이다. 국제체제는 이상주의적이고 자유주의적인 평화지향적 접근만으로는 이해하기도 어렵고 문제점을 개선하기도 어렵다. 국제체제는 아직까지 무정부적 속성을 지니고 있다. 국제체제는 완전한 무정부 상태는 아니지만 그렇다고 국제법이나 세계정부가 완벽하게 안정과 질서를 유지하고 있는 상태도 아니다. 국제체제는 국제관계학의 현실주의적 접근으로 이해해야 할 측면을 아직도 많이 지니고 있다. 이런 상황에서 국제이해교육과 같이 일방적으로 이상주의적이고 자유주의적 교육과 학문을 수행하는 것은 바람직하지 않다. 평화를 가르치고 평화를 외친다고 평화가 자동적으로 이루어지는 것은 아니기 때문이다. 전쟁친화적이고 현실주의에 가까운 국민국가 체제에서 개별 국가는 자주국방과 부국강병을 근본적으로 도외시하기 어렵다. 결국 국제이해교육은 국제관계교육과 병행되어야 한다. 국제관계교육은 현실주의와 자유주의뿐 아니라 국민국가 체제와 세계화된 국제체제를 모두 가르치기 때문이다. 그러나 국제이해교육이 직면하고 있는 가장 큰 문제점은 국제이해교육과 평화교육, 다문화교육 등의 관계가 현재로서는 불분명하다는 것이다. 국제이해교육학자는 국제이해교육을 가장 포괄적인 학문으로 이해하는 반면, 다문화교육학자는 다문화교육을 가장 포괄적인 학문으로 이해한다. 평화교육학자도 마찬가지다. 역사적으로 제도화된 학문 간의 높은 장벽을 고려한다면 개별 학문이 자기 중심적으로 세계를 인식하고 이해하는 것은 어찌보면 당연하고 불가피한 현상인지도 모른다. 그러나 국제이해교육과 다문화교육, 그리고 평화교육 간의 과도한 경쟁과 불분명한 관계는 서로의 학문적이고 교육적인 발전을 저해하고 있다는 측면에서 반드시 개선되어야 할 과제다. 이 책은 국제관계교육과 국제이해교육, 다문화교육, 평화교육 등의 포함관계를 〈표 1〉과 같이 정리한다.[1)]

표 1 국제이해교육 개념의 위계

대영역	중영역	소영역
- 국제관계교육	- 국제이해교육	- 세계시민교육 - 세계사회교육 - 다문화교육 - 평화교육 - 인권교육 - 개발교육 - 환경교육

국제관계교육은 현실주의교육, 자유주의교육, 구조주의교육을 모두 포괄하고 있다는 점에서 가장 큰 학문이자 교육이다. 반면 국제이해교육은 근본적으로 이상주의적이고 자유주의적이고 평화지향교육이라는 점에서 국제관계교육에 포함된다. 국제평화교육으로서의 국제이해교육은 지구적 차원의 자유주의교육을 수행하기 위해 세계시민교육, 세계사회교육, 다문화교육, 평화교육, 인권교육, 개발교육, 환경교육 등을 포함한다. 직접적 폭력인 전쟁뿐 아니라 종속과 착취, 빈곤과 기아, 식수와 의료시설 부재, 교육시설 부족, 남녀 차별과 종교 차별, 인종 분규, 환경 파괴 등과 같은 지구적 차원의 구조적 폭력을 예방하고 개선하는 의지와 행동을 지닌 세계시민으로서의 정체성을 양성하기 위해 세계시민교육, 세계사회교육, 다문화교육, 평화교육, 인권교육, 개발교육, 환경교육 등은 모두 국제이해교육의 부분을 이루어야 한다.

1) 이 표는 진시원, "국제정치교육과 국제이해교육의 관계: 세계관계교육을 위한 시론", 『한국시민윤리학회보』 제22집 1호, p. 6을 일부 수정한 것이다.

학문 간의 관계 설정은 상당히 논쟁적이고 객관적이기 쉽지 않다. 그러나 이 책에서는 학문 간의 포함관계 설정을 〈표 1〉처럼 정리한다. 논쟁적이라고 해서 계속 회피할 수는 없는 문제이기도 하거니와 누군가가 언젠가는 시도해야 할 작업이기 때문이다. 더욱이 국제이해교육 교과서를 출간하기 위해서는 이들 학문 간의 포함관계를 설정하지 않을 수 없다. 이 책은 〈표 1〉에 근거하여 국제이해교육의 구성 학문으로서 평화교육, 인권교육, 다문화교육, 세계시민교육, 환경교육 등을 이론과 실제로 구분하여 구체적으로 다룬다.

이렇듯 국제이해교육은 명칭과 내용에서 문제가 없지 않다. 그러나 이 책은 국제이해교육이라는 기존의 명칭을 그대로 사용한다. 이미 국제적으로 널리 통용되고 있는 용어를 자의적으로 수정하는 것이 오히려 더 큰 혼란을 초래할 수도 있으며, 더욱이 세계화된 국제체제는 평화와 공존, 상호 이익을 추구하는 이상주의적이고 자유주의적이며 평화교육인 국제이해교육을 더욱 확대 · 강화할 것을 강제하고 있기 때문이다.

이 책 『국제이해교육의 이론과 실제』는 부산대학교 사범대학 국제이해교육연구팀이 지난 2년간 수행한 한국연구재단 프로젝트 "중등 예비교사를 위한 국제이해교육 교육과정 개발 연구"의 결과물 중 하나다. 부산대학교 국제이해교육연구팀은 총 4권의 연구총서를 발간한다. 『국제사회의 이해』 『국제이해교육의 이론과 실제』 『국제이해교육과 신식민주의 비평』 『동북아 평화와 국제이해교육』이 바로 그것이다.

『국제사회의 이해』는 기본적으로 이론 중심적인 책으로, 세계를 바라보는 시각, 국제안보, 국제기구, 국제무역, 다국적기업, 국제금융, 국제법과 국가주권, 세계화, 지역주의, 전쟁과 평화, 환경과 지속가능한 발전, 다문화주의, 보편적 인권, 세계시민성 등을 목차로 구분하여 연구한 책이다.

『국제이해교육의 이론과 실제』는 기본적으로 이론과 실제를 접목한 책으로 국제이해교육 개관, 평화교육의 이론과 실제, 인권교육의 이론과 실제, 다문화교육의 이론과 실제, 세계시민교육의 이론과 실제, 환경교육의 이론과 실제 등으로 구성되어 있다. 이 책은 각 목차를 이론과 실제로 구분하여 연구했다는 점에서 독특하고 실용적이다. 현장성과 구체성, 실천성이 없는 이론은 공허하고, 이론 없는 실제는 산만하고 체계적이지 못한 사상누각이라는 점에서 이 책은 평화교육, 인권교육, 다문화교육, 세계시민성교육, 환경교육을 이론과 실제로 구분하여 구성했다. 이론을 담은 장에서는 이론을 통한 학습자 이해의 심화를 추구했다. 예를 들어, 평화교육 등 이론을 연구한 장에서는 정의, 발전과정, 국내외 사례, 한계와 과제 등을 차례로 다루고 있다. 반면, 실제를 다룬 장에서는 교육과정 분석, 국내외 우수사례 소개, 교수학습 지도안 등을 구체적으로 담아 교육현장에서 직접적이고 실질적인 도움이 되도록 노력했다.

『국제이해교육과 신식민주의 비평』은 총 3부로 구성하였다. 제1부에서는 국제이해교육의 개념과 성격을 규정하는 데 초점을 두고, 세계화 시대의 교육의 방향과 과제, 국제정치교육과 국제이해교육의 관계에 대한 2편의 글을 실었다. 제2부에서는 국제이해교육을 신식민주의 관점에서 재규정하는 데 중점을 두고, 한국의 국제이해교육 교육과정에 대한 탈식민주의적 비평, 교과서에 나타난 신자유주의적 세계화에 대한 탈식민주의적 시각, 영화 속에 재현된 이주여성의 이미지, 비판여론의 시각에서 바라본 국제이해교육 등의 4편의 글을 게재하였다. 제3부에는 한국에서 유학생활을 하는 대학생과 대학원생의 학업과 삶을 조명하는 글을 실었다. 국제이해교육의 주요한 목적 중 하나인 문화와 언어가 다른 외국인에 대한 이해를 이끌어 내고 이를 바탕으로 어떤 도움이 필요한가를 같이 생각해 볼 기회를 제공하고자 하였다.

『동북아 평화와 국제이해교육』은 동북아 지역에 국제이해교육을 적용한 책으로 구체적 사례연구를 수행하고 있다. 이 책은 동북아 지역의 역사분쟁, 영토분쟁, 온난화와 월경성 황사, 해양오염 등과 같은 환경 파괴, 한 · 중 · 일 인권과 탈북자 문제, 동북아 교통 네트워크, 동북아 에너지 협력, 경제통합과 지역통합, 동북아 군축과 평화체제 건설 등을 목차로 구성하여 탐구하고 있다. 이 책은 지역평화교육과 운동 측면에서 동북아의 다양한 현안을 국제이해교육 시각으로 접근한 유일한 연구물이라고 판단된다.

이들 연구총서가 예비 대학생, 전국 대학의 교양과목 수강생, 사범대생과 교직이수 중인 예비교사, 그리고 현장 교사 분들께 유익한 교재가 되었으면 한다. 이미 언급했듯이 이 책은 국제이해교육과 다문화교육, 평화교육 등의 경쟁적이고 배타적인 논쟁관계를 일차적으로 일단 정리하고자 노력했다. 국제관계교육이 국제이해교육을 포함하고, 국제이해교육은 평화교육과 다문화교육, 세계시민교육, 인권교육, 환경교육, 개발교육 등을 포괄한다는 것이다. 이런 주장은 사실 자의적이고 일방적일 수 있다. 그러나 이들 학문 간의 명칭 경쟁과 내용 경쟁도 중요하지만 더욱 중요한 것은 체계적이고 좋은 내용을 교재로 발간하는 작업이 선행되어야 한다는 점이다. 내용 없는 학문끼리 서로의 학문적 우위만을 주장하는 것은 공허하고 실익이 없다. 유명무실한 논쟁은 필요 없는 것이다. 이런 측면에서 봤을 때 국제이해교육을 중심으로 다문화교육, 평화교육, 환경교육, 인권교육, 개발교육, 세계시민교육, 동북아 지역시민교육 등을 포괄하여 묶어 낸 4권의 연구총서는 그 의미가 있어 보인다. 독자 여러분들의 관심과 비판을 부탁드린다.

이 책이 나오기까지 큰 수고를 해 주신 김부윤 교수님, 김기홍 교수님, 박재국 교수님, 이은화 교수님 등 부산대학교 국제이해교육연구팀 여러분께 감사드리며, 특히 책 공동 집필진인 김아영 선생님, 김은주 선생님, 나홍하 선생님, 송승아 선생님, 정성아 선생님, 왕경순 선생님, 황순영 교수님께도 진심으로 감사의 마음을 전한다. 국제이해교육연구팀의 김대현 교수님과 박소영 교수님의 헌신적 노력이 없었다면 이 책의 출간은 쉽지 않았을 것이다. 두 분께 한없는 감사의 마음을 전한다.

2012년 1월
부산대학교 캠퍼스에서
국제이해교육연구팀을 대신하여
저자 대표 진시원

차 례

제1장

국제이해교육의 이해

- 박소영 · 김부윤 -

- 국제이해교육은 그 명칭이나 중심이 되는 개념이 일정하지 않고, 시대나 장소에 따라 의미하는 바도 다르다. 다양한 용어의 사용에서 공통적으로 추구되는 국제이해교육은 "세계의 상호의존성에 대한 이해를 증진시키기 위한 세계적 관점의 교육, 문화 간 이해에 대한 교육, 세계 문제 및 이슈에 대한 교육, 그리고 세계체제에 대한 교육을 포함하는 세계시민교육"으로 정의한다.
- 국제이해교육의 역사적 발생과정은 유네스코 설립, 협동학교계획(ASP), '국제이해, 협력, 평화를 위한 교육과 인권, 기본적 자유에 관련된 교육권고' '평화와 인권, 민주주의를 위한 교육의 통합적 실천요강' 으로 이어진다.
- 국제이해교육의 목표는 인지적, 정의적, 기능적 영역으로 구분할 수 있으며, 국제이해교육의 영역은 세계적 시각에 대한 교육, 문화 간 이해를 위한 교육, 세계적 문제와 이슈에 대한 교육, 세계체제에 대한 교육으로 구분할 수 있다.
- 국제이해교육의 과제로서는 개념 정의, 교육과정 개발, 교사교육, 교수-학습 활동 프로그램 개발 등을 들 수 있다.

학 습 목 표

- 국제이해교육의 개념을 이해한다.
- 국제이해교육의 발전과정과 현황을 이해한다.
- 국제이해교육의 목표 및 영역을 이해한다.
- 국제이해교육의 한계와 과제를 분석한다.

1 국제이해교육의 개념

국제이해교육(Education for International Understanding: EIU)은 제2차 세계대전 이후 국제적 차원에서의 평화교육의 필요성을 절감하여 유네스코가 주도적으로 추진해 온 교육이다. 국제이해교육은 더불어 살아가는 지구촌을 건설하기 위하여 다른 국가뿐 아니라 민족 · 인종 · 문화 · 종교 등을 상대적이고 공존적인 시각에서 이해하고 존중하며 민족주의와 인권, 환경과 지속가능한 개발, 평화, 세계화와 지역주의 등과 같은 쟁점 영역에서 지역공동체 구성원과 세계시민으로서의 자질을 배양하고 향상시키는 교육이다(진시원, 2009). 요약하면, 국제이해교육은 공존, 평화, 협력을 달성하려는 의도하에 '지구촌에서 더불어 사는 법(Learning to Live Together)' 을 가르치는 교육이라 할 수 있다.

그러나 국제이해교육을 논하는 학자들 간에도 국제이해교육이 명확하게 무엇을 의미하는지, 그리고 어떠한 내용체계와 내용요소를 담아야 하는지에 대한 합의가 없다. 실제로 국제이해교육과 서로 경쟁적이면서도 호환성을 지니고 사용되는 명칭은 다양하다(진시원, 2009). 즉, 국제이해교육은 International Relations Education(국제관계교육), International Politics Education(국제정치교육), Education for World Citizenship(세계시민교육), Global Education(세계교육), International Education(국제교육), 세계화교육(Education for Globalization), Inter-cultural Education(문화 간 교육), Cross-cultural Education(교차문화교육), Multi-cultural Education(다문화교육), Multi-ethnic Education(다인종교육), Global Citizenship Education(세계시민교육), Peace Studies(평화학), Human Right Education(인권교육), Development Education(개발교육), Environmental Education(환경교육) 등으로 혼용되고 있어 그 용어마저 통일되어 있지 못한 실정이다.

국제이해교육에 대한 명확한 정의는 존재하지 않으나 대개 학습의 범위와 대상을 세계 전체로 확대한다는 '세계교육'과 세계시민 차원에서 서로 다른 문화와 사람을 이해하는 '상호이해교육'을 강조하는 것으로 볼 수 있다. 여기에서는 국제이해교육을 비롯하여 이와 관련한 유사한 개념을 재검토해 봄으로써 국제이해교육의 의미와 그 범위를 살펴보고자 한다.[1)]

1) 세계교육

1970년대 미국을 중심으로 일어난 세계교육(Global Education)은 인류 공동의 문제는 세계적 상호의존의 관계에 있으므로 상호협력 속에서만 해결될 수 있다는 신념에서 출발한 개념이다. 이 개념은 세계를 하나의 시스템(Global System)으로 파악하고 그 속에서 각국이 상호의존하고 있다는 사실을 근거로 하고 있다. 따라서 세계교육은 세계이해(Global Understanding)와 세계 관련 능력(Global Competency)을 중시하며, 특히 세계적 시각(Global Perspective)을 강조하고 있다.

세계교육과 관련하여 Joyce와 Nicholson(1979)은 세계교육을 위한 필수 조건으로 다음과 같은 다섯 가지를 들고 있다.

① 세계생활을 함께하는 개인과 주체의 다양한 이해관계에 의한 갈등에 타협할 수 있는 시각을 제공한다.
② 엄청나게 복합적인 세계사회의 현상을 현실에 가깝게 파악할 수 있게 한다.
③ 각각의 문화가 고유성을 가지고 성장하며 서로 풍요롭게 할 수 있는 다원주의(Pluralism)를 촉진한다.

---

1) 정두용 외, 2003; 유네스코한국위원회, 1996; 大津和子, 2003; 多田孝志; 2000 참조. 여기에서 거론하고 있는 개념 이외에도 비교교육(Comparative Education), 평화교육(Peace Education), 환경교육(Environmental Educaion), 인권교육(Human Right Education) 등을 생각할 수 있다.

④ 지리적으로나 문화적으로 다른 사람들과 도덕적 공감(Moral Empathy)을 통하여 세계적 시각(Global Perspective)에 기초한 국제시민 정신(International Citizenship)을 갖도록 한다.
⑤ 인간에 대한 의미 감각과 세계 상황을 개선하는 데 인간의 노력이 좋은 결과를 거둘 수 있다는 신념을 조성해야 한다.

2) 세계관계교육

세계교육이라는 용어는 세계의 무엇을 가르치는지에 대한 구체적인 외연 설정이 없는 반면, 세계관계교육(Global Relations Education)에서 '관계'라는 단어가 설정하는 외연은 민족국가뿐 아니라 다양한 세계체제의 행위자가 정치와 안보, 그리고 경제 · 사회 · 문화 등 다양한 영역에서 서로 상호작용하는 관계를 의미한다. 민족국가, 국제기구, 지역기구, 글로벌 비정부기구(NGO), 다국적기업, 국제자본집단, 테러집단 등과 같은 다양한 행위자가 정치 · 안보 · 경제 · 사회 · 문화 · 환경 · 인권 · 인구 · 에너지 등의 다양한 쟁점 영역에서 상호의존성과 상호취약성을 지니고 상호작용하는 것을 세계화 현상이라고 할 때, 이러한 세계체제에 대하여 교육적 접근을 수행하는 학문 분야를 '세계관계교육'으로 지칭할 수 있다(진시원, 2009).

세계관계교육과 국제이해교육은 모두 세계화교육, 세계시민교육, 문화 간 교육, 다문화교육, 교차문화 교육, 다인종교육, 인권교육, 개발교육, 환경교육 등을 포괄한다. 그러나 이 둘의 교육방식은 차이를 지니고 있는 것으로 분석된다. 국제이해교육은 환경 · 인권 · 개발 등과 같은 다양한 쟁점 영역을 자유주의적이고 가치 지향적이며 당위론적으로 접근하지만, 세계관계교육은 현실주의, 자유주의, 구조주의 등과 같은 경쟁이론을 통해 다각도로 해석하고 다양한 대처방안을 제시한다.

즉, 현실주의는 세계체제의 무정부성 등을 강조하여 국가 간의 권력, 힘, 세력균형, 군사안보 등을 둘러싼 경쟁과 갈등양상을 강조하는 반면, 자유주의는 인간의 이성, 국제법, 국제기구 등을 통한 국가 간의 협력과 평화 가능성을 강조하고, 구조주의는 인간 간, 그리고 국가 간의 불균등 발전과 불평등 상태를 부각시킨다. 결국 세계관계교육은 세계체제를 이해하고 해석하기 위하여 현실주의, 자유주의, 구조주의라는 세 가지 주된 경쟁이론을 활용한다. 반면, 국제이해교육은 국가 간의 평화 건설을 위하여 교육적 차원의 노력을 강조한다는 점에서 세계관계교육의 자유주의 시각을 추구한다고 볼 수 있다.

3) 다문화교육, 문화 간 교육

다문화교육(Multi-cultural Education)은 다민족 국가 내 민족 간의 갈등 해소와 공존을 위한 교육으로부터 시작되었으며, 다인종사회인 미국과 유럽에서 시작된 교육이기 때문에 때로는 다인종교육이라는 용어로도 불린다(Banks, 1994). 다문화교육은 사회 구성원들이 인종적, 계층적, 민족적으로 다양화되면서 다양한 구성원의 다양한 욕구를 충족시키기 위한 교육을 목표로 발전되어 왔다(김현덕, 2007).

반면 국제이해교육은 제2차 세계대전 이후 세계평화와 협력을 강조한 유네스코를 중심으로 시작되었다. 특히 20세기 후반과 21세기에 접어들면서 두드러진 정보통신기술의 확산과 교통의 발달, 그리고 민주주의와 시장경제체제의 확산에 따라 세계 여러 나라는 국제이해교육에 큰 관심을 갖게 되었다.

다문화교육이 다양한 사회계층, 성, 인종, 문화집단에 소속한 사람들이 차별받지 않고 평등한 학습기회를 가질 수 있도록 체제를 바꾸려는 '개혁운동' 이라면, 국제이해교육은 세계의 상호의존성에 대한 이해를 증진시키기 위해 세계적 관점의 교육, 문화 간 교육(Inter-cultural Education), 세계문제 및 이슈에 대한 교육, 그리고 세계체제에 대한 교육을 포함하는 교육으로 이해할 수 있다(김현덕, 2007).

4) 국제교육

국제교육(International Education)은 모든 종류의 국제관계를 다루는 교육을 포괄적으로 함축하고 있는 가장 광범위한 교육개념이다. 즉, 국제교육의 개념에 포괄할 수 있는 용어로 관계문헌에 나타난 것들은 앞에서 다룬 국제이해교육, 세계관계교육, 문화 간 교육뿐만 아니라 대학에서 이루어지고 있는 지역연구(Area Studies), 외국어연구(Foreign Language Studies), 평화교육(Peace Education), 비교교육(Comparative Education) 등을 포함한다.

5) 국제이해교육

1946년에 발족한 국제연합(United Nations: UN)의 전문기관으로서 유네스코는 제2차 세계대전 후의 국제이해교육에 주요한 역할을 해 왔다. 1947년의 국제이해교육(Education for International Understanding)이란 용어는 세계시민교육(Education in World Citizenship, 1950~1953)으로 되었다가 세계 공동사회에서의 삶을 위한 교육(Education for Living in World Community, 1953~1954)으로 바뀌었다. 1955년 다시 국제이해 및 협력을 위한 교육(Education for International Understanding and Cooperation)으로 협력 부분이 추가되어 사용되었으나 1966년에 다시 평화라는 단어가 추가되어 국제이해, 협력 및 평화를 위한 교육(Education for International Understanding, Cooperation and Peace)이라는 이름으로 사업이 전개되어 왔다. 이와 같은 용어의 변천은 유네스코가 국제이해는 국제협력의 기반이 되고 다시 국제이해와 국제협력은 평화의 기반이 된다고 보았던 점을 암시한 것으로 보인다.[2)]

이와 같은 국제이해교육의 사업 명칭은 1974년에 '국제이해, 협력 및 평화

2) 이와 같은 흐름은 남북 문제, 중동 문제, 베트남전쟁 등 국제정세가 다극화되고 국제분쟁이 이어진 당시의 세계정세를 반영하고 있다고 볼 수 있다.

를 위한 교육과 인권 및 기본 자유에 관한 교육(Education for International Understanding, Cooperation and Peace and Education relating to Human Rights and Fundamental Freedoms)' 이라는 매우 포괄적이면서 긴 제목의 권고문(Recommendation)을 채택하게 된다. 이 권고문은 그 명칭이 너무 길어 간결하게 국제교육(International Education)이라고 줄여서 쓸 수 있음을 언급하고 있다. 이 권고문에 포함된 내용은 과거와 같이 단순한 국가 간의 이해나 협력이란 차원을 넘어서 인구, 식량, 자원, 환경, 에너지 등과 같은 전 지구적 문제의 상호의존적 측면과 세계 공동체 의식을 강조하고 있다.

그 후 20년이 지난 1995년 유네스코는 제네바에서 제44차 국제교육회의를 개최하면서 그 회의 주제를 '평화, 인권 및 민주주의를 위한 교육(Education for Peace, Human Rights and Democracy)' 으로 선정하고, 이 회의에서 선언문과 그 실천체계를 채택하게 된다.

이와 같은 변천을 거쳐 현재 유네스코에서 사용하는 국제이해교육의 사업 명칭은 '평화의 정착을 위한 교육(Education for a Culture of Peace)' 이란 사업 내에 '평화, 인권, 민주주의, 국제이해와 관용을 위한 교육(Education for Peace, Human Rights, Democracy, International Understanding and Tolerance)' 으로 되어 있다.

이와 같이 유네스코에서 사용되어 온 국제이해교육의 사업 명칭은 변천을 거듭해 왔는데, 이는 바로 국제이해교육의 개념 변천이기도 하다. 여기서 추론할 수 있는 것은 시대에 따라 명칭들이 바뀌어 왔지만 그 근본정신이 변화했다고 볼 수 없으며, 명칭의 변천만큼이나 유네스코의 국제이해교육이 포괄하는 영역이 넓고 다양해져 왔다는 점이다.

앞에서 언급한 국제이해교육의 사업 명칭의 변천을 바탕으로 국제이해교육이 포괄하는 개념상의 영역을 제시하면 다음과 같다.

① 국제이해 및 협력교육(Education for International Understanding and Cooperation)

② 평화교육(Peace Education)

③ 인권교육(Human Rights Education)

④ 민주주의 교육(Education for Democracy)

⑤ 관용교육(Education for Tolerance)

이들 다섯 가지 영역은 국제이해교육의 포괄적인 측면에서의 개념일 뿐 아니라 개별적인 교육영역이 될 수도 있으며, 그 내용 면에서는 서로 긴밀하게 연계되어 있어 상호의존적이며 상호보완적인 면을 가지고 있다.

2 국제이해교육의 발전과정과 현황

1) 국제이해교육의 발전과정

국제이해교육이 추구하는 가치와 중점 내용은 시대에 따라 다르게 설정되어 왔다. 1940년대 제2차 세계대전 이후 평화의 이상을 추구하려는 의도에서 국제이해교육이 탄생하고, 1950년대에 국제교류를 강조했다가, 1970년대 이후로는 인권, 사회정의의 등장과 함께 지속가능한 발전이나 평화의 문제가 주된 관심 영역으로 부각되었다. 주요한 시기별 발전과정을 살펴보면 다음과 같다.

(1) 국제이해교육의 역사적 배경(1946년)

제2차 세계대전은 인류가 전혀 예측하지 못했던 엄청난 재난과 파멸, 그리고 아픔을 안겨 주었다. 인류는 다시는 이런 전쟁이 재발되어서는 안 되겠다는 결의를 하게 되었다. 그 결의의 산물로서 탄생한 것이 국제연합(United Nation)이다. 이와 같은 평화에 대한 열망은 전후 유럽의 지성계를 휩쓸었으며 그 거센 물결은 유네스코가 설립하는 데 원동력이 되었다. 초창기 유네스코 활동은 교육과학문화를 통하여 세계평화를 이룩하는 것이었으며 이는 바로 국제이해교육의 탄생 배경이 되었다.

당시 세계평화를 위해 국제이해교육이 지향하던 바는 다음과 같다. 첫째, 국민과 국민 간의 이해가 우선되어야 한다. 둘째, 인간의 존엄성을 인정한다. 셋째, 유엔을 비롯한 국제기구의 역할에 대한 이해를 강화함으로써 그들 기구가 추구하는 평화의 이상을 실현할 수 있다.

(2) 국제이해와 친선을 위한 협동학교(ASP, 1953년)

1953년 유네스코는 국제이해교육을 각국에 확산시켜 교육의 패러다임을 바꾸어 보려는 교육개혁운동을 실시하는데, 그 중심사업이 '유네스코 협동학교 계획(Unesco Associated School Projects: ASP)' 이었다. ASP는 유네스코와 협력하면서 국제적인 교류와 이해교육 프로그램을 실시하는 학교들을 모델 학교로 지정해서 네트워크화하는 사업이다. 이 프로그램을 통해 각국에서는 학교 단위의 국제교류와 교환연수, 방문여행 등 국제이해교육 사업이 크게 진흥되었다. 예를 들어 영국이나 독일, 프랑스의 중 · 고등학생들이 이웃나라를 알기 위해 1년간 교환학생으로 가서 외국어를 익히고, 다른 문화와 사회구조를 경험하는 교류 프로그램이 대대적으로 실시되었다. 독일의 경우 역사적 반성을 보이며 체코 · 폴란드 등과 역사교과서를 함께 만드는 등의 노력을 했다.

(3) 해방과 인권, 사회정의를 향한 교육 권고문(1974년)

1974년 11월 17일 유네스코 18차 총회가 채택한 '국제이해, 협력, 평화를 위한 교육과 인권, 기본적 자유에 관련된 교육권고(Recommendation concerning Education for International Understanding, Co-operation and Peace and Education relating to Human Rights and Fundamental Freedoms)' 는 창설 30주년을 맞이한 유엔의 변화된 구조와 분위기를 반영하는 국제이해교육의 새로

운 지침서였다.

교육이 관심을 가지고 연구해야 할 인류의 문제로서 사회적 불의와 불평등을 들었고, 민중의 권리와 평등권 및 자결권, 식민주의와 탈식민주의화, 개발도상국의 원조, 문맹 · 질병 · 기아에 대한 투쟁, 환경오염과 자연자원 문제 등 국제적인 문제들을 해결하는 데 이바지해야 하는 것으로 국제이해교육의 방향이 폭넓게 설정되었다. 제3세계의 목소리가 커진 1970년대의 시대적 상황을 반영한 이 문서는 너무 진보적이며 낭만적이었다는 비판도 들었지만, 국제이해교육을 세계적 문제해결을 위한 실천적 프로그램으로 확장시켰다는 점에서 커다란 발전의 계기를 만들었다.

(4) 평화의 문화를 향한 통합적 실천계획(1994년)

1990년대 중반에 들어와 유네스코는 '평화의 문화' 를 진작시키는 국제이해교육을 강화 · 실천할 것을 강력히 요구해, 1994년 10월 전 세계 교육부 장관들이 모인 제44차 국제교육대회에서 '평화와 인권, 민주주의를 위한 교육의 통합적 실천요강(Integrated Framework of Action on Education for Peace, Human Rights and Democracy)' 을 만들어 냈다. 유엔 창립 50주년 총회 선언문으로 결의된 이 문서는 폭력, 인종 차별, 외국인 혐오, 종교적 불관용, 여러 형태의 테러가 급증하는 상황에서 평화, 인권, 민주주의를 위한 교육의 목적에 충실하기 위하여 전 세계 교육부 장관들이 평화의 문화를 증진시키고 지속가능한 발전에 기여하는 교육을 강화하며, 이를 실천하는 프로그램을 만들어 실행에 옮기겠다는 것이 그 요지다. 이 문서는 기존의 선언문이나 권고문과는 달리, 구체적으로 행동하고 실천하는 프로그램의 요강이라는 점과 기존의 국제이해교육의 다양한 목표와 가치 내용을 통합적으로 체계화했다는 것이 그 특징이다.

유네스코는 이러한 가치관의 교육을 구체적으로 실천하기 위해 부단히 계획하고 노력했다. 1995년을 '관용(Tolerance)의 해' 로, 2000년을 '평화의 문화(Culture of Peace)의 해' 로, 2001년을 '문명 간의 대화(Dialogue among Civilization)의 해'로, 1995~2004년을 인권교육 10년으로, 2001~2010년을 아이들에게 비폭력을 가르치는 10년으로 정하는 등, 1994년의 '통합적 실천요강'은 21세기 교육의 철학과 방향이 되고 있다. 또한 유엔은 2005년부터 2014년까지 10년간을 '지속가능한 발전을 위한 교육 10년(Decade of Education for Sustainable Development)'으로 확정했기 때문에, 국제이해교육은 인권교육, 평화교육에 이어 지속가능한 발전교육으로 앞으로 10여 년 간 운영될 수 있을 것이다.

2) 현 황

여기에서는 미국, 일본, 한국의 국제이해교육 동향을 살펴본다. 미국의 국제이해교육은 제2차 세계대전 이후 유능한 세계시민이 되기 위한 기술 습득을 강조하는 것으로 시작하여 2000년대 이후 상호이해의 측면을 강조하는 방향으로 변화하고 있다. 일본의 국제이해교육은 제2차 세계대전 이후부터 1960년대까지 인권의 존중 및 타문화의 이해를 중심으로 강조되다가, 1970년대 후반부터 1980년대에 정체되었다. 1980년대 이후 다시 국제이해교육의 중요성이 다시 부각되어 실천되다가, 2000년대에 와서는 국제경쟁에서 살아남기 위한 지식·기능 교육을 강조하는 방향으로 변화했다. 한국의 국제이해교육은 1960년대 도입되기는 하였지만 활성화되기 시작한 것은 1996년 이후부터였다. 유네스코 아시아·태평양 국제이해교육원에서는 각 학교급별 국제이해교육 교재를 개발하여 보급함으로써 재량활동이나 사회 교과 등 다양한 활동 시간에 활용될 수 있도록 했다.

(1) 미국의 국제이해교육 동향

제2차 세계대전 이전까지 미국에서의 국제이해교육[3]은 주로 인접국가의

---

3) 미국에서는 국제이해교육(Education for International Understanding)이라는 용어보다 세계교육

교육 및 문화에 대한 소개와 비교연구가 주를 이루어 왔다. 대부분의 중학교와 고등학교에서 국제이해교육이 이루어지긴 하였으나, 주로 세계역사와 세계지리에 대한 학습 수준에 머물렀다. 제2차 세계대전 이후 미국은 국제관계에 있어 중심국가로 부상했으며, 이에 국제이해의 필요성이 강조되어 국제이해를 위한 학교 프로그램이 개발되었다. 국제관계, 지역 및 국제연구, 세계역사, 지구과학, 문화 및 인종 연구의 영역에서 발전한 것이 미국의 국제이해교육이다. 이 국제이해교육은 다양하고 상호의존적인 세계에서 유능한 시민이 되기 위한 조건으로, 특히 세계화의 개념이해와 문화 간 접촉에 필요한 기술습득을 강조하였다(김현덕, 2003b; 유네스코한국위원회, 1996).

미국의 국제이해교육은 1970년대부터 1980년대 초에 급속한 성장을 이루었다. 여러 단체의 기금 조성, 미연방정부 및 주정부의 재정적 · 행정적 지원과 주정부의 필수과목화 노력 등으로 급속한 성장을 이루었다. 이러한 발전의 저변에는 국제이해교육 관련 전문기관과 대학의 활발한 연구활동, 프로그램 개발의 노력이 뒤따랐다. 한편 1980년대 이후 재계와 주정부 정치지도자들은 미국 학교교육과정의 국제화를 끊임없이 주장했으며, 이후 국제이해교육은 과거에 비해 더 많은 발전을 이루었다. 그 예로 고등학교에서 시작한 국제이해교육이 초등학교와 중학교에 확대되는 경향을 보였으며, 최근까지도 교실에서 활용할 수 있는 교수자료 및 지침서들이 계속 발간되어 왔다.

2000년대 이후 미국의 국제이해교육은 상호이해의 측면을 더 강조하는 방향으로 나아가고 있다(김기홍, 박소영, 2009). 이것은 2000년대 이후 미국이 9 · 11테러를 경험하면서 얻은 인식이 반영된 것으로서 상호이해와 공존에 보다 더 큰 중점을 두고 있다. 이런 기조는 NAFSA(Association of International Educators and the Alliance for International Educational and Cultural Exchange)와 같은 준공공단체를 중심으로 매우 활발히 진행되고 있다.

(Global Education)이라는 용어가 일반적으로 사용되고 있다. 그 외에도 국제교육(International Education), 세계중심교육(World-centered Education), 세계관교육(Global Perspective in Education)이라는 용어가 사용되고 있다(김현덕, 2003b: 42).

NAFSA는 2007년에 발간한 보고서를 통해 당시의 시점에서 국제이해교육이 필요한 이유, 그리고 연방정부 차원에서 국제이해교육의 목표를 설정해야 할 필요성을 다음 두 가지로 설명하고 있다. 첫째, 세계의 국제화가 미국이 생각하는 이상으로 진전되어 향후 미국의 국가 경쟁력 유지를 위해서도 미국 이외의 다른 나라에 대한 이해와 문화적 차이를 이해하는 것이 필수 불가결한 것이 되었다. 다시 말해, 미국이 현재 상태를 유지해 나가기 위해서는 미국 국민의 외국에 대한 보다 근본적인 이해가 필요하게 되었다는 것이다. 둘째, 2001년의 9 · 11테러 이후 미국의 안전을 유지해 나가기 위해서는 미국이 외국을 이해하는 것과 같은 정도로, 외국 사람들이 미국을 더 잘 이해할 필요성이 제기되었다는 것이다. 이러한 시각은 미국의 일각에서 전통적으로 유지해 온 고립주의와 근본적으로 배치되는 것이다.

이러한 사정을 배경으로 NAFSA는 국제이해교육의 목표를 다음과 같이 제시하고 이런 목표가 연방정부의 국제이해교육목표에 반영되어야 한다고 주장하고 있다. 이 단체는 이런 목표를 달성하기 위해 미국 각주에서 이러한 취지를 담은 규정을 제정해 줄 것을 지속적으로 요청하고 있다. 또 국제이해교육을 강화하고 촉진하기 위해 대통령에게 백악관에 이 문제를 전담하는 고위관리를 임명할 것을 요청하고 있다.

이러한 NAFSA의 국제이해교육목표를 간략히 요약한다면 그것은 '미국국민이 외국을 그들의 언어, 문화, 지역적 특성에 비추어 더 많이 이해할 수 있게 하고, 더 많은 외국 사람들이 미국으로 올 수 있는 여건을 만드는 것' 으로 정리할 수 있다. 이것은 상호이해의 증진이라는 한마디로 귀결된다.

미국 학교교육에서 국제이해교육이 차지하는 위상은 아직 낮은 편이다. 그러나 세계화가 더욱 가속화되고 각국의 상호의존도가 증가하고 있는 21세기 미국에서 국제이해교육의 필요성은 더욱 절실해지고 있다. 미국의 국제이해교육이 발전하기 위해서는 학교의 행정적 · 재정적 지원 강화, 주정부의 재정지원 확대, 체계적인 연구의 필요성, 세계적 시각이 융합된 학교교육과정의 개발, 대중의 지지 확보 등의 과제를 해결해 낼 수 있어야 할 것이다.

NAFSA의 국제이해교육목표

국제이해교육의 정책은 다음과 같은 사항을 포함해야 한다.

- 국제화교육, 외국 언어의 교육, 지역에 대한 교육을 장려해야 한다(Promote international, foreign-language, and area studies).
- 미국을 외국의 학생과 학자가 와서 공부하고 연구할 수 있는 매력적인 국가로 회복시키기 위한 포괄적인 전략을 수립해야 한다(Create a comprehensive strategy to restore America's status as a magnet for international students and scholars).
- 미국 학생들이 외국에서 공부하는 것을 학부과정의 필수적인 요소로 설정하기 위한 포괄적인 전략을 수립해야 한다(Create a comprehensive strategy to establish study abroad as an integral part of undergraduate education).
- 시민 차원/커뮤니티 차원의(외국과의 교환) 프로그램을 강화해야 한다(Strengthen citizen-and community-based exchange programs).

(2) 일본의 국제이해교육 동향[4)]

일본의 국제이해교육은 제2차 세계대전 후부터 1960년대에 걸쳐서는 유네스코의 이념에 충실히 따라 유네스코 협동학교계획(ASP) 참가 학교가 인권의 존중 및 타문화 이해를 중심으로 한 실천을 행하고 있었다. 또한 일반 학교교육정책 가운데에서는 1958년 학습지도요령 개정 무렵에 사회과와 도덕에 자국의 전통문화 존중과 함께 역시 유네스코의 이념을 수용한 편견 방지가 도입되었다. 그러나 1970년대 후반부터 1980년대에 걸쳐 일본의 국제이해교육은 정체된다. 그 이유로는 먼저, 초기에 열심히 활동해 온 협동학교계획 참가 학교가 점차 중도하차하고 실천도 매너리즘화된 것이다. 두 번째

4) 이 부분은 大津, 2008; 加藤, 2001; 石井, 2008 참조하여 기술하였다.

로는 일본이 경제적으로 성장함에 따라 국내의 국제이해교육 추진보다는 아시아의 여러 나라에 대한 국제교육협력에 대한 공헌이 요구되어 온 것이다. 세 번째로는 귀국 자녀교육이나 미합중국과의 두 개국 간 문화교류 프로그램 등 협동학교계획 이외의 분야가 생긴 것이다. 그리고 문부성 조직이 개편되었기 때문에 유네스코 국내위원회의 전속 사무국이 없어지게 된 것 등이다. 또한 문화 분야뿐이 아니라 개발이나 환경, 지구 규모의 과제해결 등을 포함한 1974년의 유네스코 국제교육권고의 내용은 당시 일본이 실천하기에는 부담이 큰 내용이었고, 문부성 내에서도 뒤로 미루어 둔 상태였다. 이 때문에 일본의 문부성 내부에서 국제이해교육은 여전히 타문화 이해의 분야로부터 확장되지 않은 채였다.

이러한 가운데 해외 부임에 동행했던 자녀들이 해외에서의 교육 및 이문화 생활을 마친 뒤 귀국했고, 이러한 자녀들을 위한 교육의 필요성이 높아져, 문부과학성은 재외일본인학교에서의 해외자녀교육 및 귀국자녀교육에 힘을 쏟게 되었다. 또한 일본기업의 해외진출과 시기를 거의 같이하여 1980년대 이후 일본인의 해외여행이 급증했으며, 1990년대 이후는 해외로부터 들어오는 외국인 노동자도 급증했다. 이와 같은 일본사회의 국제화에 대응하여 문부과학성은 국제이해교육의 중요성을 지도요령에 포함시켰다. 그러나 이지메(왕따), 등교 거부, 교내폭력과 같은 국내 교육문제가 심각하여 국제이해교육 추진을 위한 구체안은 거의 나오지 못했다.

1996년 중앙교육심의회는 제1차 답신 '21세기를 전망한 우리나라 교육의 나아갈 바에 관하여' 를 발표하고, 학생들이 '유토리(여유)' 가 없는 바쁜 생활을 하고 있기 때문에 생활체험과 사회체험이 부족하고 배움의 의욕이 저하되고 있다는 점을 지적했다. 이 답신을 수용하여 1998년에 개정된 학습지도요령에서는 처음으로 학교 주 5일제를 채용함과 동시에 새로운 과목 '종합적인 학습시간' 을 설치했다. 지도요령 개정에 따라 2002년부터 학교 주 5일제로 인한 수업시수 감소가 있었으며 '종합적인 학습시간' 의 신설에 따라 다른 과목의 수업시수가 약 30% 줄어들게 되었다. 1980년대 이후의 등교 거부, 교내폭력, 이지메와 같은 학교교육문제의 심각화가 이전까지의 획일적인 지식주입교육에 기인한다는 반성에 따라, '살아가는 힘' 을 육성하는 '유토리 교육' 으로 방향 전환을 한 것이다. '살아가는 힘' 을 육성하기 위한 새로운 방책으로서 신설된 '종합적인 학습시간' 이 다루어야만 하는 내용으로서 '국제이해' 가 거론된 것도 있고 해서 당초에는 국제이해교육의 실천이 각지의 학교에서 어느 정도 행해졌으며, 교육위원회 주최의 교원연수 프로그램에서도 '국제이해강좌' 가 꾸려졌다. 학교현장에 있어 국제이해교육의 실천은 다양하며 이문화 교류 · 이문화 이해, 상호의존 · 세계와의 연결이해 외에, 초등학교에서는 일본의 전통문화 이해와 영어활동에 관련된 실천도 등장하고, 중학교에서는 진로지도(Career Guidance)로 유용하는 학교도 있었다. 지금까지 교과서와 교사용 지도서에 의존하여 수업을 해 온 많은 교사에게는 교과서가 없는 '종합적인 학습시간' 을 어떻게 지도해야 할까에 대한 당혹감도 많았고, 일단은 교외의 게스트를 초청한 전통문화 감상이나 실용적인 진로지도로 그 시간을 버텨 나가는 경향도 보였다. 그리고 '외국의 문화를 이해하기 전에 일본전통문화를 이해하고 애국심을 키우는 것이 필요하다.' 라고 하는 논리하에 문부과학성에 의한 국기게양과 국가제창이라는 사실상의 강제와 더불어 민족주의적인 경향이 강해졌다고 하는 상황도 반영하고 있다고 말할 수 있겠다. 더욱이 문부과학성이 종래의 문법 중심 영어교육에 대해 회화 중심 영어교육의 중요성을 강조하며 학교에 영어조수(Assistant Language Teacher)를 해외에서 대량으로 채용하여 학교에 배치하였으며, 초등학교에서의 영어활동이 전국적으로 전개됨에 따라 영어활동을 하고 있으면 그것으로 국제이해교육을 실시하고 있다고 하는 국제이해교육의 왜소화 경향도 나타났다. 이러한 상황과 연동하여 2002~2003년경부터 교육위원회 주최 교원연수 프로그램의 '국제이해강좌' 가 감소했으며, 국제이해교육의 정체현상이 여기서도 나타난다.

이러한 경향에 더욱 박차를 가한 것이 경제협력개발기구(OECD)가 2004년 12월에 발표한 제2회 국제학습도달도조사(PISA)의 결과다. 이번 조사(41개국 · 지역 참가)에서의 일본의 순위는 이전 조사(2000년, 32개국 참가)와 비교해서 독해력이 8위에서 14위로, 수학적 소양이 1위에서 6위로 내려갔으며, 과학적 소양은 2위로 변함이 없고, 이번에 처음 도입된 문제해결력은 4위였다. 거의 같은 시기에 국제교육도달도평가학회(IEA)의 국제수학 · 이과교육 동향조사의 2003년 조사(TIMSS, 2003) 결과도 공표되어 중학교 2학년의 수학이 전과 동일하게 5위, 이과가 4위에서 6위로, 초등학교 4학년의 산수는 전과 동일하게 3위, 이과는 2위에서 3위로 되었다. 그리고 같은 조사의 질문에 대한 회답에서 수학 · 이과 모두 '공부의 즐거움' '공부의 적극성' '자신 있는 교과인가 아닌가' '공부에 대한 자신감' '집에서 숙제하는 시간' 등이 국제적으로 보아서 상당히 낮은 상황이었다. 예를 들어, 수학 공부가 즐거운가를 네 가지 선택지로 물어본 설문에 대하여 '매우 그렇다' 라고 답한 일본의 중학교 2학년 학생은 9%였으며 국제 평균치인 29%를 크게 밑돌았다.

2007년 12월에 공표된 제3회 PISA(57개국 · 지역)의 결과에서는 일본의 순위는 '독해력' 에서 14위에서 15위로, '수학적 소양(응용력)' 에서는 6위에서 10위로, '과학적 소양' 에서도 2위에서 6위로 내려갔다. 이번에는 참가한 나라와 지역이 16개가 늘어났다는 점과 독해력의 점수는 제2회와 같았다고 하는 점 등으로부터 일본의 학력이 더 떨어졌다고 단언할 수는 없지만, 문부과학성은 순위가 떨어진 것을 '과제로서 받아들인다' 고 하며, 지도요령의 개정에서 이과 · 수학의 수업 증대와 각 교과에서 언어력의 육성 등을 도입할 방침을 밝혔다. 매스미디어가 대대적으로 보도한 것도 있고 하여 이른바 '학력저하' 를 둘러싼 논의가 가열되었다. 이에 따라 문부과학성은 2007년에 '종합적인 학습시간' 의 35% 삭감을 내걸고 교과학력 육성 중시라고 하는 방향으로 다시금 정책전환을 발표하였다. 학교현장을 보면 일부에서는 '종합적인 학습시간' 의 뛰어난 실천을 만들어 내고 학생들의 '살아가는 힘' 이 육성되고 있지만, 전국적으로는 '종합적인 학습시간' 은 퇴조 경향이며 국제이해교육의 실천도 정체되어 가고 있다고 말할 수 있겠다.

즉, 일본의 국제이해교육은 현행 학습지도요령이 목표하고 있었던 국제사회에 있어서 서로 다른 가치관을 지닌 사람들과 공생하기 위한 자질의 육성으로부터 일본이 국제경쟁에서 살아남기 위한 외국어능력 등의 지식 · 기능의 육성으로 중점이 옮아 가고 있다고 말할 수 있다. 다른 나라의 문화전통 존중이 생략되고 일본의 문화전통 존중이 강조되는 것도 일본을 위해 경쟁하는 인재의 육성에 우선권이 주어져 있기 때문일 것이다. 그러나 세계적인 동향을 살펴보면 일본이 제창하여 유엔에서 채택된 '지속가능한 개발을 위한 교육 10년(2005~2014)'을 추진하지 않으면 안 된다는 사정도 있으며, 또한 글로벌 시대의 시민권 교육에 대한 관심도 높아졌기 때문이다. 이와 같은 오늘날의 동향은 국제이해교육의 중요성을 한층 더 고양시킬 것이다.

(3) 한국의 국제이해교육 동향

한국에 국제이해교육이 들어온 지는 40년이 넘는다. 1960년대 초 유네스코 협동학교계획(ASP)이 들어오면서 국제이해교육과 접하게 되었지만, 이념적, 정치 외교적, 군사적으로 북한과 심각하게 대치하고 있었고, 반공사상이 팽배하던 시기였다. 따라서 인권이나 평화와 같은 세계 인류의 양심과 윤리에 바탕을 둔 국제이해교육은 실시할 수 없었으며, 한국 · 일본 · 중국 등 동북아시아 국가들 간의 불행한 역사를 청산하고 상생의 문화를 만들어 낼 만큼의 국제이해교육을 운영하지도 못했다.

한국에서의 국제이해교육은 1995년 당시 정부의 지원으로 관련 기초연구가 실시된 이후 활성화되기 시작했다고 볼 수 있다. 이전에도 유네스코한국위원회의 협력학교사업으로 몇 개의 협력학교를 중심으로 국제이해교육이 실시되어 왔지만, 관련 학자들이 모여 국제이해교육에 대한 연구와 현장에서의 적용을 논의하기 시작한 것은 1996년 이후라고 하겠다(김현덕 외, 2005; 이삼열 외, 2003; 정두용 외, 2003).

1996년 유네스코한국위원회에서는 초등학교와 중학교의 정규교과 및 특별활동에서 국제이해교육을 용이하게 실시할 수 있도록 교육목표, 교육내용, 교육사례 등을 자세히 수록한 자료를 개발하여 보급하였다(유네스코한국위원회 편, 1996). 이 자료집에는 초등학교와 중학교의 도덕과 및 사회과에서의 국제이해교육과 특별활동에서의 국제이해교육을 위한 목표 및 영역별 주요 활동내용들이 수록되어 있다.

2000년부터 적용된 제7차 교육과정에 국제이해교육 분야가 창의적 재량활동의 범교과학습 주제의 하나로 다루어지기 시작하면서 국제이해교육에 대한 학계 및 교육현장에서의 관심이 증가하게 되었다. 그리하여 2000년도부터 국제이해교육을 실시하는 학교가 확대되고, 전담교사를 임명하고 교재를 개발하는 학교나 지역도 나타났다.

또한 2000년 한국에 설립된 유네스코 아시아·태평양 국제이해교육원에서는 국제이해교육의 교육과정을 '다문화 이해' '세계화 문제' '인권 존중' '평화로운 세계' '지속가능한 발전'의 다섯 영역으로 구성하였다(유네스코 아시아·태평양 국제이해교육원, 2003). 그리고 유네스코 아시아·태평양 국제이해교육원에서는 각 학교급별 국제이해교육 교재를 다음과 같이 개발하여 전국에 보급하였다. 초등학생용 교재로는 '우리는 지구촌 시민: 축구로 배우는 국제이해교육'이 있으며, 중학생용 교재로는 '더불어 사는 세상 배우기'와 '맛있는 국제이해교육: 음식으로 배우는 국제이해교육'이 있고, 고등학생용 교재로는 '함께 사는 세상 만들기'가 있다. 이 교재들은 재량활동이나 사회 교과 등 다양한 활동시간에 활용되고 있다.

2009 개정 교육과정에서 새롭게 도입된 '창의적 체험활동'은 공동체 의식과 세계시민으로서 갖추어야 할 다양하고 수준 높은 자질의 함양을 목적으로 함으로써 범교과학습 주제 중의 하나인 '국제이해교육'의 운영 가능성이 더 확대될 수 있게 되었다.

3 국제이해교육의 목표 및 영역

국제이해교육의 목표를 인지적, 기능적, 정의적 영역의 목표로 구분하여 살펴보고자 한다. 그리고 국제이해교육의 영역으로는 세계적 시각에 대한 교육, 문화 간 이해를 위한 교육, 세계적인 문제와 이슈에 대한 교육, 그리고 세계체제에 대한 교육으로 구분하였다.

1) 국제이해교육의 목표

국제이해교육의 목표는 지식·이해 목표, 기능(사고·판단·표현) 목표, 태도(관심·의욕) 목표의 세 가지 측면으로 나누어 설정할 수 있다(大津, 2008).

지식·이해 목표로서는 '문화적 다양성' '상호의존' '안전·평화·공생'에 관한 충분한 이해를 든다. '문화적 다양성'에 관해서는 세상에는 각양각색의 문화가 존재하지만 인류에 공통된 문화의 측면도 있다고 하는 문화의 이질성과 공통성을 이해함과 동시에, 문화란 고정적인 것이 아니라 이문화와의 교류를 통하여 끊임없이 변화하는 것이란 점, 그리고 나 자신이 문화를 만들어 나가는 주체라는 것을 이해한다. 더욱이 점차 변화해 가고 있는 세상에서 서로 다른 문화를 이해한다는 것이 때로는 쉽지 않고, 문화충돌이나 문화대립이 생기는 경우도 있지만 다른 문화를 서로 인정하고, 함께 살아가고자 하는 것이 중요하다는 것을 인식한다.

'상호의존'에 관해서는 우리들의 생활은 다양한 모습으로 세상 사람들과 이어져 있다는 것, 그리고 세상의 사건은 우리들의 생활에 영향을 끼치며 우리의 생활은 세상 사람들의 생활에 영향을 끼치고 있다는 것을 이해함과 동시에, 교통과 통신망의 발달에 의해 우리들은 다양한 정보에 둘러싸여 있으며 이러한 정보화사회 속에서 정보를 적절히 선택하고 판단하는 일이 중요하다는 것을 이해한다.

'안전 · 평화 · 공생'에 관해서는 지역과 세계에는 직접적 폭력(전쟁 · 분쟁 등)과 구조적 폭력(빈곤 · 억압 · 환경파괴 등)으로 인해 안전과 인권이 위협당하는 사람들이 존재하고 있다는 것을 이해함과 동시에, 누구나 인간으로서의 존엄성이 있으며 안전하며 행복한 생활이 가능한 사회를 만들기 위한 노력이 여러 가지로 행해지고 있다는 것을 안다.

기능(사고 · 판단 · 표현) 목표로서는 다문화 사회 속에서 서로 다른 생각과 문화를 가진 지역과 세상 사람들과 언어 등을 통하여 커뮤니케이션할 수 있는 '커뮤니케이션 능력' '정보화 사회 속에서 정보를 적절하게 수집 · 선택 · 판단하고 자기의 생각을 표현할 수 있는 '미디어 리터러시', 복잡한 현대사회가 직면하고 있는 문제점을 적확하게 파악하고 해결법을 추구하며 최선의 선택을 하기 위해 근거를 명확히 논리적으로 생각할 수 있는 '문제해결 능력'의 향상을 설정한다.

표 1-1 지식 · 이해 목표

문화적 다양성	• 세상에는 다양한 문화가 존재하지만 인류에 공통되는 문화의 측면도 있다. • 문화는 이문화와의 교류를 통하여 끊임없이 변화하고 만들어지는 것이다. • 서로 다른 문화를 이해하는 것은 때로는 쉽지 않으며 문화충돌이나 문화대립이 생기는 경우도 있다. 그러나 다른 문화를 서로 인정하고, 함께 살아가고자 하는 것은 중요하다.
상호의존	• 우리들의 생활은 다양한 모습으로 세상 사람들과 이어져 있다. • 세상의 사건은 우리들의 생활에 영향을 끼치며 우리의 생활은 세상 사람들의 생활에 영향을 끼치고 있다. • 교통과 통신망의 발달에 의해 우리들은 광범위한 정보에 둘러싸여 있으며 정보를 적절히 선택하고 판단하는 일이 중요하다.
안전 · 평화 · 공생	• 지역과 세계에는 직접적 폭력(전쟁 · 분쟁 등)과 구조적 폭력(빈곤 · 억압 · 환경파괴 등)으로 인해 안전과 인권이 위협당하는 사람들이 존재한다. • 누구나 인간으로서의 존엄성이 있으며 안전하고 행복한 생활이 가능한 사회를 만들기 위한 노력이 여러 가지로 행해지고 있다.

표 1-2 기능(사고 · 판단 · 표현) 목표

커뮤니케이션 능력	다문화 사회 속에서 서로 다른 생각과 문화를 가진 지역과 세상 사람들과 언어 등을 통하여 커뮤니케이션할 수 있다.
미디어 리터러시	정보화 사회 속에서 정보를 적절하게 수집 · 선택 · 판단하고 자기의 생각을 표현할 수 있다.
문제해결능력	복잡한 현대사회가 직면하고 있는 문제점을 정확하게 파악하고 해결법을 추구하며 최선의 선택을 하기 위해 근거를 명확히 논리적으로 생각할 수 있다.

표 1-3 태도(관심 · 의욕) 목표

인간으로서의 존엄	지역 · 사회 속에서 개인으로서 자기 및 타자의 인격 · 인권을 존중하고자 한다.
관용 · 공감	다문화 사회 속에서 지역과 세계에서 서로 다른 문화를 가진 사람들과 서로 다른 상황에 있는 사람들의 존재를 인정하고 이해하며 배우려고 한다.
참가 · 협력	지역 · 사회를 보다 바람직한 방향으로 변화시키기 위해 사회의 일원으로서 행동하고 사람들과 협력하고자 한다.

태도(관심 · 의욕) 목표로서는 지역 · 사회 속에서 개인으로서의 자기 및 타자의 인격 · 인권을 존중하고자 하는 '인간으로서의 존엄', 지역과 세계에서 서로 다른 문화를 가진 사람들과 서로 다른 상황에 있는 사람들의 존재를 인정하고 이해하며 배우려고 하는 '관용 · 공감', 지역과 사회를 보다 바람직한 방향으로 변화시키기 위해 사회의 일원으로서 행동하고 사람들과 협력하고자 하는 '참가 · 협력'을 든다.

2) 국제이해교육의 영역

국제이해교육 연구자들의 정의를 중심으로 국제이해교육의 분야를 분류하면 대체로 네 가지 영역으로 구성된다. 국제이해교육은 크게 세계적 시각에 대한 교육, 문화 간 이해를 위한 교육, 세계체제에 대한 교육, 세계적인 문제와 이슈에 대한 교육 등 네 가지 영역으로 나누어진다(김현덕 외, 2005).

(1) 세계적인 시각에 대한 교육

'세계적인 시각'의 영역에는 자기중심적 세계관에서의 탈피, 다양한 세계관의 인정, 상반된 세계관의 인정, 인간의 기본적 욕구, 행동 · 관심 · 경험의 유사성에 대한 인식 등이 포함되어 있다. 또한 다른 나라 사람들도 우리와 똑같은 욕구와 필요를 가지고 있음을 인정하여야 한다.

한편, 세계적인 시각의 영역에는 사람들의 선택이 지역적 · 국가적 · 세계적으로 상이할 수 있다는 인식도 포함된다. 이러한 상이한 선택에 대한 인식이 이루어질 때 세계체제에 대한 지식도 증가할 수 있다. Robert Hanvey는 우리 인류가 이제 '전(前)-세계적인 사고(Pre-global stage of Thinking)'에서 '세계적인 사고(Global Cognition)'로 전환하는 변환기에 있다고 하면서, 그는 인류가 궁극적으로 습득해야 할 이러한 사고를 '세계적인 시각(Global Perspectives)'이라고 명명했다.

(2) 문화 간 이해를 위한 교육

'문화 간 이해'에는 각 나라 문화 및 가치의 다양성에 대한 이해, 문화의 상호비교, 이를 통한 문화와 가치의 보편성에 대한 인식, 타문화 관점에서 자기문화 조망, 문화 간 상호작용을 통한 세계문화의 개념 형성, 타문화를 수용하는 태도, 전통 및 자기문화에 대한 태도 등이 포함된다. 국제이해교육은 이들 문화 간 이해 요소의 증진을 위해 여러 다양한 프로그램을 마련할 필요가 있다.

(3) 세계적인 문제와 이슈에 대한 교육

'세계적인 문제나 이슈'에는 평화와 안보의 문제, 개발과 관련한 문제, 인류 환경에 대한 문제, 인권의 개념 등이 포함되어 있다. 또한 생명, 자유, 평등, 정의, 식량, 인구, 에너지 등 인류가 행복한 삶을 유지하기 위해 반드시 존중해야 할 보편적 가치관도 이에 포함된다. 그 구체적인 예로 중국의 인권 문제, 북한의 식량난과 식량지원 문제, 핵폐기물 처리 문제, 지구 상황에 대한 정보와 지구의 미래에 대한 내용도 포함된다. 이 책 제2장부터 다루어지게 될 평화, 인권, 다문화, 세계시민성, 환경의 다섯 가지 주제는 바로 국제이해교육의 영역 중 세계적 문제와 이슈에 해당한다고 볼 수 있다.

(4) 세계 각국의 사람을 연결시키는 세계체제에 대한 교육

세계 각국의 사람을 연결시키는 '세계체제'는 경제체제, 정치체제, 사회나 문화체제를 비롯하여, 지구생태계의 구조, 기술체제 등의 하위 개념을 포함하고 있다. 즉 기술적, 생태적, 문화적, 경제적, 정치적 문제에 대해 세계 여러 나라들이 긴밀히 관련되어 있으므로 개별국가가 이를 해결할 수 없으며, 따라서 세계를 하나의 상호의존체제로 보아야 한다는 것이다. 따라서 국제이해교육에서는 이렇게 상호연결되어 있는 지구체제에 대한 학습을 실시해야 한다.

이상의 국제이해교육의 네 가지 영역에서 공통적으로 강조하고 있는 가장 중요한 주제는 세계의 상호의존성(Interdependence)이라는 사실을 잊지 말아야 한다. 즉, 국제이해교육은 국제경쟁에 이기기 위한 교육이 아니라 다른 나라 사람들과 더불어 살고, 상호밀접한 관계를 인정하는 교육이다. 세계의 상호의존성은 역사라는 시간과 세계라는 공간을 연결하여 상호의존성의 개념을 이해시켜야 한다. 즉, 세계 여러 나라는 공간적으로 연결하여 상호 밀접히 연결되어 있을 뿐 아니라, 이들 여러 나라의 과거와 현재, 그리고 미래 사건이 하나의 역사적 연결고리로서 서로 밀접하게 연관되어 있다는 것을 이해시켜야 한다. 이는 지구상의 인류 한 사람 한 사람은 점점 상호의존화되어 가고 있는 세계에 영향을 미치는 존재일 뿐 아니라, 이러한 세계의 영향을 받는 존재임을 인식시키는 교육을 통해 가능하다. 즉, 자신의 의사결정이 다른 나라 사람들에게 영향을 미칠 뿐 아니라, 다른 나라 사람들의 의사결정도 자신에게 영향을 미치고 있다는 사실을 인식하도록 하는 교육이다. 따라서 세계문제 또는 문화는 개별적으로 가르치기보다 세계문제 간의 상호연계성, 문화 간 상호 관련성에 중점을 두고 학생 개개인의 일상생활과 연결시켜 보게 함으로써 학생들은 상호의존성을 생생하게 경험할 수 있다.

4 국제이해교육의 의의와 과제

1) 국제이해교육의 의의

(1) 철학적 의의

국제이해교육은 그 철학적 배경으로 국제주의와 국가주의를 전제한다. 국제이해교육이 그 배경으로서 국제주의와 국가주의적 성격을 가지고 있는 근거는 다음과 같다.

① 국제이해교육이 그 활동이념으로 세계평화를 지향하고 있지만 그 평화는 개별 국가들 간의 평화를 바탕으로 한다.
② 인류 전체의 인권을 염려하고 옹호하며 신장시키려 하고 있지만 이 역시 개인의 인권에서부터 시작하여 개별국가의 주권에 이르기까지 그 해당 국가의 법적 · 제도적 장치에 의존하는 바가 크다.
③ 전 세계를 대상으로 하는 국제기구로서의 유엔과 그 전문기구에 대한 이해와 참여를 내세우고 있지만 그 기구의 주인으로서 회원국의 역할 또한 큰 비중을 차지하고 있다.

이런 점을 감안하면 국제이해교육은 국제주의와 국가주의의 양면을 모두 그 배경으로 전제한다고 할 수 있다. 국가주의를 바탕으로 한 자국의 이익 내지는 발전이 국제주의가 내세우는 세계의 이익이 되고 발전이 될 수 있다면 그것은 바로 국제이해교육이 추구하는 철학적 염원일 것이다. 국제이해교육이 그 철학적 배경으로서 국제주의와 국가주의를 전제하고 있다는 것을 문화적 측면으로 옮겨오면 이는 바로 세계적 보편적 문화가치와 국가별 문화상대주의 입장을 동시에 추구하는 또 하나의 철학적 배경을 형성하게 된다.

국제이해교육은 국제주의가 지향하는 이상으로서 세계적 보편 가치를 추구한다. 그리고 이와 같은 보편적 가치는 국제이해교육의 목표체계에 스며들어 있다. 그러나 국제이해교육이 이 같은 보편적 가치를 실제로 추구하는 과정에서는 타문화를 이해하는 능력과 태도가 바탕이 되어야 하며 이는 다원주의와 문화상대적 관점을 전제로 하고 있다. 결국 국제이해교육은 세계 인류가 지향하는 보편적 가치를 추구하면서 개별 국가나 각 문화권이 지니고 있는 고유한 정체성을 상호이해시키고 존중하는 선상에서 이루어지고 있다고 할 수 있다.

(2) 정치 · 경제적 의의

국제이해교육은 태생적으로 정치적 요인과 관계를 맺고 있다. 제2차 세계대전이란 결국 정치 군사적인 행위이며 그 결과로 세계 인류는 평화를 열망하게 되었고 그 실현을 위한 일환으로서 국제이해교육이 탄생했기 때문이다. 그뿐 아니라 국제이해교육은 시대적 국제정치의 흐름에 따라 그 성격과 성장 발전에 영향을 받기도 하였다.

한편, 국제이해교육의 경제적 배경은 세 가지 측면에서 논할 수 있을 것이다.

① 세계화와 관련된 부분
② 빈부의 격차와 관련된 균형발전 부분
③ 환경 문제와 관련된 지속 가능한 발전 부분

국제이해교육이 궁극적으로 지향하는 바는 인류가 다 함께 더불어 사는 것을 교육하는 것이라고 할 수 있다. 더불어 산다는 것은 서로 이해하고 서로 주고받으며 서로 의지하고 협력하면서 산다는 것을 의미한다. 20세기 후반인 현재 세계는 하나로 묶여 가는 세계화의 현상이 일어나고 있다. 이제야말로 인류는 개인이나 국가나 할 것 없이 세계화의 물결에 휩싸이게 되었으며 다른 사람, 다른 국가와 관계를 맺지 않고는 생존과 번영을 할 수 없는 시대에 살게 된 것이다. 이와 같은 경제의 세계화 과정과 상호의존적 관계는 국제이해교육이 설 수 있는 가장 강력한 입지이며 동시에 경제적 배경이라고 할 수 있다.

국제이해교육에서 더불어 산다는 것의 의미는 다 같이 잘 산다는 것을 내포하고 있다. 따라서 과잉 발전으로 고민하는 선진국들과 저개발로 고통당하고 있는 후진국들이 이 세계에 존재하는 한 국제이해교육의 이상이 실현되었다고 볼 수 없는 것이다. 현재 세계의 수억 및 수십 억의 인구가 문맹을 비롯한 무지, 영양실조를 포함한 질병과 기아까지 불러올 수 있는 빈곤에 허덕이고 있는 상황은 우리 인류가 공동으로 이 지구상에서 추방해야 할 도덕적 의무이며 세계 인류가 함께 더불어 살기 위한 전제조건이기도 하다. 빈부간의 격차를 줄이고자 하는 균형적 발전이 국제이해교육의 목표와 내용에 영향을 끼치는 이유도 여기에 있다.

국제이해교육에서 더불어 산다는 것은 다 같이 잘 산다는 것을 내포하고 있으며 이는 나아가 쾌적한 환경에서 산다는 의미까지 포함하고 있다. 인간은 쾌적하지 않은 환경에서는 잘 살 수 없기 때문이다. 따라서 더불어 산다는 것은 환경 문제와도 관련을 맺을 수밖에 없다. 18세기경 산업혁명 이후 인간은 과학기술의 발달을 앞세워 눈부신 경제발전을 이루어 왔으며 그 발전과 더불어 엄청난 생태계 파괴와 환경오염도 함께 불러왔다. 인간들은 좀 더 능률적으로 좀 더 편안히 살기 위한 발전을 원하고 추구했던 것이 결과적으로 물과 공기와 햇볕마저 마음대로 누릴 수 없는 상황으로까지 몰고 왔다. 그리고 이러한 상황은 어느 한 국가만의 문제가 아니라 온 인류가 함께 겪는 상황이 되었으며 그 해결 또한 인류가 공동으로 할 수밖에 없게 되었다. 여기서 인간들은 지속적으로 발전할 수 있는 방안을 강구하게 되었으며 이것만이 인간이 지구상에서 살아남을 수 있는 유일한 길이라고 생각했던 것이다. 인류의 생존 문제가 달려 있는 환경 문제, 나아가서는 지속가능한 발전의 문제는 인류가 다 같이 잘 살아 보자는 뜻을 가지고 있는 국제이해교육의 배경 요소로 크게 작용할 수밖에 없는 것이다.

(3) 사회 · 문화적 의의

국제이해교육이 지향하는 바가 더불어 잘 살아 보고자 하는 데 있다고 하였다. 그런데 더불어 잘 살기 위해서는 더불어 살 수 있는 여건이 갖추어져야 한다. 21세기를 맞이한 이 시점에서는 옛날의 촌락이라는 개념이 지구촌이라는 이름으로 둔갑하여 우리 생활에 다가와 있는 것이다. 이와 같은 현상은 우리의 의식주(衣食住)와 같은 물질적 측면은 물론 우리의 가치관을 포함하는 정신세계에까지 엄청난 영향을 주고 있는 것이다. 정보사회가 가져온 가장 큰 영향은 시(時), 공간(空間)의 압축(Time-Space Compression)으로 사람들이 상호작용을 직접적 대면적 형태로 가까이 형성해서 지구 전체적으로 모든 사람을 직접 연결해 줄 수 있게 되었다는 사실이다.

이런 세계적 추세는 국제적으로 더불어 살 수 있는 여건이 갖추어진 것은 물론 오히려 이런 여건들이 국제적으로 더불어 살 수밖에 없는 필연(必然)으로 등장하도록 만들어 놓고 있는 것이다. 이점이 바로 정보사회가 국제이해교육의 사회적 배경을 이루는 연유다.

한편 국제이해교육의 문화적 배경은 두 가지 측면에서 논의될 수 있을 것이다.

① 문화의 다양성 측면
② 문화의 정체성 측면

국제이해교육에서는 더불어 잘 사는 것을 지향한다. 그리고 더불어 잘 산다는 것은 국민 간에 서로 잘 이해해야 한다는 것이며, 이해한다는 것은 바로 그 나라 국민의 문화를 잘 이해해야 된다는 말일 것이다. 우리 사회가 정보화되어 감에 따라 우리 인류가 접할 수 있는 문화의 범주가 아주 넓고 다양하게 전개되고 있다. 이는 한 지역 또는 한 국가의 문화가 다른 지역 또는 다른 국가로 전파되는 과정에서 나타나는 현상이기도 한데 그 속도가 거의 동시성(同時性)으로 이루어지기 때문에 다양성의 폭은 매우 크다. 문제는 이런 문화의 홍수 속에서 어떻게 헤어나며 어떤 식으로 이해해야 하느냐 하는 것이다. 우선 기본적으로 생각할 수 있는 것은 문화상대주의 입장을 취하는 것이라고 할 수 있다. 국제이해교육이 더불어 사는 사회를 지향하고 그 사는 방식의 하나로 상대방을 이해하는 과정을 거쳐야 한다면 분명히 상대방의 위치와 입장에서 이해하려는 노력이 필요할 것이다. 이것이 다원주의 문화사회에서의 삶의 지혜이기도 하고 국제이해교육의 문화적 배경을 이루는 이유이기도 한 것이다.

앞서 국제이해교육은 더불어 잘 사는 사회를 지향하고 그러기 위해 상대방을 잘 이해해야 한다고 언급했다. 상대방이 우리를 이해하고자 할 때 우리는 우리만이 가지고 있는 고유한 그 무엇을 가지고 있어야 한다. 만일 우리의 고유한 그 무엇이 없고 대부분이 외래(外來)의 것만 가지고 있다면 이는 상대방이 우리의 것을 이해할 대상이 없어지는 것이다. 여기서 문화의 정체성이 문제가 되는 것이다. 문화의 정체성은 상대방에게 우리를 보여 줄 것, 건네줄 것일 뿐 아니라 우리가 우리임을 증명해 보이고 우리를 다른 상대방과 구분하는 기준이 되는 우리만의 고유한 그 무엇인 것이다.

요즈음 서양의 문화가 동양의 문화를 압도하고 있는 경향을 보인다. 이런 상황일수록 우리의 정체성을 지키고 보존하며 발전시키는 일은 더욱더 필요하다. 우리의 문화적 정체성을 가지고 있을 때만 세계 문화의 일원으로 참여하여 문화 다양성에 도전할 수도 있으며 문화를 통한 더불어 사는 사회를 건설할 수도 있는 것이다. 국제이해교육에서 문화의 다양성과 타문화의 이해를 중요시하면서도 자신의 문화 정체성을 강조하는 연유가 바로 여기에 있다.

2) 국제이해교육의 과제

오늘날 우리나라에서 국제이해교육의 과제는 다음과 같다. 첫째, 한편으로는 국제이해교육의 내용으로서 세계적인 시각, 타문화 이해, 세계적 상호의존관계를 강조하고 평화, 인권, 개발, 환경 등의 문제를 다루는 반면, 다른 한편으로는 국제교류라든지 영어교육과 같은 타문화 이해 중심의 국제이해교육으로 편중되는 일이 발생하지 않도록 할 필요가 있다.

둘째, 국제이해교육의 교육과정이 보다 체계적으로 개발될 필요가 있다. 국제이해교육의 필요성에 비추어 볼 때, 우리나라의 국제이해교육을 위한 노력은 일부 교과에 한정되어 이루어져 왔다고 볼 수 있다. 초등학교와 중학교에서는 주로 사회과를 중심으로 전개되어 왔으며, 고등학교에서의 국제이해교육은 외국어 교과나 사회과 교과교육을 통해서 부분적으로 이루어지고 있고, 학교의 창의적 재량활동이나 특별활동, 창의적 체험활동 시간에 실시되기도 한다. 국제이해교육을 특정교과에만 한정하여 교육하기에는 우리 사회의 문화, 인종, 사회계층, 종교 등의 다양성이 매우 급속도로 진행되고 있다. 오랫동안 단일민족으로 단일문화를 전제로 교육이 이루어지던 우리나라에서도 다양성을 인정하고 이를 존중하는 교육으로 변화해야 할 필요가 높아지고 있다.

최근 우리 사회의 다문화 가정 증대현상은 국제이해교육의 필요성을 더욱 부각시키고 있다. 2006년도 국정브리핑 자료에 따르면 우리나라의 경우 2005년 전체 결혼 건수 316,375건 가운데 외국인과의 혼인 건수는 43,121건으로 전체 13.6%에 달한다. 국제결혼 문제가 대두되고 보편화되면서 이전까지 고민할 필요가 없었던 다문화가정 자녀교육의 문제가 현안으로 떠오른 상태다(부산대학교 교육연구소, 2007). 우리나라나 일본에서처럼 국제이해교육을 하나의 학습 과목으로 설정한 제도하에서는 보다 체계화된 교육과정이 더욱 요구된다.

셋째, 사회변화에 능동적이고 적극적으로 대처해 가기 위해서는 다양한 인적 구성원을 가르칠 교사들의 준비가 필수적이다. 학생들에 대한 국제이해교육이 필수적인 상황에서 국제이해교육을 실시할 수 있는 교사교육의 부재는 시급히 해결되어야 할 과제라 할 수 있을 것이다.

넷째, 국제이해교육을 운영할 수 있는 구체적인 교수-학습활동 프로그램 개발이 필요하다. 현장교사들이 가장 필요로 하는 것은 교실에서 바로 사용할 수 있는 구체적인 교수-학습활동 프로그램이다. 그러므로 국제이해교육의 교육목표와 내용을 구현한 교수-학습활동 프로그램 개발도 해결되어야 할 과제다.

탐구과제

- 국제이해교육, 세계관계교육, 다문화교육의 개념을 구분하여 설명해 보자.
- 우리나라의 초 · 중등학교 학생을 위해 개발된 국제이해교육 교재를 한 권 선택하여, 해당 교재에 나타난 국제이해교육의 목표 및 내용상의 특징을 찾아보자.
- 국제이해교육이 궁극적으로 지향하는 '다함께 더불어 사는 교육(learning to live together)' 에서 '더불어 산다' 는 것의 의미에 대해 설명해 보자.

참고문헌

김기홍, 박소영(2009). 미국 국제이해교육의 현황 분석을 통한 한국 국제이해교육에의 정책적 시사점 연구. 수산해양교육연구, 21(1), 106-120.

김현덕(2003a). 국제이해교육의 영역과 교육과정. 이삼열, 강순원, 한경구 외, 세계화 시대의 국제이해교육. 서울: 한울.

김현덕(2003b). 미국의 국제이해교육 동향 및 과제. 비교교육연구, 13(2), 41-57.

김현덕(2007). 다문화교육과 국제이해교육의 비교연구: 미국사례를 중심으로. 비교교육연구, 17(4), 1-23.

김현덕, 문영주, 김현숙(2005). 교실에서의 국제이해교육: 학생 중심의 다양한 프로그램. 서울: 교육과학사.

부산대학교 교육연구소(2007). 학교에서의 다문화교육의 현황과 과제. 학술대회 자료집.

유네스코 아시아 · 태평양 국제이해교육(2003). 세계시민을 위한 국제이해교육-초 · 중등학교 교육과정. 유네스코 아시아 · 태평양 국제이해교육원.

유네스코한국위원회 편(1996). 학교에서의 국제이해교육. 서울: 한울.

유네스코한국위원회(2000). 국제이해교육 방법론: 교육의 방법과 예시 자료 개발. 서울: 사람생각.

이삼열, 강순원, 한경구 외(2003). 세계화 시대의 국제이해교육. 서울: 한울.

정두용, 신은숙, 정득진(2003). 세계시민교육을 위한 국제이해교육. 서울: 정민사.

진시원(2009). 국제정치교육과 국제이해교육의 관계: 세계관계교육을 위한 시론. 한국시민윤리학회보, 22(1), 1-23.

한명희 외(1996). 국제사회와 국제이해교육. 서울: 정민사.

石井ゆり(2008). ヨーロッパのIntercultural Educationとの比較を通して見た日本の國際理解教育. 부산대학교 사범대학 국제학술대회 자료집.

遠藤勝弥(2008). 教育の挑戰: 多文化化國際化. 東京: 勉誠出版.

大津和子(2003). 國際理解教育-地球市民を育てる授業と構想. 東京: 國土社.

大津和子(2008). グローバル時代の市民を育成する國際理解教育-理論と現狀-. 부산대학교 사범대학 국제학술대회 자료집.

加藤幸次, 淺沼茂(2001). 國際理解教育をめざした總合學習. 東京: 黎明書房.

佐藤郡衛(2006). 國際理解教育: 多文化共生社會の學校づくり. 東京: 明石書店.

多田孝志(2000). 學校における國際理解教育-グローバルマインドを育てる-. 東京: 東洋館出版社.

Banks, J. (1994). *Multiethnic education: Theory and practice*. Boston: Allyn & Bacon.

Joyce, B. R., & Nicholson, A. M. (1979). "Imperative for Global Education." *Schooling for Global Age*. Edited by J. M. Becker, New York: Lawrence Erlbaum Associates Taylor Francis Group. 95-109.

제2장

평화교육의 이론

-송승아-

- 평화교육은 평화에 관한, 평화를 위한, 그리고 평화로운 수단에 의한 교육으로서 평화와 관련한 가치 · 지식 · 태도 · 기술 등을 다루는 교육이다. 그러나 평화교육은 평화가 무엇인지에 대한 정의에 따라 그 내용과 체계가 달라지는 교육이라는 태생적 한계를 지니고 있다.
- 갈퉁을 비롯한 평화학자들은 구조적 폭력과 문화적 폭력이 부재한 상태를 적극적 평화라고 지칭하고, 이를 직접적 폭력이나 물리적 폭력이 부재한 상태인 소극적 평화와 구분하여 평화교육의 지평을 확장했다. 그러나 평화 개념의 확장은 평화교육의 목표와 내용이 무엇인지를 쉽게 파악하기 어려운 상황을 초래하기도 했다.

학 습 목 표

- 평화가 어떤 상태인지 이해하고 평화학이 무엇인지 알아본다.
- 평화교육의 의미를 이해한다.
- 평화교육의 목적을 이해한다.
- 평화교육의 발전과정과 현황을 이해한다.
- 평화교육의 유형과 내용을 이해한다.
- 평화교육의 문제점과 개선방안을 알아본다.

1 평화교육의 주요 개념과 정의

평화교육은 나의 삶은 물론 타인의 삶, 공동체와 사회·환경, 나아가 국제사회의 평화를 창조하는 데 기여하는 성숙하고 능동적인 의지를 가진 시민을 양성하고, 평화적 가치에 대한 신념으로 평화실현을 위해 노력할 수 있는 '능력'을 길러 주는 교육이다.

평화교육은 교육의 유형과 내용에서 큰 변화를 거쳐 왔는데, 그 변화의 핵심은 전쟁 부재와 전쟁 방지를 위한 교육에서 '구조적 폭력'이 부재한 교육으로 변화한 점에서 찾을 수 있다. 여기서 구조적 폭력이란, 인간의 욕구에 대한 제한과 침해 및 결핍 등을 의미하는 것으로, 인간의 욕구에 대한 모욕이나 폭력 등을 의미한다.

냉전 질서가 붕괴된 이후 평화 개념과 폭력 개념이 원천적 변화를 경험했다. 냉전 시기의 폭력은 곧바로 전쟁이나 군비경쟁 혹은 핵위협 등을 의미하는 것이었지만, 냉전 이후 폭력은 인간의 욕구에 대한 억압과 착취, 결핍, 제한 등으로 의미가 확대되었다. 인간의 욕구는 생존에 대한 욕구, 복지에 대한 욕구, 정체성에 대한 욕구, 자유에 대한 욕구, 문화에 대한 욕구 등이 있는데, 이러한 욕구가 제한되고 결핍되고 모욕되는 일체의 행위와 시도가 이제 구조적 폭력이란 개념으로 일원화되었으며, 따라서 평화 개념도 전쟁 부재 상태에서 구조적 폭력이 부재한 상태로 확대되어 전환된 것이다(Galtung, 1997). 즉, 냉전 이후 평화 개념은 생존욕구를 침해하는 전쟁과 사형제도, 복지에 대한 욕구를 억압하는 경제적 제재나 봉쇄, 정체성에 대한 욕구를 침해하는 여성이나 사회적 소수자에 대한 차별, 자유에의 욕구를 억압하는 감금이나 추방, 구조적 폭력과 직접적 폭력을 정당화하는 문화적 폭력 등이 부재한 상태로 확대된 것이다.

국제사회의 평화가 더는 단순하게 전쟁 부재 상태만을 의미하는 것이 아니라 인간의 욕구에 대한 억압과 착취, 제한 등이 부재한 상황이라고 정의한다면, 국제적 차원에서 평화교육이 어떠한 발전과정을 걸어왔는지 살펴보고, 우리나라의 평화교육 또한 이러한 과정상 어떻게 발전해 오고 어떠한 문제점에 봉착해 있는지를 살펴보는 작업은 불가피해 보인다.

결국 냉전 질서가 붕괴된 이후 평화교육의 필요성이 더욱 확대되었으며, 평화교육의 유형과 내용도 변화와 개선을 요구받고 있다.

1) 평화와 폭력

평화란 무엇인가? 전통적이고 일반적으로 평화란 전쟁의 반대말로 인식되어 왔다. 그런데 이런 단순한 정의조차도 전쟁이 무엇인지에 대한 정의에 따라 평화 개념의 외연과 내포가 달라진다는데 문제가 있다. 전쟁은 폭력과 갈등, 충돌이라는 단어 없이는 설명이 불가능하다는 점은 확실하지만, 얼마만큼의 희생자를 내어야 전쟁이라고 규정지을 수 있고, 얼마만큼의 무력과 폭력이 동원되어야 전쟁이라고 정의할 수 있는지에 대하여 학자들 간에 합의된 사항은 없다.

설령 전쟁에 대한 어려운 정의 문제를 회피하더라도, 평화를 전쟁이 부재한 상태라고 묘사하고 정의하는 전통적 접근은 설득력과 현실 반영성이 있는 것인가? 평화연구자들은 그렇지 않다는 점에 동의한다. 평화는 정의(Justice)와도 연계되는 개념이기 때문이다. 즉, 정의롭지 못하지만 전쟁이 없는 평화로운 상태가 존재하는데, 이것을 진정 평화로운 상태라고 말할 수는 없다는 것이다. 비평화적 수단에 의해 전쟁이나 직접적 폭력이 부재한 상황을 평화상태라고 말하기는 곤란하다는 것이고(www.dadalos.org "Peace Education"), 힘에 의한 억압이나 강제에 의해 전쟁이 없는 상태를 평화 상태라고 지칭하기는 어렵다는 것이다. 이러한 주장에 따르면 평화는 전쟁이 부재한 상태가 아니라 폭력이 부재하고 동시에 정의로운 상태라고 정의할 수 있다. 그렇다면 다시 평화란 무엇인가?

Linda Groff(2002: 7-9)는 평화에 대한 정의를 다음과 같은 몇 가지 사례로 구분하여 정의한다. 첫째, 전쟁의 예방을 강조하는 측면에서 평화를 정의하는 것으로 이런 측면에서 접근하면 평화는 전쟁 부재의 상태로 이해되거나 국제체제에서 세력균형에 의한 국가 간 폭력 부재의 상태로 이해된다. 둘째, 구조적 폭력의 소멸을 강조하는 측면에서 평화를 정의하는 것으로, 소극적 평화와 적극적 평화를 구분하고 전쟁이 없는 상태뿐 아니라 억압, 착취, 빈곤, 환경파괴, 교육과 의료시설 부족, 인권 훼손 등과 같은 구조적 폭력이 부재한 상태를 평화로 규정한다. 셋째, 공동체나 집단, 개인적 차원에서 물리적이고 직접적인 폭력이 없는 상태를 강조하는 접근으로, 이런 차원에서 평화를 이해하면 평화는 개인이나 집단 혹은 어떤 공동체(예를 들어, 특정 인종)에 대한 신체적 상해, 강도, 강간, 학살 등이 부재한 상태를 말한다. 넷째, 전체론적(Holistic) 평화관을 지향하는 시각으로 이러한 측면에서 바라보는 평화관은 문화 간 존중과 공존, 인간과 환경뿐 아니라 다양한 생태계 구성원 간의 동등성과 공존, 인간 개인의 내적 평화와 외적 평화의 합치 등과 같은 분야를 강조하게 된다. 이 시각에서는 환경과 생태계 균형 파괴 역시 폭력으로 규정되는데, 환경보호와 생태계의 보존, 문화 다양성, 개인의 심적 평화 등이 평화 개념의 중요한 구성요인으로 등장한다.

결국 평화에 대한 이러한 다양하고 광범위한 정의는 평화교육의 외연과 내포가 무한히 확장되거나 무한히 축소될 수 있음을 보여 준다. 한마디로 평화교육에 대한 정의와 평화교육의 내용은 상대적이고 유동적이며 변화 친화적이라는 것이다. Groff가 제시한 평화의 유형은 평화와 폭력이 긴밀하게 연관된 동전의 양면과 같은 존재임을 보여 준다. 즉, Groff가 제시한 평화의 유형은 모두 폭력이 부재한 생태로 규정되기 때문이다.

그렇다면 폭력은 무엇인가? 폭력의 정의 역시 명확하게 규정되거나 차별화되어 있지 못한 것이 현실이다. 폭력이라고 하면 일반인들은 폭력적 범죄(강도나 상해, 살인, 강간 등), 타인의 재산을 의도적으로 파괴하는 반달리즘, 인종차별적 폭력, 폭력적 시위와 진압, 정치적 폭력 등을 떠올린다. 그러나 이러한 식의 접근은 폭력이 무엇인지 정확하게 설명해 주지 못한다.

Galtung(2000: 19)은 폭력을 직접적 폭력과 구조적 폭력으로 구분한다. 폭력의 결과를 의도한 행위자 또는 가해자가 존재한다면 이것은 직접적 폭력인 반면, 그렇지 않으면 간접적 폭력 또는 구조적 폭력으로 지칭할 수 있다는 것이다. 간접적 폭력은 사회구조 자체에서 발생하는데, 구조적 폭력의 가장 주요한 형태는 정치와 경제에서 발생하는 억압과 착취다. 즉, 구조적 폭력은 종속, 착취, 빈곤, 기아, 환경오염, 성불평등, 종교 갈등, 인종 분규 등으로 구체화된다.

Galtung은 직접적 폭력과 구조적 폭력 이외에 문화적 폭력을 제시한다. 문화적 폭력은 종교와 사상, 언어와 예술, 과학과 법, 대중매체와 교육 내부에 존재하는 것으로 직접적 폭력과 구조적 폭력을 정당화하는 기능을 수행한다. 정리하면, 평화는 폭력이 부재한 상태로 폭력은 직접적 폭력, 구조적 폭력, 문화적 폭력 등이 존재하며, 직접적 폭력이나 물리적 폭력이 부재한 상태를 평화학자들은 소극적 평화(negative peace)라고 지칭하는 반면, 구조적 폭력과 문화적 폭력이 부재한 상태를 적극적 평화(positive peace)라고 지칭한다(Galtung, 2000: 9).

2) 평화교육의 정의

평화교육이 무엇이고 어떠한 목표를 지향하는지를 알아보기 위해서 먼저 요구되는 작업은 평화가 무엇인지를 규정하는 것이다. 평화가 무엇인지를 규정하는 작업에 따라 평화교육의 개념과 목표 및 내용이 달라지기 때문이다(홍순정, 2007: 7). 그러나 평화를 규정하는 일은 쉬운 일이 아니다. 학문적으로 정립되어 있는 것도 아니고 학자들 간에 합의된 것도 아니기 때문이다. 문헌에 나와 있는 평화교육에 대한 정의를 정리해 보는 작업은 평화교육에 대한 이해를 돕는 데 도움이 된다고 생각된다. 기존 문헌에서 평화교육의 개념은 대체로 다음과 같이 정리된다.

평화교육은 평화문화 증진을 위해 평화교육적 방법으로 평화적 지식을 가르치는 대안적 교육을 말한다(강순원, 2003: 118)

평화교육은 대체로 광의와 협의의 두 가지로 주장된다. 넓은 의미의 평화교육 개념을 주장하는 이들은 모든 교육이 기본적으로 평화롭고 발전된 사회를 실현하기 위해서 존재하기 때문에, 개인과 사회의 발전을 목표로 하는 계몽적인 교육은 모두 평화를 달성하는데 이바지하는 것이므로 평화교육이라고 할 수 있다는 것이다. 그러나 평화교육을 이렇게 넓게만 보면, 평화교육의 목표와 방법이 애매해지고 실효성 있는 평화교육을 하기가 어렵다는 것이 협의의 개념을 주장하는 자들의 변이다. 평화는 막연한 발전과 번영의 상태가 아니라 구체적으로 전쟁이나 폭력이 없는 사회와 국제관계를 만드는 일이기 때문에 전쟁과 폭력과 물질적 결핍의 원인과 조건을 가르치며, 이를 줄이거나 극복하는데 기여하는 가능한 방법을 모색하는 교육을 엄격한 의미에서 평화교육이라고 해야 한다는 것이다(이삼열, 1992: 268).

평화교육은 평화부재의 현실과 사회구조를 인식하게 할 뿐 아니라 여기에 대항해서 평화로운 사회를 건설할 수 있는 능력을 길러 주는 교육이고, 평화교육은 근본적으로 나와 다른 사람들과 어떻게 함께 사는가를 의식화시키는 교육이다. 그리고 존재하는 갈등관계를 공격성이나 배타성, 폭력으로 해결하지 않고 대화와 화해와 합의를 통해 평화적으로 해결하는 교육을 말한다(이삼열, 1992: 275).

전통적으로 평화교육은 교육적 노력의 일환으로 전쟁 방지, 국가 · 지역 · 인종 · 종교 간의 분쟁을 줄이기 위한 국제이해교육을 중심으로 다루어 왔다. 평화는 우리가 추구하고 선택하는 가치이기 때문에 평화교육은 가치지향적인 교육이다(홍순정, 2007: 6).

평화교육의 초점은 사람들로 하여금 자신들 간의 갈등을 보다 창조적이고 덜 폭력적으로 다룰 수 있는 능력을 키워 주는 데 있다(Galtung, 1997).

평화교육은 인간 개개인의 인격 발전을 도모하고 인권존중과 기본적인 개인의 자유를 강화하기 위한 교육이다. 평화교육은 국가 · 인종 · 종교 간의 이해와 관용, 그리고 우정을 증진한다(유엔인권선언 제26조).

평화교육은 세계를 변혁시키는 데 기여해야 한다. 평화교육은 개인들이 폭력에 의존하려는 의지를 약화시켜야 하며 사회와 국가 간의 관계에서 드러나는 모든 종류의 폭력의 구조를 밝혀내고 이를 종식시키는 데 이바지해야 한다(www.dadalos.org "Peace Education").

평화교육은 사람들에게 갈등을 건설적으로 극복할 수 있는 기술을 제공하고, 갈등의 상승작용을 예방하여 갈등관계에 놓인 개인과 공동체 및 국제적 차원의 관련 행위자들을 화해할 수 있게 하는 교육이다(www.dadalos.org "Peace Education").

결국 이상의 내용을 정리해 보면, 평화교육은 평화에 관한(about peace), 평화를 위한(for peace), 평화로운 수단에 의한(by peaceful means) 교육으로서 평화와 관련한 가치 · 지식 · 태도 · 기술 등을 다루는 학문으로 개념 정의될 수 있으며, 평화교육은 평화가 무엇인지에 대한 정의에 따라 그 내용과 체계가 달라지는 교육임을 알 수 있다. 또한 평화교육은 가치와 지식 등과 같은 인지적 영역에만 한정된 것이 아니라 학습 대상자의 적극적인 평화 지향적 행동과 실천을 추동하는 적극적인 의미의 교육인 것이다. 즉, 평화교육의 독특한 점은 이론적 측면과 실천 지향적 측면이 동시에 결합되어 있다는 점이다.

앞의 다양한 정의를 통해 알 수 있는 또 다른 점은 평화교육의 목적이 평화 문화의 증진, 평화 달성, 전쟁이나 폭력이 없는 사회 건설, 다른 사람과 함께 사는 법 의식화, 갈등관계의 평화적 해결, 인권 존중, 개인 · 집단 · 국가 간의 이해, 관용, 우정 증진 등과 같이 상당히 포괄적으로 이해되고 있다는 점이다.

평화교육은 전쟁과 폭력은 인류의 행복에 도움이 되지 않는다는 점, 전쟁과 폭력은 인간 본성에서 비롯된 결과물이 아니라는 점 그리고 평화는 학습될 수 있다는 점 등을 우선적으로 전제하고 있는데, 평화교육의 목적은 다음과 같이 정리할 수 있다(Hicks, 2006, 240-241). 첫째, 개인, 기관, 집단, 사회 등 모든 영역에서 평화를 가로막는 장애물이 무엇이며, 비평화의 원인이 무엇인지에 대해서 문제를 제기한다. 둘째, 덜 폭력적이고 더 정의로운 세상으로 이끌어 줄 방법으로 갈등을 해결한다. 셋째, 지금과는 다른 대안적인 미래를 건설할 수 있는 방법, 특히 더 정의롭고 지속가능한 세계를 실현할 수 있는 방법을 연구한다.

지금까지 평화교육의 정의, 목적, 가정적 전제 등을 살펴보았는데, 평화교육의 필요성은 다음과 같이 여러 가지를 지적할 수 있다(이삼열, 1992: 284). 첫째, 평화적인 사고와 태도 및 평화적인 수단에 기반해서 타인과 생태계에 대한 접근을 시도하지 않는다면, 소극적 평화와 적극적 평화를 건설하기 어렵다. 둘째, 소극적 평화와 적극적인 평화 건설은 더는 미룰 수 있는 가치와 목표가 아니라 지금 추진하지 않으면 인간과 생태계 자체가 위험에 빠질 수 있는 급박한 교육적 과제다. 셋째, 평화에 관한 가치와 태도는 어려서부터 주요 구조와 내용이 결정되기 때문에 초등교육과 중등교육에서 평화교육을 가르쳐야 할 필요성이 더욱 높다. 넷째, 평화에 관한 가치와 태도가 비록 어린 시절에 크게 규정되지만, 평화교육은 평생을 거쳐 지속되어야 하는 평생교육적 측면도 있다. 성인의 평화에 대한 가치와 태도가 고정되어 있다고 단정하기보다는 기성세대인 성인에 대한 적극적이고 지속적인 평화교육이 필요한 것이다.

이외에도 Hicks는 평화교육이 학생의 교육과정에 반드시 포함되어야 하는 이유를 두 가지 더 정리하여 제시하고 있다(Hicks, 2006: 242-245). 첫째, 인류가 살고 있는 지구 상황이 평화교육을 요구하고 있다는 것이다. 지구는 생태학적으로 위험할 뿐 아니라 불평등과 폭력, 부정의, 테러, 소외 등에 심각하게 노출되어 있어, 이들 요인에 대한 극복방안으로서의 평화교육이 교육과정에 반드시 포함되어야 한다는 것이다. 둘째, 어린 시절의 사회화가 학생들이 세계를 인식하는데 결정적인 역할을 수행하기 때문에, 어린 시절 전쟁과 평화에 대한 제대로 된 평화 지향적 인식을 교육을 통해 확보하는 것이 중요하다는 것이다.

평화교육의 성공 여부는 다양한 요인에 의해 결정되고 영향을 받는데, 평화교육의 성공적 실천을 위해 평화교육자들이 수행해야 할 과제는 다음과 같다(Harris, 2002: 28). 첫째, 군사문화를 어떻게 평화문화로 대체할 것인가? 둘째, 정책결정자들이 한정된 자원을 평화교육을 지원하는데 투여할 수 있도록 어떻게 설득할 것인가? 셋째, 학교 현장에서 평화건설 전략을 어떻게 수립할 것인가? 넷째, 피교육자들이 평화적으로 행동하고 평화적 가치를 중시하는 태도를 가르치기 위해 어떠한 교수-학습방법을 개발할 것인가?

이와 같은 평화교육의 과제를 살펴보는 작업은 중요하다. 평화교육의 정의를 명확히 규정하고 평화교육의 목적을 구체적으로 파악하고 있다 하더라도 이상에서 살펴본 평화교육의 과제를 적절히 성공적으로 해결하기 전에는 평화교육의 목표도 달성되기 어려울 뿐 아니라 평화교육 개념의 정의도 순수 학문적이거나 비실천적인 차원에 머무를 수밖에 없기 때문이다. 이러한 논의를 바탕으로 2절에서는 평화교육의 발전과정과 현황을 국제적 차원과 우리나라 차원으로 구분하여 살펴본다.

2 평화교육의 발전과정과 현황

1) 평화교육의 시기별 발전과정

평화와 폭력의 개념 변화과정은 앞의 1절에서 살펴보았는데, 평화와 폭력의 개념 변화과정은 평화교육이론의 역사적 발전과정과 일치한다. 평화교육이론이 역사적으로 그 외연과 내포를 변화해 오면서 평화와 폭력에 대한 개념정의가 동시에 변화되어 왔기 때문이다.

평화교육은 평화학(Peace Studies) 그리고 평화운동(Peace movement)과 함께 발전되어 왔다. 따라서 평화교육과 평화학, 그리고 평화운동은 서로 떼기 어려운 긴밀한 관계를 지니고 있다. 그런데 평화학을 이해하기 위해서는 안보학(Security Studies)을 살펴보지 않을 수 없다. 안보학과의 경쟁 및 상호작용 과정 속에서 평화학이 등장했기 때문이다. 안보학은 군사력의 보유, 과시, 위협, 사용 등을 연구하는 학문으로 정의되거나 전쟁의 원인, 목적, 효과, 예방방법 등을 연구하는 학문으로 일반적으로 정의되는데, 안보학의 변화과정은 다음과 같이 정리할 수 있다(김명섭 외, 2003: 241-242).

첫째, 양차 대전 사이 시기의 안보학은 군사력보다는 국제법이나 국제기구에 초점을 맞추어 연구가 진행되었다. 결국 이 시기 안보학은 이상주의적 시각을 중심으로 연구되었는데, 군사력은 국가경영을 위한 수단이나 외교의 연장으로 인식되는 것이 아니라 치유되어야 할 일종의 질병으로 인식되었다. 둘째, 제2차 세계대전이 발발하자 이러한 이상주의적 접근은 존재의 기반을 상실했다. 제2차 세계대전 이후 10여 년 동안(1945~1955년) 안보학자들은 전쟁을 치유가 필요한 질병으로 인식한 것이 아니라, 국가경영의 수단이고 외교의 연장이라는 현실주의적 관점에서 접근하기 시작한 것이다. 셋째, 안보학의 황금기인 1955~1965년 사이의 시기다. 이 시기 안보학은 핵전쟁과 핵억지이론, 군축 등의 영역에서 집중적으로 연구되기 시작해 구체적이고 체계적으로 자리 잡기 시작했다. 넷째, 1965년 이후 10여 년 간의 미·소 데탕트 시기로, 이 시기 안보학은 적지 않은 영역에서 변화를 경험했다. 군사적인 영역에 대한 관심이 약화되었고 평화학과 평화연구에 대한 관심이 증가되어 이들 분야가 태동되었다. 다섯째, 1975~1980년대 시기는 미·소 데탕트가 와해되고 새로운 냉전이 등장하여 미·소 간 갈등과 긴장 관계가 다시 강화된 시기다. 따라서 이 시기의 안보학은 다시 군사적 측면에 대한 연구를 강화하기 시작했다. 여섯째, 그러나 1980년대 후반과 1990년대 초반 냉전이 해체되면서 안보학에도 획기적인 변화가 도래했다. 즉, 냉전 질서가 붕괴되자 군사적 위협이 줄어든 대신 빈곤, 환경, 기아, 인권, 난민, 테러, 종교갈등, 인종 분규, 빈부 격차 등의 문제가 각국의 안보를 위협하는 새로운 요인으로 부각되었으며, 이에 따라 안보학도 비군사적 측면의 안보를 중시하는 방향으로 학문의 내용과 목적이 변화되었다.

결국 안보학의 변화과정에서 크게 세 번의 평화교육 움직임이 존재했음을 확인할 수 있다. 첫 번째 시기는 제1차 세계대전과 제2차 세계대전 사이 이상주의적 안보관이 등장한 시기이며, 두 번째 시기는 1965년 이후 10여 년 간의 시기로 이 시기는 평화학과 평화교육이 본격적으로 태동한 시기다. 마지막으로 세 번째 시기는 냉전 붕괴 이후로 이 시기의 평화교육은 전쟁뿐 아니라 빈곤, 환경, 에너지, 기아, 인종 차별, 종교 갈등 등과 같은 비군사적 위협도 교육 대상으로 포함시켰다.

평화교육의 태동과 활성화 배경을 이해하기 위해서는 안보학의 변화과정을 살펴보는 것도 중요하지만, 평화교육의 내용이 냉전 질서의 종말을 중심으로 획기적으로 변화했다는 점을 고려하면 냉전 질서의 등장과 발전 및 해체에 이르는 역사적 과정을 살펴보는 작업도 필요해 보인다.

냉전기의 안보 개념은 군사전략적 차원에 한정되어 안보는 결국 군사적 안보만을 의미하는 것이었다. 즉, 당시에는 경제안보, 환경안보, 자원안보 등과 같은 개념이 존재하지 않았다는 것이다. 냉전기는 시기적으로 다음과 같은 몇 단계를 거치며 지속되고 해체되었다(김명섭 외, 2003: 55).

제1기는 냉전의 성립기로 1945~1955년 시기다. 이 시기는 미 · 소 갈등이 시작되고 한국전쟁이 발발하고 북대서양조약기구(NATO)가 형성되면서 냉전기류가 형성된 시기다. 제2기는 냉전시기가 다극화되는 시기로 1956~1970년 시기다. 이 시기는 미 · 소로 양극화되어 있던 국제 질서가 중소분쟁, 프랑스의 자주외교, 비동맹 외교의 강화 등이 발생하면서 미 · 소 이외의 다양한 국가의 영향력이 확대된 시기다. 제3기는 냉전의 해빙기로 1971~1979년 시기다. 이 시기는 미중 화해, 베트남전 종결, 카터 행정부의 이상주의 추구 등이 이루어지면서 냉전이 해빙되어 약화된 시기다. 제4기는 1979~1989년 시기로 제2의 냉전기로 불린다. 이 시기는 소련이 아프가니스탄을 침공하고 미국은 소련과의 경쟁에서 스타워즈 계획을 발표하면서 미 · 소 간의 무한군비경쟁이 벌어진 시기이고, 그 결과 소련이 결국 붕괴하면서 냉전 질서가 종식된 시기다.

이러한 냉전의 시기 구분 중 평화학이 학문으로 확립되고 집중적으로 연구되기 시작한 시기는 냉전의 다극화 시기(1956~1970)다(김명섭, 2002: 135-138: 홍순정, 2007: 181). 평화학의 창시자인 Galtung을 중심으로 한 스칸디나비아 평화학이 태동한 시기가 바로 이 시기다. 1959년 노르웨이의 오슬로 평화연구소(Peace Research Institute Oslo: PRIO)가 출범했으며, 이 연구소를 중심으로 Galtung은 적극적 평화 개념을 개발하고 정교화했다. 냉전의 다극화 시기에는 스칸디나비아 국가들 말고 미국에서도 평화학의 전통이 태동되었다. 그러나 냉전 다극화 시기의 가장 중요한 특징은 평화학이 대학의 학부과정으로 확립되었다는 점이다.

냉전의 다극화 시기는 1950년 한국전쟁 발발과 1960년대 베트남전쟁 발발과 같은 영향력으로 인해 평화학에 대한 급진적인 비판이 촉발된 시기였다. 급진 세력은 평화학을 현존 질서와 폭력에 대한 관용을 가르친다는 이유로 반동적인 것으로 취급했으며, 이러한 비판에 자극받아 Galtung은 구조적 폭력과 적극적 평화 개념을 발전시켰다. Galtung은 평화를 적극적 평화와 소극적 평화로 구분했는데, 적극적 평화는 구조적 폭력이 부재한 상태이고,

소극적 평화는 전쟁이 부재한 상태를 말한다.

냉전 다극화 시기에 평화학이 태동한 또 다른 이유는 유네스코가 적극적으로 평화교육을 추진하기 시작했다는 점에서 찾을 수 있다. 1946년 발효된 유네스코 헌장은 "전쟁들이 인간의 마음에서 시작되므로, 인간의 마음속에 평화에 대한 방어가 구축되어야 한다."고 선언하고, 평화는 정부 간에 추진되는 정치와 경제적 타협만으로 이루어질 수 없으며 인류의 지적이고 도덕적 연대에 기초해야 한다고 주장했다.

냉전 다극화 시대에 태동된 평화교육은 냉전 해빙기(1971~1979)를 맞아 더욱 활성화되고 발전했다(김명섭, 2002: 139; 이삼열, 1992: 266; 홍순정, 2007: 181). 특히 이 시기 평화학자들은 국가 간 갈등과 핵문제뿐 아니라 정의, 평등, 인간 존엄성, 생태적 균형 등의 문제에도 관심을 보이며, 이들 영역에 대한 평화학적 연구를 심화시켰다. 냉전 해빙기 평화학의 가장 큰 특징은 유네스코가 국제이해교육(Education for International Understanding)을 강조하며, 국제적 차원의 평화교육을 주도하기 시작했다는 점이다.

국제이해교육은 "전쟁이나 착취를 하지 않고 서로 존중하며 존중받으며 살기 위해, 다른 나라의 문화와 역사, 인종, 습관 등을 이해하는 교육"으로 기본적으로 국제체제의 평화를 위한 다양성과 공존을 중시하는 교육이다(이삼열, 2003: 9). 유네스코는 1974년 "국제이해, 국제협력, 국제평화를 위한 교육 및 인권과 기본적 자유에 대한 교육에의 권고"를 통해 교육은 침략과 지배를 목적으로 하는 전쟁을 용납해서는 안 된다고 선언했다. 이후 유네스코는 국제적 차원의 평화교육인 국제이해교육의 확대와 강화를 위한 주도적 국제기구로 활동해 오고 있다.

그러나 평화학이 구조적인 대전환을 맞이한 계기는 냉전의 붕괴였다. 따라서 냉전 시기의 평화학과 탈냉전 시기의 평화학은 근본적이고 구조적인 차이를 드러내고 있다(김명섭, 2002: 141). 냉전 시기 국가들의 가장 중요한 관심사는 군사적인 안보였다. 그러나 냉전 붕괴 이후 국가들의 주요 관심사는 기아, 환경, 난민, 에너지, 종교 갈등, 인종 갈등, 테러, 핵확산, 신종 전염병 등으로 이동했다. 비록 국가의 군사적 안보가 가장 중요한 안보요인으로 남아 있는 것은 사실이지만, 앞에서 언급한 분야에서 발생하는 위기나 폭력이 야기하는 안보에의 위협도 무시하기 어려운 상황이 도래한 것이다.

상황이 이렇게 바뀌자, 안보학과 평화학의 근본적인 변화가 추동되었다. 안보학에서는 비군사적 측면의 안보에 관심을 갖기 시작했으며, 평화학도 전쟁이나 물리적 폭력이 아닌 Galtung이 지적한 구조적 폭력에 더욱 초점을 맞추어 평화연구를 수행하게 된 것이다. 이에 따라 안보학도 경제안보, 사회안보, 문화안보, 환경안보, 자원안보, 식량안보 등의 개념을 내놓으며 학문으로서의 내용의 변화를 추구했다.

그러나 여기서 중요한 점은 안보학이 이렇듯 비군사적 측면의 안보에도 연구의 초점을 맞추게 되면서, Galtung이 주장한 구조적 폭력과 적극적 평화 개념이 안보학의 내용과 수렴화되어 결국 안보학과 평화학이 서로 유사화되는 현상이 발생했다는 점이다(김명섭, 2002: 142).

냉전 시기에는 안보학과 평화학 간의 학문적인 공통분모가 없었지만, 냉전 붕괴 이후 시기에는 안보학과 평화학의 중심적인 연구 분야가 중첩되고 수렴화된 것이다. 안보학과 평화학의 공통분모와 유사화된 영역은 바로 Galtung이 지적한 구조적 폭력이고 적극적 평화 영역이다. 안보학이 비군사적인 영역, 즉 기아, 환경, 난민, 에너지, 종교 갈등, 인종 갈등, 테러, 핵확산, 신종 전염병 등의 영역에서 안보의 중요성을 강조하고 있는데, 이러한 비군사적 영역은 바로 Galtung이 언급한 구조적 폭력이 발생하는 영역이기 때문이다.

냉전 붕괴 이후 안보학의 이와 같은 외연과 내포의 변화는 인간안보(Human Security) 개념의 등장으로 더욱 구체화되고 정교화되었다(김명섭, 2002: 144). 인간안보 개념을 창시한 학자들은 개인이 한 국가의 국민이기에 앞서 보편적 인권을 지닌 인류의 한 구성원이라는 점을 강조한다. 즉, 보편적 인권을 지닌 개인은 자신이 속한 국가의 군사적 안보 이전에 개인이 개인으로서 누리고 향유해야 할 천부적이고 보편적인 인권을 지니고 있으며, 이러한 차원에서 개인의 식량, 고용, 환경, 자유 등을 안전하게 확보하고 보장하는 것이 탈냉전 시기의 중요한 안보 요인이라는 것이다. 한마디로 국가안보보다 개인의 안보가 더욱 중요한 요인으로 부각되었다는 것이다. 이러한 인간안보 개념은 경제안보, 환경안보, 문화안보, 식량안보 등과 같은 새로운 안보 영역을 적절하게 포괄할 수 있다는 점에서 광범위하게 학문적으로 수용되기 시작했다.

정리하면, 안보와 평화, 폭력의 개념은 역사적 발전과정을 거치며 개념과 정의의 외연과 내포에 있어 많은 변화를 거듭해 왔다. 그러나 탈냉전 시기 군사안보와 국가안보의 중요성이 감소한 반면, 구조적 폭력의 중요성이 강화되면서 안보학과 평화학의 수렴화와 유사화가 이루어졌다. 안보학과 평화학의 공통분자이자 핵심 연결고리는 구조적 폭력과 인간안보라는 개념이다.

앞에서 안보학의 발전과정에서 평화학이 태동했고 이후 독자적으로 발전해 왔다는 점을 살펴보았다. 그러나 평화학의 태동을 냉전 다극화 시기로 규정하는 것은 논쟁의 여지가 없는 것은 아니다. 안보학자들은 평화학의 태동을 앞에서 살펴본 것처럼 설명하지만 평화학자들은 이와 다르게 평화학의 태동을 제1차 세계대전 이후의 시기에서부터 찾기 때문이다(이삼열, 1992: 266-267; Harris & Synott, 2002: 4-5).

제1차 세계대전 이후 유럽에서는 전쟁에 대한 반성과 전쟁 방지를 위한 실천운동 차원에서 다양한 형태의 평화운동조직이 발생했으며, 이들의 전문적인 평화연구와 평화강연 등을 통해 평화교육의 시작을 열었다는 것이다. 그러나 이러한 노력에도 불구하고 제2차 세계대전이 발발하면서 맹아적 평화교육은 다시 영향력을 잃고 말았다는 것이다. 그러나 제1차 세계대전 이후 또 다른 재앙적 전쟁을 예방하기 위해 평화교육의 필요성이 강조되었다는 점에서 평화교육의 태동은 제1차 세계대전 이후로 보는 것이 타당해 보인다.

제1차 세계대전 이후 유럽의 평화학자들은 국가 간의 문화적 교류를 통해 상호이해를 도모하고 다른 나라 언어에 대한 교육을 강화시키는 등의 교육을 통해 국가 간의 오판을 줄일 수 있고, 그 결과 전쟁 가능성을 줄일 수 있다는 다소 이상주의적인 평화교육관을 지니고 있었다. 그러나 제1차 세계대전과 제2차 세계대전 사이의 전간기(Inter-war Period)는 국제주의, 탈민족주의, 탈국가중심주의, 지구적 시각교육 등이 계획되고 추진되었다는 점에서 평화교육의 태동기임과 동시에 최근 부각되고 있는 국제이해교육의 태동기라고 볼 수 있다(Renna, 1980: 63-64).

지금까지 안보학 및 냉전과 연계하여 평화학의 발전과정을 살펴보았다. 그러나 평화학과 평화 개념의 발전과정이 반드시 안보학과 연계되어 있는 것만은 아니다. 평화학과 평화 개념은 자체적인 발전과정을 지니고 있기도 한데, 자체적 발전과정은 크게 세 가지 갈래로 진행되어 왔다(고병헌, 2006: 41-42).

첫째, 우선 팍스(pax)적 평화 개념이 있다. 팍스는 정치적으로는 전쟁을 막기 위해 정치적 지배를 공고히 한다는 뜻이며, 군사력으로는 무력을 동원하여 상대방을 평정한다는 의미다. 이 경우 평화는 힘의 우위에 기반한 폭력의 부산물이라는 점에서 정의(Justice)와는 무관한 개념이며, 단지 갈등이나 전쟁이 부재한 상태를 의미한다. 이렇게 본다면 팍스적 평화관(예를 들어, 팍스 아메리카나)은 정의와 무관한 갈등과 전쟁의 부재 상태만을 추구한다는 점에서 소극적 평화에 다름 아님을 알 수 있다.

둘째, 또 다른 평화학의 갈래는 유네스코가 주도해 온 국제이해교육에 기반한다. 유네스코는 국제적 갈등과 충돌 및 전쟁의 원인이 국가 간, 인종 간, 문화 간, 종교 간, 사상 간 오해에서 기인한 것이라고 판단하고, 이들 간의 차이를 이해하고 오해를 극복하는 과정을 통해 국제평화를 건설할 수 있다는 인식에 기반해 평화교육을 추구해 오고 있다.

셋째, 팍스적 평화관과 국제이해교육 중심의 평화학을 비판하면서 등장한 것이 바로 비판적 평화연구다. 비판적 평화연구는 유네스코의 국제이해교육이 개인적 차원의 인식 전환과 의식개조에 너무 치중해 있다고 비판하고, 소극적 평화 개념은 정의의 문제를 너무 소홀히 한다고 비판한다. 정의롭지 못한 평화 상태(폭력과 전쟁의 부재 상태)가 진정한 평화가 아니라고 주장하며, 비판적 평화론은 정의로운 평화를 지향한다.

비판적 평화론은 Galtung을 중심으로 전개되어 왔는데, 평화롭지 못한 상황의 원인을 구조적 폭력과 비정의(Injustice)에서 찾는다. Galtung 등과 같은 비판적 평화론자들은 구조적 폭력과 문화적 폭력 등의 개념을 통해 정의롭지 못한 폭력적 상황을 극복하고 정의로운 평화 상태를 건설하기 위하여 노력하고 있는 것이다.

평화학의 역사적 발전과정에서 살펴봐야 할 또 다른 이슈는 평화학에 대한 선진국과 제3세계 국가들 간의 시각과 접근방식에서의 커다란 차이이다. 1960~1970년대는 국제적으로 종속이론이 광범위한 지지와 확산을 받았던 시기인데, 이 시기 평화교육에 대한 접근에서도 종속이론의 강한 영향력은 예외가 없었다.

1974년 영국에서 개최된 제1차 세계평화교육대회에서 브라질 평화교육자 Paulo Freire는 제3세계의 억눌리고 소외된 자들은 해방을 위해서 교육받아야 하는데, 그러한 교육방식은 '의식화'라고 주장했다. Freire에 의하면 의식화 교육은 제3세계 민중이 자신이 처한 억압적 상황과 구조에 대해 의식하게 만드는 것이며, 경제 사회적 모순과 억압, 그리고 폭력의 구조를 극복할 수 있는 능력을 얻게 하는 것이다(이삼열, 1992: 272). 한마디로 Freire는 구조적 폭력이 야기하는 문제를 해결할 수 있는 능력을 갖춘 시민을 양성하는 것이 평화교육의 목적이라고 주장했다.

반면, 1960~1970년대 선진국들은 제3세계 국가들과는 다르게 의식화 교육이나 민족해방교육 혹은 종속이론적 평화교육이 아니라 다른 측면에서 평화교육의 발전을 주도하고 있었다. 이 시기 선진국에서는 평화사상이나 국제이해교육, 갈등 해소에 관한 교육, 공격성과 폭력성 제거에 관한 교육 등이 주종을 이루었던 것이다(이삼열, 1992: 273).

그러나 이 시기 평화교육의 내용과 주안점을 둘러싸고 발생했던 선진국과 제3세계 국가들의 갈등과 차이점은 1980년대 후반~1990년대 초반 사회주의 국가들이 자본주의 국가로 체제 이행을 본격화하면서 축소되고 해소되었다. 종속이론의 영향력이 평화교육의 영역에서 약화되기 시작한 것으로, 그 결과 현재의 평화교육은 종속이론의 영향력을 상당 부분 상실한 상황이다. 그러나 현 단계 평화교육이 가장 핵심적으로 강조하고 있는 구조적 폭력에 국가 간 빈부 격차와 최빈국의 기아나 빈곤 등이 포함되어 있기 때문에 평화교육에서 종속이론의 가치와 이상을 완전히 배제하기는 어렵다는 점을 인식하는 것이 중요하다.

특히 평화학의 대부인 Galtung이 종속이론을 자신의 이론적 기반으로 수용하고 있고, 또한 평화교육의 핵심내용에서 종속이론이 지향하는 인간해방과 국가 간 균등 발전, 빈곤과 기아 탈피 등의 기본적 가치를 배제하기는 어렵다는 점에서 평화교육에서 종속이론의 영향력과 존재감은 무시하기 어렵다는 것이다.

2) 한국 평화교육의 발전과정과 현황

우리나라의 평화교육은 태동과 도입기에서 서구의 그것과는 큰 차이를 보이고 있다. 1960~1970년대 우리나라 평화교육은 거의 암흑기라고 해도 무방할 정도로 미발전되어 있었다. 그 이유는 남북한 분단과 이데올로기 경쟁, 그리고 냉전 질서의 영향력 때문이었다.

남북 대치 상황과 이데올로기 경쟁 시기에 평화교육은 단순히 전쟁 부재의 소극적 평화관에 기반한 것이었으며, 남북한 간의 본격적인 군축이나 체제보장 및 평화건설을 주장하는 평화교육은 반공의 반북 논리에 의해 철저히 봉쇄되고 억압되었다. 이러한 적극적인 평화교육은 국가안보를 저해하는 친북적 교육으로 인식되었기 때문이다(강순원, 2003: 133).

그러나 한국의 평화교육은 냉전 질서가 무너진 1980년대 후반과 1990년대 초반 이후 현재까지 본격적으로 활성화되기 시작했는데, 이러한 활성화의 배경은 1987년 민주화 이후 민주화 운동, 통일운동, 노동운동, 교육운동, 환경운동, 여성운동, 대안문화운동 등의 제반 운동이 성장하면서 평화운동의 기반이 마련된 점에서 찾을 수 있다(이기범, 2002: 490; 홍순정, 2007: 184).

이 시기 평화교육의 특징은 다음과 같다.

첫째, 이 시기 평화교육은 통일교육을 중심으로 정착되었다는 점이다. 북한을 있는 그대로 알고 남북 간의 평화적 공존을 추구하는 통일교육이 우리나라 평화교육의 중심축으로 떠오른 것이다. 즉, 냉전 시기의 반공교육이 와해되고 탈냉전기에 들어서면서 통일운동 중심의 평화교육이 정착한 것이다(강순원, 2003: 133). 냉전반공교육의 전격적인 해체는 우리나라 평화교육이 활성화될 수 있는 공간을 확보해 준 역사적 사건이었다.

둘째, 유네스코의 국제이해교육이 우리나라 평화교육의 중요한 구성 부분으로 부상하고 있다는 점이다. 지구적 차원에서 평화문화를 공존과 상호이해 및 비폭력적 방식으로 건설하려는 목적을 지닌 국제이해교육은 평화교육, 인권교육, 개발교육, 환경교육, 다문화교육 등을 포괄하고 있는데(김현덕, 2003: 58-62), 우리나라에서도 국제이해교육을 통한 평화교육, 인권교육, 개발교육, 환경교육, 다문화교육 등이 점차 활성화되고 있다.

서구에서 평화운동의 태동은 안보학자들은 1960년대로 보고 있으며, 평화학자들은 제1차 세계대전 이후로 인식하고 있음을 앞에서 살펴보았다. 반면, 우리나라 평화교육은 1990년대 이후 본격적으로 발전했는데, 이렇게 늦어진 배경은 다음과 같다(이기범, 2002: 491; 강순원, 2003: 133-135).

첫째, 냉전과 분단 체제하에서 반공교육이 강화되었고, 이에 따라 남한에서 평화를 주장하는 교육은 반공과 승공 중심의 통일에 반대하고 남북 간의 평화를 우선시한다는 측면에서 억제되거나 탄압되었다. 평화교육과 이에 기반한 평화적 통일교육은 남한의 반공주의와 자유주의 주도의 교육을 거부하고 북한을 지지하는 반체제 교육으로 오해받고 탄압받았던 것이다.

둘째, 냉전 반공 시기에 남북한 평화협정과 군축, 핵무기 철수, 주한미군 철군 등의 평화주의적 주장 역시 반체제운동으로 규정되어 억제되었다.

셋째, 급속하고 압축적인 경제발전 과정에서 사람들이 평화교육과 평화운동에 관한 필요성을 광범위하게 수용하는 데 한계가 있었다. 먹고사는데 주력하느라 평화에 관한 욕구를 추구하고 필요성을 수용하는 데 장애가 많았다는 것이다.

넷째, 평화교육은 한편으로는 평화적 심성개발에 초점을 맞춘 소극적인 윤리교육이나 인성교육으로 치부되거나 다른 한편으로는 민주화 운동이나 통일운동과 연계된 것으로 인식되어 독자적인 평화교육을 추구하기 어려웠다.

이러한 이유로 인해 우리나라에 평화교육이 늦게 태동하고 도입되었지만, 문제는 여기서 그치는 것이 아니다. 더욱 중요한 문제는 현재 우리나라의 평화교육이 상당히 지지부진한 발전단계에 놓여 있다는 것인데, 이유는 다음과 같다(이기범, 2002: 492). 첫째, 평화교육을 실시하는 단체 수가 많지 않다. 둘째, 평화교육의 내용이 아직도 시작 단계에 놓여 있어 총론에 머물고 있으며, 구체적인 각론이 부재하며 다양화되어 있지도 못하다. 셋째, 연령과 교육 대상에 따른 차별화된 교육 프로그램이 개발되어 있지 못하다.

그러나 이러한 이유들보다 더욱 중요한 것은 정규 교육과정에 평화교육이 정식으로 편입되어 있지 않다는 것이다. 평화교육이라는 독립교과도 없으며, 평화교육이 통일교육으로 한정되어 교육되고 있거나, 도덕과나 사회과 등에 파편적으로 분산되어 있어 평화교육의 체계와 내용이 제대로 정립되어 있지 못하다는 것이다.

3 평화교육의 유형과 내용

우리나라에서 평화교육의 유형과 내용을 정리하는 작업은 보편적 가치로서의 평화에 대한 교육뿐 아니라 우리나라가 처해 있는 구체적인 시대적 상황이 요구하는 평화에 대한 교육이 병행되어야 한다(강순원, 2003: 136). 그런데 평화교육의 유형과 내용을 살펴보는 작업은 평화교육이 무엇인지에 대한 정의에 따라 달라진다. 그리고 이미 앞에서 살펴보았듯이 평화교육이 무엇인지는 다시 평화가 무엇인지에 대한 규정에 따라 외연과 내포가 달라진다. 결국 평화교육의 유형과 내용을 찾아내는 과정은 평화가 무엇인지, 그리고 폭력이 무엇인지를 규정하고 규명하는 작업과 필수적으로 연계되어 있다.

평화교육을 어떠한 유형으로 어떠한 내용을 담아 가르쳐야 하는지에 대해서는 현재까지 합의된 사항을 찾아보기 어렵다. 학자들 간의 의견과 주장의 차이가 있기 때문이다. 그러나 학자들의 주장이 서로 차이가 있더라도 이들의 의견을 비교 · 검토하여 살펴보는 작업은 공통점과 차이점을 드러내 줄 것이라고 생각한다. 평화교육의 유형과 내용이 무엇인지에 대한 학자들의 다양한 주장을 살펴봄으로써, 공통점과 차이점을 찾아내고 공통분모와 주요 부분을 정리하는 작업이 필요하다.

이러한 작업을 수행하기 위해 다양한 평화학자가 제시하는 평화교육의 유형과 내용을 정리하면 다음과 같다.

첫째, 홍순정(2007: 27-28)은 평화교육이 교육 분야별로는 소극적 평화교육, 적극적 평화교육, 가치 지향적(Value-Oriented) 평화교육, 문제해결적(Problem-Solving) 평화교육, 국제평화교육, 인간의 평화교육, 내적 평화교육, 지구생태계교육 등으로 분류할 수 있다고 주장하고, 평화교육이 학문적으로는 국제이해교육, 정치교육, 다문화교육, 갈등연구(Conflict Studies), 도덕교육 등으로 구성된다고 주장했다.

둘째, Harris와 Morrison은 평화교육의 유형을 국제이해교육, 갈등해결교육, 폭력예방교육, 개발교육, 인권교육, 다문화교육, 반편견교육, 비폭력교육, 환경교육 등으로 분류하고 있다(홍순정, 2007: 28에서 재인용).

갈등해결교육과 폭력예방교육은 학생들이 대인관계에서 발생하는 갈등이나 폭력을 건설적이고 평화적으로 해결할 수 있도록 돕는 교육으로, 협상 · 대화 · 이해 · 대안찾기 · 합의 등을 통해 갈등과 폭력을 평화적으로 해결하는 데 기여하는 교육이다(홍순정, 2007: 29). 폭력예방교육에서의 폭력 개념은 싸움, 범죄, 성폭력, 무기 소지 등과 같은 직접적 폭력에 대한 개선을 추구한다. 개발교육(Development Education)은 개발과 관련한 이슈들, 즉 환경파괴, 빈부 격차, 기아, 빈곤, 국가 간 불균등 발전, 자원고찰 등을 교육 대상으로 다룬다. 개발교육을 통해 학생들은 환경보존, 개인 간 그리고 국가 간 빈부 격차 해소, 기아와 빈곤 해소, 자원의 순환성 확보 등에 대해 학습하게 된다(홍순정, 2007: 32). 다문화교육은 문화적 상대성을 바탕으로 다양한 문화, 인종, 성 간의 평등성을 가르치는 교육이며, 반편견교육은 능력, 나이, 외모, 계층, 문화, 성, 인종 등에 관한 공정하지 못하고 차등적 견해를 개선하기 위한 교육이자, 자신의 정체성에 대한 긍정적이고 자기존중적인 자세를 함양하는 교육이다. 반편견교육에서는 차이와 차별을 구별하는 교육과 잘못된 고정관념을 비판적이고 자기반성적인 사고를 통해 극복하는 데 초점을 맞추는 교육이다(홍순정, 2007: 33).

셋째, Reardon은 미국의 평화교육 교육과정을 유치원에서부터 고등학교까지 총 100여 개를 분석한 결과, 미국의 평화교육은 협력, 갈등 해결, 비폭력, 인권, 사회정의, 세계자원, 환경, 다문화주의 등을 포함하고 있다고 정리하고, 이들 분야는 모두 인지적 측면과 태도, 그리고 행동적 측면을 모두 포함하고 있다고 주장했다(Brock-Utne, 2000, 133에서 재인용).

넷째, 강순원(2003)은 평화교육 범주를 〈표 2-1〉로 정리했다.

표 2-1 평화교육의 제 범주

지식의 영역	식민주의/제국주의, 분단/통일, 핵, 환경, 갈등, 계급, 인종, 인권, 정의, 민주주의, 성, 관용
기술의 영역	협동/놀이, 대화, 토론, 비판적 사고, 창의적 활동, 중재, 타협, 명상
자세, 태도, 가치의 영역	자기존중, 타인존중, 상호이해, 자율, 비폭력, 공동체 의식, 생태학적 관심, 미래에 대한 전망, 진리에 대한 확신, 상생

출처: 강순원(2003: 137).

다섯째, 이기범(2002)은 평화교육의 유형과 내용을 개인의 성장 단계에 따라 어린이, 청소년, 성인으로 구분하고 각 단계별로 나누어 수준에 맞게 제시하고 있다(〈표 2-2〉 참조).

표 2-2 발달 단계에 적합한 평화교육 프로그램

	어린이/ 기초 프로그램	청소년/ 중급 프로그램	어른/ 고급 프로그램
폭력 형태	직접적 폭력	구조적 폭력	간접적 폭력과 구조적 폭력의 관계와 통합
관심 범위	미시 영역 자신, 가족, 친구, 대중매체, 학교	거시 영역 지역사회, 사회단체, 국가, 국제사회	영역의 통합 생태계
개념 수준	구체적 개념	추상적 개념	복합적 개념
주제 수준	단일 주제	인과관계 복합 주제	인과관계 복합 주제
변화 수준	자신의 변화, 관계의 변화	구조와 제도의 변화	변화의 통합
평화 수준	평화 유지, 소극적 평화	평화 만들기 갈등 중재	평화 구축 적극적 평화

출처: 이기범(2002: 499).

여섯째, Tudball은 영국 평화교육의 사례를 정리하면서 평화교육의 유형과 내용을 가치와 태도, 기술, 교수학습방법 등으로 분류하여 제시하고 있다. Tudball의 주장은 〈표 2-3〉과 같다.

일곱째, 평화교육의 유형과 내용을 살펴보는 데 있어 제외할 수 없는 부분 중 하나가 교실과 학교에서의 폭력문화와 평화문화의 정도 문제다. Harris (1990: 256)에 의하면 전통적인 교육방식은 폭력을 조장하는 측면이 존재하는데, 교사만이 진실을 알고 있다는 태도, 경쟁 진작과 가열, 학생들을 수동적으로 가르치기, 학생들은 무기력한 지위에 머무르는 교실과 학교 내 교사와 학생 간의 노동 분업, 학생 훈육에서 신체적 체벌의 사용 등이 바로 폭력을 조장하는 요인들이다. Harris는 이와 같은 폭력문화를 해소하기 위한 방안을 다음과 같이 제시하고 있다(Harris, 1990: 260). Harris는 우선 교사뿐 아니라 학생도 진실을 파악할 수 있는 능력이 있음을 인정하고, 학생과 교사 간

표 2-3 Tudball의 평화교육 가치와 태도, 기술, 교수-학습방법

가치와 태도	• 인종 · 성별 · 연령 · 국적 · 계급 · 외모 · 정치적 신념 · 종교 · 신체적 · 정신적 능력 등에서 차별 없이 타인을 존중하기 • 타인의 주장과 입장을 그들의 시각으로 이해하고 공감하기 • 개인과 집단들은 긍정적인 변화를 이끌어 낼 수 있다는 믿음 • 다양성에 대한 존중 • 자기존중 • 사회정의와 평등 및 비폭력에 대한 책임 • 환경과 생태계에 대한 이해와 고려 등
기 술	• 편견을 구분하는 기술 • 문제해결능력과 독립적인 연구능력 • 나눔과 협력, 의사결정의 공유 • 비판적 생각과 판단 • 자신과 타인에 대한 자기존중 강화 • 창조적인 자기표현 • 개인 · 집단 · 지역 · 지구적 차원의 상호연계성 인식 • 솔직한 대화, 타인 의견에 대한 섬세한 경청 • 자기반성 • 공격적 · 파괴적이지 않은 방법으로 자기 의견이나 기분 표출하기 • 비폭력적 행동 등
교수-학습방법	• 적극적 교수-학습 • 참여적 학습 • 실험적 학습 • 또래와의 파트너십 학습 • 또래와의 대화 학습 • 자기표현 학습 • 타문화 학생과의 교환교육 등

출처: Tudball(2003: 25-26)의 내용을 표로 정리

의 수업을 통한 대화를 활성화해야 한다고 주장하고, 교실 내에서 강도 높은 경쟁이 야기할 수 있는 구조적 폭력을 해소하기 위해 경쟁이 아닌 협력적 교실문화를 건설해야 한다고 주장한다. 또 Harris는 교육과정에서 교사의 일방적이고 주입적인 정보 전달이 아닌 문제해결 과제를 확대하여 학생들이 적극적인 학습자가 되도록 유도해야 하며, 학생들이 자신들의 무기력한 수동

적 학습자가 아니라는 점을 확인시키기 위해 수업에서 학생들의 동의와 참여를 적극 유도해야 한다고 지적한다. Harris는 어떠한 경우에도 교실에서 신체적 폭력은 용납될 수 없다며 민주적인 의사결정과정을 통해 교실 내의 규칙과 규범을 학생들 스스로 창출해 내야 한다고 강조한다.

여덟째, Johnson과 Johnson(2005: 288)은 평화교육 중 학생들이 다양한 갈등을 건설적으로 해소할 수 있는 갈등해소 교수방법을 제시하고 있다. 우선 학생들은 자기가 원하는 것이나 자신의 감정이나 느낌을 상대방에게 평화적으로 설명하는 방법을 배워야 하며, 자신이 왜 그것을 원하고 왜 그런 기분을 느끼는지 그 이유를 제시할 수 있도록 교육받아야 한다. 다음으로 학생들은 상대방의 시각과 입장을 통해 상대방이 원하는 것과 상대방의 감정을 이해함으로써 타인이 왜 무엇을 원하고 왜 그런 기분을 느끼는지 평화적으로 이해할 수 있도록 교육받아야 한다는 것이다. Johnson과 Johnson은 이러한 순차적인 과정을 거쳐 학생들은 자신과 타인의 차이를 극복할 수 있는 선택지를 만들고 그중 하나를 대화와 동의를 통해 선택함으로써 학생들 간의 갈등을 건설적이고 평화적으로 해소할 수 있도록 교육되어야 한다고 주장한다.

앞에서 살펴본 평화교육의 유형과 내용에 관련한 평화학자들의 주장과 분류를 체계적으로 정리하여 요약하면 다음과 같다.

첫째, 평화교육은 개인의 인지발달 과정에 따라 그 수준에 맞게 조정되어 이루어져야 한다. 어린이와 청소년, 그리고 성인에 대한 평화교육의 수준과 내용은 차별화되어야 한다. 둘째, 평화교육이 이루어지는 체계는 크게 유형(Type)과 내용(핵심어, 기술과 자세) 및 교수-학습방법 등으로 구분할 수 있으며, 각 영역별로 구체적인 각론 수준의 평화교육 내용을 포함한다. 셋째, 평화교육의 유형은 국제이해교육, 다문화교육, 갈등해결교육, 폭력예방교육, 개발교육, 인권교육, 반편견교육, 비폭력교육, 환경교육 등을 포함할 수 있다(홍순정, 2007: 28-37). 넷째, 평화교육의 구체적 내용을 형성하고 있는 핵심어들은 긍정적 의미에서는 협력, 갈등해결, 평등, 비폭력, 인권, 정의, 환경보존, 다문화, 관용, 공존, 이해 등이 있으며, 부정적 측면에서는 폭력, 편견, 억압, 착취, 빈곤, 기아, 종속, 환경오염, 종교갈등, 인종분규, 전쟁 등이 있다. 이러한 핵심어들은 평화교육의 유형과 내용뿐 아니라 교수-학습방법에서도 주도적으로 사용되는 개념들이다. 다섯째, 평화교육의 기술과 자세는 협동, 대화, 토론, 비판적 사고, 중재, 타협, 편견 파악, 나눔, 의사결정 공유, 자기존중, 타인존중, 상호(연계성) 이해, 공동체 의식, 생태학적 관심, 상생, 비폭력, 자기반성 등과 같은 핵심내용을 포함한다. 여섯째, 평화교육의 교수-학습방법은 교사와 학생의 동등성에 기반한 구성주의적 교수-학습, 적극적 교수-학습, 참여적 교수-학습, 실험적 교수-학습, 또래와의 협력학습, 또래와의 파트너십 학습, 대화와 협의학습, 자기표현학습, 타문화 학생과의 교환교육 등을 포함한다.

4 평화교육의 문제점과 개선방안

1) 문제점

평화교육에서 핵심적인 이론적 문제점은 평화와 안보의 개념이 확대된 것은 장점만 있는 것이 아니라 부정적 측면도 있다는 것이다(Brock-Utne, 2000: 133; 김명섭, 2002: 146; Porath, 2003: 525-527; 김명섭 외, 2003: 245; 홍순정, 2007: 166).

첫째, 평화와 안보의 개념이 구조적 폭력을 통해 무한히 확대되면 다양한 폭력의 유형을 모두 다룰 수 있는 장점은 있지만, 평화교육과 평화연구의 구체적인 내용과 실천방안이 함께 무한히 확장되면서 모호해지는 결과를 낳는다. 평화를 전쟁이 없는 상태라고 정의하면 평화교육은 냉전 시기 안보학과 유사해지며 평화교육의 내용이 지극히 협소화된다. 반면, 평화를 구조적 폭력이 부재한 상태로 정의하면 평화교육과 평화연구의 내용은 너무나 광범위해진다. 종속, 억압, 빈곤, 기아, 남녀 차별, 환경오염과 생계 파괴, 국제난민, 인종 분규, 종교 갈등, 테러 등을 모두 다루다 보면 평화교육의 내용이 무한히 확장되어 국제사회의 다양한 부정적 현상이 모두 평화교육의 대상이 되어 버리기 때문이다. 둘째, 인간안보 개념도 마찬가지다. 즉, 앞에서 언급한 구조적 폭력의 모든 영역이 인간안보를 위협하는 영역으로 인식되기 때문에 인간안보의 연구대상도 무한히 확대되는 것이다. 셋째, 그러나 가장 중요한 문제점은 구조적 폭력과 인간안보를 너무 강조하다 보면, 군사적 안보와 국가안보에 대하여 경시하는 태도에 빠지기 쉽다는 것이다. 비록 냉전이 붕괴되고 탈냉전 시기가 도래한 지 오래되었다 하더라도 국가의 군사적 안보는 아직도 안보의 가장 중요하고 핵심적인 영역이기 때문에 과도하게 구조적 폭력과 인간안보만을 주장하는 입장은 경계되어야 한다는 것이다.

평화 개념은 평화이론이 변화해 오면서 서서히 외연과 내포를 확대해 왔는데, 탈냉전 시기 평화 개념이 확대되면서 오히려 평화교육의 문제점과 한계가 드러나기 시작했다. 평화 개념이 확장되면서 평화교육의 이름으로 너무나 많은 내용과 이슈를 가르쳐야 한다는 비판이 가장 집중적인 비판인데, 이외에도 다음과 같은 측면에서 평화교육의 한계와 문제점이 지적되고 있다(김명섭 외, 2003: 245; 이삼열, 1992: 269-270).

첫째, 평화교육의 구체적인 내용과 실천방안이 확실하지 않다는 것이다. 이런 문제는 평화 개념에 대한 합의가 부재하기 때문인데, 전쟁이 없는 상태를 평화라고 본다면 평화학은 안보학으로 전락하는 반면, 평화를 구조적 폭력이 없는 상태로 규정하면 평화교육의 내용은 무한히 확장되기 때문이다. 둘째, 평화교육자들은 개인의 심성과 도덕성을 평화교육을 통해 평화 지향적으로 유도하려고 노력하지만, 이러한 노력은 기대만큼 실현되기 쉽지 않다. 개인의 심성이나 성품, 그리고 도덕성은 평화교육에 의해 단기간 내에 평화 지향적으로 바뀌는 성질의 것이 아니기 때문이다. 셋째, 평화교육이 사회구조와 국제체제의 불합리와 부조리, 그리고 부정의를 구조적으로 개선하는 것을 목표로 삼는다면, 이것 또한 문제에 봉착한다. 평화교육을 통해 개인의 평화에 대한 가치와 태도를 기르고 이렇게 교육된 개개인들이 거대하게 하나로 모여 국제체제에 평화문화를 건설하겠다는 것이 평화교육의 실천적 목표이지만, 개인의 평화 지향적 변화가 쌓이고 쌓여 이미 고착화된 국제체제의 억압과 착취 구조 등을 변화시킬 수 있을지에 대해서는 회의적이지 않을 수 없다. 넷째, 평화교육이 관용과 이해 및 공존을 중시한다면, 이것 또한 문제에 부딪힌다. 이런 식의 평화교육을 받은 사람들은 현재 존재하는 모순적이고 불공평한 사회구조를 개선하기 위해 노력하기보다는 이러한 부조리한 사회구조를 관용하고 이해하고 공존하려고 할 것이기 때문이다.

그러나 평화교육의 가장 근본적이고 핵심적인 문제점은 Galtung의 다음과 같은 지적을 통해 가장 정확하게 구체화된다.

> 평화교육은 두 가지 중요한 측면을 갖게 된다. 하나는 폭력의 근본원인을 알기 위해 그것이 무엇인가를 통찰하는 힘을 기르는 일이다. 그러나 평화교육의 더 중요한 측면은 폭력을 극복하고 감소시키며 방지하는 방법을 강구하는 일이다. …… 평화교육의 이러한 두 가지 면은 모두 필요 불가결한 것이다. 만일 폭력만을 연구하면 매우 현실적이기는 하나 동시에 냉소적인 견해에 빠질 우려가 있다. 또 평화만을 연구하면 이상주의적이기는 하나 세상을 모르기 때문에 무력해질 수 있다(손대준 역, 1997: 147-148).

Galtung의 이와 같은 지적은 평화의 가치와 중요성을 가르치는 평화교육이 직면한 문제점을 가장 적절하게 표현해 주고 있다. 구조적 폭력을 강조하고 구조적 폭력의 극복 방안을 탐구하다 보면, 너무나 광범위한 구조적 폭력을 만나게 되고 인간사회에 만연한 광범위한 구조적 폭력을 극복하기보다는 그 무게감에 굴복하여 냉소주의와 패배주의에 빠질 수도 있다는 것이며, 반대로 너무 평화만을 강조하고 평화건설만을 추종하다 보면 현실적 장애와 구조적 폭력의 위력을 제대로 파악하지 못한 채 안이한 이상주의적 평화관에 머물게 된다는 지적인 것이다.

이렇게 본다면 결국 평화교육의 성공적 발전과 실천은 구조적 폭력의 현실성을 있는 그대로 우선 이해하고, 그 무게감을 평화를 지향하는 순수한 이상과 낙관적 희망과 균형을 이룰 때 성공적으로 이루어질 수 있다고 생각된다.

지금까지 구조적 폭력과 문화적 폭력 개념이 평화교육에 도입되면서 평화교육의 영역과 내용이 무한히 확장되는 문제점에 봉착했다고 지적했다. 그러나 평화 개념이 이렇듯 다양하게 확장된 것이 반드시 부정적인 것만이 아니라는 주장도 있다. 이러한 주장은 평화 개념의 다양성과 확장이 평화교육 내용의 풍요로움으로 기능할 수 있다고 지적한다(고병헌, 2006: 71-72). 즉, 평화를 바라보는 다양한 이해와 관점을 상대적 시각에서 수용함으로써 평화교육의 내용을 더욱 풍요롭게 하는 동시에 평화를 더욱 입체적으로 바라볼 수 있게 되었다는 것이다. 이러한 주장은 다음의 문장에 잘 정리되어 있다.

> 평화에 대한 이해가 서로 다를 수 있다는 사실을 존중하면서 동시에 평화에 대한 보편적 이해를 추구할 때, 다른 사람이나 다른 집단이 안고 있는 비평화적 · 반평화적 요소에 대한 인식과 공감을 깊이 할 수 있고, 그를 통해 거꾸로 자신들의 문제에 대한 인식을 심화하고, 그 결과 해결의 실마리를 찾을 수도 있다(고병헌, 2006: 72-73).

2) 개선방안

앞에서 살펴본 평화교육의 이론적 문제점을 극복하기 위한 구체적인 개선방안을 살펴보면 다음과 같다.

첫째, 평화교육의 내용과 체계가 구조적 폭력 개념의 도입 이후 무한히 확장된 것이 현재의 상황인데, 이러한 상황에서 평화교육의 내용과 유형, 기술과 태도, 핵심어 등을 정리하기도 어렵고, 이러한 상황에서 평화교육을 통해 무엇을 어떻게 가르쳐야 하는지를 정리하는 작업도 어려워 보인다. 평화교육의 외연과 내포가 너무 무한히 확정되어 구체적으로 교육과정을 통해 무엇을 가르쳐야 하는지 합의를 이끌어 내기가 쉽지 않다는 것이다. 그러나 평화교육은 평화와 공존, 갈등과 전쟁에 관한 다양한 학문 유형과 핵심어, 기술, 태도 등을 하나로 혹은 체계적으로 묶어 낼 수 있는 유일한 교육이고, 구조적 폭력과 인간안보 등의 개념을 통해 탈냉전과 세계화 시대의 전쟁과 평화에 관한 일반적이고 구체적인 교육을 수행할 수 있는 유일하고 가장 적합한 교육임을 인식하는 것이 무엇보다도 우선적으로 중요하다.

둘째, 교육과정에서 평화교육이라는 개념을 중심적인 연결고리로 활용하여 나머지 다양한 평화교육의 유형들(국제이해교육, 다문화교육, 갈등해결교육, 폭력예방교육, 개발교육, 인권교육, 반편견교육, 비폭력교육, 환경교육 등)을 체계적으로 묶어 내야 할 필요가 있다. 평화교육의 이와 같은 다양한 유형이 교육과정에 산발적이고 비체계적으로 분산되어 있는 것보다, 다양한 유형을 체계적이고 이론적으로 정리하여 가르치는 것이 보다 더 바람직한 교육방식이라는 것이다. 따라서 평화교육과 나머지 학문과의 관계 조정과 관계 재설정이 반드시 이루어져야 하며, 평화교육의 관계에 대한 학문적인 구획정리가 필요하다.

셋째, 평화교육의 다양한 유형을 구획정리하여 통합하는 작업도 필요하지만, 이와 함께 평화교육의 내용과 교수-학습방법을 체계적으로 정리하는 작업도 필수적으로 요구된다. 제3장에서 확인했듯이 평화교육의 내용을 구성하고 있는 평화교육의 핵심어와 기술 및 자세, 그리고 평화교육의 교수-학습방법은 서로 독립적이거나 배타적이지 못하고 그 결과 서로 중첩된 경우가 많다. 평화교육의 핵심어와 기술과 자세 및 교수-학습방법에 대한 보다 심도 있는 연구와 분리가 필요하다.

넷째, 평화교육을 과도하게 평화지향적 교육으로 인식하여 갈등, 분쟁, 전쟁이 항상 공존하는 국제사회와 국내사회의 현실을 경시하거나 도외시해서는 곤란하다. 결국 평화교육도 있는 그대로의 현실과 추구하는 이상적 목표 간의 균형감 있는 교육이 되어야 한다. 만인에 대한 만인의 투쟁과 만국에 대한 만국의 투쟁 상태를 국제사회와 국내사회의 현실적 모습에서 완전히 배제하기 어렵다면, 그러한 있는 그대로의 현실에 대한 이해, 즉 전쟁과 물리적 폭력이 야기하는 비평화 상태에 대한 바른 인식과 대응도 평화교육과 함께 병행되어야 한다. 평화로운 수단에 의한 평화만을 교육시키는 것은 그렇지 못한 현실을 무시하는 결과를 낳을 수도 있으며, 그 결과 평화교육이 오히려 평화가 아닌 상황(예를 들어, 상대의 무력과 침략에 의한 폭력적 희생 상황의 도래)을 야기하는 결과로도 귀결될 수 있다는 점을 인식하는 것이 중요하다.

다섯째, 세계화가 지구적 차원의 구조적 폭력을 확산시키고 이에 대한 지구적 차원의 공동 대응을 요구하고 있는 상황에서 학교교육에서 평화교육을 가르쳐야 할 필요성은 더욱 강화되고 있다. 또한 세계화 현상의 심화로 국민국가의 영향력이 약화되는 반면, 지역통합이 확산되고 지구촌 의식이 강화되면서, 일국의 시민사회뿐 아니라 지역시민사회, 그리고 지구시민사회 등의 개념이 등장하고 있다. 시민들의 정체성이 일국 차원의 민주시민뿐 아니라 지역공동체의 시민, 그리고 지구시민사회의 시민 등으로 중층적이고 복합적으로 변해 가면서 다중 시민성 개념이 등장하고 있다. 평화교육도 일국 차원의 시민을 대상으로 하는 평화교육에 머물러 있는 것이 아니라, 지역 공동체와 지구시민사회의 구성원으로서의 시민에 대한 평화교육을 지향해야 할 필요성이 있는 것이다. 인권교육과 환경교육, 개발교육 등은 일국 차원의 시각이 아니라 지역 공동체 차원, 그리고 세계시민사회 차원의 시각에서 접근했을 때 평화교육의 성과가 더욱더 확장되고 좋아질 것이기 때문이다. 예를 들어, 동북아 지역에서 동북아 공동체의 일원으로서 동북아 시민 정체성을 지닌 한국인 · 중국인 · 일본인들이 늘어날수록 이들 국가 간의 분쟁과 갈등, 전쟁 가능성은 약화될 것이며, 월경성 문제인 환경과 인권(특히 난민) 문제에 있어서도 훨씬 적극적으로 협력할 것으로 보이기 때문이다.

탐구과제

- 평화교육의 발전과정을 국제적 측면과 우리나라의 사례를 통해 설명해 보자.
- 평화의 정의를 시도해 보자.
- 평화교육의 유형과 내용을 정리해 보자.
- 평화교육의 문제점과 개선방안을 각각 제시해 보자.

참고문헌

강순원(2003). 평화교육의 목표와 방법. 유네스코 아시아·태평양 국제이해교육원(편). 세계화 시대의 국제이해교육. 서울: 한울 아카데미.

강종일 외 옮김(2000). 평화적 수단에 의한 평화. 서울: 들녘.

고병헌(2006). 평화교육사상. 서울: 학지사.

김명섭(2002). 평화학의 현황과 전망. 하영선(편). 21세기 평화학. 서울: 풀빛.

김명섭, 조성대, 진시원(2003). 세계의 정치와 경제. 서울: 한국방송대학교출판부.

김현덕(2003). 국제이해교육의 영역과 교육과정. 아시아태평양 국제이해교육원(편). 세계화 시대의 국제이해교육. 서울: 한울아카데미.

데이비드 힉스(2006). 평화교육, 더 나은 세상을 위한 교육적 기도. 고병헌. 평화교육사상. 서울: 학지사.

손대준 옮김(1997). 평화를 위한 선택. 서울: 신영미디어.

송승아(2009). 평화교육의 발전과정과 개선방안에 관한 연구. 부산대학교 대학원 석사학위논문.

이기범(2002). 한반도 평화운동과 평화교육. 하영선(편). 21세기 평화학. 서울: 풀빛.

이삼열(1992). 평화교육의 철학과 실천방법. 최상용(편). 현대 평화사상의 이해. 서울: 한길사.

이삼열(2003). 국제이해교육의 철학과 역사적 발전. 유네스코 아시아·태평양 국제이해교육원(편). 세계화 시대의 국제이해교육. 서울: 한울아카데미.

홍순정(2007). 평화교육탐구. 서울: 에피스테메.

Brock-Utne, B. (2000). "Peace Education in an Era of Globalization." *Peace Review*. Vol. 12. No. 1.

Galtung, J. (1997). "Peace Education is only Meaningful If it Leads to Action." *UNESCO Courier*. Vol. 50. No. 1.

Groff, L. (2002). "A Holistic View of Peace Education." *Social Alternatives*. Vol. 21. No. 1. January 2002.

Harris, I. (1990). "Principles of Peace Pedagogy." *Peace & Change*. Vol. 15. No. 3. July 1990.

Harris, I. (2002). "Challenge For Peace Education at the Beginning of the 21st Century." *Social Alternatives*. Vol. 21. No.1. January 2002.

Harris, I., & John, S. (2002). "Guest Editor' s Introduction; Peace Education for a New Century." *Social Alternatives*. Vol. 21. No. 1. January 2002.

Johnson, D. W., & Roger, T. J. (2005). "Essential Components of Peace Education." *Theory into Practice*. Vol. 44. No. 4.

Porath, Sigal R. B. (2003). "Review Article: War and Peace Education." *Journal of Philosophy of Education*. Vol. 37. No. 3.

Renna, T. (1980). "Peace Education: An Historical Overview." *Peace & Change*. Vol. 6. No. 1/1. Winter 1980.

Tudball, L. (2003). "Reflections on a Journey-Peace Education in School." *Ethos*. Vol. 11. No. 2. June 2003.

유엔인권선언 www.dadalos.org/frieden_int/index.htm (International UNESCO Education Server for Civic, Peace and Rights Education). "Peace Education."

제3장

평화교육의 실제

- 나흥하 -

- 우리나라에서의 평화교육 내용은 교육과정에 체계적으로 묶여져 있지 않고, 도덕과와 사회과를 중심으로 몇 개 학년에 분산되어 있다. 특히 국제이해교육과 관련한 평화교육은 세계평화와 인류애라는 가치를 중심으로 부분적으로 소개되고 있다.
- 독일, 미국, 우리나라의 평화교육 프로그램을 통해 평화교육을 위한 방법론으로 갈등해결 프로그램이 광범위하게 적용되고 있음을 알 수 있다.
- 학교 교육과정 내에서 국제이해교육과 관련한 평화교육은 국내외 사례의 재구성을 통해 이루어질 수 있다.
- 평화교육은 수업에서의 내용이 일상생활 속에서 전이될 수 있도록 수업과 일상생활을 연계하여 지도할 필요가 있다.

학습목표

- 평화교육과 교육과정과의 관계를 이해한다.
- 독일, 미국, 우리나라의 평화교육 프로그램을 통해 평화교육의 실시방법을 이해한다.
- 다른 나라의 사례를 재구성한 평화교육 교수-학습과정안 예시를 통해 평화교육 교수-학습과정안 작성방법을 이해한다.

평화교육이 정규 교육체제 내에서 어떻게 이루어지고 있는지 또는 어떻게 이루어져야 하는지를 살펴보기 위해서는 교육과정에서 평화교육이 어떻게 자리매김하고 있는지를 고찰할 필요가 있다. 즉, 정규 교육체제 내에서 평화교육을 실천하는 것은 교육과정 내에서 평화교육의 목적과 내용은 어떻게 표현되고 있는지를 살펴보고, 평화교육이 학교 현장에서 어떻게 수업으로 구체화될 수 있는지를 고찰해 보는 일에서 출발한다. 이에 이 장에서는 우리나라 교육과정에 나타난 평화교육의 모습을 살펴보고자 한다. 그리고 평화교육의 다양한 방법을 탐색하기 위해 외국과 우리나라의 평화교육 프로그램을 소개하고자 한다. 또 학교 현장에서 평화교육을 실천하기 위한 교수-학습과정안을 제시하고자 한다.

1 평화교육과 교육과정

우리나라 교육과정에는 '평화' 라는 용어는 많이 등장하나 '평화교육' 이란 용어를 찾아보기 힘들다. 이는 평화교육의 중요성에 비추어 평화교육이 교육과정 내에서 제대로 자리매김하고 있지 못함을 의미한다. 그러나 교과 교육과정에서는 평화교육의 내용을 반영하고 있다. 즉, 우리나라의 교육과정에서는 평화교육이 하나의 독립교과로 편제되어 있지는 않으나 도덕과나 사회과 등에서 일부 다루어지고 있다. 이에 여기서는 2007 개정 도덕과 교육과정과 2009 개정 사회과 교육과정 중 국제이해교육의 한 영역으로서의 평화교육 관련 부분을 살펴보고자 한다.

도덕과는 학생들로 하여금 도덕규범과 예절을 익히고, 개인과 사회의 도덕 문제에 대해 주체적으로 성찰하고 실천하도록 하여, 바람직한 삶을 영위하는 것과 아울러 더 나아가 사회와 국가의 발전, 그리고 세계평화에 기여하도록 하는 데 그 목적이 있다(교육과학기술부, 2008a).

2007 개정 도덕과 교육과정에서는 '평화' 를 '평화 · 통일' 이라는 주요 가

치 · 덕목 속에서 다루고 있다(교육과학기술부, 2008a). 따라서 도덕과에서의 평화교육은 우리 민족의 평화 통일과 관련한 내용이 주를 이루고 있다. 그러함에도 국제이해교육과 관련하여 도덕과에서 다룰 수 있는 평화교육의 내용을 정리하면 〈표 3-1〉과 같다.

표 3-1 2007 개정 도덕과 교육과정에 반영된 평화교육의 내용

학년	영역	목적/내용
5	우리 · 타인 · 사회와의 관계	• 대화와 갈등 해결 일상생활에서 발생하는 다양한 도덕적 갈등의 원인과 대화의 중요성을 인식하여, 대화를 통해 도덕적 갈등을 평화적으로 해결하려는 태도를 지닌다. 이를 위해 일상생활에서 부딪히는 다양한 도덕적 갈등 문제를 대화를 통해 평화적으로 해결하는 경우와 그렇지 않은 경우의 장단점을 분석하고, 평화적인 갈등해결 방법을 구체적으로 제시한다. ① 도덕적 갈등의 원인 ② 대화를 통한 평화적인 갈등의 해결과 그렇지 않은 경우 ③ 갈등에 대한 평화적 해결의 구체적인 과정과 절차
6	국가 · 민족 · 지구공동체와의 관계	• 평화로운 세상 지구촌 시대에 인류가 평화롭게 살아야 하는 이유를 이해하고, 인류를 사랑하고 평화로운 세상을 만들기 위해 노력하는 태도를 지닌다. 이를 위해 세계 평화가 인류의 삶에 얼마나 중요한지를 설명하고, 평화로운 세계를 만들기 위해 노력하고 있는 사람들의 사례를 찾아본다. ① 지구촌 시대에 세계 평화가 인류에 끼치는 영향 ② 세계 평화와 인류애의 실현을 위해 노력하는 사람 ③ 세계 평화를 위한 우리의 역할과 자세
8	우리 · 타인 · 사회와의 관계	• 평화적 해결과 폭력 예방 갈등에 폭력적으로 대처했을 때의 문제점을 인식하고, 폭력을 예방하고 갈등을 평화적으로 해결하는 태도를 지닌다. 이를 위해 일상생활에서 접하는 폭력 사례와 폭력이 초래하는 문제점을 분석하고, 폭력을 예방하고 대처할 수 있는 구체적인 방법을 제시한다. ① 갈등 사례와 갈등 증폭의 이유 ② 폭력을 행사한 사례와 문제점 ③ 폭력을 예방하고 대처하는 방법 ④ 대화와 협상 등 평화적인 문제해결의 방법

9	국가 · 민족 · 지구공동체와의 관계	• 세계 평화와 인류애의 실현 평화를 위협하는 폭력의 다양한 원인을 극복하고, 대화와 타협 등의 평화적 문제해결방법을 통해 진정한 인류애를 실현하고자 노력하는 태도를 지닌다. 이를 위해 한반도와 세계 평화를 위해 활동하는 국내외 평화운동의 사례를 찾아본다. ① 평화의 소중함과 세계 평화를 위협하는 원인들 ② 비폭력과 평화(진정한 평화의 의미) ③ 남북한 상생의 추구 ④ 외국의 재난과 우리의 협조
10	자연 · 초월적 존재와의 관계	• 평화로운 삶의 추구 인간의 삶에서 갈등은 피할 수 없는 요소임을 알고, 현실 속에서 갈등을 불러일으키는 다양한 요인을 분석하고 해결하고자 노력하며, 평화로운 삶을 추구하는 자세를 지닌다. 이를 위해 현실 속에 존재하는 다양한 갈등의 사례를 조사하고, 그 원인과 해소 방안을 찾아본다. ① 구체적인 사례를 통해 본 사회적 갈등의 원인 ② 용서와 화해 ③ 도덕적 삶과 내적 평화의 관계(마음의 평정과 부동심) ④ 인간과 자연 및 우주와의 조화 추구

사회과 교육과정에서 밝히고 있는 사회과의 목적은 민주시민으로서 올바른 자질을 길러 주는 데 있다. 바람직한 민주시민이란 "사회생활을 영위하는 데 필요한 지식을 바탕으로 인권 존중, 관용과 타협의 정신, 사회정의의 실현, 공동체 의식, 참여와 책임 의식 등 민주적 가치와 태도를 함양하고, 나아가 개인적 · 사회적 문제를 합리적으로 해결하는 능력을 길러 개인의 발전은 물론, 사회 · 국가 · 인류의 발전에 기여할 수 있는 자질을 갖춘 사람"(교육과학기술부, 2009)을 말한다. 이는 바람직한 민주시민이 인간과 사회에 대한 기본적인 지식과 민주사회 구성원에게 요구되는 민주적 가치와 태도, 나아가 개인 · 사회 문제를 합리적으로 해결할 수 있는 능력 등을 갖춘 사람이라는 점과 개인이 사회적으로 원만한 사회생활을 영위하고 자아를 실현함과 동시에, 사회와 국가의 발전과 번영에 이바지하며 궁극적으로는 세계시민으로서 인류 평화와 발전에 이바지할 수 있는 사람이라는 점을 밝힌 것이다(교육과학기술부, 2008a).

이처럼 사회과 교육의 목적이 인류 평화와 발전에 이바지할 수 있는 사람을 기르는 데 있음에도 사회과 교육에서 평화교육에 대한 구체적이고 직접적인 언급은 없으며, 평화교육의 필요성과 개념도 찾아보기 어렵다. 그런데도 국제이해교육과 관련하여 사회과에서 다룰 수 있는 평화교육의 내용을 정리하면 〈표 3-2〉와 같다.

표 3-2 2009 개정 사회과 교육과정에 반영된 평화교육의 내용

학년	영역	내용
6	지리	• 세계 여러 지역의 자연과 문화 ① 지구촌에서는 여러 가지 갈등의 문제가 발생하고 있으며, 이러한 문제를 해결하기 위해 국제기구와 단체, 그리고 많은 사람들이 노력하고 있음을 이해한다.
	일반사회	• 정보화, 세계화 속의 우리 ① 세계 인류의 번영과 평화로운 삶을 위한 다양한 국제사회의 노력을 조사해 본다.
9	역사	• 아시아 · 아프리카 민족운동과 근대국가 수립운동 제국주의 침략에 맞선 아시아 · 아프리카인들의 투쟁과 근대적 국가체제를 형성하기 위한 개혁운동을 다룬다. 서아시아, 아프리카, 인도 및 동남아시아, 동아시아에서 제국주의의 침략상과 변혁운동의 전개과정을 탐구한다. 서양의 침략과 아시아인의 저항이란 이분법을 넘어, 아시아인들의 근대국가 수립운동이라는 측면에서 여러 지역의 민족운동을 비교한다. ① 제국주의 침략으로 아시아, 아프리카인들이 수탈과 억압당하였음을 안다. ② 서아시아 · 아프리카인들의 근대국가 수립운동을 사례 중심으로 파악한다. ③ 인도 · 동남아시아인의 저항과 근대국가 수립운동을 비교하여 이해한다. ④ 동아시아 세 나라의 개항과 근대국가 수립운동을 비교하여 이해한다. ⑤ 일본의 제국주의 침략과정을 파악하고, 조선과 청의 대응과정을 이해한다. • 현대 세계의 전개 양차 세계대전과 냉전, 아시아의 국민국가 운동을 중심으로 현대 세계의 전개과정을 다룬다. 양차 세계대전의 원인과 전쟁으로 인한 참상을 파악하고, 평화를 위한 노력을 탐구한다. 아시아 · 아프리카의 민족운동과 독립 이후의 노력을 살펴보고, 사회주의권의 추이와 냉전의 전개 양상을 중심으로 1945년 이후 세계사의 흐름을 파악한다.

9	역사	① 제1차 세계대전이 총력전이란 새로운 양상을 띠었음을 이해한다. ② 러시아 혁명의 원인과 전개과정을 이해하고 국제적 영향을 설명한다. ③ 제1차 세계대전 이후 아시아, 아프리카의 반제국주의 운동 사례를 조사한다. ④ 제2차 세계대전의 원인과 전개과정을 알고, 대량 학살과 인권유린 사례를 설명한다. ⑤ 식민지 독립과 냉전을 중심으로 1945년 이후 국제정치의 흐름을 파악한다. ⑥ 냉전의 완화와 소련 및 동유럽 사회주의 체제의 해체과정을 설명한다.
10	일반사회	• 국제 거래와 세계화 국제 거래의 기본적 특징을 이해하고, 이를 토대로 국가 간 교역 확대에 따른 상호의존이 증가하는 현상을 세계화와 관련지어 이해한다. 또 세계화에 대한 다양한 논의와 세계화로 인해 야기되는 문제를 이해하고, 이에 대한 대처방안 등을 모색한다. ① 국제 거래의 특징과 국제 거래의 발생 요인을 파악한다. ② 국제 거래 확대가 국내 경제에 미치는 영향과 대응방안을 탐색한다. ③ 국제 수지, 환율의 개념을 이해하고, 이를 활용하여 국제 거래 관계를 이해한다. ④ 국제적 경제 협력과 상호의존이 증대하는 현상을 세계화와 관련지어 이해한다. ⑤ 사회 · 문화적, 법적, 정치적, 경제적 측면에서 세계화가 우리의 삶에 미치는 영향과 관련 쟁점을 탐구한다.

2 평화교육 프로그램의 사례

현재의 많은 평화교육 프로그램은 '갈등 해결 프로그램'을 공통적으로 적용하고 있다. 이 절에서는 갈등해결 프로그램을 적용한 평화교육의 사례로 정현백, 김정수(2007)가 소개한 독일과 미국의 사례를 살펴보고자 한다. 그리고 평화를 만드는 여성회(2002)에서 '평화와 핵'을 주제로 구안한 평화교육 프로그램을 소개하고자 한다.

1) 독일 학교교육에서의 평화교육

독일의 학교에서는 1970~1980년대에 '평화'가 매우 중요한 테마였다. 평화교육과 관련한 내용은 교과서에서 많이 찾아볼 수 있는데, 다음의 주제들이 주로 교과서에서 평화교육의 테마로 다루어졌다.

평화교육의 테마

공격성, 폭력, 평화 개념/
군비 무장, 군비 축소, 군사위협/동서갈등/남북갈등/지역갈등/
안보정책의 이론적 배경/대안적 평화 개념/
독일연방군, NATO, 바르샤바 조약기구/국제기구(유엔, 유네스코 등)/
근대의 전쟁과 평화협정/사회적 방어/
무기 수출/군사 · 산업 복합체/군비 지출/지배와 폭력의 변화 가능성

학교에서의 평화교육의 내용을 알아보기 위해, 바덴뷔르템베르크 주의 직업학교(Realschule) 10학년의 경우를 살펴보자. 직업학교의 사회과 교육과정

학습목표

- 평화를 지속적으로 위협하는 문제에 대한 인식을 높인다.
- 독일연방군이 서방세계의 군사동맹과 함께 자유와 안보를 지켜 준다는 사실을 인식한다.
- 상호협력과 협정을 군사적 평화유지의 필수불가결한 보완 수단으로 파악한다.
- 평화를 지키기 위하여 여러 입장을 익힌다.
- 병역 거부의 가능성과 문제점을 살펴본다.

에서는 평화에 관한 주제를 위해 8시간 정도 할애하고 있다. '평화의 유지'라는 학습단원의 학습목표와 학습내용은 다음과 같다.

학습내용

- 1945년 이후의 국제분쟁과 군사적 폭력 사용
- 방위에 대한 준비와 방위능력을 통한 평화의 유지
- 군비축소협상/국제협정/UN
- 비폭력적 저항/전몰장병에 대한 속죄
- 기본법이 보장하는 양심의 결정으로서의 병역 거부: 대체봉사

직업학교에서 강조하고 있는 평화교육의 내용은 국가방위에 초점을 맞추고 '국제적 상황에서의 독일 군사 및 외교적 상황'과 같은 주제들이 다루어지고 있는데, 이 또한 비폭력, 평화주의에 입각한 사고와 행위능력의 개발에 큰 기여를 하고 있다.

그러나 이러한 시각이 최근에는 평화교육 연구기관과 교사 교육기관이 협력하면서 새로운 개념틀로 바뀌어 가고 있다.

교사 워크숍의 평화교육 내용

- 사회적 훈련
- 반공격성 훈련
- 사회적 학습 프로그램
- 갈등훈련
- 중재 프로그램
- 가해자 피해자 균형 잡기
- '생활세계 학교' 프로젝트
- 포괄적인 학교 프로그램
- 학교 프로그램과 폭력 예방
- 인종주의가 없는 학교
- 다양성의 세계, 학교 내 계속교육 프로그램
- 폭력 예방

특히 과거 동독에 속했던 브란덴부르크 주에서는 '관용적인 브란덴브루크라는 교사들을 위한 워크숍'을 통해서 학교에서 적용 가능한 프로젝트를 소개하고 있다. 그 내용들은 다음과 같은 비폭력 행위능력 신장, 공격성 억제 교육, 갈등중재 훈련 등이다.

또 동독 지역의 주정부 산하연구소는 평화교육과 관련하여 동독 지역에서 특히 문제시되고 있는 외국인에 대한 폭력과 인종주의, 극우집단테러의 문제에 대한 집중적인 계몽을 위한 교육 프로그램을 개발하는 데 대한 관심이 매우 높다. 현재 브란덴브루크 주의 교육연구소에서는 과거 동독 지역 특유의 폭력문제에 대한 교사와 학교들 간의 네트워크를 구축하여 운영하고 있다.

2) 미국의 평화교육: 갈등해결 프로그램

미국의 학교에서의 갈등해결 교육은 1960~1970년대의 사회정의에 대한 관심으로부터 출발하였다. 퀘이커(Quaker) 등 평화그룹은 오랫동안 어린이들에게 문제 해결과 '평화훈련' 등을 가르쳐 왔다. 또한 종교·평화운동가들은 1970년대 중반에 운동을 받아들였고, 교사들은 '갈등 해결' 교육을 커리큘럼에 통합시키기 시작하였다. 1980년대 초, '사회적 책임을 위한 교육자 모임'이 전국적 연합체를 가진 조직으로 탄생하여 갈등을 해결하기 위한 대안적 방법을 어떻게 하면 가장 잘 배울 수 있을 것인가를 자신들의 중심적 질문과제로 채택하였다. 미국에서는 1984년 약 50개의 학교 갈등 해결 훈련 프로그램이 존재했고, 11년이 지난 1995년 현재 5,000개 이상으로 증가한 것 같다.

초기부터 학교에서의 '갈등 해결' 프로그램의 광범위한 목표는 문제 해결 전략과 의사결정기법을 더 잘 가르치는 것이었다고 한다. 이들은 생활상의 기술로, 그 기술이란 개인 간의 관계를 증진시키고, 학교 안에서 학습에 보다 협동적인 분위기를 형성하기 위한 필요한 도구를 제공하며, 의사소통을 충분히 하고, 이해를 더 잘하며, 덜 두려워하는 방식으로 갈등을 다루기 위한 토대를 제공하는 것이다. 법과 관련한 교육, 교실운영에 대한 갈등해결 접근, 그리고 학교 전반에 걸친 '또래 중재 프로그램' 등을 통해, 학생들은 자긍심을 가지게 되고, 다양성의 존중을 배우며, 의사소통과 분석기술을 향상시키고, 징계문제를 줄여 나갈 수 있는 기회를 갖게 되었다.

이러한 프로그램들은 교직원과 부모들이 협조하고 학생들의 문제를 해결할 수 있는 능력과 의지에 도움을 주어 학교 전체에도 이익이 될 것으로 전망하고 있다. 학교에서의 '갈등 해결' 프로그램에 대한 연구는 다음과 같은 성과를 낳았다. 폭력과 싸움을 줄이고, 함부로 욕질을 하거나 반박하는 것을 감소시켰으며, 의심을 줄이고, 다른 한편 '또래 중재자'의 자부심과 자아존중감을 증대시키고, 교직원이 갈등을 보다 효과적으로 처리할 수 있게 하며 학교의 분위기를 증진시킨다는 것 등이다.

평화로운 교실을 만들기 위해 학생들이 참여하는 갈등 해결 프로그램의 주제와 내용은 다음과 같다.

3) '평화와 핵'을 주제로 한 평화교육 프로그램

이 사례는 (사)평화를 만드는 여성회의 갈등해결팀에서 수행한 2002년도 민주화운동기념사업회 민주시민교육 시범 커리큘럼과 일반 시범연수자료 개발 연구용역의 결과물이다. '평화와 핵'이란 주제의 프로그램은 학생들로 하여금 한반도의 비핵화와 관련하여 남북한의 정치적 갈등을 어떻게 이해할 것인지를 고민하게 하는 하나의 계기가 된다는 점에서 의미 있는 평화교육 프로그램이라 할 수 있다.

최초의 핵, 히로시마의 비극

✎ 목표: 최초의 원폭이 투하된 히로시마의 비극을 통해 핵의 무서운 파괴력과 폭력성을 인식한다.

✎ 소요시간: 약 30분

✎ 방식: 인터넷 검색, 만화 보기, 토론

✎ 준비물: 인터넷 동영상 자료, 만화 『맨발의 겐』 2권 중 복사자료

✎ 진행순서

1. 진행자는 참석자들에게 '히로시마' (1945년 8월 6일)라고 칠판에 쓰고, 이에 대해 아는 대로 말해 보도록 한다. 사람들이 여러 가지 알고 있는 내용에 대해서 말하면 '핵'이란 어떤 것인지, 어떤 위험성을 지니고 있는지 물어본다.
2. 일반적으로 히로시마의 비극이나 핵무기의 위험성에 대해 사람들은 막연하게 알고 있고, 더욱이 핵무기의 파괴력에 대해서는 그 현실성을 깨닫지 못한 경우가 대부분이다. 따라서 참석자들의 일반적 이해를 파악한 다음 파워포인트를 활용하여 인류역사상 최초로 원폭이 투하된 히로시마의 비극을 보게 한다(영상자료 참조).
3. 진행자는 『맨발의 겐』을 추천하고, 가능하면 두 권의 원폭피해 후의 비극을 담은 부분을 복사해서 나누어 보도록 한다.
4. 영상자료와 만화자료를 보고 난 후 각자 느낀 점을 돌아가며 이야기한다.

✎ 영상자료: Hiroshima A-bomb Photo Museum

하늘에서 본 핵 폭심지

유명한 A-bomb 돔

흔적만 남은 자동차

완벽하게 산화된 전차

구호를 기다리는 희생자들

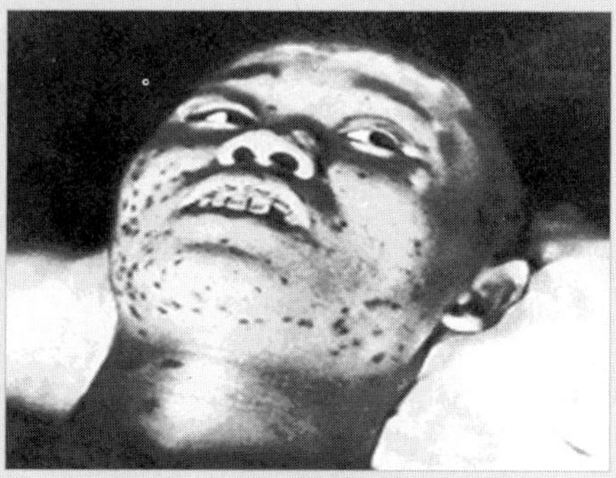

임종 직전의 군인

〈출처: www.nvccom.co.jp/abomb/index.html〉

✎ 읽기자료: 나카자와 게이지의 『맨발의 겐』, 아름드리출판사, 2002.

글쓴이: 신용복

이 책의 제목 '맨발의 겐'에 관하여 저자는 다음과 같이 설명한다. '겐'은 주인공인 어린 소년의 이름이다. 겐(元)이란 원소(元素)라는 뜻이지만 인간성의 근원(根源)이란 의미도 담고 있다. 그리고 '맨발'은 원폭투하로 폐허가 된 대지를 굳세게 밟는다는 뜻이다.

"인간이란 어리석게도 인종 편견과 종교분쟁으로 말미암아 그리고 무기를 양산하는 죽음의 상인들의 간계로 말미암아 끊임없이 전쟁과 핵무기의 위협에 시달리고 있다. …… 평화에 대한 갈망, 그리고 고난을 이겨 내는 용기가 독자들에게 전해진다면 더 바랄 나위가 없겠다."

『맨발의 겐』에 부치는 저자의 염원이다. 저자가 밝힌 바와 같이 『맨발의 겐』은 반전, 반핵, 평화를 기조로 하면서 군국주의 일본을 고발하고 천황제를 반대하며, 조선인을 비롯한 외국인에 대한 차별을 비판한다. 이것은 무거운 정치적 주장이다. 당연한 주장이기는 하나 자칫 감동적 공감을 이끌어 내기가 어려운 주제다. 그러나 『맨발의 겐』은 어린 소년 겐의 천진난만한 모습을 통하여 이러한 주제를 감동적으로 그려 내고 있다. 이것이 바로 이 책의 뛰어남이다. 어린 소년 겐의 웃음과 눈물이 그대로 읽는 사람들의 가슴을 파고든다.

그 이유는 주인공 겐이 바로 저자인 나카자와 게이지(中澤啓治) 그 자신이기 때문이다. 그는 제2차 세계대전 막바지의 그 참혹한 현실과 히로시마에 원자폭탄이 투하되고 난 뒤의 처절한 폐허를 어린 소년의 몸으로 몸소 겪었다. 절절한 경험이 그 바탕에 깔려 있지 않고는 결코 그려 낼 수 없는 진실이 감동을 안겨 주고 있다.

1945년 8월 6일 월요일 오전 8시 15분 등굣길에서 초등학교 1학년인 겐은 원폭투하를 목격하게 된다. 원폭투하는 히로시마의 시간을 멈추게 하였다. 집 밖에 있던 모든 사람의 피부를 녹이고 가공할 열선과 폭풍이 모든 건물을 파괴하고 모든 것을 불태우는 인류역사상 최대의 재난 속으로 추락한다. 그는 무너진 건물에 깔린 아버지와 누나, 그리고 동생이 눈앞에서 불길에 휩싸이는 광경을 보고 있어야만 했고 그 비명소리를 들어야 했으며 불길을 피해 달아나지 않을 수 없었다.

1966년 피폭자인 어머니가 7년간의 투병 끝에 사망한다. 그 시신을 화장하면서 그는 다시 한 번 경악하게 된다. 어머니의 시신에서는 뼈가 없었던 것이다. 원폭 방사능 세슘이 어머니의 골수에 파고들어 뼈를 녹여 갔던 것이다. 나카자와 게이지의 작품은 바로 이 지점에서 시작된다. 일본의 군국주의자들과 원폭투하의 장본인인 미국을 그는 용서할 수 없었다.

그러나 놀라운 것은 그처럼 침통한 비극을 바탕에 깔고 있으면서도 겐의 모습은 참으로 천진난만하고 낙천적이다. 인간의 본성과 의지에 대한 무한한 신뢰를 느끼게 한다. 바로 이러한 나카자와의 인간을 보는 시각이 만화 『맨발의 겐』을 수많은 수상대에 올려놓고 있다고 믿는다. 번역에 이어 영화로 제작되고 애니메이션으로 제작되었으며 일본문부성과 일본 PTA전국협의회 등 수많은 단체로부터 우수작품으로 특천되기에 이른다. 당연히 모든 학교 도서관과 마을 도서관에 꽂히게 된다.

반전사상이든 반핵평화사상이든 우리가 어떤 사상을 이해하기는 어렵지 않다. 그러나 정작 어려운 것은 그러한 사상을 우리들의 일상생활에서 삶의 정서로서 일관되게 지니고 살아가기는 결코 쉬운 일이 아니다. 『맨발의 겐』은 당시 일본사회의 생활과 문화를 자세하게 펼쳐 내고 그 속에서 살아가고 있는 숱한 인간상을 통하여 그러한 사상을 일상생활의 내부에서 녹여 내고 있다. 필자는 이 책에서 '사상' 이란 것에 대하여 다시 한 번 돌이켜 보게 되었다. 비록 자기가 이해하고 있다 하더라도 곧 자기의 사상이라고 할 수 없으며, 비록 자기가 주장하고 있다 하더라도 곧 자기의 사상이라고 할 수 없다는 사실을 깨닫지 않을 수 없었다.

삶과 사상의 조화, 이것은 자기관리의 기본과제라고 생각된다. 그런 점에서 생활의 작은 골목에서 자신의 생각을 키워 갈 수밖에 없는 어린이들에게는 이 책이 훌륭한 자양분이 되리라고 믿는다. 더구나 유년시절의 정서와 사고가 사실은 한 인간의 사상적 토대를 이루는 것임을 부인할 수 없다면 이 책이 지니는 의미는 더욱 크다고 생각된다.

동북아 질서가 빠르게 변화하고 있을 뿐 아니라 남북의 교류와 협력, 그리고 통일이 당면과제로 급부상하고 있는 것이 오늘의 우리 현실이다. 이 모든 변화의 과정에서 가장 먼저, 그리고 가장 중심에 놓아야 하는 원칙으로서는 무엇보다도 '반전평화'를 들지 않을 수 없다. 우리들이 매몰되고 있는 냉전적 이데올로기를 반성하고 전쟁이 얼마나 비인간적인가, 그리고 평화가 얼마나 고귀한 것인가를 다시 한 번 다짐하는 일이 선결과제가 아닐 수 없다. 『맨발의 겐』은 결코 제2차 세계대전의 히로시마에 일어났던 일회적 사건으로서만 읽히지는 않을 것이다.

〈출처: www.shinyoungbok.pe.kr〉

핵무기는 경쟁될 수 없다

✎ 목표: 핵무장의 논리인 '억지론'의 허구를 이해한다.

✎ 소요시간: 30분 정도

✎ 방식: 모둠, 전체 토론

✎ 준비물: 전지, A4용지, 컬러펜 등

✎ 진행순서

1. 참석자들에게 핵무기에 대한 다음의 질문지를 주고 찬성과 반대하는 두 모둠으로 나눈다.

> 핵무기는 인정될 수 있다.
> 북한의 핵개발 시도는 자위권 차원에서 인정될 수 있다.

2. 찬성하는 측과 반대하는 측은 각자 그렇게 생각하는 이유 등에 대해 토론한다. 약 10분의 토론을 마친 후 각 모둠은 전지에 자신들의 논리를 요약하여 적는다.
3. 두 모둠에서 적은 전지를 칠판에 붙이고, 전체가 모여 각 입장을 설명한다. 각자의 입장에 대한 설명을 마치면 상대편 입장에 대해 질문과 답변, 반론을 제시함으로써 토론을 진행한다.
4. 토론이 진행되는 과정에 진행자는 핵무장의 논리에 대한 설명을 필요한 경우 적절하게 부연함으로써 진행을 원활하게 한다.

✎ 읽기자료

현재 미국, 러시아, 프랑스, 중국, 인도, 파키스탄, 이스라엘 등의 나라는 핵무기를 보유하고 있다. 그러나 그 밖의 나라들은 핵무기의 보유가 '핵확산금지조약(NPT)'을 통해 억제되고 있다. 이런 상황에서 어떤 나라들은 '핵주권' 이라는 차원에서 핵무장에 관심을 돌리고 있다. 북한의 핵개발프로그램 역시 체제의 생존과 부족한 에너지원 확보를 위한 협상의 지렛대로 사용되고 있는 것이 사실이다.

사람들은 남한에는 세계 최대의 핵강국인 미국의 군대가 주둔하는 현실에서 북한에도 체제보장을 위한 '자위권' 이라는 차원에서 핵무기를 보유할 수 있다고 생각하기도 한다. 이러한 의견에 대해 반대하는 사람들은 핵 자체의 파괴력(현재 강대국이 보유하고 있는 핵무기로 인류를 수십 번 멸절시킬 수 있는 파괴력을 가지고 있고, 방사능의 위협과 이로 인한 인간의 생명과 환경파괴 역시 세대에 거쳐 이어지고 있는 점)뿐 아니라, 북한의 핵무기 개발은 이미 핵무기 개발기술을 갖추고 명분만을 찾고 있는 일본의 핵무기 개발을 가속화시키고, 기존의 동북아 지역의 핵강국(중국, 러시아, 미국)에 다시금 핵무기 경쟁(nuclear arms race)을 불러일으킬 위험이 있다고 경고하고 있다.

핵무기 경쟁의 논리는 '핵억지론(nuclear deterrence theory)'에 기초하고 있다. 이는 핵병기의 위력을 이용하여 상대를 위협하고 공격 의도를 봉쇄하려는 핵전략이론이다. 핵전력의 압도적인 우위를 차지함으로써 상대국을 위협하는 '최대한 억지력론', 치명적인 보복공격능력으로 상대국에 대한 전력 균형을 꾀하는 '상호억지론', 소규모 핵전력으로도 대규모 피해를 줄 수 있다고 선전하는 것으로 충분한 억지효과를 노릴 수 있다는 '최소한 억지력론' 등이 있다. 그러나 핵무기의 기술적 발달은 상대를 위협할 만큼 강대한 핵전력을 갖기 위한 핵군확대 경쟁 원동력이 되고 있다.

따라서 평화운동과 평화연구에서는 억지론의 비판에 몰두해 왔다. 특히 냉전시기에 이 억지론의 이름으로 현실에서 행해진 것은, 상대 측이 군사력을 증강했을 때 통상 이쪽도 억지력을 확보하기 위해 군사력을 증강하지 않으면 안 된다고 해서 군사력을 증가하게 된다. 그러나 억지력의 확보라는 이름으로 현실에서 이루어져 있는 것은 상대 측의 군사력에 비례한 군사력의 증강이 아니고, 그 시점에서 혹은 장래에 일어날 수 있는 최악의 상태를 상정한 자국의 군사력 증강이다. 또 억지력의 유지에 대한 국민의 지지를 얻기 위해 국가 지도자는 상대국으로부터의 침략 위협을 설명하게 된다. 더구나 상대국의 실상에 대한 검증받을 기회가 적기 때문에 상대국의 실상과는 동떨어진 자폐증적인 적 이미지가 국민 전체를 뒤덮게 된다. 이는 과거 초강대국이 국제사회에 창출한 '군비문화' 속에 통합되어 버렸던 우리 사회의 현실에도 그대로 적용되었던 현상이었다.

3 교수-학습과정안

1) 주제: 지구에 평화를

2) 2007, 2008 개정 도덕 · 사회과 교육과정과의 관련성

교과	학년	영역	내용
도덕	6	국가 · 민족 · 지구공동체와의 관계	• 평화로운 세상
	9	국가 · 민족 · 지구공동체와의 관계	• 세계 평화와 인류애의 실현
사회	6	일반사회	• 세계 여러 지역의 자연과 문화 - 여러 가지 지구촌 갈등 문제

3) 개 요

세계에는 많은 나라가 있으며, 지구촌에는 인류와 함께 수많은 생명체가 살고 있다. 그런데 지구촌 여러 곳에서 전쟁을 비롯한 자연재해 등의 불행한 일이 일어나고 있다. 특히 전쟁으로 인해 세계 여러 지역 어린이들이 굶주림과 질병으로 죽어 가고 있다. 어린 학생들에게 굶주림과 질병으로 죽어 가는 세계 각지의 어린이 사례를 통해 이들을 걱정하고 도와주려는 마음을 갖도록 지도할 필요가 있다.

이 주제는 '지구에 평화를(Peace on earth)' 이란 주제로 영국의 기독교 자선단체인 Christian Aid가 초 · 중등학생에게 전쟁의 피해와 평화의 필요성, 갈등 해결의 중요성을 인식시키기 위해 제공하는 프로그램이다. 이 프로그램은 내전을 겪은 앙골라의 한 어린이에 대한 이야기를 통해 어린이들에게 전쟁의 피해에 대한 이해를 돕고, 평화를 촉진하는 방법을 보여 주고 있다.

이 주제를 통해 학생들은 전쟁이 지역사회와 개인에게 어떤 영향을 끼치는지 이해하게 되고, 갈등 해결의 중요성과 평화의 필요성에 대해 생각해 보게 될 것이다.

4) 지도 계획

<table>
<tr><td>주 제</td><td colspan="2">지구에 평화를(Peace on Earth?)</td><td>장 소</td><td colspan="2">일반 교실</td></tr>
<tr><td>대 상</td><td colspan="2">초등학교 고학년~중학교</td><td>시 간</td><td colspan="2">80분</td></tr>
<tr><td>학습 목표</td><td colspan="5">• 전쟁이 지역사회와 개인에게 어떤 영향을 끼치는지 이해할 수 있다.
• 평화적인 갈등해결방법을 찾을 수 있다.</td></tr>
<tr><td>준비물</td><td colspan="5">• 교사: 'Peace on Earth?' 포스터 파일, 'Peace on Earth?' 이야기 자료, 'Peace on Earth?' 역할극 대본, PC와 PC를 연결한 TV, 아프리카 지도, A4 용지, 실물 화상기
• 학생: 색연필, 모의 인터뷰 도구(챙이 있는 모자, 선글라스, 배낭, 수첩 등)</td></tr>
<tr><td>단 계</td><td>학습 과정</td><td colspan="2">교수-학습활동</td><td>시간(분)</td><td>자료 및 유의점</td></tr>
<tr><td rowspan="2">도입</td><td>동기 유발</td><td colspan="2">▶ 'Peace on Earth?' 포스터 보며 이야기하기
• 포스터를 보며 떠오르는 생각이나 느낌 이야기하기
• 포스터와 관련된 상황을 설명하고 학생들에게 말과 행동으로 표현하게 하기
- 뜨거운 햇빛, 폭우, 먼지, 모난 돌에 앉기 등
▶ 'Peace on Earth?'에 관한 이야기 읽기
• 학생들에게 'Peace on Earth?'에 관한 이야기를 읽게 하거나 교사가 읽어 준다.</td><td rowspan="2">8′</td><td rowspan="2">• TV를 통해 확대된 포스터를 보여 준다.</td></tr>
<tr><td>학습 문제 확인</td><td colspan="2">▶ 학습문제 알아보기
평화적인 갈등해결방법을 찾고, 평화실천계획을 세워 실천해 봅시다.</td></tr>
<tr><td>전개</td><td>학습 활동 안내</td><td colspan="2">▶ 학습활동 안내하기
• 활동 1: 'Peace on Earth?' 관련 모의 인터뷰하기
• 활동 2: 역할극 상황과 학생들의 생활 비교하기
• 활동 3: 갈등해결방법 토의하기
• 활동 4: 평화를 위한 실천 계획 세우기</td><td>2′</td><td></td></tr>
</table>

전개	학습 활동 전개	▶ 학습활동 전개하기 【활동 1】 'Peace on Earth?' 관련 모의 인터뷰하기 • 두 학생에게 역할극을 하게 한다. - 미리 두 명의 학생에게 역할극을 연습시킨다. • 역할극의 내용 이해하기 - 역할극에 등장한 나라를 아프리카 지도에서 찾아보기 - 역할극에 등장한 학교의 이름은?(4 April)	15′	• 역할극 대본 • 아프리카 지도
		【활동 2】 역할극 상황과 학생들의 생활 비교하기 • 모둠별로 역할극에서 등장하는 학생의 생활모습에 대해 이야기하기 • 모둠별로 역할극에서 등장하는 학생의 생활모습과 내 생활을 비교하여 이야기하기 • 모둠에서 나온 의견을 정리하여 발표하게 한다.	15′	
		【활동 3】 갈등해결방법 토의하기 • 내가 겪었던 갈등 상황 세 가지를 생각하여 종이에 적기 - 모둠별로 A4 용지를 잘라 세 조각씩 갖고, 그 위에 자신이 겪었던 갈등을 적게 한다. • 종이에 적은 것을 모둠원끼리 나누어 갖고, 갈등을 해결하기 위한 방법을 제안하게 한다. • 갈등 해결을 위해 제안된 방법을 A4 용지에 정리하게 한다. • 모둠별로 갈등해결방법을 발표하게 한다.	20′	• 실물 화상기를 이용해 발표할 수 있도록 안내한다.
		【활동 4】 평화를 위한 실천계획 세우기 • 역할극에 등장한 학교의 이름이 4 April인 까닭을 생각해 보게 한다. - 4 April: 모든 사람이 평화를 지키기 위해 노력한다는 의미로 지어진 학교 이름 • 평화를 상징하는 학교 이름, 교실 이름을 지어보게 한다. • 평화의 중요성을 알리기 위해 실천할 수 있는 일을 찾아보게 한다. - 정치인에게 평화의 전자메일 보내기 - 전쟁으로 굶주리는 아이들을 위한 성금 모으기	15′	
정리	학습 활동 정리	• 학습내용 정리하기 • 지구촌의 서로 다른 사람들이 평화롭게 살아가기 위해서는 어떻게 해야 할지 발표해 봅시다. - 전쟁 무기 개발과 이동을 반대하기 - 체육 교류하기 - 문화 교류하기 - 환경오염 줄이기 - 갈등이 생기면 폭력이 아니라 대화로 해결하기 등	5′	

5) 지도상의 유의점

교사는 'Peace on Earth?'와 관련한 다양한 자료를 미리 준비하여 수업이 원활히 진행되도록 한다. 'Peace on Earth?'와 관련한 자료는 영국의 기독교 자선단체인 Christian Aid의 홈페이지(http://learn.christianaid.org.uk)에서 구할 수 있다.

교사는 연기에 소질이 있는 두 명의 학생에게 'Peace on Earth?'와 관련한 역할극을 충분히 연습해 오도록 사전에 지도하면 수업을 더 활기 있게 진행할 수 있을 것이다.

교사는 학생들이 A4 용지에 적어 제출하는 갈등해결방법을 게시판에 게시하고, 생활 속에서 발생하는 갈등을 자신들이 제안한 방법으로 해결하고 있는지 점검하면, 본시의 학습이 생활 속에 전이되도록 할 수 있을 것이다.

6) 평가 계획

평가 목표	• 평화를 위한 실천 계획을 세워 실천하는가?
평가 내용	• 전쟁이 지역사회에 미치는 영향에 대해 말할 수 있는가? • 전쟁이 개인에게 미치는 영향에 대해 말할 수 있는가? • 개인 간의 갈등을 해결하는 평화로운 방법을 제안할 수 있는가? • 일상생활에서 평화를 실천하는 태도를 보이는가?
평가 방법	• 면담, 관찰

7) 참고자료

'Peace on Earth?' 내용과 포스터

에두아르도(Eduardo)는 열세 살입니다. 그는 남아프리카에 있는 앙골라라는 나라의 작은 마을에 살고 있습니다. 앙골라는 몇 년 동안 내전을 겪었습니다. 수천 명이 전쟁을 피해 집을 떠났고, 많은 사람들이 죽거나 다쳤습니다.

어느 날 군인들이 에두아르도의 마을을 공격했습니다. 에두아르도는 가족과 함께 근처 산으로 달아나 숨었습니다. 에두아르도 가족은 급히 떠나야 했기 때문에 필요한 물건을 챙기지 못했습니다. 먹을 것이라곤 펀지라 불리는 오토밀로 만든 죽이 고작이었습니다.

전쟁이 끝나자 에두아르도 가족은 집으로 돌아왔습니다. 군인들이 마을을 파괴했습니다. 학교의 지붕이 날아가고 문이 박살나고 책상과 걸상이 모두 망가졌습니다. 에두아르도와 친구들은 의자 대신에 돌멩이 위에 앉아야 했습니다. 그리고 비가 오거나 조금이라도 세찬 바람이 불면 공부를 할 수 없었습니다.

2002년에 평화협정이 체결되고 영국의 구호단체인 Christian Aid와 함께하는 ACM(Associacao Crista da Mocidade)이라는 기구가 파괴된 건물의 지붕과 창문을 고치고 학교에 책상과 의자를 제공해 주었습니다. 이제 에두아르도와 그의 친구들은 먼지를 뒤집어쓰지 않아도 되고, 비 때문에 공부를 못하는 일도 없게 되었습니다.

평화협정이 체결된 후 마을 사람들은 매우 행복해했고, 평화협정이 체결된 날인 4월 4일을 기념하기 위해 학교 이름을 4 April이라고 불렀습니다. 그 이름은 비록 전쟁 기간에는 서로 다른 편에 있었지만 모든 사람이 평화를 지키기 위해 함께 노력해야 한다는 것을 상징하는 것입니다.

에두아르도는 말합니다. "나는 지금 학교가 좋고 매일 학교에 갑니다. 내가 학교에 가는 것은 중요합니다. 그래야만 나는 커서 직장을 구할 수 있습니다. 나는 전쟁이 아닌 평화를 원합니다. 지금 집에는 안전한 평화가 있습니다. 다시는 집을 떠나고 싶지 않습니다.

'Peace on Earth?' 역할극 대본

면담자: 안녕하십니까? 저는 영국의 자선단체인 Christian Aid에서 일하는 ○○○입니다. 제가 하는 일은 가난한 나라 사람들의 생활모습을 조사하여 많은 사람들에게 알리는 것입니다. 오늘은 남아프리카의 앙골라에 사는 에두아르도를 찾아왔습니다. 안녕! 에두아르도.

에두아르도: 안녕하세요.

면담자: 나이가 어떻게 되지요?

에두아르도: 열세 살입니다.

면담자: 당신이 살고 있는 카송가이가 어떤 곳인지 이야기해 줄 수 있나요?

에두아르도: 아주 작은 마을입니다. 주로 농부들이 많아요. 슈퍼마켓이 없어서 먹을거리를 직접 길러야 해요. 아주 조그마한 땅을 갖고 있어요.

면담자: 주변의 산들이 아름답네요.

에두아르도: 네. 나는 산을 좋아해요. 얼마 전 미술 시간에 산을 그리기도 했어요. 얼마 동안 산에서 살기도 했지요. 산이 나를 보호해 줬어요. 군인들이 우리 마을에 쳐들어왔을 때 우리 가족은 산에 숨었어요. 정말로 무서웠어요. 우리나라에는 오랫동안 전쟁이 있었어요. 그래서 많은 사람들이 죽거나 다쳤어요. 우리 마을에서도 사람들이 죽었지만 직접 보지는 못했어요.

면담자: (잠시 기다렸다가) 저는 상상이 안 가네요. 당신은 산에서 어떻게 살았나요?

에두아르도: 우리는 펀지라 불리는 오토밀로 만든 죽을 먹으며 지냈어요.

면담자: 얼마나 오랫동안 산에서 살았나요?

에두아르도: 약 1주일 정도요. 집에 돌아와서 기뻐요. 다행히 우리 집은 그대로였지만 다른 집들은 부서져 있었어요. 그리고 부서진 학교를 보았을 때 몹시 슬펐어요. 학교의 지붕이 날아가고, 문이 부서지고, 책상과 의자도 부서졌어요.

면담자: 그래서 수업은 어떻게 했나요?

에두아르도: 선생님들은 수업을 멈추곤 했어요. 비가 오거나 햇빛이 뜨거울 때는 공부를 할 수 없었어요. 바람이 불 때에도 먼지가 날려 공부를 할 수 없었어요. 정말이지 끔찍해요. 저는 커서 좋은 직장을 얻고 싶어요. 그러려면 학교에 다녀야 해요.

면담자: 당신은 군인들이 다시 쳐들어오면 싸울 생각인가요?

에두아르도: 더는 싸우고 싶지 않아요. 평화협정이 체결되었어요. 마을 사람들 모두가 정말 행복해요. 우리는 평화가 계속되길 바라요.

면담자: 내가 듣기에 학교에 몇 가지 변화가 있었다던데요?

에두아르도: 네, 학교가 다시 세워졌어요. 정말 행복해요. ACM이라는 단체에서 도와줬어요. 우리는 평화협정이 체결된 날인 4월 4일(4 April)을 기념하기 위해 우리 학교를 4 April이라고 불러요. 전쟁 기간에 우리 부모들 모두가 같은 편은 아니었지만 이제 함께할 거예요. 우리는 전쟁이 아닌 평화를 원하거든요.

면담자: 에두아르도, 이야기를 들려주어 고마워요. 돌아가서 많은 사람들에게 당신 이야기를 들려주고 싶어요. 우리가 살고 있는 모든 곳이 평화로운 세상이 되도록 당신 이야기를 알리고 싶어요.

평화교육 관련 사이트

사이트 이름	사이트 주소	관련 정보
어린이 어깨동무	http://www.okedongmu.or.kr/	북한어린이 지원단체 후원, 남북어린이교류, 평화교육, 기부 등 안내
세계의 분쟁과 전쟁	http://www.kida.re.kr/woww/	세계 분쟁 실시간 뉴스 DB, 지역별 충돌 분쟁 현황, DB 분석 자료, 열전 지역 분석 등 제공
월드비전	http://www.worldvision.or.kr/	아시아 및 아프리카, 빈곤국가 지원, 기아체험 제공
유네스코 한국위원회	http://www.unesco.or.kr/	세계 평화를 위한 유엔 산하 기구, 교육, 문화, 국제이해교육 및 문화교육 활동 전개
유니세프 한국위원회	http://www.unicef.or.kr/	UN아동기금, 기부, 후원, 긴급구호, 해외 빈곤아동돕기, 국제구호 NGO
사랑을 보내는 기아대책	http://www.kfhi.or.kr/	지구촌 기아 상황을 전 세계에 알리고 굶주린 이들에게 식량과 사랑을 전하는 국제 NGO 단체
환경운동연합	http://www.kfem.or.kr/	평화롭게 살 수 있는 지구 만들기 활동, 습지/해양, 에너지/기후변화 생활환경, 물/하천, 국토생태, 환경교육
에너지 정의행동	http://www.eco-center.org/	반핵운동, 생태교육활동 사업내용, 핵 에너지 및 생태자료 제공
그린피스	http://www.greenpeace.org/	국제환경보호단체, 자원봉사 및 후원안내, 산림, 기후 변화 등 뉴스기사 제공

탐구과제

- 평화교육의 사례를 찾아 현장 적용 가능성을 논의해 보자.
- 인터넷에서 평화교육에 사용할 다양한 자료를 모으고 기준을 세워 분류해 보자.
- 교육과정에서 평화교육과 관련한 부분을 찾아 교수-학습과정안을 작성해 보자.

참 고 문 헌

교육과학기술부(2008a). 초등학교 교육과정 해설(III): 국어, 도덕, 사회.

교육과학기술부(2008b). 중학교 교육과정 해설(II): 국어, 도덕, 사회.

교육과학기술부(2009). 사회과 교육과정(교육과학기술부 고시 제2009-10호).

교육인적자원부(2007). 초 · 중등학교 교육과정(교육인적자원부 고시 제2007-79호).

박수선, 김정수, 김학묵, 이재영, 정경란(2002). 함께 만드는 평화, 공존의 갈등해결 교육. (사)평화를 만드는 여성회 연구보고서.

송승아(2009). 평화교육의 발전과정과 개선방안에 관한 연구. 부산대학교 대학원 석사학위논문.

정현백, 김정수(2007). 평화지향적 통일교육의 이해. 서울: 통일부 통일교육원.

제4장

인권교육의 이론

- 박재국 · 황순영 -

- 인권교육은 '학습자로 하여금 인권에 대한 권리를 이해하고 그 가치를 인식함으로써, 인간존중의 태도를 형성하여 인권문제에 대한 해결능력과 인권침해의 예방 및 실천하는 활동에 참여하도록 하는 데 목표를 둔 교수-학습활동'이다. 또한 인권교육은 자신과 타인의 공존을 전제로 하여 인류의 보편적 가치를 존중하는 것을 밑바탕으로 한다.
- 인권은 역사의 연속 및 변화과정 속에서 형성되고 발전되어 온 산물이며, 우리나라의 인권 발전과정도 국가권력의 민주화과정과 그 맥을 같이 한다.
- 인권교육의 목표는 지식, 기능, 가치 및 태도에 따라 학생들에게 권리와 책임에 대한 행동을 할 수 있는 의식적인 노력으로 무엇이 있을지를 결정하도록 돕는 것이다. 이와 관련하여 인권교육의 주요 내용은 빈곤, 성차별, 인종차별주의, 통합, 종교, 환경과 개발에 관한 것들이 다루어질 수 있다.
- 4학년, 6학년에서 '인권' '사회적 약자 또는 권리' 등의 용어들이 포함되고, 7학년에서는 '인권 보호와 헌법', 10학년에 '인권'이라는 제목으로 교육내용이 제시되고 있다. 하지만 이러한 내용을 교육과정 속에서 다루고 있다는 것은 인권교육의 강화라는 측면에서 매우 고무적인 일이나 인권 또는 인권교육의 범위가 매우 넓고 개념 자체가 추상적이기 때문에 접근하는 데 한계가 있다.

학 습 목 표

- 인권과 인권교육의 의미를 이해한다.
- 인권교육의 발전과정을 이해한다.
- 인권교육의 목표와 내용을 이해한다.
- 인권교육의 문제점과 개선방안을 알아본다.

1 인권교육의 주요 개념과 정의

1) 인권의 개념

오늘날 우리가 사용하는 인권의 개념은 인간에게는 태어날 때부터 부여되는 절대권으로서 전통적인 자연권 개념에서 그 유래를 찾을 수 있다. 인권은 인간이 인간다운 삶을 영위하기 위해 반드시 필요한 필수적인 권리로, 모든 사람이 태어날 때부터 부여받은 평등하고 양도할 수 없는 권리이며 인종, 피부색, 성, 언어, 종교, 정치, 재산, 출생, 지위가 다름에도 불구하고 누구에게나 보장하고 있는 권리와 자유를 의미한다(국가인권위원회, 2006). 즉, 인권은 인간에 부여되는 당연한 권리이며 사람이 단순히 사람이라는 이유 하나만으로 누리는 권리인 것이다.

'인권'이라는 용어는 Thoman Paine의 저서 『인간의 권리(*Rights of Man*)』에서 처음으로 사용되었다. 『인간의 권리』는 프랑스혁명(1789) 이후 프랑스 의회가 1789년 8월 26일 헌법 서문으로 채택한 '인간과 시민의 권리에 대한 선언(Declaration des Droits de l'Homme et du Citoyen)'을 영어로 번역 · 소개한 것으로 페인이 사용한 '인간의 권리'라는 용어는 '프랑스 인권선언' 원문에 나타나 있는 '자연권(droit natural)'에 대한 번역이다(이봉철, 2003). 원래 영어권에서는 '프랑스 인권선언' 원문의 용어를 번역하여 'right of man'이란 용어를 사용했는데, 'man'이란 단어가 마치 여성을 배제하거나 소홀이 여기는 것 같은 오해를 불러일으킬 수 있다는 반론 때문에 'human rights'로 바꾸었다(차병직, 2006).

오늘날 인권(Human Right)은 현대사회에서 보편적으로 광범위하게 사용되고 있지만, 그 개념 정의를 둘러싼 학자 간의 이론은 일치하지 않으며 인권 문제를 접근하는 방법에 따라 차이를 보이고 있다(국가인권위원회, 2006). 그러나 일반적으로 인권은 글자 그대로 '인간으로서 태어난 이상 당연히 갖는 권리'로서 '모든 사람이 인간다운 삶을 영위하기 위하여 인간인 이상 누구나 누려야 할 평등하고 양도 불가능한 천부적 권리'라고 할 수 있다. 이와 같은 인권의 정의에는 많은 의미가 내포되어 있으며, 다음에 제시된 바와 같이 인권이 가지는 여러 가지 성격이 존재한다.

첫째, 인권은 '모든 사람'이 가진다고 여겨지는 만큼 누구에게나 있어야 할 인간다움을 지키기 위한 '기본적이며 필수적인 권리'다.

둘째, 인권은 인종, 피부색, 성별, 언어, 종교, 정치적 견해, 출신이나 사회적 지위, 재산 정도 등에 따라 차별 없이 어떤 상황에서나 어느 곳에서나 모든 사람이 누려야 할 '보편적인 권리'다.

셋째, 인권은 모든 사람이 차별 없이 당연하게 누려야 한다. 때문에 인권은 국가권력의 정당성을 판단하며 국가권력을 제한할 수 없고(한국장애인단체총연맹, 2000), 국가권력은 국민의 인권을 보장하기 위해서 사용되어야 한다. 그러므로 인권이 정치적·법적 제도상으로 지니는 당위성과 구속력의 근원은 궁극적으로 인권의 도덕적 특성에 있으며(이봉철, 2003), 이는 인권의 '도덕성'이며 '제도초월성'으로 설명할 수 있다.

넷째, 인권은 인간의 '삶'이 여러 사회적 층위(가정, 직장, 사회, 국가, 세계 등)로 구성되는 만큼 그 관할체계 역시 여러 층위에 걸쳐 중복되어 나타나는 일종의 중층구조를 가진다(국가인권위원회, 2006).

이상에서 살펴본 인권의 개념은 자연법사상에 그 유래를 둔 인권의 보편성에 근거한 것이다. 한편, 인권의 개념은 각기 다른 역사적·문화적·사회적 맥락에서 정의되어 왔기 때문에 역사적 사건이나 시대에 따라 학자들에 따라 각기 다르게 정의하고 발전하여 왔다(〈표 4-1〉 참조).

이상과 같이 인권의 개념이 다양하게 개념화되는 것은 인간에 대한 이해와 가치가 점차 폭넓게 변화했기 때문일 것이다. 따라서 인권에 대한 개념이 시대에 따라 다양하게 변화하고 발전하는 것은 당연한 일이라 하겠다.

표 4-1 인권 개념의 변천

역사적 시기	인권 개념의 변천
고대 그리스의 소피스트	인권사상의 싹, '인간은 만물의 척도'라는 명제를 내세워 인간중심주의를 표방하여 지극히 초보적인 인권의식을 반영함
절대왕정 이후	자연법사상의 등장으로 인간의 평등성, 권리의 보편성, 생명의 존엄성 등을 중심 내용으로 서구 근대시민혁명의 단초를 제공함
영국의 대헌장(1215), 권리청원(1628), 권리장전(1689)	인권보장을 문서화하고 인권의 역사에 중요한 진보를 이룬 사건. 인권보장의 핵심내용을 포함하고 있으나 그 자체만으로는 인권보장이 될 수 없으며 근대시민헌법의 내용으로 불완전하며 제한적임
19세기 근대시민헌법	자연법사상과 근대시민혁명을 계기로 미국과 프랑스에서 처음으로 제정되기 시작한 근대시민헌법은 19세기 들어오면서 인권보장을 정착시키게 됨
근대 이후~ 20세기 전반	(1세대 인권) 개인과 자유를 중심으로 하는 인권 (2세대 인권) 사회경제적인 조건의 개선과 관련해서 새롭게 추가된 권리들로 다양화된 인권 (3세대 인권) 여성, 제3세계 등 집단의 특수성에 기초하여 독자적인 권리의 보장을 요구하는 인권

2) 인권교육의 개념

인권의 실현은 개인과 공동체의 존엄한 삶을 위해서뿐 아니라 전체 인류의 평화롭고 지속가능한 생존을 위해서도 필수적이라는 사실은 지난 세기의 비극 속에서 잉태된 소중한 깨달음이었다. 이러한 의미에서 인권은 인류 모두에게 '인간의 존엄성과 권리'라는 기준으로 삶의 조건과 가치를 재구조화해야 할 과제를 제시하고 있는 셈이다. 이 과제를 수행할 수 있는 힘을 길러내기 위해서는 사람들이 현실에 존재하는 다양한 억압으로부터 스스로를 해방시키고 자기 삶의 주인으로 거듭날 수 있도록 하는 안내자가 필요한데 이것이 바로 인권교육이다(보성현, 2007).

특히 우리나라의 경우에는 외세에 의한 침략이 잦았고, 전쟁, 독재, 성장 위주의 경제개발 우선정책 등으로 국민의 인권은 주요 관심사가 아니었다.

최근에 들어서 적극적으로 제기되는 인권 문제를 해소하기 위해 정부 차원의 노력과 인권교육이라는 제도적 노력이 시작되었다.

인권교육은 인권을 신장하고 인권침해를 예방하기 위한 전략으로 등장하여 인권존중 · 보호 · 개선을 위한 최선의 방안이다. 1994년 유엔인권교육 10개년 계획에서 인권교육은 인권과 기본적 자유를 존중하는 가치와 태도를 습득하여 개인의 인성과 존엄성이 충분히 습득되도록 하는 교육활동이며, 동시에 이러한 변화를 통하여 인종이나 성별, 국적, 종교나 문화 및 기타 구분에 의한 사람들 간의 차별과 편견이 종식되고 평등한 관계와 관용, 이해와 우호 및 평화가 증진되는 사회 형성에 기여하는 활동이라고 정의한 것을 보면 잘 알 수 있다. 이러한 인권교육의 의미는 학자와 단체에 따라 다양하게 논의되어 왔는데, 인권교육의 대표적인 의미를 살펴보면 〈표 4-2〉에서 제시된 바와 같다(윤정숙, 2003).

표 4-2 인권교육의 다양한 의미

기관	정의
ARRC (The Asian Regional Resource Center for Human Rights Education)	사람들이 자신의 경험을 이해하고 자신의 삶을 통제하도록 하는 데 그 목표를 두고, 인권에 대한 지식 · 기능 · 가치를 사용하는 학습활동의 계획된 체계를 담고 있는 하나의 참여적 과정
인권운동사랑방	학습자의 인권이 존중되는 과정을 통해 인권에 대한 지식을 획득하고 인권을 존중하는 태도를 형성하며 인권을 옹호하고 방어할 수 있는 행동능력을 길러 냄으로써, 인간의 잠재된 능력을 개발하고 현실에 존재하는 다양한 억압으로부터 스스로를 해방시킬 수 있는 힘을 길러 내기 위해 의도적으로 설계된 교수-학습의 과정
국제앰네스티	학생들에게 인간 존엄성의 존중을 발전시키고 인권의 기본적 권리를 주장하는 데 적극적으로 참여하게 하여, 결과적으로 정당하고 인간적인 사회를 건설하게 만드는 것

이상의 대표적인 정의를 종합하면, 인권교육은 '학습자로 하여금 인권에 대한 권리를 이해하고 그 가치를 인식함으로써, 인간존중의 태도를 형성하

여 인권문제에 대한 해결능력과 인권침해를 예방하고 바람직한 인권관을 확립하고 실천하는 활동에 참여하도록 하는 데 목표를 둔 교수-학습활동' 으로 정의할 수 있다. 또한 인권교육은 자신과 타인의 공존을 전제로 하여 인류의 보편적 가치를 존중하는 것을 밑바탕으로 한다. 즉, 인권교육의 목적은 인권에 대해서 가르치는 것이 아니라 인권에 대해서 이해하고 인권의 실현에 참여하여 인류 공동체 전체의 삶의 질을 향상시키는 데 있다고 할 수 있다. 이러한 인권교육의 목적인 인권 실현의 목적과 다르지 않음은 교육이 인권문제의 가장 핵심적인 내용이자 과정임을 보여 준다.

2 인권교육의 발전과정

1) 인권의 발전과정

오늘날 인권은 고대에서 현대에 이르기까지 사상과 사회운동, 정치적 발전을 통해 인류가 이루어 온 장구한 역사적 산물이다. 본래 인간의 존엄성에 대한 생각은 종교적 믿음에서 온 것이다. 동양에서는 사람의 목숨이 하늘에 있다고 하여 그 권리를 하늘에 두었다. 서양의 기독교에서도 마찬가지로 사람은 하나님의 형상대로 지음 받은 특별한 존재로서 모든 사람은 존귀한 인격체로 여겨져야 한다고 믿어 왔다. 이는 천부인권설의 근거로 모든 인간이 존귀하며 평등하다는 자연권 개념에 그 유래를 두고 있다.

자연법사상에 근거한 인권사상은 18세기 이른바 시민혁명, 미국의 독립혁명과 프랑스혁명을 통해서 더욱 발전하였는데, 특히 인류 역사에서 인권의 의식화와 실천에 기여한 영국의 청교도혁명이나 프랑스 시민혁명은 인권 역사에서 진보를 이룬 중요한 사건이다. 한편, 영국에서 제정된 대헌장(The Magna Carta, 1215년), 권리청원(The Petition of Rights, 1682년), 권리장전(The Bill of Rights, 1689년)은 인권보장을 문서화하게 되었으나, 이러한 문서들은 근대적 제도의 출현으로 인권에 대한 보장이 시작된 것으로 오늘날 인권의 보편적이며 불가침한 권리를 보장하고 있는 것은 아니었다. 인간의 보편적 권리가 실정법으로 보장된 최초는 미국의 독립선언(1776년)과 프랑스대혁명 이후 제정된 인권선언(1789년)으로, 이 두 선언문을 통해 근대 시민헌법적 인권보장제도가 형성되었다. 이 선언문은 모든 인간에 대한 보편적 인권에 대한 권리를 명시하였으나 여전히 귀족, 남성, 백인 등 당시 사회에서 영향력을 행사하는 계층 중심적이었으며 어린이와 여성, 흑인 등은 인권의 권리에 제한되는 한계가 있었다.

이후 이러한 선언들은 19세기 유럽 대륙 제 국가의 헌법으로 확대되어 근대 시민헌법으로 등장하였고, 이로써 서구사회에 인권보장체계가 정착하게 되었다. 이 시기의 인권 이념은 인권의 목적성과 권력(정부)의 수단성 명시, 인권불가침의 권리선언, 자유권—권력으로부터 불간섭을 요구하는 권리—중심의 인권을 보장한 점, 참정권을 보장한 점 등의 특징을 지니고 있다(윤정숙, 2003).

역사의 소용돌이 속에서 인류는 제1, 2차 세계대전을 겪게 되었는데, 이 전쟁으로 인해서 대량살상을 통한 인권유린, 종군위안부와 강제징용 등의 인권침해가 발생하였다. 이를 해결하기 위한 국제적 노력의 결과로 1946년 유엔인권위원회가 설립되었고 1948년 세계인권선언(Universal Declaration of Human Rights)이 유엔총회를 통과하기에 이른다. 유엔총회에서 채택·선언한 세계인권선언은 국제적 차원에서 보편적 인권으로 정착되었으나, 이는 단지 인류 역사상 최초의 인권보장체계의 시작으로서 각 국가들이 추구해야 하는 인권에 대한 기준을 제시하고 확대한 의의는 있지만, 규범적 국제문서에 불과하며 구속력 없는 한계를 지니고 있다.

1966년에는 경제적·사회적·문화적 권리에 관한 국제규약과 시민적·정치적 권리에 관한 규약이 채택되어 1976년에 정식 발효되었으며, 이후 국제규약 위반에 대한 실질적 강제력을 강화하기 위한 세계인권 비정부기구가 각국 정부의 인권 이행 감시, 인권 의제 주창, 인권 문제에 대한 해결책 제시,

인권보호활동 직접 제공 등의 역할을 하기 시작하였다(국가인권위원회, 2007). 이러한 자유권과 사회권은 제2차 세계대전 이후 유엔은 보다 실효성 있는 인권보장체계의 필요성을 인식하여 1966년 선언의 내용이 강제력을 갖는 국제조약으로 격상된 시민적 · 정치적 권리에 관한 국제규약(International Covenant on Civil and Political Rights, 일명 자유권규약)과 경제적 · 사회적 · 문화적 권리에 관한 국제규약(International Covenant on Economic, Social and Cultural Rights, 일명 사회권규약)을 채택함으로써 '선언'이 '계약'으로 실체화되었을 뿐 아니라 그 이행을 확보하기 위한 실시조치를 마련하게 되었다. 이후 인권 영역은 '평화롭게 살 권리' '재난으로부터 구제받을 권리' '환경에 대한 권리' 등 국경을 초월한 전 인류의 단결과 연대를 통해서만 실현될 수 있는 '집단권' 혹은 '연대의 권리'로 확장 · 발전하고 있다(윤정숙, 2003). 그리고 1966년 제정 · 공포된 대표적인 국제인권규약인 유엔의 시민적 및 정치적 권리에 관한 국제협약(International Covenant on Civil and Political Rights, 일명 B규약)에 가입한 국가 수나 1976년 발효된 동 협약의 제1선택 의정서(Optional Protocol to the International Covenant on Civil and Political Rights)는 인권침해에 대한 개인통보절차를 규정하고 있는데, 이를 비준한 국가 수가 꾸준히 증가하고 있다(김민수, 2003).

이상에서 살펴본 바와 같이 인권은 역사의 연속 및 변화과정 속에서 형성되고 발전되어 온 산물이다. 그러나 여기서 변하지 않는 주요 원칙은 인권이란 특정 시대, 특정 사회의 한 사람으로서 우리가 누려야 할 권리라는 것이다.

2) 우리나라의 인권교육의 발전과정

한편, 우리나라의 인권교육은 해방을 기점으로 인권교육이 부재했던 시대에서 인권교육의 요구 및 실천이 확대되는 발전을 이루었다. 참고로 이러한 발전과정을 강순원(2000), 설규주(2005)의 연구를 바탕으로 정리하면 〈표 4-3〉과 같다.

표 4-3 해방을 기점으로 인권교육의 발전과정

시기	인권상황	인권교육
해방~4·19	인권 개념 미형성	인권교육의 부재
박정희 정부	총체적 인권 탄압과 지속적 저항	비공식적 인권교육
전두환 정부 노태우 정부	총체적 인권 탄압과 다각적 투쟁 시민적·정치적 권리 부각	민주, 민족, 인간화 교육 교육권, 학습권 강조
김영삼 정부 김대중 정부	인권의 다양화 국가인권위원회 설립	각 교과교사모임 결성 시민단체, 학부모 단체의 인권교육 요구 증가
노무현 정부	시민사회의 발전: 요구와 압력 증가 여러 인권적 문제가 실질적인 사례로 다루어짐	교육과정의 특정교과에서 인권교육을 다룸

이상의 표에서도 알 수 있듯이 우리나라의 인권 발전과정은 국가권력의 민주화과정과 그 맥을 같이하여 정권이 바뀌어 감에 많은 발전이 있었다. 이외에도 2001년 5월 우리나라에서는 처음으로 인권법이 제정되었고, 당해 11월에 국가인권위원회가 출범되어 불가침의 기본적 인권을 보호하고 인권 수준의 향상을 보였다. 또한 사회적 약자의 인권을 보호하는 청소년보호위원회(1997), 여성부(2001) 등의 출범도 인권의 발전 측면에서 중요한 일이다(이삼열 외, 2003).

하지만 원래 인권을 존중하고 보호하는 일은 법과 제도를 통해 직접적으로 관여함에도 불구하고 근본적으로는 교육을 통하는 것이 적절할 것이다. 인권의 가치를 사회 전체에 확산시키고, 다음 세대에까지 전수하는 일은 교육이라는 수단을 통해 가장 효과적으로 달성할 수 있기 때문이다.

지금까지의 인권교육의 발전과정은 우리나라 인권의 수준과 밀접한 관련이 있다. 인권교육은 진정한 의미의 민주화나 세계화를 위해서도 반드시 필요한 것이기에 계속적인 단순한 지식 전달에 머물지 않고 학생이 실제 생활 속에서 타인의 인권을 존중하면서 살아갈 수 있도록 하는 교육으로 발전해야 한다.

3 인권교육의 내용

우리나라에서 실시되고 있는 인권교육은 다른 영역에 비해 상대적으로 취약한 것이 사실이다. 지금까지 실시된 청소년 인권교육의 내용은 인권에 초점을 두고 있다기보다 법질서 교육의 차원에서 권리 개념을 나열하고 있다는 비판을 면하기 어렵다. 이러한 교육은 기존 질서에 순응적인 인간을 양성하는 데 그 목적이 가깝고 인권교육이라는 거시적 차원의 접근이라고 보기는 어려운 실정이다. 주로 헌법에 규정된 인권의 개념이나 현실과 동떨어진 이상적 인권을 인지적으로 강조하면서 인권적 가치에 대한 교육적 노력은 소홀하였다.

물론 외국의 선진 국가들도 독립된 교과목으로서 인권교육을 실시하고 있지는 않다. 그러나 인권이라는 규범이 이미 사회적 제도 속에 포함되어 있고, 사회구성원들의 일상생활 속에서 내면화되어 있기 때문에 우리나라에서 인권교육이 가야 할 방향과는 질적으로 차이가 있다. 그리고 인권이라는 주요 개념은 다양한 가치가 내포되어 있는 것이기 때문에 교육적으로 충분히 다루어질 수 있다. 이와 관련하여 학교 교육과정 속에서 인권교육은 어떻게 다루어지고 있는지 살펴보면 다음과 같다.

첫째, 인권교육을 실행하기 위해서는 인권교육에 목표를 두어야 한다. 인권교육의 목표는 단순히 권리의 내용이나 인권선언문 등을 학습시키는 데 그치는 것이 아니라 학습자들이 자신의 생활경험을 이해하고 인권의 원칙에 기초한 사회적 질서를 구축하는 데 도움을 주는 '인권능력'을 길러 주는 것이다. 즉, 인권교육은 자신의 권리를 강조하는 소극적 권리를 포함하여 인간의 존엄성과 소수자의 인권을 함께 고민하는 적극적 인권을 강조하는 것이 인권교육의 목표다. 인권운동사랑방(2001)에서는 〈표 4-4〉와 같이 인권교육의 세부적 목표를 강조한다.

그리고 인권교육에서는 학생들에게 권리와 책임에 대한 인식과 책임 있는

표 4-4 인권교육의 세부 목표

영 역	세부 목표
지식	• 인권의 정의와 추구하는 가치를 이해한다. • 인권과 인간의 존엄성의 관계를 이해한다. • 사람, 인간의 존엄성, 그리고 인권의 중요성을 이해한다. • 인권침해가 무엇인지 정의할 수 있다. • 다양한 인권의 내용을 분류하고, 각 분류별 특성과 대표적 사례를 설명할 수 있다. • 인권침해를 불러일으키는 경제적, 사회적, 정치적, 민족적, 성적 구조나 상황, 인권침해의 책임자와 주요 인권침해 기구 등을 지적할 수 있다. • 인권침해의 유형과 인권침해의 과정을 설명할 수 있다. • 인권을 보장, 증진해야 할 책임 있는 기관이 무엇인지 안다. • 한 사회의 인권침해를 낳는 국제 질서 속에서의 힘의 관계를 발전한다. • 나의 인권침해의 경험과 다른 사람의 인권침해의 경험, 국내에서의 인권침해의 경험과 다른 나라에서의 인권침해가 어떻게 연관되어 있는지 이해한다.
기능	• 역사를 통해 발견되는 다양한 인권침해의 형태를 유형화시킨다. • 사람의 권리와 존엄성을 존중하는 마음을 표현할 수 있다. • 인권침해를 예방할 수 있는 행동계획을 설계한다.
가치 및 태도	• 인권침해에 관한 자신의 경험을 공유한다. • 자신의 개인적 경험과 사회구조를 연결시켜 성찰할 수 있다. • 인권침해로 고통받는 사람들의 삶에 공감하고 외면하지 않는다. • 인권의 기준으로 자신의 삶과 태도를 성찰할 수 있다. • 인권을 옹호해야 할 필요성과 인권 옹호를 위한 작업에서 각자의 역할을 깨닫는다. • 현실의 인권 상황이 개선될 수 있는 가능성을 발견하고 인권을 옹호하는 작업에 헌신하고 안내해야 할 필요성을 깨닫는다.

행동을 할 수 있는 의식적인 노력으로 무엇이 있을지를 결정하는 것이 중요한데, 이와 관련하여 인권교육에서 다룰 수 있는 주제(UN Centre for Human Right, 1996)를 제시하면 〈표 4-5〉와 같다.

둘째, Tarrow(1992)는 인권교육은 인권에 대한 교육으로서 관련 지식의 획득, 권리와 의무의 성격을 이해하고 적절한 행동을 할 수 있는 기능 개발,

표 4-5 지식 · 이해 목표

주 제	하위 내용
빈곤	삶의 질, 음식, 고용, 주택, 건강, 교육, 환경, 자산 소유에의 접근, 구조적 조정을 포함하는 다른 양상
성차별	평등과 불평등, 역할모델, 경쟁 대 보완, 문화적 · 전통적 성역할, 결혼과 공유된 생활의 다른 형태, 성적 귀소본능
인종차별주의	숨겨진, 공인되지 않은 태도, 공개적인 인종차별적 적대감
통합	다민족 사회, 자발적 인종차별, 강요된 인종차별, 격리, 긍정적인 인종적 자기 이미지 또는 집단 이미지, 인종적 소수 집단과 다수 집단과의 관계 및 다른 소수 집단과의 관계, 다른 양상
종교	종교에 대한 자유, 제한, 교파와 예배의 발전, 정통주의와 보수주의 경향, 종교 간 갈등과 폭력, 박해와 추방, 비종교, 종교국가, 국가 입법과의 갈등, 국가 및 지방 풍습과의 갈등, 다른 종교 간의 결혼/혼합가족
환경과 개발	인구/인구통계, 물, 에너지/연료, 도시화, 자원관리, 소비패턴, 유독성 물질과 위험한 쓰레기, 환경개발교육

인간 존중의 가치 태도를 경험에 내면화할 수 있도록 내용을 구성해야 한다고 하였다. 물론 이러한 주요 인권교육에 관한 내용은 시대와 장소에 따라 인권의 개념이 다르게 정의될 수 있기 때문에 보다 '역동적'이고 '구성적' 으로 만들어질 필요가 있다. 이에 인권교육 내용을 지식적 측면에서 인권의 근거와 내용, 인권의 역사, 인권침해의 내용 등에 관한 내용은 포함한다. 기술적 측면에서는 인권침해 사례와 현실에 대한 비판적 사고와 분석 능력, 인권을 옹호하고 방어하는 데 필요한 기술과 이를 발휘할 수 있는 능력을 길러 줄 수 있는 행동, 가치 및 태도에서는 자신의 편견을 인정하고 관용의 정신을 함양할 수 있도록 하고 실제 인권 문제를 이해하고 다루는 능력을 포함한다(박남희, 1999).

이외에도 2007 개정 교육과정에서는 인권의 개념이 더욱 강조되어 인권의 관련 내용을 교과에서 다루고 있다. 예를 들면, 직접적인 단원은 아니지만 4학년, 6학년에서 '인권' '사회적 약자 또는 권리' 등의 용어가 포함되고, 중학교 7학년에서는 '인권 보호와 헌법', 10학년에 '인권'이라는 제목으로 교육 내용이 제시되고 있다. 하지만 이러한 내용을 교육과정 속에서 다루고 있다는 것은 인권교육의 강화라는 측면에서 매우 고무적인 일이나 인권 또는 인권교육의 범위가 매우 넓고 개념 자체가 추상적이기 때문에 접근하는 데 한계가 있다. 구체적으로 우리나라 제7차 교육과정의 인권에 관한 내용을 제시하면 〈표 4-6〉과 같다(허수미, 2008).

표 4-6 2007 개정 국민공통 기본교육과정의 인권 관련 단원 구성

학 년	대단원	단원목표	하위목표
6	(4) 우리나라의 민주정치	민주정치는 많은 사람의 노력에 의해서 유지되고 발전된다. 민주적 삶의 과정에서 국민들은 여러 가지 법 규범과 운영 원리를 이해하고, 주체적으로 법을 만들고 지켜야 한다. 또한 다양한 정치생활에 참여하여 공동체의 구성원으로서 권리를 행사하고 의무를 이해할 필요가 있다. 따라서 우리나라의 민주화 과정에 대한 이해를 바탕으로 법의 의미와 기능을 파악하고, 주요 국가기관의 권한과 기능을 인식한다. 또한 인간의 기본적 권리 및 공동체 구성원으로서의 의무를 지각하고 더불어 살아갈 수 있는 능력을 기른다.	• 헌법의 핵심적인 내용을 이해하고 그 외의 다양한 법이 우리 생활을 위해 필요함을 인식한다. • 인권을 존중하는 태도를 기른다. • 관용, 대화, 타협, 절차 준수 등 일상생활에서 민주주의를 실천하는 태도를 기른다.
7	(9) 우리의 생활과 법 (10) 인권보호와 헌법	(9) 법은 우리의 모든 일상생활과 밀접하게 연결되어 있는 것으로 국가 구성원 사이의 공동의 약속이며, 분쟁이나 갈등을 예방하는 도구임을 이해한다. 이러한 관점에서 법의 의미와 목적을 일상생활 속에서 이해하고, 분쟁 해결의 수단과 제도를 탐색한다.	• 분쟁과 갈등을 평화적으로 해결하기 위한 사법제도와 그 원리를 이해한다. • 일상생활과 직업생활 속에서 자신의 권리를 행사하는 적극적인 법의식을 가진다.

7	(9) 우리의 생활과 법 (10) 인권보호와 헌법	(10) 헌법은 인권을 보장하기 위해 나타난 것임을 이해한다. 우리나라 헌법은 기본원리, 보호수단, 그리고 정부의 성격과 형태를 규정하고 있음을 인식한다. 이러한 관점에서 헌법을 이해하고, 이를 통하여 자신의 기본적 권리를 적극적으로 실현하며, 타인의 권리를 존중할 줄 아는 성숙한 시민의식을 함양한다.	• 인권의식의 성장과 헌법의 관계를 이해한다. • 자신의 기본권을 실현하며 타인의 권리를 존중하는 시민의식을 가진다.
10	(9) 인권	인권의 중요성을 이해하고 인권 개념의 등장배경과 확대 발전과정을 탐구한다. 또한 개인의 인권뿐 아니라 타인의 인권이 존중될 때 공동체가 발전함을 인식한다.	• 인권의 기본개념과 관점을 이해한다. • 인권의 발달과정을 역사적 측면에서 이해한다. • 현대사회의 인권 문제의 성격을 정치, 경제, 사회문화적 측면에서 이해한다. • 생활 주변의 인권침해 사례를 조사하고, 이를 해결하기 위한 활동에 참여하는 자세를 갖는다.

4 인권교육의 문제점과 개선방안

1) 인권교육의 문제점

우리나라의 시민의식 수준이나 인권 관련 환경의 변화로 인해 인권교육의 수준이 양적 · 질적인 측면에서 긍정적으로 변화하고 있음을 알 수 있다. 그러나 우리나라에서 실시되고 있는 인권교육은 다른 영역에 비해 상대적으로 취약하다는 비판을 받기도 한다. 허수미(2008)는 그동안 청소년 인권교육의 내용은 인권에 초점을 두기보다는 법질서 교육의 차원에서 권리 개념을 나열하고 있다고 하면서 이것은 기존질서에 순응적인 인간을 양성하는 데 목적을 둔 교육이지 인권교육이라고 보기 어렵다고 하였다. 이러한 측면에서 인권교육은 앞으로 더욱 발전할 수 있도록 노력해야 하는 주요 교육영역이라 할 수 있다.

물론 선진국에서도 인권교육을 독립된 교과목으로 다루고 있지는 않지만 역사적 배경과 사회적 제도 속에서 인권이라는 개념을 내면화하고 있어 인권교육의 필요성 및 문제점이 우리나라와는 문화적으로 다르다. 이러한 측면에서 양인숙(2006), 허수미(2008)는 인권교육의 문제점을 다음과 같이 지적하고 있다.

첫째, 현행 인권교육이 상대적으로 특정 교과에 치우쳐 있다는 것이다. 서울대학교 교육연구소에서 실시한 설문에 따르면 인권교육이 가장 적합한 교과에 도덕교과와 사회교과에 응답이 각각 84%, 68%를 넘어서고 있다(구정화 외, 2004). 물론 이들 교과에서 인권교육을 다룰 수 있는 부분이 많기는 하지만 다른 교과에서 인권교육을 소홀히 해도 된다는 것을 의미하는 것은 아니다. 이는 통일교육은 도덕교과에서, 경제교육은 사회과에서만 다루어야 한다는 고정관념과 일맥상통하는 것이다. 오히려 이런 개별교과에서 주로 다루기보다는 통합교과를 활용하거나, 재량활동, 특별활동 시간을 이용하여 인권교육을 다루어 보는 것도 좋을 것이다.

둘째, 인권교육의 방법이 인지적 영역에 머무는 경향이 있다는 것이다. 실제 인권교육을 다루는 주요 교과목을 통해 그 교과서 안에서 다루는 내용을 이해하는 것이 인권교육으로 받아들이기 쉬운데, 인권교육은 기능과 가치, 행동으로 발전되지 않는다면 이를 제대로 인권교육을 실행하였다고 보기 어렵다. 세계 주요 국가 및 단체에서 강조하고 있는 인권 관련 선언, 협약, 역사 등에 대한 개념을 기반은 물론 실천이 병행될 수 있도록 교육활동이 제공되어야 한다(유네스코 아시아 · 태평양 국제이해교육원, 2003). 이러한 교육활동이 가미된 인권교육을 효율적으로 실행하기 위해서는 교실이나 학교라는 물리적 환경에서 벗어나 학생들의 주된 생활공간에서 체험할 수 있도록 공간의 범위를 넓힐 필요가 있다.

셋째, 인권교육의 경우 주로 법적인 측면에서 많이 다루어 왔다. 이는 인권에 대한 고민과 성과를 법률가가 거의 책임지고 있었던 사회현실을 반영하는 것이다. 1970년대 이전까지는 인권에 관한 모든 학문적 작업이 법률 전문가들에 의해 이루어졌고, 인권에 대한 대부분의 내용도 법적인 부분이 주를 이루었다. 하지만 인권에 대한 법적 접근법은 인권의 윤리학적 · 정치학적 · 사회학적 · 경제학적 · 인류학적 측면을 분석하기에 적절하지 못하다. 인권의 내용에는 사회적 및 정치적 기원도 있어 법률적 의미만을 강조하는 것은 바람직하지 못하다. 즉, 인권이 침해되었는지 혹은 존중되었는지에 대해 '판단' 하는 데 주로 관심을 두고 있었으나 사실 인권의 문제는 침해와 존중에 대한 '설명'을 꼭 다루어야 하며, 이를 교과교육 내용에 반영할 필요가 있다.

넷째, 인권교육의 내용에서 초등학교에 비해 중등학교의 인권교육 현황은 보다 미비한 수준이다. 물론 2007 개정 교육과정에서의 중학교와 고등학교 인권교육은 인권 관련 단원이나 목표가 구체적이지 못했던 이전 교육과정에 비해 하위목표까지 제시되어 실질적으로 다루려 하고 있다. 그러나 아직도 인권교육을 법적인 측면에서 권리를 강조하는 교육으로 한정하고 있어 현대사회의 변화 추세에 비추어 다양한 인권이 존재할 수 있음을 교육내용으로 다루지 못한 한계를 보여 준다.

2) 인권교육의 개선방안

이상과 같이 우리나라의 인권교육은 상당한 역사와 경험을 가지고 다양한 형태로 실시되지 못하고 비공식적으로 비주류적인 위치에서 인권교육이 실시되어 왔다. 이러한 인권교육을 보다 실질적으로 실시하기 위해서는 다음과 같은 개선방안을 고려해야 할 것이다.

첫째, 인권교육에 대한 다양한 자료가 개발 · 보급되어야 한다. 인권과 관련한 여러 가지 경험적 사례와 학습자료, 학생들의 인권 증진을 위한 참여활동 유도 등 다양한 인권교육 방법의 개발은 교육의 효과를 한 차원 높일 수 있을 것이다.

둘째, 인권교육은 그동안 주로 사회과나 도덕교과에서 다루었으나 단일교과에서 인권교육을 분리하여 교육하는 것보다 통합교과를 통해 인권교육을 학습시킨다면 인권교육의 내용을 심층적으로 전달할 수 있을 것이다. 이와 관련하여 통합교과를 통한 인권교육을 진행하기 위해서는 인권교육에 대한 교재 개발도 공동 작업으로 진행되어야 할 필요가 있다.

셋째, 인권교육의 주체를 교사에게만 한정할 것이 아니라 여러 시민단체, 학부모단체, 학생공동체 등과 협력하여 인권과 관련한 내용 및 방법의 다양화를 꾀할 필요가 있다. 지나치게 교사 주도의 인권교육만을 강조하게 되면 인권교육의 방향이 상부하향식이 되어 주입식 교육이 될 가능성이 있거나 여러 인권의 측면을 고려하지 못하는 제한점이 있다. 이에 다양한 주체의 긴밀한 토론과 협의로 인권교육의 방향을 정해 가는 것도 좋을 것이다.

넷째, 지금까지 우리의 인권교육은 법적인 권리를 강조하는 측면에서 제한적으로 다루어 왔던 것이 사실이다. 2004년 UN은 인권교육을 지식, 기술, 태도 형성을 통한 '인권에 관한 보편적 문화'를 구축할 목적으로 이루어지는 훈련, 전파, 정보 전달과 관련한 노력으로 정의하여(국가인권위원회, 2006) 인권교육을 명확하게 규정하고 있다. 이는 인권교육이 인권의 실천을 강조한 것으로 인권을 교육받는다는 개념으로 받아들일 것이 아니라 인권적 민감성을 기를 수 있는 교육이 되도록 노력해야 함을 시사한다. 물론 인권 문제와 관련한 지식을 많이 알면 알수록 인권에 대한 입장을 명확하게 제시할 수 있다는 측면에서 지식 중심의 인권교육도 바람직하다고 할 수 있지만, 실제상황에서 구체적인 행위로 연결되어야 하는 부분에서 인권적 행동이 생활 속에서 나타날 수 있도록 하는 '인권에 대한 민감성 강화 교육'이 함께 이루어져야 할 것이다.

다섯째, 그동안 우리나라의 인권교육은 개인적 인권보다는 국가, 사회적 차원의 인권을 더 강조해 왔다는 것을 부인하는 사람은 없을 것이다. 그러나 개인이 인권의 주체자가 될 수 있으며, 인권을 주장해야 하는 당사자임을 강조하는 교육을 실시해야 할 것이다. 즉, 인권교육은 정치적, 법과 제도적 측면에서 초월하여 소수자, 개인의 인권을 어떻게 보장해야 하는지를 강조하는 인권교육의 관점이 변화될 필요가 있다.

여섯째, 인권교육이 인권을 주장하는 교육이 아니라 인권을 존중하는 교육으로 학습자가 받아들일 수 있도록 교육해야 할 것이다. 최현호(2005)는 인권교육은 인권의 내용을 아는 것도 중요하지만, 인간에 대한 존중의 자세이자 타인에 대한 배려와 관용이라는 정의적 능력이 바탕이 되어야 한다고 강조하였다. 이 사회에서는 어느 누구의 인권도 존중되지 않아도 되는 경우는 없다. 이에 인권의 내용뿐 아니라 인간에 대한 가치, 존엄성을 가질 수 있는 정의적 태도를 내면화시키는 교육이 필수적으로 병행되어야 할 것이다.

결론적으로, 모든 사람의 인권은 존중되어야 한다는 것을 부인하는 사람은 없을 것이다. 그러나 이러한 인권교육이 체계적으로 이루어지고 있는지, 각 영역의 특성을 반영해서 실질적으로 잘 이루어지고 있는지에 대해서는 좀 더 많은 노력이 필요하다.

탐구과제

- 인권이란 무엇이며 인권을 위협하는 문제에는 어떤 것들이 있는지 논의해 보자.
- 인권교육의 필요성은 무엇이며 어떻게 수행되어야 하는지 논의해 보자.
- 국제사회에서 제기되는 여러 가지 인권 문제가 정치 및 외교적 문제로 이슈화되고 있는 사건은 어떤 것들이 있으며 어떠한 관점에서 바라보아야 하는지 생각해 보자.

참 고 문 헌

강순원(2000). 평화, 인권, 교육. 서울: 한울아카데미.

구정화, 설규주, 송현정(2004). 교사를 위한 학교인권교육의 이해. 국가인권위원회 교사연수자료집.

국가인권위원회(2006). 국내외 공공 분야 인권교육 실태조사.

국가인권위원회(2007). 경찰관서 인권상황 평가지표 개발 연구.

김민수(2003). 인권의 보편성과 실천성에 관한 연구. 동국대학교 대학원 박사학위논문.

박남희(1999). 사회과 교육에서의 인권교육에 관한 연구: 고등학교 교과서를 중심으로. 경상대 교육대학원 석사학위논문.

보성현(2007). 고등학교 사회과 교육에서의 인권교육에 관한 연구. 전남대학교 교육대학원 석사학위논문.

설규주(2005). 한국 시민사회의 성장과 학교 인권교육의 과제. 사회과교육, 44(1), 27-56.

양인숙(2006). 인권개념과 초등학교 교사의 인권의식. 경북대학교 교육대학원 석사학위논문.

유네스코 아시아 · 태평양 국제이해교육원 편(2003). 세계시민을 위한 국제이해교육.

윤정숙(2003). 인권단체 인권교육을 활용한 학교 인권교육 활성화 방안에 관한 연구. 한국교원대학교 석사학위논문.

이봉철(2003). 현대인권사상. 서울: 아카넷.

이삼열, 강순원, 한경구 외(2003). 세계화 시대의 국제이해교육. 서울: 한울아카데미.

인권운동사랑방(2001). 인권교육길잡이. 서울: 사람생각.

차병직(2006). 인권. 파주: 살림.

최현호(2005). 인권교육 개선을 위한 도덕과 교육과정 및 교과서 분석연구. 한국교육, 32(3), 233-264.

한국장애인단체총연맹(2000). 장애인 인권 지침서. 사단법인 한국장애인단체총연맹.

허수미(2008). 인권적 문화형성을 위한 인권교육 방향 설정. 사회과교육, 47(4), 153-181.

Tarrow, N. (1992). Human right education: Alternative conception, in James Lynch, Celia Modgil and Susan Modgil (Eds.). *Human Eights. Education and Global Responsibility*. The Falmer Press.

인권을 존중하고 보호하며 개선하는 일은 법과 제도의 문제이지만 근본적으로는 교육의 문제다. 왜냐하면 인권의 가치를 사회 전체에 걸쳐 확산하는 일은 오직 교육을 통해서만 가장 효과적으로 이루어 낼 수 있기 때문이다.

이 장에서는 2007, 2009 개정 도덕 · 사회과 교육과정을 살펴봄으로써 우리나라 국가 수준 교육과정에서 인권교육의 교육목표와 내용의 범주 및 계열성을 살펴볼 것이다. 그리고 국내외의 인권교육 사례를 통해 실제 인권교육의 다양한 방법을 모색해 보고, 나아가 교육현장에 적용하여 실천할 수 있는 인권교육 교수-학습과정안과 참고자료를 제시하고자 한다.

1 인권교육과 교육과정

최근 인권교육은 Hyugh Starkey(2006)가 제시한 것처럼 '인권, 임무, 의무 및 책임' 등의 주요 범주에 따라 '정의, 평등, 자유, 평화, 존엄성, 권리, 민주주의의 개념'을 이해하도록 구성되고, 이들 덕목은 '학교 교과목을 통해' 사회적 · 정치적 교육의 일부로 그리고 문화 간, 국가 간 이해를 포함하는 방향으로 나아가고 있다. 이러한 점에서 우리나라의 초 · 중 · 고등학교의 국가 수준 교육과정을 살펴보면 주로 도덕교과와 사회교과에서 인권교육이 다루어지고 있음을 알 수 있다.

도덕교과는 인성교육과 민주시민교육, 그리고 국가적 차원에서 중시되는 통일 대비 교육을 핵심 영역으로 다루면서 도덕 규범과 가치 문제를 주된 교과 내용으로 삼고 있다(교육과학기술부, 2008). 이러한 특징으로 인하여 인간의 존엄성과 민주적 생활태도로서 자유와 평등에 대한 가치적 접근을 강조하고 있다.

그러나 도덕교과에서 다루는 인권교육은 독립된 단원을 구성한다든지, 인권교육의 전체 맥락과 교육내용의 범위 및 계열을 고려하여 이루어지기보다는 도덕교과에서 강조하는 주요 가치덕목을 지도하는 과정에서 이루어진다.

표 5-1 2007 개정 도덕과 교육과정에서의 인권교육 관련 내용

학년	영역	주요 내용
3	우리 · 타인 · 사회와의 관계	• 친구 간의 우정과 예절 ② 친구 간에 지켜야 할 예절(혼혈아, 입양아, 새터민 친구 등과 친하게 지내기)
4	도덕적 주체로서의 나	• 자신의 일을 스스로 하기 ① 자주적인 행동과 남에게 의존하는 행동의 사례와 결과
5	우리 · 타인 · 사회와의 관계	• 이웃 간의 도리와 예절 ① 이웃 간에 지켜야 할 기본적인 생활예절 ③ 동양예절과 서양예절, 전통예절과 현대예절
6	나라 · 민족 · 지구 공동체와의 관계	• 편견 극복과 관용 ① 예절, 관습 등을 포함한 다른 문화에 대한 우리의 편견 ② 다양한 문화가 공존하는 사례와 공존의 장점 ③ 다른 문화에 대한 이해와 존중
7	우리 · 타인 · 사회와의 관계	• 예절과 도덕 ① 다양한 이웃들과 나의 관계 ② 다른 사람을 배려하는 방법 ③ 봉사활동의 의미와 방법 ④ 주변에서 볼 수 있는 타인에게 피해를 주는 사례
8	나라 · 민족 · 지구 공동체와의 관계	• 통일과 민족공동체 윤리, 북한 주민과 민족애 ① 북한 주민의 생활에 대한 이해 ② 보편적인 인권 차원에서 본 북한 주민의 생활 ③ 민족 정체성과 민족 공동체의 의미
9	우리 · 타인 · 사회와의 관계	• 인간 존엄성과 소수자 보호 ① 인간 존엄성의 의미 ② 타인의 고통과 약자의 불행에 대한 공감 ③ 정당화가 가능한 역차별 사례 ④ 소수자 보호를 위한 다양한 방안 • 양성평등의 도덕적 의미 ① 성역할 및 남성다움과 여성다움에 대한 의미와 문화적 다양성 ② 한 성을 억압하거나 한 성에 특권을 부여했을 때의 부정적 결과 ③ 양성의 상호보완성을 추구할 때의 긍정적 결과
10	자연 · 초월적 존재와의 관계	• 이상적인 인간과 사회 ① 동서양의 이상적 인간상 ② 이상적 인간을 실현하기 위한 노력

〈표 5-1〉은 2007 개정 도덕과 교육과정에서 인권교육과 관련되는 내용을 정리한 것이다.

일반적으로 사회과 교육은 국민에게 올바른 민주시민적 자질을 교육하기 위한 교과목이다. 즉, 사회과 교육의 목표를 간결하게 표현한다면 '민주시민의 자질 육성' 또는 '민주시민성 함양'이라고 할 수 있다(류혜진, 2004). 이때 '민주시민'의 자질이란 사회생활을 영위하는 데 필요한 지식을 바탕으로 인권 존중, 관용과 타협의 정신, 사회정의의 실현, 공동체 의식, 참여와 책임의식 등의 민주적 가치와 태도를 바탕으로 하여 개인적 · 사회적 문제를 합리적으로 해결하는 능력(교육과학기술부, 2008)을 말한다.

이러한 맥락에서 보면 민주시민의 양성을 지향한 교육활동은 인권을 존중하고 인권을 신장시키려는 자세를 민주시민의 중요한 자질의 하나로 파악하게 되고, 그러한 자질을 키우는 데 노력을 기울이지 않을 수 없다. 인권의식을 심어 주고 인권실태에 관심을 갖게 하여 인권신장을 위한 실천적 노력을 기울이게 하는 것은 민주시민을 양성하려는 사회과의 본래 목표와도 부합한다.

2007 개정 사회과 교육과정에서는 '인권' 개념이 더욱 강조되었는데, 초등학교의 경우 인권만을 직접적으로 다루는 단원은 없지만, 4학년과 6학년에서 '인권' '사회적 약자' '소수자 권리' 등의 용어들을 포함함으로써 인권 관련 내용을 다루도록 하고 있다(허수미, 2008). 한편, 중학교에서는 7학년 '인권 보호와 헌법', 10학년에 '인권'이라는 제목으로 내용 체계가 제시되어 근대국가의 통치권력 근원이 되고 있는 헌법의 의미를 인권의식의 성장 측면에서 파악하게 하고 있다. 또한 현대사회의 인권 문제 성격을 파악하고 생활 주변의 인권 문제를 해결하기 위한 태도와 능력의 형성에 노력하도록 강조하고 있다. 〈표 5-2〉는 2007 개정 초등 사회과 교육과정에서 인권 관련 내용을 살펴본 것이다.

표 5-2 2007 개정 초등 사회과 교육과정에서의 인권 관련 내용

학년	영역	주요 내용	인권 관련 내용 요소
3	지리 · 일반사회	• 다양한 삶의 모습들 ③ 다른 고장을 여행한 경험을 바탕으로 그 고장의 독특한 문화가 만들어지게 된 자연적 · 인문적 특성을 이해한다. ⑥ 서로 다른 문화에 대하여 이해하고 포용하려는 태도를 갖는다.	• 차이와 다양성의 인정
4	일반사회	• 주민 자치와 지역사회의 발전 ① 다양한 의견 차이와 갈등을 조정해 가는 민주적 정치생활의 기본 원리를 이해한다. • 경제생활과 바람직한 선택 ⑥ 소비자 권리의 내용을 이해하고, 소비자의 권리를 행사할 수 있는 절차와 방법을 이해한다. • 사회변화와 우리 생활 ① 현대사회 가족 구성의 다양성을 이해하고, 바람직한 가족의 의미를 찾아본다. ② 성 역할이 변화하고 있음을 이해하고, 양성 평등의 사회를 만들기 위한 방안을 모색한다. ⑥ 생활방식의 다양성을 이해하고, 사회적 약자와 소수자 권리의 중요성을 이해한다.	• 시민정치적 권리에 대한 관점 • 가족의 다양성 이해에 대한 관점
5	역사	• 대한민국의 발전과 오늘의 우리 ② 민주화와 경제발전 과정을 살펴보고, 그것이 가져온 생활문화의 변화를 탐구한다. ③ 정치, 경제, 사회, 문화의 발전에 중요한 역할을 한 인물의 삶을 조사한다.	• 인권 확산의 중요성, 관련 인물 탐색
6	일반사회	• 우리나라의 민주정치 ① 우리나라 민주화 과정에 대한 이해를 바탕으로, 민주주의는 참여를 통해 만들어 가는 것임을 이해한다. ② 헌법의 핵심적인 내용을 이해하고 그 외의 다양한 법이 우리 생활을 위해 필요함을 인식한다. ④ 인권을 존중하는 태도를 기른다. ⑤ 공공생활에서 지켜야 할 기본적 의무를 자각하고 이를 준수하는 태도를 기른다. ⑥ 관용, 대화, 타협, 절차, 준수 등 일상생활에서 민주주의를 실천하는 태도를 기른다.	• 시민사회적 인권의 관점

6	일반사회	• 정보화, 세계화 속의 우리 ③ 세계화의 다양한 모습을 이해하고, 우리 삶의 변화를 이와 관련지어 파악한다. ⑥ 세계 인류의 번영과 평화로운 삶을 위한 다양한 국제사회의 노력을 조사해 본다.	• 세계화, 정보화 논의 속에서 정보인권과 외국인, 제3세계인의 인권 등에 관한 관점
	지리	• 세계 여러 지역의 자연과 문화 ⑤ 지구촌에서는 여러 가지의 갈등과 문제가 발생하고 있으며, 이러한 문제의 해결을 위해 국제기구와 단체, 그리고 많은 사람들이 노력하고 있음을 이해한다. ⑥ 세계 여러 지역의 문화적 다양성을 이해한다. ⑦ 변화하는 세계 속에서 우리나라의 역할을 깨닫고 이에 이바지하려는 태도를 가진다.	• 지구촌에서의 다양한 인권 관점

〈표 5-2〉에서 알 수 있듯이 초등 사회과의 인권과 관련한 내용은 직접적으로 인권 단원으로 구성되어 제시되지는 않고, 인권교육의 구성요소, 즉 '차이와 다양성 인정, 양성 평등, 소비자 권리, 인권적 태도 및 중요성'에 관한 내용이 지도할 때 연관지어 드러나도록 구성되어 있다. 이는 인권교육이 교육과정 속에서 소개되고 내용으로 다루어지고 있다는 측면에서는 인권교육의 발전을 이루었다고 볼 수 있지만, 인권교육의 구체적 내용과 실천을 분석해 보면 보다 포괄적인 인권교육으로 발전해 나갈 필요가 있음을 보여 준다.

한편, 중 · 고등학교의 2007, 2009 개정 사회과 교육과정에서는 인권교육이 강화되었음을 볼 수 있는데, 그 구성 내용을 정리하면 〈표 5-3〉과 같다.

표 5-3 2007, 2009 개정 중 · 고등학교 사회과 교육과정

학년	영역	주요 내용	인권 관련 내용 요소
7	일반사회	• 개인과 사회생활 ⑤ 사회생활 속에서 나타나는 차이와 차별 현상을 이해한다. ⑥ 사회 불평등 현상의 원인 및 해결 방안을 제시한다.	• 차이와 차별에 대한 인권적 관점/불평등에 대한 인권적 관점
		• 우리의 생활과 법 ② 법은 분쟁을 예방하여 서로 편리한 생활을 영위하기 위한 도구라는 점을 이해한다. ③ 분쟁과 갈등을 평화적으로 해결하기 위한 사법제도와 그 원리를 이해한다. ④ 일상생활과 직업생활 속에서 자신의 권리를 행사하는 적극적인 법의식을 가진다.	• 법의 원리에서 인권적 관점
		• 인권 보호와 헌법 ① 인권의식의 성장과 헌법의 관계를 이해한다. ② 우리나라 헌법의 기본 원리와 헌법을 보호하는 수단을 이해한다. ③ 우리나라 헌법이 구현하려는 정부의 성격과 형태를 이해한다. ④ 자신의 기본권을 실현하며 타인의 권리를 존중하는 시민의식을 가진다.	• 인권의 발달/인권 형성의 역사적 사건과 과정/헌법에 담긴 기본권/기본권 제한의 한계 등
9	일반사회	• 정치생활과 민주주의 ④ 민주주의의 이념을 역사적 · 사회적 전개과정과 관련지어 이해한다. ⑤ 현대사회에서 나타나는 정치 현상을 비판적으로 분석한다.	• 절차적 민주주의 논의에서 인권적 관점
10	일반사회	• 인권 ① 인권의 기본 개념과 관점을 이해한다. ② 인권의 발달과정을 역사적 측면에서 이해한다. ③ 현대사회의 인권 문제의 성격을 정치, 경제, 사회, 문화적 측면에서 이해한다. ④ 생활 주변의 인권침해 사례를 조사하고, 이를 해결하기 위한 활동에 참여하는 자세를 갖는다. • 삶의 질 ① 삶의 질의 의미를 이해하고, 삶의 질을 측정하는 척도를 탐색한다. ② 삶의 질을 정치, 경제, 법, 사회, 문화의 관점에서 파악한다. ③ 삶의 질을 향상시킬 수 있는 방안을 제시한다.	• 인권의 중요성/인권 보장의 의미/인권과 법의 관련성

이상과 같이 2007, 2009 개정 중 · 고등학교 사회과 교육과정에서는 인권을 명시한 단원 하위목표가 증가하였고, 10학년의 경우 인권 단원을 9단원에 신설하면서 인권의 개념, 관점, 발달과정, 성격을 사회의 다양한 측면에서 이해하고, 생활 주변의 인권침해 사례를 조사하여 해결하는 활동을 강조하였다. 이러한 점은 인권교육의 긍정적인 변화로 앞으로 보다 더 인권을 기능, 태도, 가치 면을 강조하는 포괄적인 인권교육을 교육과정 속에서 다룰 수 있도록 그 범위가 점차 더 확대되어야 할 것으로 보인다.

2 인권교육의 프로그램 사례

이 절에서는 최근 인권교육의 교육원리와 주요 교육방법과 국외 및 국내의 인권교육 프로그램 사례를 살펴볼 것이다. 인권교육을 실시할 때 활용되는 주요 교육원리로 아시아지역자료센터(ARRC)에서 제안한 경험적, 활동 중심적, 문제 제기적, 참여적, 변증법적, 분석적 원리와 ADIDAS 교육방법을 살펴본다. 그리고 한 · 일 공동 인권교육 수업연구 사례(Umeno Masanobu, 이혜영, 2009)와 국가인권위원회에서 제작한 중학교 인권교육 프로그램(국가인권위원회, 2005) 중 일부를 발췌하여 소개한다.

1) 인권교육을 위한 주요 교육방법

인권교육은 인권에 대해 이해하고 공감하는 능력의 함양을 목표로 하는 인권에 대한 교육, 인권을 옹호하는 태도와 실천 능력 신장을 위한 인권을 위한 교육, 학습자와 교수자의 인권 존중, 인권적 교육환경 구축을 통한 인권을 통한 교육을 기본 방향으로 삼는다. 그러나 이러한 인권교육의 기본 방향을 학교 현장에서 구현하고자 할 때 인권교육을 위한 나름의 독특한 교육방법에 대한 논의는 아직도 미비한 수준이지만 최근 인권교육을 위해 아시아지역자료센터(ARRC)와 엠네스티에서 제안한 주요 교육원리[1]는 다음과 같다.

① 경험적 원리: 인권교육의 내용은 학생들이 자신이 처한 객관적인 조건과 그 상황하에서 인권이 어떻게 작동되는가를 경험을 기반으로 비판적으로 이해할 수 있도록 도와주어야 한다.
② 활동 중심적 원리: 학생 중심의 활동을 통해서 인권에 대한 새로운 지식을 이해하고 이를 수용할 수 있도록 해야 한다. 즉, 학생들이 스스로의 활동을 통해 자신의 방식으로 지식을 받아들일 수 있도록 도와야 한다.
③ 문제 제기적 원리: 인권교육에서 문제 제기는 학생들과 교사 또는 학생들 상호 간의 토론 속에서 기존에 가지고 있던 인식에 대해 스스로 의문점을 제기할 수 있도록 도와주는 것을 의미한다.
④ 참여적 원리: 인권교육에서의 토론은 개념의 명료화, 주제 분석, 활동 실행 등을 위해 공동체가 집단적인 노력을 할 수 있도록 도와주는 것을 의미하며, 이를 통해 학생들은 자신의 경험과 지식을 확장, 정당화 그리고 반증할 수 있다.
⑤ 변증법적 원리: 학생들이 얻은 사전지식을 구체적인 인권 관련 사실, 자료, 통계(반명제)와 같은 다른 자료의 지식을 비교하도록 스스로 종합하는 것을 말한다.
⑥ 분석적 원리: 인권 관련 지식에 대하여 '왜'와 '어떻게'라는 질문을 제기함으로써 인권 관련 사건과 다른 사건의 연관성과 그것이 끼치는 영향에 대하여 생각해 볼 수 있다.

---

1) 이 절에서 소개하는 아시아지역자료센터(ARRS)와 엠네스티의 교육방법은 국가인권위원회에서 주최하는 '2010 Wee Project 상담교사와 함께하는 인권교육'을 위한 교재 내용 중 이기규(2010)가 정리한 내용을 발췌하였다.

이러한 원리에 따라 1995년 아시아 지역의 민간단체들이 참여한 인권교육 워크숍에서 아시아지역자료센터(ARRC)에서는 인권교육을 위한 'ADIDAS' 기법을 소개하였다. 각 활동과정의 첫 글자로 이루어진 이 프로그램은 다음과 같은 활동으로 구성된다(구정화 외, 2004).

① Activity: 학습자에게 새로운 경험을 제공하거나 자신의 경험을 재창조, 재해석할 수 있도록 도와주는 다양한 활동 프로그램을 제시한다.
② Discussion: 활동을 통해 학습자가 갖게 된 느낌이나 생각, 자신의 이전 지식이나 경험과 비교할 수 있도록 질문과 토론을 구성한다.
③ Input: 학습자가 기존에 알고 있던 인권 관련 지식이나 개념 가운데 잘못된 내용을 수정해 주고, 제시된 문제상황과 관련한 다양한 정보를 제공한다.
④ Deepening: 제시된 정보를 통해 학습자가 자신의 경험과 이전 지식을 재평가하고 새로운 관점을 가질 수 있도록 한다.
⑤ Analysis: '왜' 라는 질문을 던짐으로써 학습자 자신이나 주변의 제한된 경험에서 벗어나 거시적 수준의 관점을 획득할 수 있도록 한다. 인권 관련 사건의 갈등이나 문제의 궁극적인 원인과 연관성, 그것으로 인해 나타날 결과를 구조적 측면에서 인식할 수 있도록 한다.
⑥ Synthesis: 지금까지 나온 정보와 생각을 요약하고 종합하는 과정이 아니라 앎을 실천으로 변화시키는 과정이다.

〈인권운동사랑방 자료집 중에서〉

이상에서 살펴본 인권교육의 교육원리나 교육방법은 주로 인권교육의 인지적 측면만을 강조한다는 비판도 제기되고 있는 것이 사실이다. 따라서 인권교육은 각 개인의 인권의식과 행동화를 위하여 인지적 측면과 정서적 측면을 모두 고려하여 이루어져야 하고, 학교 현장의 인권교육은 인권교육에 대한 기초적인 이해와 개념에 대한 공감을 이루기 위하여 체험과 활동 중심으로 계획을 세워야 할 것이다.

2) 인권교육을 위한 한 · 일 공동 수업연구

*시민성 육성교육에 관한 한 · 일 수업

이 사례는 국가인권위원회에서 주관한 한국과 일본의 초 · 중학교에서 실시한 인권교육을 위한 한 · 일 공동의 수업연구 사례다. 이혜영(2009)은 일본의 Umeno Masanobu 등과 공동으로 전자게시판상의 명예훼손사건 판결서를 교재화한 후 한국과 일본에서 실천한 사례를 다음과 같이 보고하고 있다.

(1) 수업 실시 상황 자료

① 학교명: ○○○ 초등학교

② 수업일: 2008년 12월 10일 시간 2차시 수업

③ 수업에 이용한 시간: 국어

④ 학급 구성: 5학년 ○반 31명

(2) 수업 의도 및 목적

이 수업은 문제 상황의 옳고 그름을 떠나 자신이 생각하는 바를 타당한 논거를 가지고 토론에 참여할 수 있는지를 살펴보고, 나아가 자신의 인권뿐 아니라 타인의 인권까지도 존중해야 함을 배우도록 구성하였다. 세부적으로는 '타당한 근거를 들어 자신의 의견을 말할 수 있는가?' '상황 속에서 쟁점을 이끌어 낼 수 있는가?' '쟁점별로 일관된 논지를 가지고 이야기하는가' 또는 '쟁점에 따라 달라진 논지를 어떻게 하나의 결론으로 이끌어 내는가?'에 초점을 두었다.

(3) 수업개요

표 5-4 수업 단계별 내용

차 시	수업 단계별 내용
1차시	• 동기 유발: 동영상 자료 제시, 인터넷 게시판의 성격과 좋은 점 및 문제점에 대하여 이야기를 나눈다. • 전개: 재판 사례 설명, 자신이 재판관이라면 누구의 손을 들어줄지에 대하여 의견 교환을 한다. • 정리: 사례를 통해 쟁점 사안이 무엇인지 정리한다.
2차시	• 전개 ① 세 가지 쟁점을 제시하고, 각 쟁점에 대해 원고 측과 피고 측으로 나누어 반론을 제시하는 형식으로 토론을 진행한다. ② 세 가지 쟁점의 재판소 판결을 소개하고 자신의 의견과 비교 · 검토해 본다. ③ 명예훼손죄의 법조문을 살펴보고 판결의 근거를 이해한다. • 정리: 미래 사회를 살아갈 구성원으로서 필요한 많은 덕목 중 하나로 인권의 중요성을 인식하고 법의 논리와 인권이 상충되는 상황에서 어떻게 대처해야 하는지에 대하여 이야기하고 마무리한다.

표 5-5 재판의 쟁점별 활동

쟁 점	쟁점별 활동
쟁점 1	인터넷에 게시한 발언 내용에 의해 동물병원에 피해가 있었는가?
	• 원고, 피고 어느 쪽의 주장이 옳은가를 선택하여 인쇄물에 기입한다. • 그 이유에 대해서 의견을 서로 교환한다. • 학급의 친구와 이야기한 결과를 기초로 자신의 판결을 재점검한다.
쟁점 2	'사실이 아니라면 반론하면 된다' –동물병원장이 반론해야 할 의무가 있는가?
	• 원고, 피고 어느 쪽의 주장이 옳은가를 선택하여 인쇄물에 기입한다. • 그 이유에 대해서 의견을 서로 교환한다. • 학급의 친구와 이야기한 결과를 기초로 자신의 판결을 재점검한다.
쟁점 3	게시판 관리자는 진실인지 거짓인지 모르는 글을 삭제해야 할 의무가 있는가?
	• 원고, 피고 어느 쪽의 주장이 옳은가를 선택하여 인쇄물에 기입한다. • 그 이유에 대해서 의견을 서로 교환한다. • 학급의 친구와 이야기한 결과를 기초로 자신의 판결을 재점검한다.

동영상 자료를 통해 인터넷 게시판의 성격과 좋은 점 및 문제점이 무엇인지 학생들로부터 도출하고자 하였으며 나머지는 판결문을 기초자료로 삼아 상대편 의견에 반론을 제시하는 형식으로 토론 수업을 진행하였다.

교사는 학생들에게 쟁점 1, 2, 3에 대한 재판소의 판결을 소개하고, 학생들은 판례를 들은 다음 자신의 판결과 비교 · 검토하여 감상을 학습지에 적는 활동을 한다. 특히 명예훼손죄의 법조문을 읽고 그 성립 조건에 공익성이 없다면 진실이더라도 명예훼손죄가 성립됨을 확인하게 되는데, 이러한 제반 활동을 통해 학생들은 인권에 대한 감각을 배우게 된다.

(4) 수업에서의 특징적인 발문과 의견 교환

이혜영(2009)은 이 수업을 진행하면서 쟁점별로 드러난 특징적인 발문과 그에 대한 학생들의 생각을 다음과 같이 제시하였다.

표 5-6 쟁점별 특징적인 발문과 의견

쟁 점	쟁점별 활동
쟁점 1	인터넷에 게시한 발언 내용에 의해 동물병원에 피해가 있었는가? • 원고(동물병원장): 19명 • 피고(게시판 관리자): 12명
	• 교사: 먼저, 원고 측(동물병원장) 의견 말씀해 주세요. • 학생 A: 인터넷 게시판에 써어 있는 글로 인해 동물병원에 찾아오는 사람이 줄었으므로 피해가 있었다고 봐야 한다. • 학생 B: 사실인지 아닌지 모르기 때문에 그 글 때문에 피해가 있었다고 보기 어렵다. 이하 생략
쟁점 2	'사실이 아니라면 반론하면 된다' –동물병원장이 반론해야 할 의무가 있는가? • 원고(동물병원장): 19명 • 피고(게시판 관리자): 12명
	• 학생 A: 반론을 펼치지 않는다는 것은 자신이 담당하지 못한다는 것을 내포할 수 있으므로 사실이 아니라면 반론해야 한다. • 학생 B: 인터넷은 댓글을 달면 끝없는 네티즌들이 댓글을 더 단다. 1대 무한대 네티즌들과 대결하는 셈인데, 그런 식으로 반론을 해 봤자 동물병원장에게 돌아오는 것은 없다. 그러므로 오히려 동물병원장은 당당하게 그렇지 않음을 공개적으로 병원에서 주변 사람들에게 알리는 것이 좋다고 생각한다. –이하 생략

쟁점 3	게시판 관리자는 진실인지 거짓인지 모르는 글을 삭제해야 할 의무가 있는가? • 원고(동물병원장): 20명 • 피고(게시판 관리자): 11명
	• 학생 A: 피해 받는 사람은 상처를 받고 그 이야기가 계속적으로 과장되어 퍼질 가능성이 있기 때문에 관리자가 삭제할 의무가 있다. 그런데 오히려 관리자는 "발신지는 결코 모르기 때문에 회사, 학교에서도 거리낌 없이 글을 올리세요. 부담없이 글을 작성해 주세요."라는 글을 올려 위법 발언을 부추기고 있다. • 학생 B: 삭제를 안 해도 된다. 그리고 만약 삭제를 한다면 오히려 관리자가 욕을 먹을 수도 있다. 그 글을 쓴 사람도 자신의 의견을 말할 권리가 있어 게시판에 올린 것인데 관리자가 그 글을 지운다면 글쓴이를 무시한 것이 되어 또 다른 인권침해가 발생되므로 삭제할 의무는 없다. – 이하 생략

(5) 관련 자료

다음은 본 수업을 진행하면서 자료로 삼았던 관련 법 조항과 판결문이다.

형법 제307조(명예훼손)

1항 공공연히 사실을 적시하여 사람의 명예를 훼손한 자는 2년 이하의 징역 또는 금고 또는 500만 원 이하의 벌금에 처한다.
2항 공공연히 허위의 사실을 직시하여 사람의 명예를 훼손한 자는 5년 이하, 10년 이하의 자격정지 또는 1000만 원 이하의 벌금에 처한다.

형법 제301조(위법성의 조각)

제307조 제1항의 행위가 진정한 사실로서 오로지 공공의 이익에 관할 때는 처벌하지 않는다.
• 명예훼손죄는 명백한 인권 침해임과 동시에 범죄임을 인식시킨다.
블로그를 개설한 학생의 관리 책임에 대해 생각하도록 한다.

판결문

최종 판결: 원고에 대한 명예훼손 내용을 그대로 방치한 책임이 게시판 관리자에게 있으므로 벌금 200만 원과 게시글 삭제를 명한다.

1. 명예훼손 발언의 삭제나 게시판 관리자에 대한 손해배상 청구는 표현의 자유의 침해에 해당되지 않는다.
2. 게시글은 명백한 비방이고, 사회적 평가를 저하시킨다.
3. 반론하는 댓글을 다는 것만으로 해결될 수 없는 경우가 있다.
4. 원고에게는 반론을 입증할 책임이 없다.
5. 명예훼손 발언은 삭제해야 한다.
6. 인터넷 게시판은 익명으로 이용 가능하고 익명성으로 인해 규범의식이 없는 자에 의해서 무책임하게 타인의 권리를 침해하는 발언이 오를 위험성이 적지 않다. 익명성이라는 전자게시판의 특성을 표방하여 익명으로 게시글을 유도한 피고에게는 이용자에게 주의를 환기시키는 등 전자게시판에 타인의 권리를 침해하는 발언이 오르지 않도록 함과 동시에 그러한 발언이 올라올 경우에는 피해자의 피해가 확대되지 않도록 바로 삭제할 의무가 있다.

3) 중학교 인권교육 프로그램 사례

*인권을 위한 기관을 찾아서

이 사례는 국가인권위원회(2005)에서 발간한 중학교 인권교육을 위한 프로그램의 내용을 수정 · 발췌한 것이다. 이 프로그램은 인권의 의미 파악에 기초한 인권에 대한 인지적 측면, 인간 존엄성에 대한 이해와 인권 감수성 향상을 향한 인권 가치 태도적 측면과 인권을 고려하여 일상에서의 실천을 강조한 행동적 측면으로 구성되어 있다.

다음에 소개되는 사례는 인권에 대한 인지적 측면과 더불어 학생들의 주변을 돌아보고, 필요한 인권기관이나 단체가 무엇이 있을지를 살펴봄으로써 인권이 우리의 삶과 밀착되어 있음을 이해시키는 활동으로 이루어져 있다.

(1) 활동목표

- 오늘날 인권을 위해 노력하는 기관 · 단체를 조사하여 그 기능을 이해할 수 있다.
- 인권은 다양한 노력으로 찾아야 하는 권리임을 알 수 있다.

(2) 활동 개요

개요	내용
연계 교과	중학교 2학년 사회과, 중학교 2학년 도덕과
대상 인원	반 전체, 4인 1조 모둠 형태
장소	교실
소요시간	45분
준비물	컴퓨터(인터넷), A4 용지, 색상지(약간 두꺼운 것으로), 색연필, 사인펜

(3) 주요 내용

① 인권을 지키기 위해 노력하는 여러 기관 · 단체 알기

② 인권이 여러 사람들의 노력에 의해 지켜지고 있음을 이해하기

③ 학교 인권단체 생각하기

(4) 교수-학습 과정안

<table>
<tr><td>주 제</td><td>인권을 위해 노력하는 기관 · 단체 알아보기</td><td>장 소</td><td>모듬학습실</td></tr>
<tr><td>학 년</td><td>중학교 2학년</td><td>시 간</td><td>45분</td></tr>
<tr><td>활동목표</td><td colspan="3">오늘날 인권을 위해 노력하는 기관 · 단체를 조사하여 그 기능을 알아봄으로써 인권은 다양한 노력으로 찾아야 하는 권리임을 알 수 있다.</td></tr>
<tr><td>유의점</td><td colspan="3">• 인터넷을 활용하기 어려운 경우, 미리 학생들에게 인권과 관련한 기관 · 단체를 찾아오게 한다.
• 단순히 인권기관 · 단체에 대하여 아는 것 자체에 초점을 두는 것이 아니라, 인권이 사람들의 노력으로 지켜져 가는 것임을 알도록 하는 것에 초점을 둔다.</td></tr>
<tr><td>단 계</td><td>교수-학습활동</td><td>시 간</td><td>수업자료 및 방법</td></tr>
<tr><td>도입</td><td>• 인권단체 안내하기
- 활동자료 교사용 자료(5-1)에 나와 있는 자료를 활용하여 '국가인권위원회' 에 대하여 설명한다.
- 이런 인권기관 및 단체가 주는 유용성에 대하여 의견을 나누어 본다.</td><td>5′</td><td>• 교사용 자료(5-1)
• 모둠활동</td></tr>
<tr><td>전개</td><td>• 기관 · 단체 소개 내용 정리하기
- 모둠별로 '교사용 활동자료(5-1)' 와 학생들의 사전조사활동 결과에 비추어 인권을 위해 노력하는 기관 · 단체의 역할과 주요 활동을 중심으로 '학생용 활동자료(5-2)' 를 이용하여 정리 활동을 한다.
- 이 기관 · 단체를 소개할 주제어를 찾아내도록 한다.
• 인권기관 · 단체 소개장 만들기
- 모둠별로 '학생용 활동자료(5-2)' 에 나온 주제어를 따라 A4 용지에 기관 · 단체 소개장을 만든다.
3면으로 접을 수 있는 형태로 만들도록 한다.
- 기관 · 단체 소개장에 들어갈 주제어를 먼저 배치하고, 기관 · 단체명, 활동 분야, 기관 · 단체의 활동, 기관 · 단체에 대한 홍보 등의 내용이 들어가도록 한다.
• 우리 학교에 필요한 인권단체
- 모둠별로 우리 학교에 필요한 학생을 위한 인권단체를 만든다면 어떤 분야의 무슨 단체가 좋을지, 그리고 왜 그런 단체가 필요하다고 생각하는지에 대하여 토의한다.
- 각 모둠에서 만든 내용을 발표하도록 한다.</td><td>35′</td><td>• A4 용지, 색연필
• 학생용 자료(5-2)
• 학생용 자료(5-3)
• 인권기관 및 단체 소개장 예시 자료</td></tr>
<tr><td>정리</td><td>- 학생들이 조사하고 발표한 내용 중에 주요한 국제 및 국가인권위원회에 대한 소개가 없을 경우, 교사가 이에 대하여 간단히 소개한다.
- 여러 인권 기관 · 단체의 활동에 의하여 인권이 지켜지고 있으며, 앞으로 다양한 분야에서 인권 기관 · 단체가 더 활동해야 함을 알려 준다.</td><td>5′</td><td>-</td></tr>
</table>

(5) 교수-학습자료

① 교사용 활동지(5-1)

인권을 지키기 위한 여러 기관 · 단체(예시)

인권 관련 유엔 기구

- UN총회: 총회는 유엔을 대표하는 기구로서 인권과 관련한 각종 결의문이나 선언 · 조약 등을 채택함으로써 모든 나라가 보편적으로 따라야 할 국제인권기준과 행동규범을 제시한다.
- 경제사회이사회: 경제사회이사회는 총회에 제출할 조약의 초안을 준비하고 인권에 관한 국제회의를 조직하는 역할을 수행한다.
- 인권위원회(Commission on Human Rights): 인권위원회는 유엔에서 가장 중요한 인권전담기구다.
- 차별 방지와 소수자 보호를 위한 인권소위원회: 26명의 전문가들로 구성된 소위원회는 모든 형태의 차별을 방지하고 인종적 · 민족적 · 종교적 · 언어적 소수자를 보호하는 데 필요한 정책이나 프로그램의 연구 · 제안을 주요 과제로 삼는다.
- 인권고등판무관(High Commissioner for Human Rights): 유엔 내 인권 문제를 총괄하는 최고의 기구로, 1993년 빈에서 열린 세계인권대회의 성과를 바탕으로 신설된 기구다.
- 유엔난민고등판무관: 제2차 세계대전 이후 세계를 떠돌던 난민에 대해 국제사회가 공동의 책임을 지고 있다는 인식이 확산되면서, 1951년 유엔이 설치한 기구다.

인권 관련 국내 기관과 단체

- 국가인원위원회: 2001년 11월 25일 출범한 인권 전담 국가기관으로, 모든 개인이 가지는 불가침의 기본적 인권을 보호하고 그 수준을 향상시

킴으로써 인간으로서의 존엄과 가치를 구현하며, 궁극적으로 민주적 기본 질서를 확립하는 데 목적을 두고 있다. 주요 업무로, 인권에 관한 법령, 제도, 정책을 만들고, 각종 인권침해 및 차별 행위에 대한 조사와 구제, 인권교육 홍보, 국내외 인권기구와의 교류협력 등이다.

- 인권운동사랑방: 차별로부터 자유로운 인간, 평등하고 평화로운 인간, 불의한 권력에 맞서 투쟁하는 인간, 사회적 약자와 연대하는 의무를 실천하는 인간의 권리를 존중하고 옹호하며, 인권의 보호와 보장을 실현할 수 있는 사회적 · 국가적 · 국제적 질서의 창조를 꿈꾸고 실천하는 인권 활동가들의 모임이다.
- 인권실천시민연대: 인권연대는 1999년에 직접 인권현장을 뛰었던 인권 운동가들이 새로운 인권단체의 필요성을 느끼게 되어 만든 단체다. 주로 경찰, 검찰, 국가정보원, 감옥, 군대 등에서 인권이 침해당하는 사람들, 특히 목숨을 잃는 심각한 상황에 대해 적극적으로 대처할 인권단체의 필요성에 의해 만들어졌다.

② 학생용 활동지(5-2)

학습활동지 2	우리에게 필요한 인권단체
우리 학교 및 우리 반에 필요한 인권단체를 만들어 봅시다.	
(　　　　　)학교 (　)학년 (　)반 (　)번 이름(　　　　　)	

1. 내가 찾은 인권을 위해 노력하는 기관 · 단체의 명칭은?

2. 내가 찾은 인권기관 · 단체의 활동 분야는?

3. 내가 찾은 인권 기관 · 단체의 주요 활동 내용은?

4. 이 인권기관 · 단체를 정리하는 말을 몇 가지 주제어로 표현하면?

③ 학생용 활동지(5-3)

학습활동지 1	인권활동을 하는 기관 · 단체를 찾아서
국내외의 인권활동을 하는 기관 및 단체를 조사하여 봅시다.	
( )학교 ( )학년 ( )반 ( )번 이름( )	

생각할 질문거리	우리 생각
1. 우리 학교에서 인권단체가 활동할 분야는?	
2. 인권단체의 이름은?	
3. 인권단체의 상징을 만들어 보자.	
4. 인권단체를 홍보하는 문구를 적어 보면?	
5. 인권단체에서 구체적으로 해야 할 일은?	

④ 학생용 활동 예시 자료-소개장 만들기

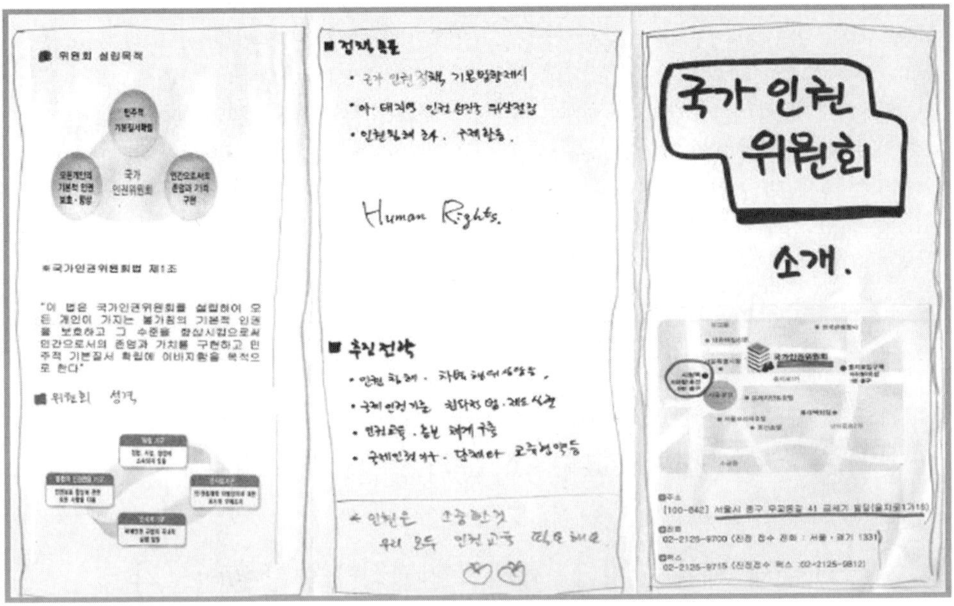

⑤ 인권 관련 단체의 인터넷 사이트 안내

평화 · 인권일반	소수자 인권
• 국가인권위원회 http://www.humanrights.go.kr	• 성남 외국인 노동자의 집/중국동포의 집 http://www.migrantworkers.org
• 국제엠네스티 한국지부 http://www.amanesty.cr.kr	• 안산외국인노동자센터 http://www.migrant.or.kr
• 국제연대정책정보센터 http://picis.jinbo.net	• 외국인노동자대책협의회 http://jcmk.jinbo.net
• 다산인권센터 http://www.rights.co.kr	• 평등노조이주노동자지부 http://migrant.nodong.net
• 울산인권운동연대 http://ulsanhr.jinbo.net	• 장애인 이동권 쟁취를 위한 연대회의 http://acoess.jinbo.net
• 인권과 평화를 위한 국제민주연대 http://www.khis.or.kr	• 한국장애인단체총연맹 http://www.koddaf.or.kr
• 인권실천시민연대 http://hrights.or.kr	• 노들장애인야간학교 http://www.nodle.or.kr
• 인권운동사랑방 http://www.sarangbang.or.kr	• 장애우 권익문제연구소 http://www.cowalk.or.kr
• 지문날인거부운동 http://fprint.jinbo.net	• 끼리끼리 http://www.kiri.simin.org
• 진보네트워크 http://jinbo.net	• 동성애자 웹진 버디 http://buddy79.com
• 참여연대 http://www.peoplepower21.org	• 동성애자인권연대 http://outpridekorea.com
• 천주교 인권위원회 http://www.cathrights.or.kr	• 친구사이 http://chingu.go.to
• 평화인권연대 http://peace.jinbo.net	
• 한국인권연대 http://www.humanrights.or.kr	
• 한반도 평화를 위한 시민네트워크(CNPK) http://www.peacekorea.org	

아동 및 청소년 인권	여성 인권
• 아동학대방지 http://www.1391.co.kr • 아동학대신고상담센터 http://www.childabuse.or.kr • 한국아동학대예방협회 http://kapcan.welfare.net • 한국어린이보호재단 http://cpfk.or.kr • 한국이웃사랑회 http://www.gni.or.kr • 전국중고등학생연합 http://www.unicn10.org • 학생행동연대 http://sas.jinbo.net	• 또하나의문화 http://www.tornoon.org • 사이버성폭력피해신고센터 http://www.gender.or.kr • 평화를 만드는 여성회 http://jinbo.net • 한국여성노동자협의회 http://kwwnet.org • 한국여성민우회 http://womenlink.or.kr • 한국여성유권자연맹 http://www.womenvoters.or.kr • 한국여성의 전화연합 http://www.hotline.or.kr • 한국여성평화네트워크 http://safe.jinbo.net

3 인권교육 교수-학습과정안(예시)

1) 주제: 세계는 지금-세계의 인권침해 현황 알아보기

2) 국가 수준 교육과정과의 관련성

교과	학년	영역	내용
도덕	6	국가 · 민족 · 지구 공동체와의 관계	• 편견 극복과 관용
	9	우리 · 타인 · 사회와의 관계	• 인간 존엄성과 소수자 보호
사회	6	지리	• 세계 여러 지역의 자연과 문화
	9	일반사회	• 정치생활과 민주주의

3) 개 요

중학교 과정은 자신의 생각과 의견에 대해 비판적인 시각을 갖고 되돌아보며 나름의 가치관을 형성하는 시기에 있다(구정화 외, 2004). 즉, 초등학교 단계에서는 아동의 경험적 공간이 가정이라는 울타리를 넘어서서 조금씩 다양한 사람과 지식, 경험을 접하게 되는 시기이기 때문에, 자신과 타인에 대해 관심을 갖고 긍정적인 태도를 함양하는 것이 인권교육의 기본적인 방향이다. 반면 중학교에 입문한 학생들은 다양한 학문 분야에 걸쳐 깊이 있는 지식을 획득하는 시기이므로, 이 단계에서는 인권의 기본 개념으로서 평등권 · 자유권 · 사회권 등 기본권을 이해하는 것이 필요하다.

이 주제를 통해 학생들은 인권이 삶을 영위하기 위해 기본적으로 갖추어야 할 기본권으로 인권이 보장되지 못했을 때는 삶 그 자체가 위협을 받게 됨을 이해하고, 세계 곳곳에서 인권이 유린되는 현장을 살펴봄으로써 인권 보장의 필요성을 생각해 보게 될 것이다.

4) 교수-학습과정안

<table>
<tr><th>주 제</th><td colspan="2">세계는 지금-세계 인권침해 현황 알아보기</td><th>장 소</th><td colspan="2">컴퓨터(인터넷)가 구비된 모둠 학습실</td></tr>
<tr><th>대 상</th><td colspan="2">초등학교 고학년~중학교</td><th>시 간</th><td colspan="2">1~2/2차시(80분)</td></tr>
<tr><th>학습 목표</th><td colspan="5">1. 전 세계에서 발생하고 있는 인권침해의 유형과 심각성을 파악할 수 있다.
2. 세계적인 인권침해 문제를 해결하기 위해 필요한 방법을 제시할 수 있다.</td></tr>
<tr><th>준비물</th><td colspan="5">• PPT 자료, 네 단계 확대 그림자료, 조사학습지, 세계지도(전지 크기), 색종이, 한줄 생각 학습지</td></tr>
<tr><th>단 계</th><th>학습과정</th><th colspan="2">교수-학습활동</th><th>시간</th><th>자료 및 유의점</th></tr>
<tr><td rowspan="2">도입</td><td rowspan="2">동기 유발</td><td colspan="2">▶ 네 단계 확대 그림 보며 이야기 나누기
• 계단식으로 접어서, 그림 ①부터 ④까지 펼치면서 이야기 나누기(A-①, ②, ③, ④ / B-①, ②, ③, ④)</td><td rowspan="2">10′</td><td rowspan="2">학습자료 1</td></tr>
<tr><td colspan="2">〈예〉
1단계: 다정하게 웃는 얼굴로 위를 쳐다보고 있는 소녀 → 2단계: 아빠, 엄마와 여행을 온 듯한 아이의 모습 → 3단계: 그 가족의 옆에서 어깨에 큰 과일 쟁반을 든 소년의 모습 → 4단계: 어느 해변가에서 관광객들에게 과일을 팔고 있는 원주민 소년들의 모습(아동 노동)</td></tr>
</table>

	학습문제 확인	• 차례대로 그림을 보면서 느끼는 감정 발표하기 – 어떤 느낌이 듭니까? 행복하다는 생각이 들다가 점차 슬픈 생각이 든다. – 모두 행복하고 평화로운가요? 관광객만 행복해 보이고, 과일을 파는 소년들은 그렇지 않다 등 – 평화를 위해 사라져야 할 것은 무엇이라고 생각합니까? 어린아이들의 노동, 빈부의 격차 등 ▶ 학습문제 알아보기 [전 세계에서 발생하는 인권침해 사례를 살펴보고, 이를 해결하기 위한 방법을 알아봅시다.]		
전개	학습활동 안내	▶ 학습활동 안내하기 • 활동 1. 인권 문제와 관련한 사진자료 보며 이야기 나누기 • 활동 2. 세계의 인권침해 사례 조사하기(모둠) • 활동 3. 인권 보장! 우리가 지켜 나가요.	5′	
	학습활동 전개	【활동 1】 인권 문제와 관련한 사진자료 보며 이야기 나누기 • PPT를 활용하여 인권 문제와 관련한 사진을 보고, 이 사진은 어느 지역에서 어떤 장면을 찍은 것인지 질문하고 답하기 • 사진을 보고 각자의 의견 토론하기 – 사진 속의 인물에게 왜 이런 일이 일어났을지 이야기 나누기 – 만약 내가 사진 속의 주인공이라면 어떤 생각이 들지 이야기 나누기	15′	• PPT 자료
		【활동 2】 세계의 인권침해 사례 조사하기(모둠) • 전쟁, 여성차별, 아동학대, 인종차별, 종교문제, 환경문제 중에서 모둠별로 주제 정하기 • 모둠별로 정해 준 주제에 맞게 조사한 다음 '활동지'에 정리하기 • 각 모둠에서 선택한 문제들로 인해 인권침해가 빈번하게 발생하고 있는 지역을 세계지도에 표시하기 • 모둠이 조사하고 정리한 내용 발표하기	20′	• 조사학습지 1 • 세계지도(전지 크기)

		【활동 3】 인권 보장! 우리가 지켜 나가요. • 인권 보장을 증진시키기 위해 우리가 할 수 있는 일을 찾아보기 - 세계 인권 보호를 위해 존재하는 다양한 기구나 단체에 편지 보내기 - 전 세계에 존재하는 인권침해를 알리기 위한 캠페인 계획하여 실천하기 - 기아나 자연재해로 어려움을 겪는 사람들을 위해 성금 모으기 등 - 각자의 의견을 종이 비행기에 적어서 해당 나라 밑에 붙이기	20′	• 색종이
정리	학습활동 정리	▶ 나를 되돌아보기 • '초콜릿 vs 초콜릿' 그림 보며 인권 보장을 위한 한 줄 생각 적기 - 밸런타인데이를 맞이하여 먹음직스러운 초콜릿 포장을 보고 좋아하는 아이 그림을 먼저 제시 - 반으로 접었던 그림(코코아 농장에서 일하는 아이)을 펴기 - 「나는 ______를 위하여 ________을/를 생각한다.」	10′	• 학습지 2

5) 지도상의 유의점

이 활동은 세계 각국에 존재하는 인권침해 사례를 알아보고, 이를 해결하기 위한 전체, 개인의 생각을 정립하기 위한 것이다. 따라서 효과적인 활동을 위하여 전 차시에는 우리 생활에 존재하는 인권 문제에 대하여 살펴보기 활동이 선행되어야 한다.

특히 조사학습의 경우 단지 조사하고, 자료를 정리하는 수준에서 그치지 않도록 사전에 학생들에게 활동의 초점을 분명히 이해시키는 것이 중요하며, 컴퓨터 등 기기 사용이 원활하지 못할 경우에는 미리 교사가 준비한 자료를 제시해도 좋을 것이다.

6) 평가계획

평가목표	• 전 세계에서 발생하는 인권침해 사례를 살펴보고, 이를 해결하기 위한 방법을 제시할 수 있는가?
평가내용	• 전 세계에서 발생하는 인권침해 사례를 말할 수 있는가? • 전 세계에서 발생하는 인권침해의 문제와 나의 생활을 관련시켜 이해할 수 있는가? • 전 세계에서 발생하는 인권침해의 문제를 해결하기 위한 방안을 제시할 수 있는가?
평가방법	• 학습지, 관찰, 면담

7) 참고자료

■ 학습자료 – '네 단계 확대 그림'[2)]

2) 네 단계 확대 그림 자료와 동기 유발에서 사용된 단계별 발문은 인권교육센터 '들'(2008)에서 발간한 『인권교육 날다-인권교육 길잡이』(pp. 188~189)에서 수정・발췌하였다.

A-③

A-④

아동노동

B-③

B-④

난민

▣ PPT 자료- 세계 인권침해 사례 예시

여성 할례

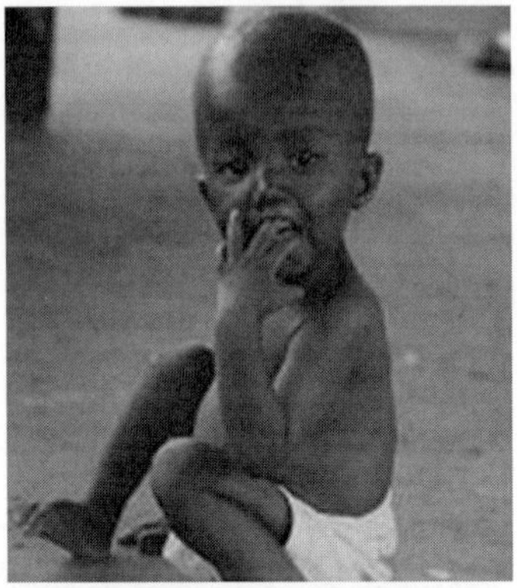

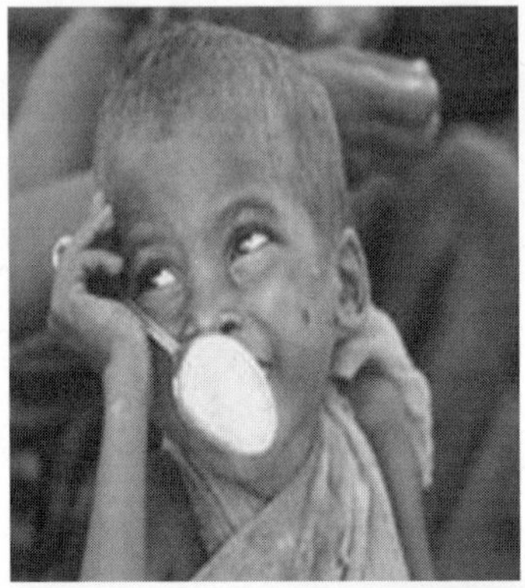

기아문제

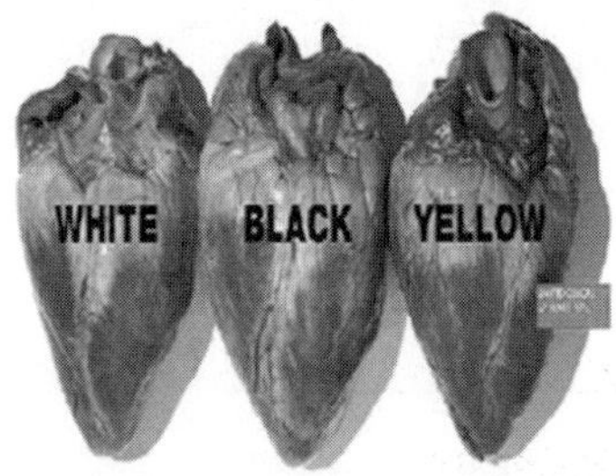

인종차별

전쟁문제

종교분쟁

환경문제

■ 조사 학습지 1-세계 속의 인권침해 조사표

우리가 조사한 세계 속의 인권침해

________________ 문제

(　　) 학년 (　　) 반 (　　　　) 모둠

나라 이름	위치한 대륙	상 황

■ 세계지도(전지 크기)

■ 학습지 2-한줄 생각 적기[3)]

'초콜릿 vs 초콜릿' 한줄 생각 적기

(　　) 학년 (　　) 반 이름 (　　　　)

① 

② 

• 이 그림은 코코아 농장에서 일하는 소년의 모습을 담은 거예요. 이런 농장에서 일하는 친구들이 무려 25만 명에 이른다고 해요. 이 친구들은 제대로 쉬지도, 공부하지도 못하고 매일 10시간씩 일해요. 심지어 이 친구들 중에는 어른들에게 납치되어 노예처럼 살며 일하는 경우도 많다고 해요. 우리가 즐겨 먹는 초콜릿을 만드는 회사들은 이런 일을 잘 알고 있지만 모른 척하고 있어요. 그래야만 더 싼 값에 초콜릿을 팔아 이득을 챙길 수 있기 때문이죠. 우리가 좋아하는 초콜릿에는 다른 나라에 사는 어린 친구들의 눈물도 섞여 있답니다.

• 그림과 글을 읽고 떠오른 생각을 한줄로 표현해 보세요.

「나는 ________________ 를 위하여 ________________ 을/를 생각한다.」

---

3) 한줄 생각 적기 학습지의 '초콜릿 vs 초콜릿' 삽화와 그에 대한 설명글은 인권교육센터 '들'(2008)에서 발간한 『인권교육 날다-인권교육 길잡이』(p.72)에서 발췌하여 학습지에 삽입하였다.

탐구과제

- 학교상황에서 발생할 수 있는 다양한 인권침해 사례를 찾아보고, 개선할 수 있는 방법에 대해 토의해 보자.
- 신문이나 각종 매체를 통하여 인권이 침해당하고 있는 사실을 수집하여 무엇이 문제인지를 논의해 보자.
- 인권을 강화할 수 있는 방법은 무엇이 있을지 생각해 보자.
- 자신이 경험한 인권침해 사례에는 어떤 것이 있는지 생각해 보자.

참고문헌

교육과학기술부(2008). 초등학교 교육과정 해설(III): 국어, 도덕, 사회.

구정화, 설규주, 송현정(2004). 교사를 위한 학교 인권교육의 이해. 국가인권위원회 교사연수 자료집.

국가인권위원회(2005). 인권, 누구에게나 소중해요. 중학교 인권교육 프로그램 교재.

국가인권위원회(2006). 국내외 공공 분야 인권교육 실태조사.

류혜진(2004). 사회과에서의 인권교육에 관한 연구. 이화여자대학교 석사학위논문.

이기규(2010). 내안에서부터 시작하는 인권(인권 · 인권교육 · 인권감수성). 2010 Wee Project 상담교사와 함께하는 인권교육 자료집.

이혜영(2009). 인권교육을 위한 한일 공동의 수업연구. 제10차 국제이해교육 학술대회 자료집, 233-242.

인권교육센터 '들'(2008). 인권교육 날다! 인권교육길잡이. 서울: 사람생각.

허수미(2008). 인권적 문화 형성을 위한 인권교육 방향 설정. 사회과 교육, 47(4), 153-181.

Hyugh, S. (2006). Human Rights Education in Europe. 인권교육국제워크숍 자료집, 1-10.

제6장 다문화교육의 이론

- 황순영 -

- 다문화교육이란 교육과정과 교육제도를 개혁하여 다양한 계층, 인종, 민족집단의 학생들에게 균등한 교육기회를 제공할 수 있도록 하는 개혁운동이다. 그뿐 아니라 사회정의의 원리를 추구함으로써 학교와 사회의 모든 종류의 불평등에 도전하며, 모든 학생들의 지적 · 개인적 · 사회적 잠재력을 최대한 실현하고자 하는 교육이다.
- 다문화교육이라는 개념이 출현한 배경은 미국 내의 이주자들의 자녀가 학교에서 낮은 학업성취를 보임으로써 이를 해결하기 위한 방편으로 시작되었다. 또한 흑인들의 차별대우를 폐지하기 위한 운동, 여성시민운동, 캐나다 퀘벡 주의 문화적 민족주의의 출현, 원주민과 토착민의 갈등 등을 해결하기 위한 정책적 시도로 다문화교육이 시작되었다.
- 2007 개정 교육과정에서는 총론에 다문화교육을 포함하고, 각론 부분에서도 도덕과, 사회과 등 관련 교과에서 단일민족, 한핏줄, 한민족이라는 용어를 삭제하고, 순혈주의 전통, 단일민족 등의 개념을 삭제한다는 내용이 검토되었다.

학 습 목 표

- 다문화교육의 의미를 이해한다.
- 다문화교육의 발전배경을 이해한다.
- 다문화교육의 목적을 이해한다.
- 다문화교육의 발전과정과 현황을 이해한다.
- 다문화교육의 유형과 내용을 이해한다.
- 다문화교육의 문제점과 개선방안을 알아본다.

1 다문화교육의 주요 정의

최근 우리 주변을 살펴보면 피부색, 언어, 태어난 곳 등이 다른 외국인 또는 이주자들을 많이 볼 수 있다. 이는 지금 우리가 살아가는 이 시대가 '다문화 사회'임을 나타내는 하나의 표현이기도 하다. 이에 우리는 인간은 기본적으로 유사하며 세계는 서로 연결되어 있다는 것을 부각시키는 노력이 무엇보다도 중요한 시대에 살고 있으며, 인간의 다양성과 차이성을 인정할 수 있는 교육을 강조할 수밖에 없다.

일반적으로 '다문화(multiculture) 사회'라는 용어는 명확하게 정의하기가 어렵다. 왜냐하면 다문화주의자들은 다양성을 지지하지만 무엇보다 무엇이 다문화 사회를 나타내는 요소인가에 대해서는 그 합의가 잘 이루어져 있지 않기 때문이다(김홍운, 김두정, 2009). 예를 들어, 한편에서는 다문화교육이 다수자에게 다른 나라에 대해 가르치는 것에서부터, 소수자의 적응에만 초점을 맞춘 교육에 이르기까지 내용과 범주가 다양하며, 때로는 '다문화교육, 자민족중심교육, 국제이해교육'을 동일시하거나 혹은 의미를 혼용해서 사용하기도 한다. 따라서 오늘날 많은 교육자 및 연구자들 사이에 다문화교육에 관한 논의가 활발히 일어나고 있지만, 다문화교육의 의미에 대한 합의가 어렵고 따라서 그 속에는 상당한 혼란이 일어나고 있다.

현재 한국 사회에서 진행되는 '다문화'에 대한 논의는 다문화 사회가 급속히 진전됨에 따라 기본 인프라의 조성 없이 비체계적이고 단기적 차원에서 진행되고 있다. 특히 다문화 사회에서의 다문화교육도 주로 '누구를 대상으로 하는가에'에 맞춰져 있으며, 그 대상도 외국인 이주 노동자와 국제결혼 이민자 등에 한정되어 있다(김현덕, 2009). 즉, 정부나 지자체에서 지도하는 교육사업이나 민간 차원에서 벌이고 있는 여러 가지 다문화교육 활동을 살펴보면 대부분 노동이나 결혼을 목적으로 하는 이주자를 중심으로 하며, 내용이나 범주 역시 소수자에 집중되어 있는 실정이다.

보수적 입장에서의 다문화교육은 자기 문화에 대한 성찰 없이 문화적 다양성이나 타문화에 대한 이해를 강조한다. 이들 입장에서의 다문화교육 목적은 소수문화가 지배문화에 동화, 포함되는 것을 전제로 한다. 반면 타문화들이 가지고 있는 상대적 가치를 인정하면서, 자문화의 가치와 전통에 대하여 비판적 성찰을 해 나가도록 하는 비판적 다문화교육의 입장도 있다. 비판적 다문화교육에서는 소수자의 문화적 정체성을 인정하고 존중하여 자문화 중심주의에서 벗어나게 해야 한다는 점을 전제로 하고 있다(최종옥 외, 2009).

결국 다문화교육이란 교육과정과 교육제도를 개혁하여 다양한 계층, 인종, 민족집단의 학생들에게 균등한 교육 기회를 제공할 수 있도록 하는 개혁 운동이다. 그뿐 아니라 사회정의의 원리를 추구함으로써 학교와 사회의 모든 종류의 불평등에 도전하며, 모든 학생의 지적, 개인적, 사회적 잠재력을 최대한 실현하고자 하는 교육이다(Banks, 2008). 따라서 다문화교육은 문화적 다양성에 대해 진보적 입장을 개진하며, 이러한 다양성을 동화 대상이 아닌 그 자체로 인식하도록 하는 교육이라고 볼 수 있다.

한편, Banks(2008)는 다문화교육의 목적을 다음과 같이 기술하고 있다.

첫째, 개인들로 하여금 다른 문화의 관점을 통해 자신의 문화를 바라보게 함으로써 자기 이해를 증진시키는 것이다.

둘째, 학생들에게 문화적 · 민족적 · 언어적 대안을 가르치는 것이다.

셋째, 모든 학생이 자문화, 주류 문화, 그리고 타문화가 공존하는 다문화 사회에서 요구되는 지식과 기능, 태도를 습득하도록 하는 데 있다.

넷째, 소수인종 · 민족집단이 그들의 인종적 · 신체적 · 문화적 특성 때문에 겪는 고통과 차별을 감소시키는 데 있다.

다섯째, 학생들이 전 지구적(global)이고, 평평한(flat) 테크놀로지 세계에서 살아가는데 필요한 읽기, 쓰기, 그리고 수리적 능력을 습득하도록 돕는 것이다.

여섯째, 학생들이 자신이 속한 문화 공동체, 국가적 시민 공동체, 지역문화, 그리고 전 지구적 공동체에서 제 구실을 하는 데 필요한 지식, 태도, 기능을 다양한 인종, 문화, 언어, 종교집단의 학생들이 습득하도록 도와주는 것이다.

이상과 같이 다문화교육에 대한 개념 혼란은 교육 프로그램 개발과 실시, 교육적 효과 산출에 어려움을 줄 수 있기 때문에 다문화교육에 대한 개념을 정립하는 일이 선행되어야 할 것이다. 한국적인 다문화교육에 대한 개념을 정립하기 위해서는 어느 나라에서도 일반화할 수 있는 다문화교육 개념을 수용하면서도 한국의 특수성을 반영한 재개념화가 이루어져야 할 것이다. 즉, 다문화교육은 차이의 인정, 다양성 존중, 편견 제거, 차별 철폐를 보여줌으로써 평등과 정의를 추구한다는 일반적 성격을 지니는 동시에 우리나라의 특수성인 분단 극복을 위한 문화적 단일성을 훼손시키지 않는 방향을 검토해야 할 것이다.

2 다문화교육의 발전과정과 현황

1) 다문화교육의 발전과정

다문화교육이라는 개념이 출현한 배경은 미국 내 이주자들의 자녀가 학교에서 낮은 학업성취를 보임으로써 이를 해결하기 위한 방편으로 시작되었다. 또한 흑인들의 차별대우를 폐지하기 위한 운동, 여성시민운동, 캐나다 퀘벡 주의 문화적 민족주의의 출현, 원주민과 토착민의 갈등 등을 해결하기 위한 정책적 시도로 다문화교육이 시작되었다.

그중에서도 다문화교육의 뿌리가 깊은 미국의 경우 건국 초기부터 이주국가라는 명칭답게 1965년 이민법 제정 이후, 비유럽계 이주의 증가로 인구학적 변화가 발생하면서 다문화교육이 시작되었다. 미국 다문화교육에서는 인종문제가 핵심이 되고 있으며, 그 이면에는 미국 인종 관계 역사에 기인한 인종 간의 갈등과 분노가 자리 잡고 있어 이에 대한 치유를 위한 급박한 의무로 다문화교육이 도입되었다.

한편, 다문화교육이라고 하면 문화적 다양성을 강조하는 것인데, 미국의 경우 용광로(melting pot)에서부터 최근의 토스드 샐러드(tossed salad), 스튜(stew)와 같은 은유적 표현을 강조하면서 다양한 문화집단이 자신의 문화유산을 유지하면서 주류 문화와 분리하여 존속해야 한다는 점을 보여 주는 것으로 발전해 가고 있다. 즉, 미국문화의 단일성을 보여 주기보다 국가의 다양성을 강조하는 것을 은유적 표현으로 제시하면서 구성원들이 꼭 동질하지 않더라도 서로 조화롭게 공통된 이상만 가지고 있다면 강국이 될 수 있음을 보여 준다. 그러나 이 개념들은 현실 가능성이 희박한 하나의 이상으로 백인 문화모형의 장식적인 역할밖에 못했다는 비판을 받는다(양영자, 2007). 즉, 인디언과 흑인의 고유문화는 소외되었고, 백인의 지배문화가 소수문화를 억압하기 위한 수단이었다는 평가를 받게 되었다. 이러한 상황에서 시민운동, 여성운동, 저항문화가 등장하면서 그동안 소외되었던 미국 내 소수집단을 위한 프로그램 개발 및 이해를 위한 노력이 진행되었다.

그리고 다문화교육에서는 흑인의 독특한 문화를 교과에 포함시키는 문화적 다원성을 강조하였다. 이는 이중언어교육까지 확대되어 문화적 다원성이라는 결과의 문화적 다원주의(cultural pluralism)가 나타났다. 문화적 다원주의는 인간에게 균등한 기회가 주어지고 인간으로서 존중되어야 하며, 한 가지 생활양식이 모든 사람에게 좋은 것은 아니라는 것을 강조하는 것이다(Kivisto, 2002). 이러한 다원주의는 민주주의 사회에서 이주자와 소수집단이 지향해야 할 방향에 대해 이론적으로 가장 이상적인 모델을 제시하고 있으나, 현실적으로 가능한가 하는 문제점을 지닌다. 이에 문화적 다원주의에도 불구하고 대부분의 유색 청소년들은 주류 문화와 부모 문화의 차이에서 자신들의 정체성을 정립하지 못하는 한계를 보여 주었고, 이러한 자기 정체성을 심어 주기 위한 노력이 다문화교육으로 발전된 것이다.

2) 다문화교육의 현황

근래 들어 다문화 사회와 다문화교육에 대한 많은 관심과 논의 속에서 정부 중앙부처와 지방자치단체 및 민간단체, 학교 등에서 다양한 다문화교육 프로그램이 이루어지고 있다. 대부분의 교육은 안정적 적응을 위한 내용을 실시하고, 한국어, 한국문화, 제도, 정보화, 직업교육 및 다문화 이해를 교육 내용으로 하고 있다. 먼저 정부 중앙부처를 중심으로 한 다문화교육의 현황을 제시하면 다음과 같다.

(1) 정부 중앙부처 차원의 다문화교육 현황

정부 중앙부처는 전국 수준의 다문화 정책을 계획하고 관리하기 때문에 정책의 적용 대상이 광범위하고, 비교적 안정적인 사업의 추진이 가능하다. 그리고 지역의 문제를 자율적으로 해결할 수 있는 권한을 지닌 지방자치단체의 경우에는 다문화 가정이 많이 거주하는 지역을 위한 다문화 정책을 중요한 사업 과제로 선정하여 중앙정부에 비해 지역의 특성을 고려한 정책을 추진하고 있다.

우선 보건복지가족부에서는 다문화 가족 구성원의 안정적인 가족생활 지원을 통해 이들의 삶의 질 향상과 사회통합에 기여하는 것을 목적으로 2008년 3월 다문화가족지원법(법률 제8937호)을 제정하여 현재 시행에 들어갔다. 이 정책의 추진사업으로는 '생애주기별 맞춤형 서비스' 지원과 '다문화 가족 지원센터' 운영을 들 수 있다.

'생애주기별 맞춤형 서비스'는 모두 4단계로 나누어 추진되는데, 입국 전 결혼준비기(1단계), 안정적인 적응을 위한 한국어 교육 및 한국 문화 이해의 시기인 입국 초 가족관계 형성기(2단계), 자녀 양육 및 정착기(3단계), 역량 강화기(4단계)로 구분하여 각 단계별로 필요한 서비스를 제공해 주고자 계획하였다. 특히 보건복지가족부 내의 센터와 공동으로 다양한 프로그램을 지원하기도 하고([그림 6-1] 참조), 여성부와 연계하여 이주여성긴급전화 '1366 센

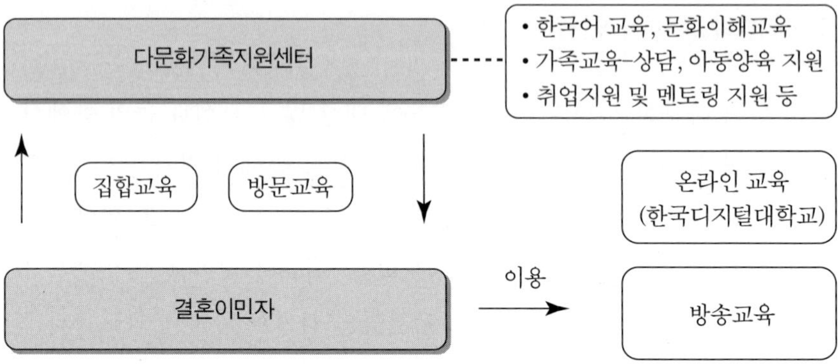

[그림 6-1] 보건복지가족부의 한국어교육 체계도

터', 여섯 개 언어 24시간 지원, 쉼터 다섯 개소를 운영하고 있다. 다문화 가정의 자녀 양육과 지원 프로그램 일환으로 80여 명의 언어 발달사를 채용하여 자녀의 언어 발달 정도를 진단하고 교육하는 프로그램을 제공하고 있다.

그리고 '다문화가족지원센터'를 운영하여 다문화 가족을 위한 가족교육 · 상담, 문화 프로그램 등 다양한 서비스를 제공함으로써 결혼 이주민자가 한국 사회에 빨리 적응하고 안정적인 사회생활을 할 수 있도록 돕고 있다. 센터 내 기존 프로그램과 외부 기관, 지자체와 협력을 유도할 수 있도록 다문화 자원봉사단을 구성하여 운영하기도 하고, 멘토링 및 자선봉사활동, 지역사회 민간자원을 활용한 프로그램을 운영하고 있으며, 다수자의 다문화 인식 개선을 위한 사업을 벌이고, 지역사회 협력 네트워크를 강화하고 있다.

그 외 법무부는 외국인 정책의 기본 방향 및 추진체계를 주관하는 부처로 다문화 가족에 대한 국민의식 개선에 앞장서고 있으며, 농림부에서는 농촌 다문화 가족의 안정적인 농촌 정착을 위해 농촌생활 전반에 필요한 생활문화 교육과 농업기초기술교육을 지원하고, 육아와 상담을 위한 멘토링 프로그램을 운영하며 찾아가는 도우미 서비스 등을 제공하고 있다(안경식 외, 2008).

한편, 교육과학기술부에서는 다문화 가정의 자녀들을 위한 교육지원사업을 주도하고 있다. 즉, 다문화 가정 자녀들의 학습능력 향상 및 학교 적응을 지원하기 위해 현장 및 수요자 중심의 교육을 강화하고, 다문화 가정 학생을 다언어를 구사하는 글로벌 인재로 육성하기 위하여 지원사업을 펼치고 있다(교육인적자원부, 2008). 교육과학기술부에서 발표한 '다문화 가정 학생교육지원 사업계획 2008'을 보면, 다문화교육의 종합적 지원을 위해 관계 부처 간 협의와 연계를 공고히 하고, 중앙과 지방 간 연계를 강화, 다문화교육 지원을 위한 전문적인 연구 · 개발 부서를 추진, '학교' 중심의 맞춤형 교육 지원을 통한 다문화 가정 학생의 자아 정체성 확립을 지원하며, 일반 학생 등의 다문화 이해 교육 지원을 기본 방침으로 하고 있다(교육인적자원부, 2008).

그리고 지역 특성에 맞는 우수 다문화교육 프로그램을 마련하고 그 실행을 돕기 위해 공모 사업을 실시하였는데(2007년 7월부터 2008년 2월까지), 이 공모 사업에 시 · 도별 교육청, 대학, 지자체, 비정부기구 등 지역사회 관련 주체가 참여하는 '다문화지원협의회'를 구성하고 14개 시 · 도 다문화교육센터를 지정하여 운영하였다(〈표 6-1〉 참조).

표 6-1 14개 시 · 도 다문화교육센터 중 부분 발췌

지 역	시 · 도 다문화센터	세부 사업명	주관기관	세부 사업명	주관기관
서울 (2)	류하문화사	만화로 배우는 한국어	류하문화사	난민자녀 열국아이 학교	피난처
		정책연구학교	경동초교	-	-
부산 (5)	부산대학교 평생교육원	다문화 가정 부모 및 또래교육	부산대학교 평생교육원	사후관리를 위한 홈페이지 구축	부산대학교 평생교육원
		개별교육을 위한 멘토 양성 교육	부산대학교 평생교육원	프로그램 운영 및 학술대회	부산대학교 평생교육원
		멘토를 활용한 학력 향상 및 토요문화 체험	부산대학교 평생교육원	정책연구학교	주감초교
인천 (3)	한국이주 노동자인권센터	다문화가정 자녀 지원 사업(멘토링)	한국이주 노동자 인권센터	다문화교육센터 운영	한국이주노동자 인권센터
		다문화 이해 교육 프로그램	한국이주 노동자 인권센터	정책연구학교	박문유치원

광주 (6)	천주교 광주대교구 가톨릭 광주사회 복지회	다문화 가정 부부 한마음 공동체 프로그램	천주교 광주대교구	그림동화책을 읽고 한글을 배워요	금호평생교육관
		다문화 가정 취학 전 자녀 교육 지원	(사)다문화가정사랑회	다문화 가정 자녀들과 함께하는 즐거운 여름방학 캠프	광주광천 초등학교
		새날학교 전일제 교육 프로그램	(사)외국인 근로자문화센터	다문화 가정 여성들과 함께하는 주말학교 프로그램	다문화 가정 교육지원연구회
		정책연구학교	광천초교	-	-
대전 (3)	우송대학교 한국어교육원	3개 세부사업 통합 운영 조정 프로그램	우송한국어 교육원	다문화 가정 자녀 학교교육 보충 프로그램	우송한국어교육원
		다문화 가정 취학 전 자녀 중 한국어 교육 프로그램	우송한국어 교육원	이주 여성 한국어교육 및 자녀양육 프로그램	우송한국어교육원
		정책연구학교	비래초교	-	-
경기 (7)	경기대학교 다문화교육센터	다문화교육을 위한 교사 양성 · 연수 프로그램 연구개발 및 시범연수	경기대학교 다문화교육센터	경기도 내 다문화 교육현장 비교연구	한양대학교 다문화연구센터
		다문화가정 자녀들을 위한 보육 및 다문화교육 프로그램 운영	성남 외국인 노동자의 집	다문화교육 포럼을 통한 지역 네트워크 구축	경기대학교 다문화교육센터
		다문화 가정 자녀를 위한 한국문화 교재 개발 및 보급	경희대학교	다문화 가정 자녀교육 멘토링 프로그램 및 사이버 상담실 운영	경기대학교 다문화교육센터
		문화적 편견 극복 프로그램 운영	원곡고	정책연구학교	미원초교, 양지고
강원 (4)	속초 YWCA	다문화 가정 홈페이지 구축 운영	속초 YWCA	다문화 가정 이해 교육자료(멀티미디어 자료-8종)	속초 YWCA
		다문화 가정 이해교육자료 개발 보급(서지-5종)	속초 YWCA	이주민과 함께하는 문화교실 CCAP	강릉여성 문화연대
이하 생략					

출처: 교육과학기술부(2008).

또 다른 구체적인 사업의 하나로 다문화 정책 연구학교를 운영하고 있는데, 이는 학교 현장에 기반한 다문화교육 관련 연구 수행을 지원하고 운영 결과를 공유하고 확산시키려는 목적을 지니고 있다(〈표 6-2〉 참조).

이들 정책 연구학교들은 대개 1년에서 2년에 걸쳐 운영되는데 학교 실정에 맞는 다문화교육 프로그램을 개발하고, 이를 운영하여 다음 다수 일반 아동

표 6-2 2007학년도 교육인적자원부(구) 지정 연구학교

시 · 도	학교명	추진(연구) 과제명	기 간
서울 (성동)	경동초등학교	다문화교육 프로그램을 통한 다문화 사회 적응 능력 신장	2007. 3.~2008. 2.
부산 (사상)	주감초등학교	월별 '다문화의 날' 운영을 통한 더불어 사는 공동체 의식 함양	2007. 3.~2009. 2.
인천 (중구)	박문유치원	체험 중심 다문화교육을 통한 유아의 다문화 인식 증진	2007. 3.~2008. 2.
광주 (서구)	광천초등학교	다문화 가정 교육 지원 프로그램 운영을 통한 세계시민으로서 정체성 함양	2007. 3.~2009. 2.
대전 (대덕)	비래초등학교	지역 중심 방과후 학교 및 다문화이해교육을 통한 다문화 가정 자녀의 학교생활 적응력 신장	2007. 3.~2009. 2.
경기 (가평)	가평미원 초등학교	다문화 가정 학부모와의 연계교육을 통한 이중언어 사용 활성화 방안	2007. 3.~2009. 2.
경기 (안산)	안산양지 고등학교	주제별 다문화 체험활동을 통한 글로벌 시민자질 양상	2007. 3.~2009. 2.
충남 (금산)	부리초병설 유치원	다문화교육 프로그램 구안 · 적용을 통한 유아의 긍정적인 또래관계 형성	2007. 3.~2009. 2.
전북 (장수)	장수초등학교	다문화 가정 자녀학습 지원 프로그램 개발 적용을 통한 학습결손 및 학교 부적응 해소	2007. 3.~2009. 2.
전남 (화순)	천태초등학교	다문화이해교육 프로그램 적용을 통한 학생 개개인의 자아 정체성 기르기	2007. 3.~2009. 2.
경북 (고령)	우곡초등학교	다문화이해교육 프로그램 구안 · 적용을 통한 공동체 의식 함양	2007. 3.~2009. 2.
경남 (창원)	안남중학교	우리 문화 체험활동을 통한 다문화 가정 자녀 정체성 강화방안	2007. 3.~2009. 2.

의 의식 변화 및 다문화 가정의 자녀들의 적응과 정체성 등의 향상을 도모하고자 하였다. 이러한 정책 연구학교는 '2008 다문화 가정 학생 교육 지원 사업 계획'에 따라 앞으로도 지속적으로 확대될 전망으로 보인다.

(2) 민간 차원의 다문화교육 현황

공공 부문의 다문화 정책이 본격적으로 실시되기 이전부터 민간 종교단체나 사회봉사 단체, 여성 권익 보호단체를 중심으로 다문화 가정에 대한 지원 사업을 추진해 왔다. 민간단체의 활동은 다문화 가정과 함께 살아가는 시민의 자발적 참여에 의해 이루어진다는 점에서 어느 기관의 활동보다 높은 사

표 6-3 지역별 민간 차원의 다문화교육기관과 단체, 그리고 주요 사업

지 역	기관 및 단체 현황	주요 사업
서울	한국이주여성인권센터 외 5개	의료 지원, 한국어 교육 및 문화활동 지원, 상담, 쉼터 운영, 컴퓨터 교육, 자녀 지원, 모성 보호 출산도우미, 사회적응 프로그램, 한국어 교육 미술치료, 방문교육(아동 지원, 모성 보호), 국제결혼가정 명절음식 만들기, 이주여성 부부 캠프, 가정상담, 도서관 지원, 자료집 발간, 이주여성 지원방안 모색 토론회, 친정방문 지원 등
부산	충무동주민자치센터 외 4개	
대구	남산기독교사회복지관 외 5개	
인천	천주교인천교구(기쁨의 집) 외 4개	
광주	광주북구여성인력개발센터 외 1개	
대전	대전모이세 외 2개	
울산	한국여성의 전화 연합 울산지부	
경기	안산 외국인노동자센터 외 5개	
충북	(사)충북이주여성인권센터 외 3개	
강원	강원대 국제봉사협력단 외 9개	
충남	모이세이주여성의 집 외 6개	
전북	익산여성의 전화 외 12개	
전남	외국인 주부쉼터 외 6개	
경북	(사)포항여성회 외 7개	
경남	거제 YWCA 외 7개	
제주	제주여성인력개발센터 외 1개	

출처: 교육인적자원부(2007).

회통합적 효과를 발생시키고 있다. 전국적으로 추진되고 있는 민간 차원의 다문화교육기관 및 단체 현황은 〈표 6-3〉과 같다.

이들 단체의 주요 사업은 지역별로 약간의 차이는 있지만 대부분 언어 사용 능력 향상과 문화 이해, 더불어 각종 문화활동 지원, 자녀교육 지원과 직업 및 진로를 위한 컴퓨터 활용 능력 학습을 지원하고 있다(〈표 6-3〉 참조).

그리고 교육과학기술부(구, 교육인적자원부)와 유네스코 한국위원회는 다문화 공동프로그램(1998년 9월 이후)을 실시하고 있다. 다문화이해교육 차원에서의 '외국인과 함께하는 문화교실(Cross-Cultural Awareness Program: CCAP)'이 그것이다(한국교육개발원, 2009). 이 교육 프로그램은 초·중·고등학생들에게 외국의 역사와 전통, 풍습, 생활양식을 이해하도록 하고, 외국의 전통의상, 무용, 음악 등을 소개한다.

(3) 학교 교육과정과 다문화교육

각급 교육청 및 학교는 상급 기관인 교육인적자원부의 다문화교육 정책에서 영향을 받지만, 지역 학교의 특성과 학교 여건에 따라 실천 가능한 교육정책을 추진한다. 일반적으로 학교는 다문화 가정의 자녀를 대상으로 하는 교육을 담당하지만, 교육자치활동의 확대로 방과후 학교나 지역평생교육센터 등의 역할을 통해 학부모를 대상으로 하는 교육기능을 수행하고 있다.

특히 1997년에 고시된 제7차 교육과정은 학생의 자기 주도적 학습능력 신장, 단위 학교의 특색 있는 교육과정의 편성·운영, 학생의 교육내용 선택권 확대, 인간교육 강화, '만들어 가는 교육과정'을 구현할 수 있는 기반을 마련해 주었다.

이러한 성격의 제7차 교육과정에는 '재량활동' 시간이 편성됨으로써 각 학교에서는 교과 및 특별활동을 보충·심화하는 활동뿐 아니라 단위 학교의 자율적이고 특색 있는 교육을 실시할 수 있는 기회를 가지게 되었다. 이에 정규교과는 아니지만 '국제이해교육'이 재량활동의 한 영역으로 제시되거나 선택 교과화하여 가르칠 수 있는 기회를 마련하게 되었다. 이와 관련하여 개정 교육과정의 재량활동 영역에서 다문화교육이 어떻게 다루어지는지를 소개하면 〈표 6-4〉와 같다.

표 6-4 개정 교육과정의 재량활동 영역

첫째, 교과교육이나 특별활동으로 달성하기 어려운 범교과학습 및 자기 주도적 학습을 할 수 있는 교육적 기회를 제공한다. 범교과 학습주제로는 민주시민교육, 인성교육, 환경교육, 경제교육, 에너지 교육, 근로정신 함양교육, 보건교육, 안전교육, 성교육, 소비자교육, 진로교육, 통일교육, 한국문화 정체성 교육, 국제이해교육, 해양교육, 정보화 및 정보윤리교육, 청렴·반부패 교육, 물보호교육, 지속가능 발전교육, 양성평등교육, 장애인 이해교육, 인권교육, 안전·재해 대비 교육, 저출산·고령화 사회 대비 교육, 여가활용교육, 호국·보훈 교육, 효도·경로·전통윤리교육, 아동·청소년 보호교육, 다문화교육, 문화예술교육, 농업·농촌이해교육, 지적 재산권 교육, 미디어 교육, 의사소통·토론 중심 교육, 논술교육 등이 중시될 필요가 있다.

출처: 교육인적자원부 고시 제 2007-79호 [별책 1], 초·중등학교 교육과정, 2007년 2월.

그러나 〈표 6-4〉의 내용으로 알 수 있듯이 35개 주제 중 하나로 다문화교육 영역이 제시되어 있고, 때문에 정해진 시간 내 과연 어느 정도의 학교 교육과정에 변화를 요구하고 있는지는 명확하지 않다. 국제이해교육과 함께 다문화교육의 정확한 개념이나 내용 및 범주에 대한 언급 없이 일방적인 나열에 그치고 있는 한계는 있지만, 학교 교육과정의 한 영역으로 제시하여 운영하도록 지침을 제시하였다는 것은 큰 의미가 있겠다.

최근 교육인적자원부에서는 제7차 교육과정을 수정·보완하여 '2007 개정 교육과정'을 고시하였다(교육인적자원부 고시 제2007-79호[별책 1], 초·중등학교 교육과정, 2007년 2월 28일). 개정 교육과정에는 세계화와 국제이해교육의 요소들이 더욱 부각되었는데, 도덕과 교육에서는 세계화와 윤리문제, 다문화교육, 인권 등을 다루고 있으며, 음악과에서는 한국 음악과 함께 세계 음악 문화의 이해력 증진을 다루고 있다(최충옥 외, 2009). 즉, 2007 개정 교육과정에서는 총론에 다문화교육을 포함하고, 각론 부분에서도 도덕과, 사회과 등 관련 교과에서 단일민족, 한핏줄, 한민족이라는 용어를 삭제하고, 순혈주의 전통, 단일민족 등의 개념을 삭제한다는 내용이 검토되었다. 이와 함께 국제결혼 가정 자녀에 대한 올바른 이해를 도모하도록 하며, 하인즈 워드 등의 예를 삽입하여 혼혈인의 삶 등을 내용으로 다루거나 한국 거주 외국인과 인권 문제, 외국인 근로자들에 대한 편견을 없애고 타문화에 대한 올바른 이해를 도모하며, 다원주의와 관용을 강조하고, 새터민이 남한 사회에 적응하도록 돕는 방법 등의 관련 내용이 추가되었다. 특히, 2007 개정 교육과정 교과서에 다문화교육 주제가 혼혈아와 입양아 문제 예제로 등장하여 좀 더 심층적으로 접근하고자 노력하였다.

3 다문화교육의 유형과 접근방법

다문화교육 내에는 다양한 범주가 존재하는데, 무엇보다도 '다문화교육'이라는 용어에서 '다문화' 혹은 '문화'의 의미를 교육의 근본요소로 생각할 수 있다. 이때 다문화의 근본요소는 인종, 성, 장애, 종교, 언어, 세대를 구분하는 것이 될 수 있으며(Gollnick & Chinn, 2006), 다문화교육은 이러한 요소를 강조하는 것이어야 한다.

그러나 이러한 근본요소를 무엇으로 볼 것인가에 따라 교육내용이 달라지는데, 다문화교육에 포함되어야 할 범주에 대해서는 아직 합의를 이루지 못한 상황이다(Sleeter & Grant, 2005). 다문화교육을 바라보는 입장이나 관심사에 따라 다문화교육의 유형이 달라질 수밖에 없다. 양영자(2007)는 다음과 같이 다문화교육을 유형적으로 접근하고 있다.

(1) 소수자 적응 교육

소수자 적응 교육은 현재 한국의 다문화교육의 주류를 이루는 교육으로 주류 사회에 동화하는 데 초점이 맞추어져 있다. 새로운 이주자가 기존 주류 사회에 적응하도록 하는 교육을 말한다. 주로 기초학습능력과 한국 문화 및 한글 능력 향상 등이 주된 내용이다.

(2) 소수자 정체성 교육

주류 사회에 이주하여 살고 있는 소수자의 정체성 함양에 초점을 맞추어 이들의 문화에 대한 자부심을 기르는 데 목적이 있다. 교육내용은 한국 사회의 동화에 목적을 두는 것이 아니라 그들의 자신감을 북돋우며 안정된 정착을 돕고자 하기 때문에 주로 자신의 문화, 자신감 향상 프로그램, 자문화 정체성 함양 프로그램이 주를 이룬다. 현재 이러한 내용의 교육은 많지 않으며, 일부 대안학교에서 이루어지고 있다.

(3) 소수자 공동체 교육

소수자 집단 내에 존재하는 다양한 문화와 출신 국적 간의 갈등 극복을 주 목적으로 한다. 소수집단을 하나의 집단으로 보기보다는 이들 내에 존재하는 문화적 다양성에 대한 이해를 통해 소수집단의 화합과 공존을 돕도록 하는 교육이다. 그러나 이를 위한 교육적 장치는 아직도 미비한 편이다.

(4) 다수자 대상의 소수자 이해교육

소수집단을 대상으로 한 교육이 아니라 이들과 함께 살아가는 주류 사회를 대상으로 한 교육이다. 즉, 한국 사회의 일반인과 학생을 대상으로 소수자에 대한 편견과 차별을 없애고 이들과 더불어 살아갈 수 있도록 하는 것이 이 교육 영역의 목표다. 2007 개정 교육과정과 교과서에서 이러한 노력의 흔적을 찾아볼 수 있다.

한편, 다문화교육의 유형을 이상과 같이 구분하는 데에는 다문화를 다루는 방식이 전제되어 있기 때문이다. 왜냐하면 이러한 다문화교육을 바라보는 접근방식이 결국 다문화교육의 유형 또는 내용을 결정하기 때문이다. 이에 다문화교육을 바라보는 입장을 크게 동화주의와 다문화주의로 구분하여 접근할 수 있다.

(1) 동화주의

동화주의는 소수 문화를 주류 문화로의 일방적 편입을 전제로 한다. 대부분의 국가는 소수 문화의 도전에 직면했을 때 자연스럽게 소수 문화를 다수 문화 속에 흡수하거나 동화시켜 왔는데 이러한 경향이 동화주의(assimilation)다. 즉, 동화는 이민자가 주류 사회의 지배적 가치와 규범에 접근하는 것으로서 문화적 영향이라는 면에서는 일방적인 것이다. 이주민의 동화가 일어날 경우 주류 사회 또는 이민을 받아들이는 사회는 일반적으로 심각한 변화를 겪지 않는 것으로 여겨진다(김현덕, 2009). 결국 동화주의는 이민 호스트 국가의 입장에서는 자국의 문화와 문화적 충돌이 일어나지 않으면서 쉽게 이민자를 자신의 주류 문화 속으로 끌어들일 수 있지만, 이민자 입장에서는 자신의 고유한 정체성을 포기하게 된다.

이러한 동화주의는 이미 널리 알려진 것처럼 '문화적 용광로(melting pot)'에 비유되며, 대표적인 나라로는 프랑스, 네덜란드, 영국 등 유럽 국가다.

(2) 다문화주의

다문화주의는 흔히 샐러드 볼이나 모자이크, 피자이론이라고 알려져 있다. 한 국가 안에서 소수자들의 문화적 권리를 존중하고 정치적 · 사회적 · 경제적 · 문화적 불평등을 없애려는 정책 목표를 가진다. 즉, 문화적 다양성과 고유성을 그대로 인정하고 이민자들이 정체성을 유지한 채 주류 사회와 소통하며 평화문화를 구축한다는 관점이다. 다문화주의의 대표적인 나라는 다인종 이민국가인 캐나다와 호주를 들 수 있다.

이러한 다문화주의는 자칫하면 분리주의를 조장하거나 한 사회 문화 내의 또다른 문화적 게토를 만들 수 있다. 그리고 때로는 소수집단 내부의 독재를 예찬하는 결과를 가져올 수도 있다(김현덕, 2009). 그러나 이러한 면에도 불구하고 다문화교육의 본질에 가까운 것은 다문화주의라고 볼 수 있다(김용신, 2008).

결론적으로 다문화교육은 학생들이 국경을 넘어 다양한 문화에서 기능할 수 있는 간문화적인(cross-cultural) 역량을 기르고, 지구상에서 살고 있는 모든 사람이 어떻게 고도로 상호 연관된 운명을 지니게 되었는지를 이해하도록 돕는 교육이라고 할 수 있다. 또한 동화주의에 입각한 주류 다문화교육은 소수자도 자신의 문화와 다양성을 가진 존재로 인정하지만 결국 주류 다문화를 강조하고 주류에 포함하려는 입장이며, 다문화주의에 입각한 비판적 다문화교육은 다양한 차이를 인정하고 주류와 지배 문화 중심으로의 동화가 아닌 타문화에 대한 가치를 인정하고 수용의 범위를 넓히려는 의도를 가지는 교육이다.

4 다문화교육의 문제점과 개선방안

우리나라에서 다문화교육을 효율적으로 실시하기 위해서는, 미국 등의 다문화교육의 역사가 오래된 나라에서 이루어지고 있는 다문화교육 현상을 그대로 이식하여 실시해서는 안 될 것이다. 우리나라의 특수한 역사, 문화, 인구학적, 지정학적 환경에 적합한 다문화교육이 필요하며 특수성에 입각한 다문화교육의 개발이 필요하다. 이에 우리나라의 다문화교육의 문제점을 살펴보고, 이를 극복할 수 있는 개선방안을 제시하고자 한다.

1) 문제점

다문화교육의 개념이 정확하게 합의되지 않은 상황에서 우리나라에서 실시되고 있는 다문화교육은 다음과 같은 문제점을 가진다.

첫째, 다문화교육을 인종적 소수자를 대상으로 하는 교육으로 제한적 의미로 받아들이고 있다는 점이다. 국내 이주자의 상당한 비중을 차지하는 새터민과 같은 재외동포들을 크게 고려하지 않고 있다. 이 시대에 남한과 북한의 사회구조적 변화를 체험한다는 것은 어떠한 사회변동을 겪은 이주자 못

지않게 큰 혼란과 갈등을 경험하는 것인데 이들을 위한 적극적인 교육이 이루어지지 못한 한계를 가진다.

둘째, 국제이해교육을 다문화교육의 개념으로 이해함으로써 다문화교육을 외국어교육, 다언어교육 등과 같은 연장선상에 있는 것으로 이해하고 있는 점이 문제다. 현재 국내에서 전개되고 있는 다문화교육은 명칭만 다문화교육이지 실상은 대부분 국제이해교육 수준이라고 볼 수 있다. 그동안 국제이해교육은 유네스코한국위원회, 유네스코 아시아 · 태평양 국제이해교육원, 국제이해교육학회 등을 중심으로 강조되어 왔고, 제7차 교육과정에서부터 범교과 주제로 추가되었다. 이에 반해 다문화교육은 지금까지 거의 논의되지 않다가 최근 1~2년 사이에 집중적으로 연구 및 정책이 이루어졌으며, 2007 개정 교육과정에서부터 범교과 주제로 포함되었다(교육인적자원부, 2007). 하지만 국제이해교육과 다문화교육이 어떤 점에서 차이가 있는지에 대한 명확한 설명이나 지침이 제시되지 못하고 있어 수평선상에서 이 두 개념이 받아들여지고 있으며, 다문화이해교육이라는 신조어까지 등장하고 있다(김옥순 외, 2008).

셋째, 다문화교육과 관련한 교육활동을 강조한 것은 최근의 일이지만 교육내용에 대한 모델을 제시해 줄 프로그램이 거의 없으며, 외국의 다문화교육 프로그램을 모방하여 제시하는 수준이나 국제이해교육 수준에 프로그램이 머물고 있다. 예를 들면, 현재의 다문화교육에 대한 일반적인 기대는 편견극복교육, 차별금지교육, 타문화이해교육에 머물러 있을 뿐, 교육이 한국적 상황에 적합하도록 교육적 전망을 획득하거나 사회전망을 가지는 경우는 많지 않다. 이러한 배경에는 다문화교육 과정과 교육내용이 무엇이어야 하는가에 대한 진지한 관심이 부족하고, 이루어지고 있는 다문화교육 내용의 성격도 대체로 동화주의에 머물고 있기 때문이다.

2) 개선방안

앞서 살펴본 바와 같이 우리나라는 최근 다문화 사회로 급격히 이동하고 있으며, 그에 따라 정부 및 민간단체와 학교 차원의 다양한 지원방안이 계획 · 운영되고 있다. 앞으로 다문화교육이 성공을 거두기 위해서는 선행 정책이나 연구물, 교육 프로그램을 분석하여 문제점을 찾고 그 개선방안을 알아볼 필요가 있다.

첫째, 정책적 차원의 과제로 정부 부처의 다문화 정책 사업이 체계적이지 못하고, 부서 간 역할이나 지원 프로그램이 산발적이고 중복되는 경향이 있으며, 실시되는 프로그램이 지속적이지 못하고 일회적인 운영에 그치는 경우도 있다. 이러한 이유로 다문화 정책, 다문화교육 정책, 직업교육, 법 제도적 지원 등 실질적 부분에 관련한 정책의 비율이 매우 낮은 편이다. 따라서 앞으로 이러한 문제를 해결하기 위하여 각 부처의 소관 범위를 명확히 하고, 부처 내에 담당기구를 두어 부처별 담당기구들이 서로 원활하게 의사소통이 이루어지도록 해야 할 것이다.

둘째, 일선 현장에서 추진되고 있는 다문화교육의 내용과 방법이 체계적이지 못하고 일부 대상에 편향되어 있음을 알 수 있다. 즉, 다문화교육이 이루어지는 대부분의 센터에는 자원봉사자나 다른 분야 전공자가 담당하고 있고, 지역 내 프로그램은 유사한 내용이 중복되는 활동이 주를 이루고 있다. 따라서 다문화교육의 전문화를 위해서는 우선 다문화교육의 대상자 특성을 고려하여 지원할 수 있는 전문화된 교육내용을 구성해야 하며, 이를 계획하고 충실히 지도할 수 있는 전문 인력을 양성하고 관리하는 제도를 마련해야 한다. 또한 다문화교육의 목적에 따라 그 수혜 대상 역시 이주민 근로자, 결혼 이주여성, 새터민 등 다양하게 포섭할 수 있는 프로그램을 구성할 수 있고, 효율적인 교재 및 매체 개발에도 관심을 기울여야 할 것이다.

셋째, 지금까지 학교에서 이루어지는 다문화교육은 정부의 정책 연구 학교 중심이거나 해당 학군에 다문화 가정 자녀가 재학해 있을 경우 소수자 적응에 초점을 맞춘 교육이 주를 이루었다. 다문화교육이 '제7차 교육과정'이나 '개정 교육과정'의 재량활동 영역으로 포함되어 있으나 정해진 수업시간 내에 다루어지는 많은 영역 중의 하나이므로, 교육의 효과를 단언할 수는 없다. 따라서 학교 차원에서는 우선 학년 초 학교 교육과정을 편성할 때 다문화 이해교육의 차원에서 또는 반편견교육의 일환으로 다문화교육을 실시하도록 하며, 각 교과별로 다문화교육을 반영할 수 있도록 재구성할 필요가 있다. 그뿐 아니라 교사나 교직원은 다문화 가정 자녀들에 대해 높은 기대 수준을 지니고, 그들에게 긍정적 태도를 지닐 수 있도록 해야 하며, 학생들을 긍정적이고 배려하는 방법으로 대하도록 노력해야 한다.

탐구과제

- 다문화교육이란 무엇인지 정의하고, 우리나라 상황에 맞는 다문화교육은 어떻게 이루어져야 하는지에 대해 생각해 보자.
- 다문화교육과 국제이해교육의 관계를 제시하고, 다문화교육의 내용으로 다루어야 하는 주요 교육내용을 구안해 보자.

참고문헌

교육인적자원부(2007). 초 · 중등학교 교육과정.

교육인적자원부(2008). 다문화 가정 자녀교육 지원 계획.

김옥순, 김진호, 신인순, 안선영, 이경화, 이채식, 전성민, 조아미, 최상호, 최순종(2008). 다문화교육의 현황과 과제. 서울: 학지사.

김용신(2008). 한국 사회의 다문화교육 지향과 실행 전략. 사회과교육, 48(1), 13-25.

김홍운, 김두정(2009). 한국 사회의 다문화 현상과 교육적 과제. 인문학연구, 34(3), 153-176.

김현덕(2009). 다문화 사회의 도래와 국제이해교육의 역할. **다문화 사회와 국제이해교육**. 유네스코 아시아 · 태평양 국제이해교육원(편).

박상철(2008). 다문화 사회에서의 학교교육과정 정책. **초등교육연구**, 21(2), 1-19.

안경식, 김동광, 김향은, 김회용, 박천응, 이철호, 장인실(2008). **다문화교육의 현황과 과제**. 서울: 학지사.

양영자(2007). 한국 다문화교육의 개념 정립과 교육과정 개발 방향 탐색. 이화여자대학교 대학원 박사학위논문.

통계청(2008). 인구동태(혼인 · 이혼) 통계연보.

최충옥, 모경환, 김연권, 박성혁, 조난심, 오은순, 설규주, 차조일, 한용택, 우희숙, 서종남(2009). **다문화교육의 이론과 실제**. 서울: 양서원.

한국교육개발원(2009). 지역사회 다문화가족 교육지원 인프라 현황과 과제.

Banks J. A. (2008). *An Introduction to Mulicultural Education* (4th ed.). Allyn & Bacon. 모경환 외 역. **다문화교육 입문**. 아카데미프레스.

Gollnick, D. M., & Chinn, P. C. (2002). *Multicultural Education in a Pluralistic Society* (6th ed). Prentice Hall.

Kivisto, C. (2002). Research in Multicultural Education. *Review of Educational Reserch*, *71*(21), 171-217.

Sleeter, C. E., & Grant, C. A. (2005). *Making Choices for Multicultural Education: Five Approaches to Race, Class, and Gender* (5th ed). NY: Wiley.

통계청 홈페이지 http://cmc.snu.ac.kr/

교육과학기술부 홈페이지 http://www.mest.go.kr/

보건복지가족부 홈페이지 http://www.mw.go.kr/

법무부 홈페이지 http://www.moj.go.kr/

제7장

다문화교육의 실제

- 왕경순 -

- 이 장에서 '다문화교육'이란 국제이해교육 영역 중 '문화 간 이해(Cross-Cultural Awareness)교육'을 뜻하며, 각 나라 문화 및 가치의 다양성에 대한 이해, 문화의 상호 비교, 이를 통한 문화와 가치의 보편성에 대한 인식, 타문화의 관점에서 자기문화 조망, 문화 간 상호작용을 통한 세계문화의 개념 형성, 타문화를 수용하는 태도, 전통 및 자기문화에 대한 태도 등에 대한 교육을 포괄한다.
- 2009 개정 교육과정에서는 다문화교육을 교과 내에 반영하는 방식뿐 아니라 범교과 시간을 통해 수용하는 방식을 선택하고 있다.
- 단위 학교에서의 다문화 교수-학습은 다음과 같은 여러 가지 차원에 기초해서 다양한 모습으로 전개될 수 있다.

차 원		차원별 내용 예시
대상	내·외국인 여부	다수자, 다수자+소수자, 소수자
	그 외 특성	학년, 학업성취 수준, 부모 이주 이유, 한글 터득 수준, 국적 등
내용(목표) 영역		문화 및 가치의 다양성에 대한 이해, 문화의 상호 비교, 문화와 가치의 보편성에 대한 인식, 타문화의 관점에서 자기문화 조망, 문화 간 상호작용을 통한 세계문화의 개념 형성, 타문화를 수용하는 태도, 전통 및 자기문화에 대한 태도
교육과정	접근 유형	기여적 접근, 부가적 접근, 전환적 접근, 사회적 행동 접근
	통합 방식 유형	교과서 재구성(다학문), 교육과정 재구성(다학문, 간학문), 학교재량시간(다학문, 탈학문)
학급운영 형태		통합, 통합+분리, 분리
운영시간		교과, 재량활동, 특별활동, 방과후 활동
학습방법		협동학습, 프로젝트 학습, PBL, 독서치료 등

학 습 목 표

- 국가교육과정에서 제시한 핵심적인 다문화교육 관련 내용과 다문화 교수-학습방안을 이해한다.
- 여러 가지 다문화 특성에 기초해 적합한 교수-학습안을 작성한다.
- 다문화교육 실행 시 고려해야 할 특성에 대해 설명한다.

1 다문화교육과 교육과정

2009 개정 교육과정에서는 다문화교육을 교육과정에 반영하는 방식으로 교과 내에 반영하는 방식뿐 아니라 범교과 시간을 통해 수용하는 방식을 선택하고 있다(허경철 외, 2005). 이러한 병행 접근방식은 다문화교육이 어느 정도 궤도에 오른 나라에서 볼 수 있는 공통적인 형태이기도 하다(오은순 외, 2008).

따라서 이 절에서는 2007, 2009년 개정 교육과정 해설서를 통해 범교과 내에서의 다문화교육과 교과 내에서의 다문화교육에 대한 관련 내용을 살펴보도록 한다.

1) 범교과 내에서 다문화교육

범교과 학습이란 교육과정 및 교과서에 반영되어야 할 '국가 사회적 요구사항' 가운데 학교와 교사, 학생의 필요와 요구에 따라 별도의 시간을 확보하여 가르쳐야 하는 것으로, 범교과 학습주제는 관련 교과, 창의적 체험활동 등 학교교육활동 전반에 걸쳐 통합적으로 다루어지도록 해야 하며, 지역사회 및 가정과의 연계 지도를 통해 운영되도록 해야 한다(교육과학기술부, 2008).

이러한 측면에서, '2009 개정 교육과정'의 범교과 학습주제(〈표 7-1〉 참조)인 '다문화교육'은 다음과 같은 점을 고려하여 설계 · 운영되어야 한다.

첫째, 내용 측면에서 다문화교육과 관련 타 영역 간의 통합적 운영이 고려되어야 한다. 즉 다문화교육과 내용적으로 중첩될 수 있는 민주시민교육, 한국정체성교육, 국제이해교육, 양성평등교육, 장애인이해교육, 인권교육, 전통윤리교육, 문화예술교육, 농촌이해교육 등과의 통합적 운영뿐 아니라 교과와 통합적 운영도 면밀하게 고려되어야 한다.

둘째, 운영 측면에서 다문화교육의 효과를 극대화하기 위한 각종 방안이 적극적으로 강구되어야 한다. 즉 다문화교육은 외국인 노동자 자녀, 국제결혼자 자녀, 새터민(북한이탈가정) 자녀, 해외동포 등 교육 대상의 성격이 너무 차별화되어 있기 때문에 다문화 가정 유무뿐 아니라 교육 대상별 특성, 지역(학교)별 특성을 진단하고 이에 기초해서 학교교육과정이 설계되도록 해야 하며, 특히 지역사회나 가정과의 연계 지도를 통해 효과적인 운영이 될 수 있도록 해야 한다.

표 7-1 2009 개정 교육과정에서의 범교과 학습 주제

민주시민교육, 인성교육, 환경교육, 경제교육, 에너지교육, 근로정신함양교육, 보건교육, 안전교육, 성교육, 소비자교육, 진로교육, 통일교육, 한국정체성교육, 국제이해교육, 해양교육, 정보화 및 정보윤리교육, 청렴 · 반부패교육, 물보호교육, 지속가능발전교육, 양성평등교육, 장애인이해교육, 인권교육, 안전 · 재해대비교육, 저출산 · 고령사회 대비교육, 여가활용교육, 호국 · 보훈교육, 효도 · 경로 · 전통윤리교육, 아동 · 청소년보호교육, 다문화교육, 문화예술교육, 농업 · 농촌이해교육, 지적재산권교육, 미디어교육, 의사소통 · 토론중심교육, 논술교육, 한국문화사교육, 한자교육, 녹색교육 등

2) 교과 내에서 다문화교육

다문화교육을 반영하는 두 번째 방식으로 교과 내에서의 다문화교육 과정을 분석하였다. 교육과정 분석을 위해 우선 국제이해교육의 하위영역인 다문화 이해의 학교급별 내용 체계(〈표 7-2〉 참조)를 살펴보았으며, 이를 근간으로 2007 개정 교육과정 해설서를 통해 3～10학년까지 교과별 관련 내용을 살펴보았다.

이 절에서 제시된 각 교과별 분석내용은 다문화교육과 직접적으로 관련성이 있거나 혹은 관련성이 다소 부족해도 통합 혹은 부분적인 내용 재구성을 통해 활용 가능한 주제(영역)별 관련 내용을 정리한 것이다.[1)]

1) 다문화교육 과정 분석표에서 제시한 용어 또는 숫자, 기호 등은 교육과정 해설서에 표기된 용어, 부호를 그대로 옮겨 사용했다. 예를 들어 교과에 따라 영역 또는 주제라는 용어를 사용했으며, 하위 영역의 부호도 각 교과에서 제시한 것과 동일한 것을 사용했다.

표 7-2 국제이해교육 내에서 다문화이해교육의 학교급별 내용체계

(유네스코 아시아 · 태평양 국제이해교육원, 2003)

초등학교	중학교	고등학교
• 타문화에 대한 흥미와 관심 • 타문화의 이해와 수용 • 소중한 우리 문화	• 다양한 문화의 이해 • 문화 간 장벽 허물기 • 문화의 공통성 • 문화 교류와 체험	• 문화의 총체적 이해 • 문화의 생성과 변화 • 다문화 이해와 공존 • 자연 및 문화유산의 보존 • 문화 교류와 문화 정체성

(1) 국어과

국어과에서 다문화 관련 교육내용은 〈표 7-3〉과 같다.

표 7-3 국어과에서 다문화교육 내용 관련성 분석

학 년	영 역	성취기준	내용 요소의 예
8	읽기	(3) 시대적 · 사회적 배경, 문화적 전통 등을 고려하며 글의 의미를 해석한다.	• 배경 지식과 의미 해석의 관련성 이해하기 • 글에 나타난 시대적 · 사회적 배경 파악하기 • 글의 사회 · 문화적 의미 해석하기 • 전통적 독서 문화와 현대의 독서 문화를 비교하여 평가하기
	문법	(1) 남한과 북한의 언어 차이를 비교한다.	• 남한과 북한의 언어 차이를 비교하여 이해하기 • 남한과 북한의 언어 차이의 원인과 실태 파악하기 • 남한과 북한의 언어 차이를 극복하는 방안 찾기
	문학	(4) 문학작품에 나오는 인물의 행동을 사회 · 문화적 상황과 관련지어 파악한다.	• 인물의 행동과 사회 · 문화적 상황 관련짓기 • 작품과 사회 · 문화적 상황의 관계 파악하기
	듣기	(3) 지역 방언을 듣고 언어의 다양성과 소통의 의미를 이해한다.	• 표준어와 지역 방언의 쓰임 구별하기 • 지역 방언의 문화적 가치 이해하기 • 지역 방언을 통한 소통의 의의 이해하기

9	말하기	(4) 우리나라의 전통적인 해학 문화를 이해하고, 이를 재담에 활용한다.	• 우리나라 해학 문화의 전통 이해하기 • 전통 해학을 재담에 활용하기
	문법	(5) 한국어의 언어 문화적 특성과 가치를 이해한다.	• 언어 문화적 특성과 언어의 관계 이해하기 • 한국어에 담긴 언어 문화적 특성 파악하기 • 세계화, 국제화 시대에 한국어의 위상 점검하기
	문학	(1) 한국 문학의 대표적인 고전작품을 찾아 읽고, 그 가치와 중요성을 이해한다.	• 고전작품 읽기의 가치와 중요성 이해하기 • 고전작품에 대한 자신의 견해 정리하기 • 고전작품에 대한 의미 있는 경험 표현하기
10	듣기	(3) 사회 방언을 듣고 언어적 다양성을 이해한다.	• 사회 방언의 특성 이해하기 • 사회 방언의 다양한 표현 조사하기 • 사회 방언에 반영된 집단의 특성 파악하기 • 사회 방언의 소통 기능 이해하기
	문법	(5) 한글의 창제 원리와 한글의 독창성을 안다.	• 한글의 창제 원리 이해하기 • 한글의 독창성 이해하기 • 국어를 가꾸고 발전시키고자 하는 태도 기르기
	문학	(5) 수용과 전승과정에 유의하여 한국 문학의 전통을 이해한다.	• 문학적 전통의 개념과 의미 파악하기 • 과거의 문학적 전통과 오늘날의 문학적 전통 비교하기 • 문학사적 전통을 계승하고 있는 다양한 작품 감상하기

(2) 사회과

사회과에서 다문화 관련 교육내용은 〈표 7-4〉와 같다.

표 7-4 사회과에서 다문화교육 내용 관련성 분석

학년	주제	내용 요소의 예
3	(2) 우리 고장의 정체성	① 자신의 일상생활과 관련지어 고장에 대하여 떠오르는 것을 표현한다. ② 고장의 지명 유래와 전설을 조사하고, 이를 자연과 인간과의 관련 속에서 이해한다. ③ 고장의 옛날 인물 및 사건과 관련된 이야기를 통해 우리 고장의 자연적 특징과 조상들의 생활모습을 파악하며, 당시 사람들의 생각을 상상적으로 이해한다. ④ 고장의 행사를 자연적 · 인문적 환경과 관련지어 파악하고, 세계적인 관점에서 그 위치를 이해한다. ⑤ 고장을 대표하는 자연적 · 인문적 상징을 답사, 조사, 체험하고, 고장 사람들의 생활과 관련지어 그 의미를 이해한다. ⑥ 고장의 행사를 위해 준비하고 애쓰는 사람들에 대하여 조사하고, 고장의 일에 참여하려는 마음을 가진다. ⑦ 고장을 대표하는 문화재를 조사하여 파악하고, 그것이 사람들의 생활에 끼친 영향을 이해한다.
	(6) 다양한 삶의 모습들	① 오늘날 학생들의 놀이, 친교, 단체활동 등에 담겨 있는 문화적 특징을 이해한다. ② 고장, 지역, 국가의 서로 다른 학생들의 문화를 알아보고 유사성과 차이점을 조사한다. ③ 다른 고장을 여행한 경험을 바탕으로 그 고장의 독특한 문화가 만들어지게 된 자연적 · 인문적 특성을 이해한다. ④ 전통적 혼례와 상례, 제례의 특징을 알아보고, 옛날과 오늘날의 달라진 모습을 이해한다. ⑤ 설과 단오, 추석 등의 명절과 3 · 1절, 현충일, 광복절 등 기념일의 유래와 의미를 알아보고, 다른 나라의 명절 및 기념일과 비교한다. ⑥ 서로 다른 문화에 대하여 이해하고 포용하려는 태도를 가진다.
4	(3) 우리 지역과 관계 깊은 곳들	① 지역 간 교류의 여러 가지 사례를 찾아보고 상호의존이 필요한 까닭을 이해한다. ② 우리 지역이 다른 지역과 밀접한 관계를 맺고 있음을 사례를 중심으로 이해한다. ③ 우리 지역과 자연적 · 인문적으로 관계가 있는 지역을 다양한 공간 규모에서 선정한다. ④ 우리 지역과 관계 깊은 다른 지역의 위치를 지도에서 확인하고, 자연적 · 인문적 특성을 조사한다. ⑤ 우리 지역과 관계 깊은 다른 지역을 비교하여 자연적 · 인문적 특성의 차이를 이해한다. ⑥ 다양한 지도, 사진, 그래프, 도표를 통해 우리 지역과 다른 지역의 상호 관련성을 파악한다.
	(6) 사회 변화와 우리 생활	① 현대사회 가족 구성의 다양성을 이해하고, 바람직한 가족의 의미를 찾아본다. ② 성 역할이 변화하고 있음을 이해하고, 양성 평등의 사회를 만들기 위한 방안을 모색한다. ③ 우리나라 인구 구성의 변화에 따른 다양한 사회문제를 이해한다. ④ 현대사회에서 대중매체가 미치는 긍정적 · 부정적 영향을 파악한다. ⑤ 현대사회에서 여가의 중요성을 알고, 바람직한 여가 활용방안을 찾아본다. ⑥ 생활방식의 다양성을 이해하고, 사회적 약자와 소수자 권리의 중요성을 이해한다.

<table>
<tr><td rowspan="2">6</td><td>(1) 아름다운 우리 국토</td><td colspan="2">① 우리나라 국토의 위치와 영역을 지도와 지구본을 활용하여 확인한다. ② 우리나라 국토의 자연적 특성을 지형, 기후 등의 측면에서 이해한다. ③ 전형적인 사례 지역을 선정하고, 이를 통해 우리나라의 자연적 특성을 이해한다. ④ 자연적 특성을 기준으로 지역을 구분하고, 지역의 차이를 생활모습 측면에서 이해한다. ⑤ 전형적인 사례 지역을 선정하고, 이를 통해 우리나라의 인문적 특성을 이해한다. ⑥ 우리나라 국토의 인문적 특성을 인구, 산업, 교통, 문화 등의 측면에서 이해한다. ⑦ 북한 지역의 자연·인문 지리적 특성을 이해한다. ⑧ 우리나라의 자연·인문 지리적 특성을 지도, 그래프, 도표로 나타내고, 다양한 자료에서 필요한 정보를 읽을 수 있다.</td></tr>
<tr><td>(5) 세계 여러 지역의 자연과 문화</td><td colspan="2">① 우리나라와 관계가 깊은 세계 여러 지역을 선정하고 그 선정 기준을 제시한다. ② 세계지도 및 지구본의 기능을 활용하여 세계 각 지역의 위치를 확인한다. ③ 세계지도 및 해당 지역의 지도와 여러 가지 시사 자료를 활용하여 선정된 지역의 자연적·인문적 특성을 이해한다. ④ 다양한 인종, 민족, 국가로 구성된 세계는 교통·통신의 발달에 따라 지구촌화되고 있음을 이해한다. ⑤ 지구촌에서는 여러 가지 갈등과 문제가 발생하고 있으며, 이러한 문제의 해결을 위해 국제기구와 단체, 그리고 많은 사람이 노력하고 있음을 이해한다. ⑥ 세계 여러 지역의 문화적 다양성을 이해한다. ⑦ 변화하는 세계 속에서 우리나라의 역할을 깨닫고 이에 이바지하려는 태도를 가진다.</td></tr>
<tr><td rowspan="3">7</td><td rowspan="3">지리</td><td>(1) 내가 사는 세계</td><td>① 지구본과 세계지도에서 우리나라 및 세계 주요 국가의 위치를 조사한다. ② 세계 주요 국가의 면적과 형태를 비교한다. ③ 지도나 위성사진, 인터넷을 이용하여 내가 사는 동네와 우리나라 주요 도시의 위치를 조사한다. ④ 시간과 날짜가 우리나라와 다른 나라를 찾아 그 이유를 알아본다. ⑤ 남반구에 있는 나라와 북반구에 있는 나라의 지리적 차이를 설명한다.</td></tr>
<tr><td>(2) 다양한 기후 지역과 주민생활</td><td>① 세계 기온 분포도를 보고 기온이 대비되는 지역 간의 생활양식을 비교한다. ② 세계 강수량 분포도를 보고 강수량 분포가 대비되는 지역 간의 생활양식을 비교한다. ③ 우리나라의 기후 특성을 살펴보고 다른 나라와의 차이를 분석한다. ④ 눈이 많이 오는 지역의 주민생활 특징을 조사한다. ⑤ 홍수·가뭄·태풍 등 자연재해 발생 지역의 지리적 특성을 조사한다.</td></tr>
<tr><td>(3) 다양한 지형과 주민 생활</td><td>① 인터넷 또는 시각자료를 통해 독특한 지형 경관을 살펴보고 세계 지형의 다양성을 이해한다. ② 세계의 대산맥과 대하천, 우리나라의 주요 산맥과 하천의 위치를 확인한다. ③ 화산과 지진활동이 빈번히 일어나는 지역을 찾아보고, 그 지역에 살고 있는 사람들의 삶의 모습을 조사한다. ④ 산지 지역, 평야 지역, 해안 지역의 주민생활모습을 사례를 들어 지형과 연관지어 설명한다.</td></tr>
</table>

7		(4) 지역마다 다른 문화	① 구체적인 사례를 통해 세계에는 다양한 문화가 존재함을 파악한다. ② 종교적 경관이 뚜렷한 지역을 사례로 그 지역의 주민생활을 이해한다. ③ 문화 확산으로 인한 독특한 문화 경관의 형성을 사례 지역을 통해 설명한다. ④ 다양한 문화 축제를 그 지역의 특성과 관련지어 설명한다. ⑤ 우리나라를 중심으로 동아시아의 문화적 공통성과 상호 관련성을 설명한다.
	일반사회	(8) 문화의 이해와 창조	① 문화의 의미와 특징을 이해한다. ② 문화를 바라보는 다양한 관점을 이해하고, 자문화 및 타문화를 객관적으로 바라보는 능력과 태도를 가진다. ③ 대중문화의 의미와 특징을 이해하고, 대중매체 속에 담겨 있는 대중문화를 비판적으로 해석한다. ④ 문화 창조자로서 인간의 모습을 이해하고, 바람직한 문화의 계승과 발전 방향을 탐색한다.
9	지리	(4) 세계 속의 우리나라	① 세계 속에서 우리나라의 위상을 다양한 측면에서 조사한다. ② 해양 진출의 요지, 또는 국제 물류의 중심으로 성장하고 있는 지역에 대해 조사한다. ③ 제주특별자치도가 국제자유도시로 선정된 배경과 그 영향을 파악한다. ④ 세계적으로 주목받는 우리나라의 갯벌과 그 지역의 주민생활을 조사한다. ⑤ 독도가 가지는 지리적 의미를 이해한다. ⑥ 우리나라의 다양한 자연적 · 문화적 특색을 외국인에게 간략하게 설명한다.
10	일반사회	(6) 문화	① 사회 현상의 토대로서 문화의 의미를 이해한다. ② 정치 현상을 문화의 관점에서 분석한다. ③ 경제 현상을 문화의 관점에서 분석한다. ④ 법 현상을 문화의 관점에서 분석한다. ⑤ 문화 현상에 대한 총체적 이해에 근거하여 사회적 쟁점을 해결하는 방안을 문화의 관점에서 모색한다.

(3) 도덕과

도덕과에서 다문화 관련 교육내용은 〈표 7-5〉와 같다.

표 7-5 도덕과에서 다문화교육 내용 관련성 분석

학년	영역	소영역	내용 요소의 예
3	(3) 나라 · 민족 · 지구 공동체와의 관계	(가) 나라의 상징과 나라 사랑	① 태극기, 애국가, 무궁화 등 우리나라 상징의 올바른 이해 ② 다양한 사례를 통한 나라의 중요성 이해 ③ 나라 사랑에 관한 예화 읽기
		(나) 분단의 배경과 민족의 아픔	① 남북 분단의 국내외적인 배경 ② 이산가족의 아픔 등 민족 분단으로 인한 어려움 ③ 남북 분단의 극복을 위해 노력하는 자세
4	(3) 나라 · 민족 · 지구 공동체와의 관계	(가) 우리나라 · 민족에 대한 긍지	① 나의 행복과 나라 · 민족 발전과의 관계 ② 도덕과 예절을 비롯한 우리 민족의 자랑거리 ③ 오늘날 우리가 계승 · 발전시킬 수 있는 우리 민족의 전통
		(나) 통일의 필요성과 우리의 통일 노력	① 분단 비용 및 통일의 기대 효과 등 통일의 필요성 찾기 ② 평화 통일을 위한 우리의 노력 ③ 민족 통합을 위한 우리의 자세
5	(2) 우리 · 타인 · 사회와의 관계	(가) 이웃 간의 도리와 예절	① 이웃 간에 지켜야 할 기본적인 생활 예절 ② 다양한 현대 생활 예 ③ 동양 예절과 서양 예절, 전통 예절과 현대 예절
		(나) 서로 돕는 생활	① 협동의 의미와 중요성 ② 협동하는 경우와 협동하지 않는 경우의 결과 ③ 다른 사람들과 협동하고 타협하는 방법
	(3) 국가 · 민족 · 지구 공동체와의 관계	(가) 북한 동포 및 새터민의 삶 이해	① 북한 동포의 생활상 및 문화적 차이 알기 ② 북한 동포와의 인간적 교류와 협력 방안 ③ 새터민이 우리 사회에서 적응하도록 돕는 방법
		(나) 재외 동포에 대한 관심	① 세계 각지에 살고 있는 재외 동포들의 생활 ② 재외 동포에 대한 관심과 배려 ③ 재외 동포와의 교류와 협력 방법

6	(2) 우리 · 타인 · 사회와의 관계	(나) 공정한 행동	① 불공정한 일을 당했을 때의 느낌 ② 불공정한 행동이 가져오는 결과 ③ 공정한 사람이 되기 위해 실천해야 할 일
		(다) 남을 배려하고 봉사하는 삶	① 타인을 배려하지 않았을 때 나타나는 결과 ② 구성원들이 서로 배려하고 봉사하는 공동체의 특징 ③ 배려하고 봉사하는 사람이 실천해야 할 일
	(3) 나라 · 민족 · 지구 공동체와의 관계	(가) 편견 극복과 관용	① 예절 · 관습 등을 포함한 다른 문화에 대한 우리의 편견 ② 다양한 문화가 공존하는 사례와 공존의 장점 ③ 다른 문화에 대한 이해와 존중
		(나) 우리가 추구하는 통일의 모습	① 우리 각자가 추구하는 통일의 모습 평가 ② 통일의 과정과 그 이후 예상되는 문제점 ③ 바람직한 통일 한국의 미래상 설정
7	(2) 우리 · 타인 · 사회와의 관계	(다) 이웃에 대한 관심과 배려	① 다양한 이웃과 나의 관계 ② 다른 사람을 배려하는 방법 ③ 봉사 활동의 의미와 방법 ④ 주변에서 볼 수 있는 타인에게 피해를 주는 사례
	(3) 국가 · 민족 · 지구 공동체와의 관계	(나) 국가 발전과 나	① 국가와 민족의 발전과 개인의 삶과의 관계 ② 국민들이 국방의 의무 등을 소홀히 했을 때 나타날 수 있는 결과 ③ 국가와 민족 공동체의 구성원으로서 해야 할 일 ④ 개인의 자유와 권리의식이 지나치게 추구된 경우와 공동체 의식이 지나치게 강조된 경우에 야기되는 문제 ⑤ 개인의 자유와 공동체 의식의 조화
8	(3) 국가 · 민족 · 지구 공동체와의 관계	(가) 민족의 삶과 통일의 필요성	① 민족 공동체와 남북 분단의 배경 ② 이산가족 등 남북 분단으로 인한 우리 민족의 아픔 ③ 우리 민족이 통일을 해야 하는 이유
		(나) 북한 주민과 민족애	① 북한 주민의 생활에 대한 이해 ② 보편적인 인권 차원에서 본 북한 주민의 생활 ③ 민족 정체성과 민족 공동체의 의미
		(다) 바람직한 통일의 모습	① 민족의 동질성 확대와 이질성 극복을 위한 평화적 교류와 협력의 필요성 ② 우리 정부의 통일 노력 ③ 새터민의 사회 적응과 관련한 문제점과 해결방안 ④ 통일 이후 예상되는 남북한 주민의 일상생활과 통일 한국의 미래상

	(4) 자연초월적 존재와의 관계	(가) 진정한 아름다움	① 자아 정체성의 형성에서 몸과 마음의 관계 ② 아름다움의 가치와 지향성 ③ 상업주의에 기인한 외모 중시 풍조에 대한 비판 ④ 진정한 아름다움의 추구
9	(3) 국가 · 민족 · 지구 공동체와의 관계	(가) 타문화에 대한 편견 극복	① 문화의 다양성과 문화 상대주의적 태도 ② 다른 나라의 풍습 중에서 우리가 존중해야 할 것 ③ 문화적 차이로 인한 편견이나 오해(혼혈아, 해외입양아, 이주 노동자 등에 대한 편견 등) ④ 타문화 이해를 위한 문화 체험, 문화 교류
10	(3) 국가 · 민족 · 지구 공동체와의 관계	(나) 민족과 윤리	① 세계화 시대의 민족의 정체성과 기능의 변화 ② 자민족 중심주의와 세계주의의 구체적 사례와 문제점 ③ 통일 등 민족 공동체 형성을 지향하는 원동력으로서의 민족애 ④ 보편성과 특수성의 조화에 의한 한민족 공동체의 긍정적 역할
	(4) 자연초월적 존재와의 관계	(나) 이상적인 인간과 사회	① 동 · 서양의 이상적 인간상 ② 이상적 인간을 실현하기 위한 노력 ③ 동 · 서양의 이상향(천국, 미륵세상, 대동사회, 유토피아 세계 등) ④ 현실 속에서의 이상사회 구현

(4) 실과(기술 · 가정)

실과과에서 다문화 관련 교육내용은 〈표 7-6〉과 같다.

표 7-6 실과에서 다문화교육 내용 관련성 분석

학 년	영 역	내용 요소의 예
10	(1) 가정생활	(가) 우리나라의 가족생활과 소비생활의 변화를 이해하고 세계 여러 나라와의 비교를 통해 다양한 생활문화를 이해하며 직접 체험함으로써 바람직한 가족생활 문화와 소비생활 문화를 창조한다. (나) 우리나라의 의식주 생활의 변화를 이해하고 세계 여러 나라와의 비교를 통해 다양한 생활문화를 이해하고 직접 체험함으로써 바람직한 의식주 생활문화를 창조한다.

(5) 체육과

체육과에서 다문화 관련 교육내용은 〈표 7-7〉과 같다.

표 7-7 체육과에서 다문화교육내용 관련성 분석

학년	영역	내용 요소의 예
4	(5) 여가 활동	(가) 여가와 놀이의 관계를 이해한다. (나) 우리 조상의 전통 여가 놀이를 실생활에서 실천한다. (다) 전통 여가 놀이에 참여하면서 민족 사랑의 개념을 이해하고 실천한다.
5	(4) 표현 활동	(가) 민속 표현의 종류와 특징을 이해한다. (나) 민속 표현 활동의 다양한 표현 방법을 습득한다. (다) 개인 또는 모둠별로 민속 표현을 발표하고 서로 감상한다. (라) 민속 표현과 감상 활동에 참여하면서 자기 확신의 개념을 이해하고 적용한다.
7	(5) 여가 활동	(가) 청소년기 여가 문화의 시대별 · 지역별 특성을 이해한다. (나) 청소년기에 적합한 다양한 여가 활동을 체험하고, 실생활에서 실천한다. (다) 여가 활동에 참여하면서 자기 이해의 개념을 이해하고 실천한다.
8	(4) 표현 활동	(가) 신체 활동에 나타나는 현대 표현 활동의 역사와 유형을 이해한다. (나) 우리나라 또는 외국의 대표적인 현대 표현 방법을 습득한다. (다) 다양한 현대 표현 방법을 활용하여 창작 및 발표하고, 자신 및 타인의 작품을 감상한다. (라) 현대 표현 및 감상 활동에 참여하면서 대인 관계의 개념을 이해하고 실천한다.
	(5) 여가 활동	(가) 우리나라의 전통적 여가 유형을 이해한다. (나) 다양한 유형의 전통적 여가 활동을 체험한다. (다) 전통적 여가 활동에 참여하면서 전통문화 의식을 이해하고 실천한다.
9	(4) 표현 활동	(가) 신체 활동에 나타나는 전통 표현 활동의 역사와 유형을 이해한다. (나) 우리나라 또는 외국의 대표적인 전통 표현 방법을 습득한다. (다) 다양한 전통 표현 방법을 활용하여 창작 및 발표하고, 자신 및 타인의 작품을 감상한다. (라) 전통 표현 및 감상 활동에 참여하면서 전통 의식과 예절을 이해하고 실천한다.
	(5) 여가 활동	(가) 다른 나라의 여가 의식과 유형을 이해한다. (나) 다른 나라에서 행해지는 다양한 여가 활동을 체험한다. (다) 여러 가지 여가 활동에 참여하면서 다문화의 개념을 이해하고 실천한다.
10	(3) 표현 활동	(가) 움직임 예술과 창작의 관계를 이해한다. (나) 우리나라 또는 외국 움직임의 예술적인 표현 방법을 습득한다. (다) 개인 또는 모둠별 움직임 창작을 발표하고 서로 감상한다. (라) 창작 표현과 감상 활동에 창의적 태도의 개념을 이해하고 실천한다.
	(4) 여가 활동	(가) 여가 스포츠의 유형과 특성을 이해한다. (나) 다양한 여가 스포츠를 체험하고, 자신에게 적합한 여가 스포츠를 선택하여 지속적으로 참여한다. (다) 우리나라와 외국의 여가 스포츠 문화 활동을 비교 · 감상한다. (라) 여가 스포츠에 참여하면서 자기 계발의 개념을 이해하고 실천한다.

(6) 음악과

음악과에서 다문화 관련 교육내용은 〈표 7-8〉과 같다.

표 7-8 음악과에서 다문화교육내용 관련성 분석

학년	영역	내용 요소의 예
3	(1) 활동	• 전래 동요 부르기 • 다른 나라(아시아) 동요 부르기
	(2) 이해	• 장단(자진모리), 장단의 세 • 시김새의 특징
4	(1) 활동	• 전래 동요, 민요 • 다른 나라(유럽) 동요 부르기
	(2) 이해	• 장단(세마치), 장단의 세 • 시김새의 특징 • 쓰임에 따른 악곡의 종류(지역 전승음악, 계절 음악 등)
5	(1) 활동	• 전래 동요, 민요 부르기 • 다른 나라(아메리카) 동요 부르기
	(2) 이해	• 장단(굿거리), 장단 세의 변화 • 시김새의 효과
6	(1) 활동	• 전래 동요, 민요 부르기 • 시조의 초장 듣고 따라 부르기 • 다른 나라(아프리카 등) 동요 부르기
	(2) 이해	• 장단(중중모리), 장단 한배 • 조(육자배기조, 수심가조), 음계 • 시김새의 효과 • 악곡 종류(판소리, 창극, 가부키, 경극, 오페라, 뮤지컬 등)
7	(1) 활동	• 가곡, 민요 부르기 • 다른 나라(아시아) 노래 부르기 • 시조의 초장, 창작 국악곡 한 대목 듣고 따라 부르기
	(2) 이해	• 장단(중모리, 변형 장단, 장단 한 배의 변화) • 음계(민요의 여러 조) • 악곡의 특징(시조, 판소리, 창극, 오페라, 뮤지컬 등) • 악곡의 종류(시조, 가곡, 판소리 등의 우리나라 성악곡과 예술 가곡, 아리아 등의 외국 성악곡, 산조, 시나위 등의 우리나라 기악곡과 소나타, 푸가 등의 외국 기악곡)
8	(1) 활동	• 가곡, 민요 부르기 • 판소리 한 대목 듣고 따라 부르기 • 다른 나라(유럽) 노래 부르기 • 여러 지역의 음악 비교하며 감상하기
	(2) 이해	• 여러 가지 장단 • 악곡의 특징(시나위, 수제천, 예술 가곡, 교향곡 등)
9	(1) 활동	• 가곡, 민요 부르기 • 판소리 한 대목 듣고 따라 부르기 • 다른 나라(아메리카) 노래 부르기 • 여러 문화권의 음악 비교하며 감상하기 • 악곡의 내용과 구조와 사회적 · 문화적 맥락을 파악하며 감상하기
10	(1) 활동	• 가곡, 민요 부르기 • 가곡의 초장 듣고 따라 부르기 • 다른 나라(아프리카 등) 노래 부르기 • 악곡의 내용과 시대적 · 문화적 맥락을 파악하며 감상하기 • 여러 문화권의 음악 비교하며 감상하기

(7) 미술과

미술과에서 다문화 관련 교육내용은 〈표 7-9〉와 같다.

표 7-9 미술과에서 다문화교육 내용 관련성 분석

학년	영역	내용 요소의 예
3, 4	(다) 감상 2) 미술 문화	① 주변의 전통 미술 체험하기 ② 일상 공간이나 전시장에서 여러 가지 작품 감상하기
5, 6	(다) 감상 2) 미술 문화	① 전통 미술을 체험하고 중요성 이해하기 ② 전시회를 관람하고 전시 의도와 특징 알아보기
중학교	(3) 감상 (가) 미술 작품	① 미술 작품의 시대별 · 지역별 · 양식별 특징 이해하기 ② 미술가와 작품의 역할 이해하기 ③ 미술사에 관련한 용어와 지식을 활용하여 작품의 의미 설명하기
	(나) 미술 문화	① 전통 미술의 현대적 의미 찾아보기 ② 지역 미술 발전을 위한 미술관, 박물관, 전시장 등의 역할 이해하기
고등학교 1학년	(3) 감상 (가) 미술 작품	① 시대와 지역에 따른 표현 양식과 미적 가치 이해하기 ② 미술 작품의 다양한 가치에 관하여 토론하기 ③ 비평의 형식을 알고 비평문 쓰기
	(나) 미술 문화	① 전통 미술의 계승과 발전방안 찾아보기 ② 전시 활동을 중심으로 하는 지역문화의 발전방안 모색하기

2 우수 사례 소개

국내에 살고 있는 외국인이 2009년 현재 최초 100만 명을 넘어서, 5월 1일 현재 110만 6,884명으로 집계되었다. 이는 같은 시점 주민등록인구 4959만 명의 2.2% 수준이며, 작년 89만 1,341명보다 21만 554명(24.2%)이 증가한 수치다(통계청, 2009).

이에 교육과학기술부는 2006년 다문화 가정 학생교육 지원계획을 시작으로, 최근 급증하는 다문화 가정 학생에게 맞춤형 교육을 실시하고, 일반 학생과 교사 등이 다문화에 대한 인식을 개선할 수 있도록 지원을 강화하는

2009년 다문화 가정 학생교육 지원계획을 수립하여(교육과학기술부, 2009) 다문화교육에 박차를 가하고 있다.

이러한 사회적 변화에 기초해 다음 절에서는 우리나라 다문화교육[2]의 대표적인 장인 '국경 없는 마을'과 '국경 없는 마을'에서 실시하고 있는 '국경 없는 마을 RPG'을 소개하도록 한다.[3]

1) '국경 없는 마을'의 의미

안산시 원곡동에 있는 국경 없는 마을은 1999년 안산 외국인노동자센터가 현재의 건물로 이사하면서부터 본격화되었다. 사단법인 '국경 없는 마을' 이사장인 박천응(2002)에 의하면, '국경 없는 마을'은 외국인 노동자와 한국인 주민들이 형성의 주체가 되어, 지역사회 내에서 국적, 언어, 피부색, 종교, 경제와 문화적 차이를 극복하고 지역 공동체가 더불어 살기를 지향하는 운동이다.

2) '국경 없는 마을'의 목적 · 목표

'국경 없는 마을' 홈페이지에 게재된 자료에 기초해 '국경 없는 마을'의 설립 목적과 목표를 살펴보면 다음과 같다.

---

2) 이 장에서는 다문화교육을 국제이해교육을 실시해 나가는 하나의 하위 영역으로 본다. 즉 국제이해교육 영역 중 '문화 간 이해교육'을 다문화교육이라 통칭하며, 각 나라 문화 및 가치의 다양성에 대한 이해, 문화의 상호 비교, 이를 통한 문화와 가치의 보편성에 대한 인식, 타문화 관점에서 자기문화 조망, 문화 간 상호작용을 통한 세계 문화의 개념 형성, 타문화를 수용하는 태도, 전통 및 자기문화에 대한 태도 등에 대한 교육을 포괄한다(유네스코 아시아 · 태평양 국제이해교육원, 2003).

3) 그 외 다문화교육에 대한 프로그램 사례는 한국유네스코위원회, 한국아시아태평양위원회, 중앙다문화교육센터의 자료를 참고하길 바란다.

(1) 목적

지역주민과 외국인 노동자가 지역사회 내에서 국적, 언어, 피부색, 종교, 경제와 문화적 차이를 극복하고 더불어 살아가는 지역 공동체 문화를 조성하며, 지역주민과 외국인 노동자들이 상호 협력하여 지역사회 발전에 이바지하는 데 있다.

(2) 목표

① 지역주민과 외국인 노동자가 문화, 인종, 국적, 언어의 차이를 뛰어넘어 더불어 살아가는 지역 공동체 형성에 대한 인식을 확대한다.
② 지역주민과 외국인 노동자가 상호 지역사회 구성원으로서 받아들여지게 하고, 더불어 살아가는 지역사회를 만들어 간다.
③ 다문화 공동체 형성을 위한 실험적 모델 형성의 제시 및 지침서를 통한 다문화 공동체 형성의 대안 및 비전을 제시한다.

3) '국경 없는 마을'의 다문화교육 프로그램

최근 '국경 없는 마을'은 이주노동자뿐 아니라 국제결혼자, 새터민 등과 그 자녀, 그리고 일반 시민과 자녀들을 대상으로 다문화교육을 확대 · 실시하고 있다.

소수자인 다문화 가정 성인을 대상으로 각종 축제나 한국문화 체험, 한글교실을 개설할 뿐 아니라 소수자인 다문화 가정 청소년과 다수자인 일반 청소년을 대상으로 주말 다문화 대안학교, 계절 다문화 대안학교, 찾아가는 다문화교실 등을 운영하고 있다. 다수자인 일반 청소년에게는 다문화 이해와 지역사회 탐방을 통해 지역사회 다문화교육에 참여하게 하며, 소수자 청소년은 한국어 배우기, 한국 문화 체험, 모국어 배우기와 모국 문화 익히기, 그리고 문화적 자존감 형성을 위한 교육을 실시하고 있다.

한편, '국경 없는 마을'에서는 '다문화 가족 문화소통 캠프'를 열어, 다문화 가족의 춤과 노래, 각국 공동체별 음식문화 체험, 전통놀이 체험 등 다채로운 행사를 마련하여 문화적 소통과 나눔, 그리고 교류를 통한 화합의 장을 만들고 있다

하지만 '국경 없는 마을'에서 다수자 및 소수자 청소년을 대상으로 하는 가장 독특한 프로그램은 다문화 현장 버라이어티 '국경 없는 마을 RPG'다. 따라서 다음에서는 '국경 없는 마을 RPG'에 대해 보다 자세하게 살펴보도록 한다.[4)]

(1) 프로그램 목적

다문화 아동 · 청소년과 일반 청소년과의 협동 참여를 통해 다양한 국제 경험을 하나의 공간에서 체험할 수 있게 한다. 이를 통해 문화적 가치에 대한 다양한 해석을 가능하게 하는 폭넓은 사고를 배양하게 하고, 상호 간 소통과 문화적 차이에 대한 이해와 배려심 고양을 통해 다문화 시민으로의 자질을 함양하도록 한다.

(2) 프로그램 성격

① 다문화 현장 버라이어티 '국경 없는 마을 RPG'는 청소년 세대의 감각을 고려하여 온라인 게임의 형식과 버라이어티 방송 미디어 방식을 현장체험 교육으로 접목한 다문화교육 프로그램이다.

② 다문화 현장 버라이어티 '국경 없는 마을 RPG'는 지역-학교-시민단체의 네트워크를 통한 지역 기반의 현장학습을 구현하는 것이며, 복지나 일반사회적 관점이 아닌 문화적 관점으로서의 접근을 시도한 것이다.

③ '국경 없는 마을 RPG'는 한양대 다문화연구소와 컨소시엄으로 지역-공간의 문화인류학적 연구와 문화예술교육적 연구가 동반된 다문화 체

---

4) 국경 없는 마을(http://www.bvillage.org) 홈페이지에 게시된 여러 자료를 기초로 내용을 재구성하였다.

험교육 프로그램이다. 동시에 이주민들과의 직접적 소통을 통해 각 국가의 문화, 전통, 언어, 생활방식을 학습하고, 이주민 혹은 다른 문화와의 차이를 존중해 나가도록 인식 변화를 유도한다.

④ 형식적이거나 진부한 기존의 일회성 혹은 이벤트성 체험학습 프로그램과는 다르게 과정 중심형이고, 지속성을 강화하여 체험학습 효과가 배가될 수 있도록 한 프로그램이다.

(3) 프로그램의 내용 및 방식

① RPG란 Role-Playing Game의 약자로, 컴퓨터 게임 장르 중 주어진 캐릭터의 특성을 기반으로 진행되는 게임을 말한다. 학생들은 온라인 게임에서처럼 모두가 개인적으로 '캐릭터' 화되어 '미션' 을 수행하게 된다.

② 프로그램 진행을 위해 기획, 연구조사, 현장 진행의 운영 인력이 있으며, 현장 진행 부분은 진행 파트와 미디어 파트로 나뉘어 운영된다.

③ 프로그램 진행의 주요한 두 축은 '미션 찾기' 와 '미션 수행' 으로 구분된다. 미션을 찾는 과정과 수행하는 과정에서 게임과 벌칙 등을 통한 힌트 획득을 통해 정보를 축적해 나간다.

④ 원곡동 국경 없는 마을에서 '미션' 수행의 과정은 다양한 문화 이해를 돕기 위한 정보 수집과 이주민들과의 직접적인 접촉으로 구성되어 있다. 따라서 학생들에게는 이주민과의 접촉면을 제공하고 원곡동의 특수성이 가미된 현장체험과 아울러 이주민들에게 직접 들을 수 있는 다양한 문화정보를 알 수 있게 한다.

⑤ 이 프로그램을 진행하고 양질의 콘텐츠를 구성하기 위해서는 이주민들과 주민들의 상호 협력이 절대적으로 필요하다. 무엇보다 이 프로그램에 대한 이주민들의 이해가 선행되어야 하고, 그 이해를 바탕으로 프로그램이 진행되어야 한다. 진행자는 국경 없는 마을(원곡동)에 있는 국가별 다양한 아이템을 찾는 미션을 참가자에게 주고, 학생들이 이주민 혹

은 주민들에게 '미션' 수행을 위한 힌트를 얻게 되며, 이러한 과정에서 이주민들은 멘토로서 자국의 문화를 학생들에게 알려 주게 된다.

⑥ 안산이주민센터 부설 코시안 다문화학교의 코시안 학생들과 단원고등학교의 일반 학생들을 여러 팀으로 나누어 혼합된 팀을 구성하고, 한 팀이 된 코시안 학생들과 일반 학생들은 국경 없는 마을 RPG의 미션 수행을 해 나가는 과정에서 상호 간 소통과 차이에 대한 이해, 그리고 배려해 나가는 경험을 갖게 된다.

⑦ 참여 학생에게 각자 지급되는 아이템인 다문화 체험노트의 적극적 활용을 통해, 프로그램이 진행될 때마다 매 회차에 걸친 다문화 정보가 다문화 체험노트에 기록되어 개인별 다문화학습의 동기 부여체로 역할을 한다.

⑧ 탐험하는 동안의 모습을 촬영하여 방송하고 이러한 영상물을 DVD 교재로 개발 · 보급하며, 매 회차 프로그램 진행 내용을 UCC로 제작하여 온라인 홍보에 활용하기도 한다.

⑨ 참여자와 주최 측이 다 같이 만들어 가는 쌍방향적이고 입체적인 체험학습 프로그램 진행을 모색하기 위해 온라인 커뮤니티를 적극 활용하며, 접속과 활용이 용이한 온라인 커뮤니티 카페를 개설하여 참여 학생들과 진행 스태프 그리고 실무자 간 정보를 공유하기도 한다(네이버카페 http://cafe.naver.com/bvrpg).

3 다문화 교수-학습 프로그램의 실제

공교육기관에 재학 중인 다문화 가정 학생들이 빠른 속도로 증가하고 있다. 교육과학기술부(2009) 자료에 의하면, 국제결혼가정 자녀는 1만 8,778명(2007년 대비 39.6% 증가)으로, 초등 84.2%, 중등 11.7%, 고등 4%이며, 외국인 근로자 자녀는 1,402명(2007년 대비 15.9% 증가)으로, 초등 70.0%, 중등

22.4%, 고등 7.6%인 것으로 나타났다.

이에 따라 학교 교육과정에서 다문화 사회로 인한 국가 · 사회적 요구는 종래에 비해 더욱 광범위하게 일어날 것으로 보이며, 반영의 요구 또한 거세질 것으로 예상된다. 이러한 측면에서 그동안 우리나라에서 이루어졌던 다문화 교수-학습 프로그램의 실태를 살펴보면 다음과 같다(김정원, 2005; 안경식 외, 2008; 양영자, 2008; 오성배, 2006; 오은순 외, 2008; 조영달 외, 2006; 한경구, 2008).

첫째, 적응을 위한 교육으로 한국어 교육, 한국 문화 체험 등 일회적이고 단조로운 이벤트식 활동이 많다.

둘째, 다문화 가족의 특성과 요구에 기초하여 교육내용을 구성하는 경우가 드물고, 다문화 가족을 다문화교육의 유용한 전수자로 생각하기보다는 교육받아야 할 대상으로 한정하여 교육내용을 구성하는 경우가 많다.

셋째, 프로그램이 일반 학생과 다문화 가정 학생이 함께 학습할 수 있는 것보다는 다문화 가정 학생만을 위한 것이 많다.

넷째, 다문화교육을 '인종'과 '종족' 측면에서 해석함으로써 '인종적 소수자를 대상으로 하는 교육'으로 단정 짓고, 새터민, 재외 동포 등은 등한시하고 있다.

이상의 실태에 기초해 볼 때 다문화교육을 위한 교수-학습 프로그램은 다음과 같은 점을 보다 신중하게 고려하여 설계되어야 한다.

첫째, 교수-학습의 목적을 무엇으로 할 것인지, 어느 영역에서 어떤 방식으로 운영할 것인지, 그 조직체제는 어떻게 할 것인지에 대한 체계적인 검토가 선행되어야 한다.

- 편성 · 운영 측면에서
  - 교과, 창의적 체험활동시간을 통해 실시할 것인가? 아니면 방과후 활동시간에 실시할 것인가?
  - 통합학급을 위한 프로그램을 계획할 것인가? 아니면 분리학급을 위한 프로그램을 계획할 것인가?

- 현행 교육과정에 기초해서 계획할 것인가? 아니면 다문화교육의 목적, 범위에 기초해서 계획할 것인가?
- 다문화교육 접근 유형[5]에 기초해 볼 때, 어느 정도 수준에서 다문화 교수-학습을 계획할 것인가?

• 교육의 목적 측면에서
  - 단위 활동, 단위 차시의 교수-학습 목표를 무엇으로 삼을 것인가?

• 교수-학습의 자료 활용 측면에서
  - 어떤 학습교재를 교수-학습에 사용할 것인가?

학습교재와 관련해서, Bigelow는 학습교재를 선정함에 있어 〈표 7-10〉과 같은 평가기준을 활용할 것을 권장하고 있다.

표 7-10 Bigelow의 학습교재 선정 평가기준(1989)

평가기준
• 설명은 정확한가?
• 역사적 사실은 특정 사실을 생략하지 않고 전체적으로 제시되었는가?
• 교과서 삽화는 어떤 기능을 하는가?
• 과거 사건을 어떤 방식으로 서술하고 있는가?
• 특정 문화집단에 편향된 역사 인식인가?

둘째, 교육 대상자에 대한 진단 및 분석활동에 기초해서 현실적인 교수-학습계획이 수립되어야 한다.

5) Banks(1993)는 다문화교육을 위한 접근으로 네 가지를 제시하고 있다. 교육과정의 기본적인 구조의 변경 없이 실시할 수 있는 접근으로 기여적 접근과 부가적 접근이 있다. 기여적 접근은 명절, 특별한 문화적 요소를 강조하며, 부가적 접근은 민족적 내용, 관점을 교육과정에 부가한다. 한편, 교육과정의 변경을 통해 실시하는 전환적 접근, 사회적 행동접근법이 있다. 전환적 접근은 학생들이 다양한 민족과 문화집단의 관점에서 개념, 문제, 사건, 주제를 볼 수 있게 하는 방법이며, 다양한 관점에서 관찰에 근거하여 비판적이고 타당한 일반화를 유도한다. 사회적 행동접근법은 학생들이 중요한 사회문제를 결정하고 그것을 해결하기 위한 실천을 강조하는 접근법이다.

- 다수자를 대상으로 할 것인가? 아니면 소수자를 대상으로 할 것인가? 아니면 다수자와 소수자 모두를 대상으로 할 것인가?
- 학습자 특성, 즉 학업성취 수준, 부모의 이주 이유, 한글 터득 수준, 국적 등은 어떠한가?

셋째, 다문화교육에 대한 교사 자신의 생각과 사전지식 정도를 평가해 보고, 실천 수준을 조정한다. 이와 관련해서, 〈표 7-11〉에 제시한 Bennett의 의

표 7-11 Bennett의 의사결정표(2007)

단계 1: 교사 본인의 다문화교육에 대한 목적 명료화하기

◆ 다음은 다문화교육의 하위 내용을 제시한 것이다. 항목 중 자신이 가장 높은 가치를 두는 순서로 1~6까지 순위를 매겨 보자.
- 다양한 역사적 관점 발전시키기( )
- 문화적 의식 강화하기( )
- 간문화적 역량 강화하기( )
- 인종차별주의, 성차별주의 및 모든 형태의 편견과 차별에 맞서 싸우기( )
- 지구의 상태와 전 세계적 역동성에 대한 인식 높이기( )
- 사회적 행동기술 형성하기( )

◆ 각 항목에서 자신의 생각을 자유롭게 적어 보자.
- 내가 믿고 있는 가장 중요한 다문화교육의 목적은 무엇인가?
  (　　　　　　　　　　　　　　　　　　　　)
- 그렇게 생각하는 이유는 무엇인가?
  (　　　　　　　　　　　　　　　　　　　　)
- 앞에서 기술한 나의 목적은 어떤 교육적 가치를 지니는가?
  (　　　　　　　　　　　　　　　　　　　　)
- 그렇게 생각하는 이유는 무엇인가?
  (　　　　　　　　　　　　　　　　　　　　)

단계 2: 학습자를 위한 다문화교육 학습목표 정의하기

- 나의 다문화 수업에서 학습목표는 다음과 같다.
  (　　　　　　　　　　　　　　　　　　　　)
  (　　　　　　　　　　　　　　　　　　　　)

사결정표는 다문화교육을 실천하려는 교사에게 실천 수준을 조정하는 데 많은 도움을 줄 것으로 예상된다.

따라서 〈표 7-11〉에서 설명한 다문화 교수-학습 설계 시에 고려해야 할 점을 통해 볼 때, 학교 현장에서 실행 가능한 다문화 교수-학습은 여러 차원이 다양한 모습으로 운영될 수 있을 것으로 보인다.

표 7-12 단위 학교 다문화 교수-학습 설계에 관계되는 차원들

차 원		차원별 내용 예시
1. 대상	내 · 외국인 여부	다수자, 다수자+소수자, 소수자
	그 외 특성	학년, 학업성취 수준, 부모 이주 이유, 한글 터득 수준, 국적 등
2. 내용(목표) 영역		문화 및 가치의 다양성에 대한 이해, 문화의 상호 비교, 문화와 가치의 보편성에 대한 인식, 타문화의 관점에서 자기문화 조망, 문화 간 상호작용을 통한 세계 문화의 개념 형성, 타문화를 수용하는 태도, 전통 및 자기문화에 대한 태도
3. 교육 과정	접근 유형	기여적 접근, 부가적 접근, 전환적 접근, 사회적 행동접근
	통합, 유무 및 방식 유형[6]	각 교과/통합, 교과서 재구성(다학문), 교육과정 재구성(다학문, 간학문), 학교재량시간(다학문, 탈학문)
4. 학급운영 형태		통합, 통합+분리, 분리
5. 운영 시간		교과, 재량활동, 특별활동, 방과후 활동
6. 학습방법		협동학습, 프로젝트 학습, PBL, 독서치료 등

이 절에서는 〈표 7-12〉에 기초해 교과활동, 범교과활동을 통해 활용 가능한 다문화 교수-학습 프로그램을 예시한다.

6) 김대현(1997)은 Ingram(1979), Jacobs(1989), Drake(1993)의 통합교육과정 유형을 분석하여, 학교 수준에서 실행될 수 있는 통합 교육과정 개발의 영역을 교과서 재구성, 교육과정 재구성, 학교재량 시간으로 나누어 제시하고 있다.

1) 교과활동 프로그램(국어과)

(1) 교수-학습 개관

<table>
<tr><td colspan="2">교과/단원/차시</td><td>국어/넷째 마당. 우리들의 꿈/ 2. 또 다른 내가 되어(7/9)</td></tr>
<tr><td colspan="2">교육과정 내용</td><td>작품에 나오는 인물이 되어 본다.
서로 다른 다양한 문화가 있음을 안다.</td></tr>
<tr><td colspan="2">학습목표</td><td>• 서로 다름을 인정하고, 좋은 친구가 되기 위해 우리가 할 일을 안다.
• 자신의 생각과 느낌을 여러 가지 방법으로 표현할 수 있다.
• 우리반 친구들이 지니고 있는 문제를 해결하기 위한 활동에 적극적으로 참여할 수 있다.</td></tr>
<tr><td rowspan="8">다문화 관련 운영 요소</td><td rowspan="2">교육 과정</td><td>부가적 접근</td></tr>
<tr><td>교육과정 통합하지 않음</td></tr>
<tr><td>운영 형태</td><td>통합학급(다수자+소수자)</td></tr>
<tr><td>운영 시간</td><td>국어교과 시간(80분 수업)</td></tr>
<tr><td rowspan="2">대 상</td><td>초등학교 3학년</td></tr>
<tr><td>세 명의 국제결혼자녀 있음(어머니가 각각 몽골, 인도네시아, 일본 출신이며, 어려서부터 한글도우미의 도움으로 한글 소양이 일반 한국 출신과 큰 차이가 없고, 국어과 학업성취도도 무난함. 단지 외모가 한국 학생과 다소 차이가 있음).</td></tr>
<tr><td>차시 주제</td><td>다양성</td></tr>
<tr><td>방 법</td><td>독서치료 활용 수업, 역할놀이</td></tr>
</table>

(2) 교수-학습안

<table>
<tr><th>단 계</th><th>주요 활동</th><th>교수-학습활동</th><th>자료 및 유의점</th></tr>
<tr><td rowspan="4">도입</td><td>친화감 공유
(두려움 해소)</td><td>▶ 마술 시연
• 어떻게 변할까?</td><td>• 마술도구</td></tr>
<tr><td>뇌 기능 활성화
(두려움 해소)</td><td>▶ 뇌 체조 실시
• '등장인물' 뇌 체조를 해 보자.</td><td>• 등장인물
뇌 체조자료</td></tr>
<tr><td>선수학습
관련 짓기
(내용 이해)</td><td>▶ 이야기 관련 자료 제시
• 오늘 공부할 것과 관련하여 우리가 읽은 책의 제목은 무엇이었습니까?
• '곱슬머리 내 짝꿍'을 읽고 여러 가지 공부를 했는데, 어떤 내용이었는지 그 결과물을 살펴보자.</td><td>• 이야기 내용 이해 자료
• 모둠별 자료</td></tr>
<tr><td>학습문제 확인</td><td>• 여러 나라의 친구들과 잘 지내기 위해 우리가 할 일을 알아보자.
• 자신의 생각과 느낌을 여러 가지 방법으로 표현해 보자.</td><td>• 학습계열도
(PPT)</td></tr>
<tr><td rowspan="2">전개</td><td>학습방법 안내</td><td><table><tr><th>활동</th><th>내용</th></tr><tr><td>활동 1</td><td>서로 다른 생김새</td></tr><tr><td>활동 2</td><td>서로 다른 문화</td></tr><tr><td>활동 3</td><td>다른 문화 홍보사가 되어</td></tr></table></td><td>• 학습문제 해결 방법에 대한 다양한 의견을 수용한다.</td></tr>
<tr><td>▶ 활동 1

무의식적 과정의 의식화
(동일화)</td><td>• 이야기 줄거리를 확인하기 위해 이야기 순서를 맞추는 그림 퍼즐게임을 해 보자.
• 이야기 내용과 여러분이 겪었던 경험과 관련하여 이야기를 나누어 보자.
• 이야기에서 가장 기억에 남는 등장인물은 누구인가?
• 가장 기억에 남는 까닭은 무엇인가?
• 이야기 앞부분에서 'OO'가 'OO'를 싫어한 까닭은 무엇인가?
• 'OO'처럼 뚱뚱한다는 이유로 누군가를 싫어한 경험이 있다면 말해 보자.
• 'OO'처럼 외모 때문에 친구에게 괴롭힘을 당한 경험이 있다면 말해 보자.</td><td>• 등장인물 멀티컬러 퍼즐
* '동일화'를 느낄 수 있도록 격려하는 분위기를 조성한다.</td></tr>
</table>

<table>
<tr><td rowspan="4">전개</td><td>무의식적 과정의 의식화
(동일화)</td><td>• (지구상에 사는 다양한 친구들의 모습을 보여 주며) 일반적인 우리 친구들과 어떻게 다른지 말해 보자.
• 외모는 다르지만 같은 점은 무엇일까?</td><td>• 인터넷 사진자료(다른 인종 아동 모습)</td></tr>
<tr><td>감정 발산
(카타르시스)</td><td>• 등장인물이 느꼈던 느낌에 대해 이야기를 나누어 보자.
• '자료 ○' 장면에서 '○○'는 어떤 마음이 들었을지 말해 보자.
• '○○' 다고 했는데, 혹시 여러분도 비슷한 경험이 있었다면 말해 보자.
• (다시 인터넷 사진을 보며) 이 친구들을 나와 달라 보인다고 놀린다면 이 친구들은 어떤 생각을 갖게 될까?</td><td>• 자료 ○</td></tr>
<tr><td>생산적인
문제 해결
(통찰)</td><td>• 문제를 해결하는 방법에 대해 생각해 보자.
• '자료 ○' 장면에서 ○○가 참지 않고 할 수 있는 방법에는 어떤 것이 있을까?
• 친구들이 말한 여러 가지 방법이 있음에도 불구하고 ○○가 자기를 꼬집은 사실을 다른 어른들한테 말하지 않은 까닭은 무엇일까?
• '자료 ○' 장면에서 내가 만약 '○○'라면 '○○'에게 어떤 말을 해 주고 싶은가?
• (다시 인터넷 사진을 보며) 내가 만약 '○○'라면 외모가 다르다고 놀리는 친구에게 어떤 말을 해 주고 싶은가?</td><td>• 자료 ○</td></tr>
<tr><td>▶ 활동 2

문제 심화</td><td>• 교사가 준비한 상자를 열고, 조별로 역할놀이 준비를 해 보자.
• 조별로 역할놀이를 해 보자.
• 역할놀이를 발표해 보자.
• 왜 다른 나라의 친구들이 화가 났을까?
- 몽골: 사람을 손가락으로 가리킴
- 인도네시아: 오른손으로 물건을 줌
- 일본: 자신이 쓰던 젓가락으로 반찬을 줌
• 그때 나의 기분이 어떠했나?
• 나라마다 문화가 다른 이유는 무엇일까?
- 사는 방식이 다르다.
- 종교가 다르다 등</td><td>• 상자(문화별 다른 상황, 대본)
• 상자 속에는 우리나라와 다른 나라의 문화적 차이로 인한 갈등 상황이 들어 있다.</td></tr>
</table>

	문제 해결 방안 찾기	• 다른 문화에 있는 친구와 잘 지내려면 어떻게 해야 할까? - 친구를 이해하려고 한다. - 세계 여러 나라 문화에 대해 공부해야 한다.	• 3학년이므로 나라마다 문화가 다른 이유를 발견하도록 적절한 자료를 미리 준비한다.
	▶ 활동 3 문제 해결하기	• 다른 나라의 문화 홍보사가 되어 보자. 교사가 준비한 자료를 읽고, 그 나라를 알릴 수 있는 홍보물을 만들어 보자. • 조별로 홍보물을 제작하고 완성된 것을 전시한다. - 명함, 편지 등	• 홍보물 제작자료
정리	학습정리 및 평가	• 홍보물 중 다른 문화를 가장 잘 표현한 조는 어느 조인가? 그렇게 생각하는 이유는 무엇인가? • 오늘 학습을 통해 알게 된 것을 발표해 보자. - 나와 다른 친구를 이해하려고 해야 한다. - 다른 나라의 문화에 대해 공부해야 한다.	• 자신의 생각이나 그 까닭을 분명하게 밝히도록 한다.

(3) 도움 자료

• 이야기 자료[자세한 내용은 『곱슬머리 내 짝꿍』(조성자, 2008) 참조)]

『곱슬머리 내 짝꿍』은 소미와 민성이의 이야기를 담은 창작동화다. 소미와 짝이 된 민성이는 소미가 뚱뚱하고 곱슬머리라며 소미를 괴롭힌다. 소미와 민성이의 모습을 통해 친구는 겉모습으로 판단하는 것이 아니라는 교훈을 전해 준다. 그리고 소미와 민성이의 이야기를 통해 진정한 친구란 어떤 친구인지 생각해 보게 한다.

• 시각자료 예시

- 학습 계열도(PPT)

- 등장인물 멀티컬러 퍼즐

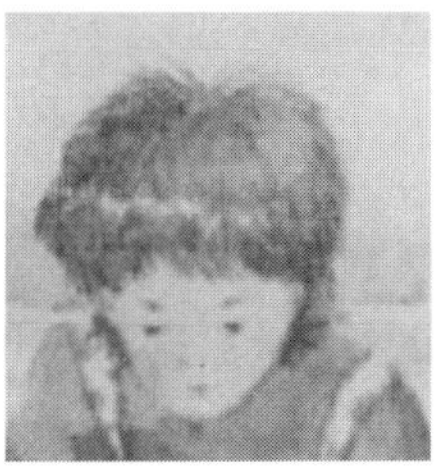

2) 범교과 프로그램

(1) 교수-학습 개관

<table>
<tr><th rowspan="8">교육 과정 내용</th><th colspan="2">교과</th><th>영역</th><th colspan="2">내용 요소 예</th></tr>
<tr><td rowspan="2">사회</td><td>지리</td><td>(4) 지역마다 다른 문화</td><td colspan="2">① 구체적인 사례를 통해 세계에는 다양한 문화가 존재함을 파악한다. ② 종교적 경관이 뚜렷한 지역을 사례로 그 지역의 주민생활을 이해한다. ③ 문화 확산으로 인한 독특한 문화 경관의 형성을 사례 지역을 통해 설명한다. ④ 다양한 문화축제를 그 지역의 특성과 관련지어 설명한다. ⑤ 우리나라를 중심으로 동아시아의 문화적 공통성과 상호 관련성을 설명한다.</td></tr>
<tr><td>일반사회</td><td>(8) 문화의 이해와 창조</td><td colspan="2">① 문화의 의미와 특징을 이해한다. ② 문화를 바라보는 다양한 관점을 이해하고, 자문화 및 타문화를 객관적으로 바라보는 능력과 태도를 가진다. ③ 대중문화의 의미와 특징을 이해하고, 대중매체 속에 담겨 있는 대중문화를 비판적으로 해석한다. ④ 문화창조자로서 인간의 모습을 이해하고, 바람직한 문화의 계승과 발전 방향을 탐색한다.</td></tr>
<tr><td colspan="2">도덕</td><td>(2) 예절과 도덕</td><td>(다) 이웃에 대한 관심과 배려</td><td>① 다양한 이웃과 나의 관계
② 다른 사람을 배려하는 방법
③ 봉사활동의 의미와 방법
④ 주변에서 볼 수 있는 타인에게 피해를 주는 사례</td></tr>
<tr><td colspan="2">체육</td><td>(5) 여가 활동</td><td colspan="2">(가) 청소년기 여가문화의 시대별 · 지역별 특성을 이해한다. (나) 청소년기에 적합한 다양한 여가활동을 체험하고, 실생활에서 실천한다. (다) 여가활동에 참여하면서 자기 이해의 개념을 이해하고 실천한다.</td></tr>
<tr><td colspan="2" rowspan="2">음악</td><td>(1) 활동</td><td colspan="2">• 가곡, 민요 부르기
• 다른 나라(아시아) 노래 부르기
• 시조의 초장, 창작 국악곡 한 대목 듣고 따라 부르기</td></tr>
<tr><td>(2) 이해</td><td colspan="2">• 장단(중모리, 변형 장단, 장단 한 배의 변화)
• 음계(민요의 여러 조)
• 악곡의 특징(시조, 판소리, 창극, 오페라, 뮤지컬 등)
• 악곡의 종류(시조, 가곡, 판소리 등의 우리나라 성악곡과 예술 가곡, 아리아 등의 외국 성악곡, 산조, 시나위 등의 우리나라 기악곡과 소나타, 푸가 등의 외국 기악곡)</td></tr>
</table>

	미술	(3) 감상 (가) 미술작품	① 미술작품의 시대별 · 지역별 · 양식별 특징 이해하기 ② 미술가와 작품의 역할 이해하기 ③ 미술사에 관련된 용어와 지식을 활용하여 작품의 의미 설명하기
학습 목표			*교육과정에 제시된 내용 요소 목표 *추가 목표 • 제시된 문제를 협동하여 창의적인 방법으로 해결할 수 있다. • 다문화에 대해 이해하고, 교류하는 열린 마음을 가진다.
다문화 관련 운영 요소	교육과정		전환적 접근
			교육과정 재구성(다학문 통합 교육과정 운영)
	운영형태		통합학급(다수자)
	운영시간		통합 교육과정 구성에 포함된 각 교과활동시간, 재량활동시간
	대 상		중학교 1학년
	방 법		문제중심학습(PBL) 활용 수업[7]

(2) 교수-학습 과정

① 문제 만나기(1차시: 45분)-재량활동을 통해 다음의 활동을 전개한다.

• 학습동기 유발: 2002년 인권 영화인 〈믿거나 말거나, 찬드라의 경우(박찬욱 감독)〉를 통해 학습동기를 유발한다. 이 작품은 국가인권위원회에서 기획한 인권 영화 '여섯 개의 시선'[8] 중 여섯 번째 작품이며, 찬드라는 네팔 여성의 실화를 바탕으로 한 단편영화다.

찬드라는 1992년 산업연수생으로 입국하여 섬유공장에 취직하게 된다. 인근 분식점에서 식사 후 지갑을 잃어버린 탓에 계산을 하지 못하게 되고, 이 과

7) 조연순(2006)은 문제중심학습(PBL)을 '실세계의 비구조화된 문제로 시작하여 문제를 해결하는 과정을 통해 필요한 지식을 학습자 스스로 배울 수 있도록 이끌어 가는 교육적 접근'이라고 보았다. 문제중심학습의 절차는 문제 만나기, 문제 해결 계획 세우기, 탐색 및 재탐색하기, 해결책 고안하기, 발표 및 평가하기로 진행되며, 창의적 문제 해결력을 신장하고, 지식의 습득, 전이 및 활용, 학생의 흥미 유발, 자기 주도적 학습력 신장, 협동능력 향상, 초인지 능력을 신장하는 데 효과적이다.

8) 학생들과 함께 감상하기 위해서는 '국가인권위원회 인권자료실' 사이트에서 대출양식을 작성하여 기관장 직인을 찍은 후 팩스를 보내면 2주간 DVD를 대출해서 감상할 수 있다. 반면 교사만 보려면 '국가인권위원회' 사이트의 '인권문화마당'에서 관련 DVD를 볼 수 있다.

정에서 경찰관이나 주위 사람들에게 정신병으로 오인받아 정신병원에 6년 정도 감금된다. 이후 정신병원에서 풀려나 고국으로 돌아가게 된다는 이야기다.

• 문제 제시 및 문제 파악: 학교방송을 통해 다음의 문제를 제시하고, 제시된 방송글을 통해 학생들 스스로 해결해야 할 문제를 파악하도록 한다.

다문화교육 큐레이터 채용시험 합격하기 대작전

예지의 꿈은 다문화교육 기관에서 다문화교육 프로그램을 기획하는 큐레이터가 되는 것입니다. 예지는 어릴 적부터 꿈을 이루기 위해 각종 자료를 수집하고 여러 나라의 지리 · 문화 등에 대해 열심히 공부하였습니다. 마침내 예지에게 꿈을 이룰 기회가 왔습니다. 교육과학기술부에서 한국 사회의 다문화 현상에 기초해 실질적인 다문화교육을 실시하고자 다문화교육 큐레이터 선발을 위한 시험을 실시한다는 것입니다. 다음은 교육과학기술부 홈페이지에 게시된 채용 시험 공고문입니다.

교육과학기술부 공고

교육과학기술부에서는 다음과 같이 다문화교육 담당 큐레이터 채용을 위한 시험 시행 계획을 공고합니다.

1. 시행 개요
   • 담당 업무: 다문화교육 큐레이터
   • 채용 인원: ○명
2. 시험 방법
   • 보고서 제출 및 토론회 개최: 붙임자료에 근거하여 청소년을 대상으로 다문화교육 방안보고서로 제작하여 제출하고, 자신이 만든 보고서를 다른 응시자와 상호 토론하는 방식으로 진행한다.
3. 응시 자격: 제한 없음
4. 원서 접수 및 제출처:
   • 접수기간: 20 . . (7일간)

- 제출처: 교육과학기술부 홈페이지 인터넷 접수

20 년 ○월 ○일 교육과학기술부 ○○ 담당자

여러분이 예지라면 보고서와 토론회를 어떻게 준비하시겠습니까? 여러분이 예지가 되어 큐레이터 채용 시험을 준비해 보지 않겠습니까?

② 문제 해결 계획 세우기(2차시: 45분)- 재량활동을 다음의 아래 활동을 전개한다.

- 알고 있는 것과 알아야 할 것

Know/Need to Know 단계(※ 예시임)

- 알고 있는 것과 알아야 할 것 기록 단계 -

( )모둠 이름( )

1. 내가 알고 있는 것은 무엇인가?
   - 인접한 아시아 지역 나라 이름
   - 일본, 중국, 인도, 필리핀 등 나라의 의식주
   - 러시아, 유럽의 민속춤
   - 아시아, 유럽, 아메리카, 아프리카 동요

2. 내가 알아야 할 것은 무엇인가?
   - 문화의 의미
   - 지역마다 다른 문화
   - 문화가 다른 이웃에 대한 관심과 배려
   - 문화별 청소년기 여가활동방법
   - 다른 나라 노래 부르기
   - 악곡의 특징, 종류 이해하기
   - 미술작품의 시대별 · 지역별 · 양식별 특징 이해하기

• 알아내는 방법: 다음의 예시 자료를 참고하여 모둠 혹은 전체 협의를 통해 문제 해결을 위해 조사해야 할 구체적인 자료를 살펴본다.

- 웹을 통한 자료 검색 및 분류, 분석, 정리
- 관련 전문가 및 연구집단과의 인터뷰
- 신문기사 자료
- 설문 자료
- 관련 도서(책, 전문 서적 및 보고서, 이야기)
- 직접적인 체험(현장체험, 답사 등)을 통한 의견 공유
- 방송 VOD 자료
- 광고지, 잡지

③ 탐색 및 재탐색하기

이 단계는 교육과정 분석을 통해 확보된 각 교과시간을 활용해 진행한다. 또한 알아야 할 것들에 대해 조사한다. 탐색과정에서 다시 해결해야 할 과제가 발생했을 경우 관련 자료 출처를 재확인한 후 재탐색한다. 가급적 현장체험이나 다문화교육 전문가와의 면담을 적극 활용한다.

한편, 다음에 제시된 교수-학습안은 탐색 및 재탐색 단계에서 전개되는 각 교과 교수-학습 중에서 한 단위 수업을 예시한 것이다. 이 수업은 사회[9], 음악[10], 체육[11]을 통합하여 4시간 동안 진행된다.

9) 관련 교육과정은 '④ 다양한 문화축제를 그 지역의 특성과 관련지어 설명한다. ⑤ 우리나라를 중심으로 동아시아의 문화적 공통성과 상호 관련성을 설명한다'다.

10) 관련 교육과정은 '다른 나라(아시아) 노래 부르기'다.

11) 관련 교육과정은 '㈎ 청소년기 여가 문화의 시대별 · 지역별 특성을 이해한다'다.

단 계	주요 활동	교수-학습활동	자료 및 유의점
도입	동기 유발	▶ 동영상 시청하기 • EBS '세계테마기행' 중 아시아 각 나라별 축제 중심으로 편집한 동영상 시청하기	• 동영상 자료
	학습문제 제시	• 다양한 문화축제를 그 지역의 특성과 관련지어 설명해 보자. • 아시아 나라별 청소년들이 여가를 보내는 방법—춤, 노래 등—을 알아보자.	• 동기 유발과 관련지어 학습문제를 제시한다.
전개	학습방법 안내	▶ 활동 1: 아시아 나라의 축제, 노래, 춤 등 조사하기 ▶ 활동 2: 원집단 함께 공부하기	• Jigsaw II기법[12]에 의해 활동이 진행된다.
	소집단별 활동	▶ 활동 1 • 모둠 구성원별 전문과제 선택하기 - 모둠별 1번: 인도의 축제, 노래, 춤 등 - 모둠별 2번: 필리핀의 축제, 노래, 춤 등 - 모둠별 3번: ○○의 축제, 노래, 춤 등 - 모둠별 4번: ○○의 축제, 노래, 춤 등 • (인터넷이나 도서자료 이용) 전문가 집단별로 모여 협동학습하기 ▶ 활동 2 • 전문가 집단이 원집단에 돌아가 학습한 내용을 다른 모둠원에게 각각 설명하고 시연하기	• 주변 아시아 나라 중 지역사회에 가장 많이 거주하는 외국인의 나라를 중심으로 조사한다. • 그 지역특성과 축제를 관련지어 학습하도록 강조한다.
정리	정리	▶ 전문가 집단의 대표가 나라별 축제 주요 내용, 그 지역 특성과의 관련성 정리하기	한국유네스코(2001) '프로그램 7. 세계의 축제' 자료 참고
	평가	▶ 퀴즈 풀기 • 교사가 제시한 퀴즈문제를 푼다(문제는 인지적 측면뿐 아니라 학생들이 직접 노래를 부르거나 춤을 추는 등의 행위를 동반하도록 설계한다).	

12) 협동학습의 한 기법으로, '과제 상호의존성'과 '보상 상호의존성'을 높인 기법이다. 팀구성, 개인별 전문과제 선택, 과제별 모임(전문가 팀), 전문가 집단 협동학습, 원집단 협동학습, 개별평가, 팀 점수 산출로 학습이 진행된다(이동원, 1995).

④ 해결책 고안하기(90분)

재량활동을 통해 한국 사회의 다문화 가정 청소년과 일반 청소년들이 길러야 할 다문화 소양과 다문화교육 큐레이터 시험에 합격하기 위해 작성할 보고서 내용, 형태에 대해 협의한다.

⑤ 발표 및 평가하기(135분)

재량활동을 통해 한국 사회의 다문화 가정 청소년과 일반 청소년들이 길러야 할 다문화 소양과 다문화교육을 위한 보고서를 발표한다. 발표는 모둠별 혹은 개별 PPT 자료를 제작하여 발표하도록 하고, 탐색과정에서 생산된 결과물을 적절하게 전시하도록 한다.

한편, 문제 해결과정에 참여한 소감(성찰 노트)과 활동 결과에 대해 자기평가를 하도록 한다.

성찰노트(※ 예시임)

- 이 학습을 통해 알게 된 것은 무엇입니까?
- 이 학습을 하면서 느낀 점이나 생각한 것이 있다면 무엇입니까?
- 이 학습에서 배운 점을 나의 생활에 활용한다면 어떤 점을 활용해 보고 싶습니까?
- 다른 모둠 보고서에서 배울 점은 무엇입니까?
- 우리 모둠 보고서에서 수정할 점이 있다면 무엇입니까?

탐구 과제

- 여러 국가의 다문화교육 실제를 살펴보고, 이에 기초해 우리나라에서의 바람직한 다문화교육 실제에 대해 논의해 보자.
- 단위 학교 또는 학급 실정을 진단하고, 이를 바탕으로 효과적인 다문화 교수-학습 프로그램을 구안해 보자.

참고문헌

교육과학기술부(2008). 초 · 중등 교육과정 해설. 서울: 한솔사.

교육과학기술부(2009). 2009년 다문화가정 학생 교육 지원 계획.

김대현 외(1997). 교과의 통합적 운영. 서울: 문음사.

김정원 외(2005). 외국인 근로자 자녀 교육복지 실태 분석 연구. 서울: 한국교육개발원.

박천응 편(2002). 국경 없는 마을과 다문화 공동체. 안산외국인 노동자센터.

안경식 외(2008). 다문화교육의 현황과 과제. 서울: 학지사.

양영자(2008). 한국 다문화교육의 개념 정립과 교육과정 개발 방향 탐색. 이화여자대학교 대학원 박사학위논문.

오성배(2005). 코시안 아동의 성장과 환경에 관한 사례 연구. 한국교육, 32(3), 61-83.

오은순 외(2008). 다문화교육을 위한 교수학습 지원 방안 연구(II). 서울: 한국교육과정평가원.

유네스코 아시아 · 태평양 국제이해교육원(2001). 지구촌 시대의 국제이해교육 프로그램.

유네스코 아시아 · 태평양 국제이해교육원(2003). 세계시민을 위한 국제이해교육-초 · 중등학교 교육과정-.

이동원(1995). 인간교육과 협동학습. 서울: 성원사.

조성자(2008). 곱슬머리 내 짝꿍. 서울: 대교출판.

조연순(2006). 문제중심학습의 이론과 실제: 문제로 시작하는 수업. 서울: 학지사.

조영달 외(2006). 다문화가정의 자녀 교육 실태 조사. 서울: 교육인적자원부.

한경구(2008). 다문화 사회의 이해. 유네스코 아시아 · 태평양 국제이해교육원 편. 파주: 동녘.

허경철 외(2005). 초 · 중학교 교육과정 총론 개정(시안) 연구 개발. 서울: 한국교육과정평가원. 2005년도 주5일수업제 대비 교육과정 개정연구 위탁과제 답신보고.

Banks, J. A. (1993). *Multicultural education for young children: Racial and ethnic attitudes and their modification*. In B. Spodek(Ed.), Handbook of research on the education of young children. New York: Macmillan.

Bennett, C. I. (2007). *Multicultural education theory and practice*. 김옥순 외(역)(2009). **다문화교육 이론과 실제**. 서울: 학지사.

Bigelow, W. (1989). Discovering Columbus: Reading the past. *Language arts*, *66*, 635-643.

통계청 www.nso.go.kr/

국경 없는 마을 http://www.bvillage.org/

국가인권위원회(2002). '여섯 개의 시선' 영화 DVD.

제8장

세계시민성교육의 이론

– 정성아 –

- 정보화와 세계화가 가속화되고 인류가 직면한 지구촌 문제가 많아지면서 개별국가의 경계를 넘어 전 지구적 수준에서 상호의존과 협력의 필요성이 점차 커지고 있다. 이러한 추세는 국민국가의 전통적 위상과 국가시민성의 관념에도 변화를 초래하고 있으며, 세계시민과 세계시민성에 대한 관심을 새롭게 하고 있다.
- 우리나라 교육과정상에 나타난 세계시민성교육의 방향 및 내용에 대한 총체적인 검토와 반성, 이를 통한 개선방안에 대한 논의가 이루어져야 한다.

학 습 목 표

- 세계시민성의 개념과 이와 관련한 다양한 논점에 대해 비교하여 설명할 수 있다.
- 세계시민성교육의 내용과 방법을 설명할 수 있다.
- 우리나라 교육과정에 나타난 세계시민성교육의 방향과 문제점을 모색하고, 이에 대한 개선방안을 제시할 수 있다.

1 세계시민성교육의 주요 개념과 정의

최근 세계화 · 정보화 시대, 지구촌 시대가 도래하면서 사람들의 의식구조, 가치관, 생활양식 등이 크게 변화하고 있다. 정보통신기술의 급격한 발달은 전 지구를 하나의 정보망으로 연결하고 있으며, 세계화가 가속화되면서 세계 각국은 글로벌 스탠더드의 중요성과 함께 점점 경쟁과 상호의존이 동시에 요구되는 상황에 처해 있다. 또한 이러한 다원화된 사회에서 각국은 사회문제 해결에 적극적으로 참여하는 등 전 세계를 향하여 능동적 · 합리적 · 창조적 · 개방적 태도로 접근해야 할 필요성도 제기되고 있다. 즉, 정보화와 세계화가 가속화되고 인류가 직면한 지구촌 문제가 복잡해지면서 개별 국가의 경계를 넘어 전 지구적 수준에서 상호의존과 협력의 필요성이 점차 커지고 있다. 이러한 추세는 국민국가의 전통적 위상과 국가시민성의 관념에도 변화를 초래하고 있으며, 세계시민과 세계시민성에 대한 관심을 새롭게 하고 있다(변종헌, 2006).

지금까지의 시민교육의 내용과 방향은 대개 국가 수준에서 자국의 역사와 문화, 가치 지향에 준하여 이루어져 왔기 때문에 세계화 · 정보화 시대에 적합한 시민교육의 개념과 방향성에 대한 논의가 이루어져야 할 필요성이 있다. 여기서는 세계시민교육의 개념과 세계시민성 개념 정립에 대한 다양한 시각에 대해 살펴보기로 한다.

1) 세계시민교육의 개념

(1) 시민성, 세계시민성

시민은 지역, 국가, 세계, 학문, 기호 등을 매개로 하는 다양한 공동체의 구성원으로서 적극적으로 자유과 권리를 의식하고 그것들을 적절히 행사함과 동시에 타인과 공동체에 대한 책임과 의무도 성실히 이해하는 사람이다.

시민의 이와 같은 자질을 시민성(citizenship)이라고 한다.

18세기의 시민들은 국가의 시민이자 세계시민이 되도록 교육받았다. 그러나 당시에는 세계시민성이 추상적인 이상으로만 남아 있었고, 실제의 학교교육은 오히려 민족주의와 국수주의를 조장하는 경우가 많았다.

근대 이후 시민의 정체성은 국가와의 관계를 중심으로 규정되어 왔다. 지리적 · 영토적 국경을 바탕으로 배타적인 주권을 행사하는 국가의 구성원으로서의 지위와 권리, 그리고 의무와 체계가 근대적 시민성의 요체였다고 할 수 있다.

미국사회과교육협의회(NCSS)에서 제시한 민주시민이란 식견을 갖춘 사람이고, 민주주의의 가치를 위해 헌신하는 사람이며, 민주사회의 여러 과정과 절차에 익숙하고, 사회의 제 문제 해결에 적극적으로 참여할 수 있는 사람으로 규정하고 있다. Dynneson(1982)은 좋은 시민이란 다른 사람들의 복지에 관심을 갖고, 타인과의 관계에서 윤리적 · 도덕적이며, 생각 · 대안 · 의견 · 환경에 대해 비판적으로 질문 · 도전할 수 있고, 현명한 판단에 근거해 좋은 선택을 취할 수 있어야 한다고 규정하고 있다. Randall(1988)은 훌륭한 민주시민은 현명한 의사결정을 할 수 있는 능력과 정보를 갖추고, 민주사회의 의사결정 과정에 참여하며, 민주주의의 가치를 행하고, 사회 · 정치 · 경제 과정에 참여할 수 있으며, 참여할 의무를 느끼는 사람이라고 규정하고 있다.

그러나 세계화를 화두로 하는 21세기는 정보통신 분야의 혁명적 발전을 기반으로 전 지구를 하나의 정보망으로 연결하고 있다. 그리고 국가 단위의 지역적 경계를 넘어서는 세계경제 체제가 구축되고 글로벌 스탠더드의 중요성이 강조되고 있는 가운데 개별국가의 경쟁력이 초미의 관심사가 되고 있다. 그러나 다른 한편으로는 환경 · 인권 · 전쟁 · 빈곤 등과 같은 전 지구적 문제가 증가하면서 개별국가들 사이의 상호의존과 공동 대응의 필요성이 요청되고 있다.

이러한 변화는 우리에게 세계화 과정에 능동적으로 적응하고 참여할 수 있는 경쟁력의 확보와 함께 개별국가의 편협한 이해관계를 넘어서 인류의 보편적 가치를 지향하는 의식과 태도의 함양을 요구하고 있다. 따라서 21세기를 지향하는 민주시민교육은 민주사회에 이바지할 수 있는 민주적 시민의 육성과 함께 '세계시민'으로서의 자질 함양에도 초점을 맞추어야 한다(변종헌, 2001).

현대의 세계시민은 고대의 사해 동포주의를 바탕에 깔면서도 헬레니즘 제국시대나 제1차 세계대전 이후에 강조되었던 세계국가의 시민이라는 의미는 많이 약화되어 있다. 그 대신 '지구적 의식'과 '지구적 책임의식'을 가진 '세계시민사회'의 시민으로서, 인류 공통의 과제를 해결해 나가는 모습이 강조되고 있다. 따라서 이제부터는 미래의 진정한 세계시민을 육성하기 위해 국가 간 시민성의 이상을 지향하는 민주시민교육으로 그 방향을 전환할 수 있는 교육체계를 구축해 나가야 할 것이다(Ichilov, 1998). 국지적이고 국가적 차원의 정치적 영역에만 배타적으로 관련된 좁은 의미에서의 민주시민성이나 민주시민의식보다는 보다 광범위하게, 즉 폭넓은 사회적 관심사에 관련된, 그리고 전 지구적인 영역에 관련된 것으로 규정되어야 한다(변종헌, 2001). 그러나 이러한 세계시민은 기존의 국가시민과의 관계에서의 '정체성' 문제, 어느 정도의 문화적 동질성을 필요로 하고 이를 강화하기 위해서는 어떤 방법이 필요한가라는 문제가 여전히 과제로 남는다.

허영식(2008)은 세계화 · 정보화 · 다원화라는 거시적인 사회변화에 부응한 시민의 능력과 자질을 다음과 같이 제안하고 있다.

첫째, 인권과 민주주의에 대한 의식의 확립을 위해 '역사적 능력'이 필요하다.

둘째, 지구적 수준의 미래과제에 대한 의식과 실천, 즉 '지구적 능력'이 요구된다.

셋째, 개인 · 집단 · 사회 전체의 이해관계 혹은 이익을 조화시킬 수 있는 '공동체 의식'이 요청된다(여기에는 참여 · 의사소통 · 협동 · 연대능력이 포함되며, 이를 위해서는 특히 민주적인 갈등문화 혹은 대화문화의 정착이 필요하다).

넷째, 앞의 능력들, 특히 지구적 능력과도 밀접한 관련이 있는 것이지만 서로 다른 문화 사이의 평화로운 공동생활을 지향하는 '간문화능력'이 요청된다.

표 8-1 사회변화에 따른 시민의 능력과 자질

사회변동의 차원	시민상	시민능력
세계화(세방화)	세계시민 (global citizen)	역사적 능력
		지구적 능력
정보화(디지털화)	사이버 시민 (cyber citizen)	디지털 능력
		참여 · 협동능력
다원화(개인화)	열린 시민 (open citizen)	간문화능력

(2) 세계시민성교육의 필요성

정보화와 세계화의 흐름은 국가의 역할과 기능에도 변화를 가져왔으며, 이에 따라 전통적 시민성의 관념으로 설명하거나 해결할 수 없는 부분이 점차 확대되고 있다. 정보통신망의 확충으로 인한 시공간의 압축, 지리적 경계를 넘나드는 자본의 흐름, 인류가 직면한 여러 가지 위기 징후 등으로 인해 기존의 국민국가의 영향력이 약화되는 대신 지구촌 의식은 점차 강화되고 있다. 이러한 상황 속에서 개별국가의 시민과 시민성의 범주를 넘어 인류의 보편적 가치를 지향하는 세계인과 세계시민성에 대한 관심이 증대되고 있다.

여기서는 세계시민성교육의 필요성을 세계화와 상호의존의 심화, 전 지구적 문제와 상호 협력의 필요성 증대, 전 지구적 책임감이라는 측면에서 살펴보기로 한다.

① 세계화와 상호의존의 심화

세계화는 21세기의 화두다. 하지만 개념이 상당히 혼란을 빚고 있는 것 또한 사실이다. 그것은 우리의 의지와는 관계없는 경험적 사실이기도 하며, 다른 한편으로는 우리가 추구해야 하는 당위적 명제일 수도 있다. 하지만 세계화가 엄연한 현실이고 실제 상황이라는 점은 분명해 보인다. 세계화는 흔히 자본, 노동, 상품, 기술, 정보, 이미지, 환경이 주권과 국경의 벽을 넘어서 조직, 교환, 조정되고 있는 현상을 의미한다(임혁백, 2000). 달리 표현하면 전 지구적 상호의존의 심화 또는 국지적인 것들 상호 간 사회적 관계가 세계적으로 확대·심화되어 어느 한곳에서 일어나는 일이 다른 곳에 영향을 주고 받는 현상을 말한다(김경원, 임현진, 1996; 변종헌, 2006에서 재인용).

이러한 세계화의 추세로 인해 지금까지 당연시되어 온 국가의 역할과 기능에 대한 인식에 있어서의 변화는 불가피하게 되었다. 개별국가의 영토적 경계와 국가체제 및 주권은 여전히 유지되지만 영토적 국가와 국민과의 관계에 기초한 근대국가의 시민성 관념이 변화될 수밖에 없는 상황에 이르게 된 것이다. 즉, 국민국가적 시민성의 테두리를 뛰어넘어 인류가 해결해야 할 과제들이 많아지면서 지역적 경계를 초월하는 새로운 시민성의 정립이 필요하게 된 것이다.

세계화로 인한 국가 역할의 쇠퇴에 대해, Bauman은 "세계화의 무대에서 국가는 점점 나체가 되어 가며, 공연의 마지막 무렵이면 국가는 필수적인 것(국가의 억압력)을 빼면 완전히 나체로 남게 된다."고 예견했다(김동택 역, 2003). 세계화가 국민국가에 미친 영향과 도전에 대해 학자들의 입장은 크게 두 가지 방향으로 갈라져 있다(손경원, 2006). 즉 초국가적인 생산, 무역, 금융 네트워크와 같은 세계시장의 힘이 국가를 능가하고 결국 국가의 권위의 쇠퇴를 초래할 것이라고 주장하는 이들도 있고, 국가가 종말을 고하기보다는 세계화에 대처하는 능동적 국가로 변화되어 존속하게 될 것이라고 주장하는 이들도 있다.

② 전 지구적 문제와 상호 협력의 필요성 증대

오늘날 전 지구적 관점에서 문제가 되고 있는 지구생태계, 인권, 전쟁, 빈곤 등의 문제는 이제 더는 특정 지역이나 개별국가의 경계 내에서 발생하던 과거의 문제 해결 방식으로는 한계에 부딪히고 있다. 이러한 상황에서 이들

문제를 해결하기 위해서는 특정 집단이나 지역 개별국가의 입장에서 벗어나 인류 전체의 관점에서 그것의 해결을 위해 노력할 필요성이 제기되고 있다. 특히 환경문제나 국제평화문제의 경우, 세계 각국의 협력 없이는 불가능하다. 이러한 전 지구적 협력을 위해서는 무엇보다 세계 공동체적 관점이 요구된다.

이러한 전통적인 국민국가 중심의 사고와 행위를 뛰어넘어야 한다는 요청이 대두되면서 개별국가의 특수한 이해관계를 초월하여 보편적 가치를 추구하고 그것을 위해 행동하는 시민성의 함양이 요구된다. 이러한 맥락에서 요청되는 바람직한 세계시민의 모습은 지구와 인류에 대한 책임감을 가지고 이를 보호하기 위한 참여의식을 가진 존재 또는 초국가적 사회운동에 참여하는 사람이라고 할 수 있다(Heater, 1998).

이렇듯 보편적 가치에 기초한 세계 공동체를 구현하기 위해서 요청되는 것이 바로 '세계시민성'이다. 이는 자신의 특수성으로부터 한 발 벗어나 자신과 자신의 공동체를 바라보는 태도에서 시작된다. 결국 세계시민성은 어느 한 개인이나 집단, 국가의 힘만으로는 해결할 수 없는 인류 공동의 문제를 합리적이고 민주적으로 해결하기 위해, 그리고 더 나아가 인류 전체의 보편적 가치를 가꾸고 추구하기 위해 요청되는 것이라고 할 수 있다(변종헌, 2006).

세계화가 진행되면서 개별국가의 다양한 문화와 가치가 병존하는 가운데 때로는 갈등과 마찰을 빚기도 한다. 그러나 다원주의 추세 속에서도 인류가 공통으로 직면한 문제를 해결하기 위해서는 세계적인 상호의존과 협력이 절실히 요청된다. 세계화가 심화될수록 세계는 더욱 밀접한 상호의존 관계에 놓이게 되고 인류가 직면한 문제의 범위도 점점 지구 전체로 확대되고 파급되면서 어느 한 국가의 힘만으로는 해결할 수 없는 상황이 전개되고 있다. 따라서 세계화된 인류의 문제를 해결하기 위해서는 편협한 국가 이익의 추구를 지양하고 인류의 공존과 공영이라는 더 넓은 관점에서 해결책을 모색할 필요가 있다. 세계화 시대에는 지구 전체를 고려하는 지구적 세계관 또는 지구적 관점이 요청된다. 세계시민이 되기 위해서는 지구적 관점을 가지고 전체적인 맥락에서 합리적인 판단을 내려야 하고 또 그에 따라 행위할 수 있어야 한다(변종헌, 2006). 모든 것이 지구적 차원에서 고려되고 논의되는 것이 오늘의 모습이다. 따라서 전 인류를 하나로 묶는 보편적 가치가 전제되어야 할 것이다. 이처럼 21세기의 시민성은 같은 국민이라는 의식보다는 같은 인간이라는 의식에서 출발해야 한다(Soysal, 1998).

손경원(2006)은 세계시민성을 갖는 것은, 첫째 부풀려진 자부심이나 정체성의 시각에서 벗어나 우리 자신의 이해를 보다 명확하게 해 주고, 둘째 시민성 이론과 실제 간의 괴리 없이 일관된 관점을 유지할 수 있게 하며, 셋째 만일 세계시민적 관점을 갖지 않았다면 인식하지 않았을 도덕적 의무를 깨닫게 해 주며, 넷째 국제적 협력이 요구되는 문제를 보다 수월하게 해결할 수 있게 한다고 주장하였다.

③ 전 지구적 책임감

Heater(1998)는 20세기 세계시민의 개념을 다음과 같이 네 가지로 구분했다.

첫째, 아주 막연한 수준에서 인류 공동체의 일원으로서의 세계시민

둘째, 세계정부를 건설하기 위해 구체적인 실천을 하는 세계시민

셋째, 개인이 속한 국가보다 높은 수준의 도덕법칙에 의해 개인이 구속되어야 한다는 생각에 기초한 세계시민

넷째, 세계정부 수립과는 상관없이 지구적 의식과 책임감을 지닌 존재로서의 세계시민

세계시민성과 관련하여 우리에게 가장 직접적으로 중요한 것은 '지구적 책임감'을 가진 자로서의 세계시민일 것이다. 기존의 시민 개념이 국가와 개인의 관계에서 개인의 권리와 의무를 규정했다는 점에서, 오늘날은 세계정부도 존재하지 않고 세계시민의 지위를 보장하는 세계법도 희소한 상황에서 세계시민 개념은 무의미하다는 비판이 있다. 그러나 핵무기나 환경 위기 등의 세계적 문제가 우리 삶을 심각하게 위협하는 현실에서 구체적인 제도가

없다는 이유로 이를 도외시할 수는 없다.

핵무기의 위협, 빈곤, 생태계 위기 등으로 인류가 생존을 위협받는 현실 속에서 이상적인 세계시민의 모습에 대한 고민과 요청은 불가피하다. 결국 우리가 지향해야 할 바람직한 세계시민은 인류가 직면한 위기 상황을 지구적 협동과 실천을 통하여 해결하고자 하는 지구적 의식과 책임감을 가진 시민일 것이다(변종현, 2006).

나아가 여기서 '지구적 책임감'이란 단순히 지적인 호기심 차원의 지구적 의식이 아니라 실천으로 연결될 수 있는 의식이어야 한다(노찬옥, 2001). 현대 세계시민은 지구가 처한 위기 상황을 지구적 협동과 실천을 통하여 해결하고자 하는 '지구적 책임의식' 을 가진 시민이다.

2) 세계시민성 개념 정립에 대한 또 다른 시각

오늘날 세계시민성을 교육해야 한다는 것에 대해서는 누구도 반대하지 않는다. 하지만 많은 학자들과 시민들은 모든 국가 시민에게 공통될 수 있는 윤리이론이나 관점이 존재한다는 주장이나 모든 인간에 대한 '동등한' 의무를 강조하는 논변에 대해서는 상당히 회의적이다. 실제로 세계화가 심화되면서 전 지구가 단일 문화권이 되거나 단일한 세계정부 시민으로 변화될 전망도 있지만, 반대로 다원화의 심화와 민족국가의 부활이 실천적으로 나타나기 때문이다. 따라서 세계시민교육의 방향 정립에 대한 논쟁은 적지 않다.

변종헌(2006)은 새로운 시민성은 서구 중심의 세계주의나 하나의 주권을 지닌 세계 공동체에 기초한 세계시민성의 관념보다는 개별국가의 가치와 존재를 인정하는 가운데 지구적 의식과 책임감을 강조하는, 이른바 지구적 시민성의 비전을 제시할 수 있어야 한다고 주장한다. 즉, 지구적 시민성의 관념은 '깊은 시민성' 을 추구하고 국가 간 시민성에 주목할 때 그 실현 가능성이 확대될 수 있다. 여기서 '깊은 시민성'은 자아, 타자, 그리고 세계의 상호연계성과 상호의존성을 깨닫고 시민사회와 이들 사이의 국제적 연대를 통해 국가 간 공공 영역과 국가 간 시민성이 확장될 때 성취될 수 있다.

그러나 여기서 국가시민성과 세계시민성이 과연 동시에 실현 가능한가 하는 문제를 검토해 보아야 할 필요가 있다. 국가시민성의 내용과 세계시민성의 요구가 갈등하거나 충돌하는 경우 특정 국가의 국민이 보편적 가치와 지구적 사고를 바탕으로 세계시민으로 행동한다는 것은 매우 복잡하고 어려운 문제일 수 있다.

특히 우리나라의 교육과정을 살펴보면 주로 도덕과를 중심으로 세계시민교육이 한국의 정체성과의 조화 속에서 이루어져야 한다는 관점을 고수해 왔지만, 최근 교육과정 개정에서 국가시민성에 대한 교육을 비판하며 보편적 가치에 기초한 세계시민교육의 우선성이 제기되고 있다(손경원, 2006). 도덕과 교육이 보편적 도덕 가치규범의 교육이라고 할 때, 어떻게 국가시민교육이 도덕과 교육에서 가능한지에 대한 비판이 거세게 제기된 것이다. 결국 한국적 정체성에 기초하여 보편 윤리를 강조하는 방향으로 그러한 논쟁은 일단락되었지만 보편성과 특수성에 대한 긴장과 갈등이 완전히 해소된 것으로 보기는 어렵다.

Dauer는 세계시민성이라는 것이 단일한 이론적 토대나 단일한 문화에 근거해야 할 필요는 없으며, 단지 세계가 모두 공유할 수 있는 가치에 대한 '합의'를 통해서 정립해 나갈 필요가 있다고 주장하였다. 또한 손경원(2006)은 세계시민성은 자신의 보편윤리를 타문화에 강제하지 않고 다른 문화에 관심을 갖고, 타문화의 차이를 관용의 자세로 받아들이고 대화할 것을 강조하는 진정한 보편을 모색하는 '방향으로서의 보편주의' 또는 '후험적 보편주의(a posteriori universaliam)'를 주장한다. 이는 선험적 보편에 기대하는 것이 아니라 실제 생활과 경험의 과정에서 보편을 발견하는 후험적 보편주의를 지지하는 것으로 일상의 차이와 타자성에 주목한다. 이러한 입장은 다양한 맥락의 실천적 해석을 인정하는 보편윤리가 바람직하며 타문화와의 지속적인 대화와 타협의 노력을 강조하는 것이라 볼 수 있다. 세계 각국이 다른 나라와 공유할 수 있는 보편적 가치를 세계시민성의 기초로 삼을 때 세계윤리의 정립은 보다 가능한 일이 될 것이다.

또한 세계시민성은 스토아 학파의 세계주의 혹은 세계시민주의(cosmopolitanism)와는 구별될 필요가 있다. 스토아는 모든 사람을 동료로 간주한다. 이와 같은 스토아 학파의 사상은 이후 세계주의 정치이론과 세계시민성의 관념을 강조한 Kant나 Paine 등과 같은 계몽주의 사상가들에 의해 주목받기 시작하였다(Bowden, 2003). Kant에게 세계시민성은 인권과 인류의 영구적 평화를 위해 불가피한 것이며 가족, 인종, 문화적 집단, 민족, 국가가 아닌 개인을 일차적 관심의 대상으로 간주하는 세계주의의 사상적 기반이 되었다. 이를 기초로 타인에 대한 관심과 배려가 국경선에서 멈추어서는 안 되며, 개인은 국가만이 아니라 다양한 정치제도의 구성원이 되어야 하고, 따라서 정치적 충성과 헌신이 마을 · 지역 · 국가와 세계 등으로 폭넓게 확산되어야 한다는 것이 세계주의의 주장이다(변종헌, 2006에서 재인용). 스토아 학파의 세계주의는 다양한 지역과 사람들의 특수성을 존중하기보다는 보편성을 선험적으로 부과하는 획일화의 오류 가능성을 지니고 있다는 점에서 우리가 지향해야 하는 지구적 시민성의 현실적 토대로서는 한계가 있다.

또한 이러한 세계주의는 유럽의 식민지 건설과정에서 식민지 국가를 문명화한다는 사명감을 반영한 것이거나 제국주의적 팽창 의도를 은폐하는 이데올로기로 기능한 측면이 있다는 비판을 받기도 한다(Pagden, 2000). 즉, 여기서 말하는 세계는 비서구세계를 문명세계로 인도하는 것이 역사적 사명이라는 서구의 오랜, 그러나 왜곡된 역사와 관련되어 있다는 것이다. 따라서 이러한 유럽적 관념의 확산을 위한 노력은 하나의 보편적 문화가 아니라 문화의 사멸을 의미하는 것이라는 점에서 비판받을 수 있다.

이러한 비판에 대한 대안으로 변종헌(1999)은 세계화 추세에도 여전히 민족주의의 생명력은 지속되고 있음을 강조하면서, 세계시민성의 가능성을 축소하면서 국가시민성의 현실적 타당성을 강조하기보다는 개별국가의 주권을 침해하지 않는 가운데 세계시민성이 자리할 수 있는 새로운 영역과 가능성을 모색할 필요가 있다고 주장하고 있다. 다민족국가가 여러 개의 민족국가로 해체되거나 구소련이 붕괴된 이후 그 공백을 메운 것도 역시 민족주의였다. 많은 국가가 관심을 가지는 것은 여러 국가와 다양한 민족을 아우르는 하나의 이념이나 집단적 사명이 무엇이냐 하는 것이 아니라, 세계화 속에서 한 민족이나 국가의 시민성과 정체성이 어떻게 규정되고 보존되며 또한 새롭게 창조될 수 있는가 하는 점이다.

2 세계시민성교육의 내용 및 방법

1) 세계시민성교육의 내용

(1) 지구적 세계관

세계화가 가속화되면서 과거의 국민국가적 시민성의 테두리를 넘어 인류가 공동으로 해결해 나가야 할 과제가 많아지고, 지구생태계, 전쟁, 빈곤 등 인류가 함께 해결해 나가야 할 문제들이 급증하면서 인류는 하나의 같은 운명 공동체로 거듭나고 있다. 이러한 상황에서 우리가 지향해야 할 바람직한 세계시민은 인류가 직면한 위기 상황을 함께 해결해 나가는 전 지구적 책임감을 갖추어야 한다. 즉, 세계화 시대에는 '지구적 세계관' 또는 '지구적 관점' 이 요구된다. 이 지구적 사고는 세계를 전체적 관점에서 보고, 인류를 하나의 같은 운명 공동체로서 간주하며, 그 인류가 미래 대비 능력을 갖추고 있는지의 여부를 따지는 것이다. 이 지구적 사고는 적어도 국경을 넘어서는 사고, 초국가적 사고, 상호의존적이고 구조적인 사고, 조망할 수 있는 사고로 구체화할 수 있다(허영식, 2002 · 2008).

(2) 인권과 다양성 존중

인권은 '인간의 권리' 로서 다른 사람의 동등한 인권도 동시에 포함하고 있다. 따라서 인권은 권리와 의무, 권리와 책임의 이중적 차원을 암시하고 있다.

인권이라는 개념 속에는 이미 관용의 의미가 내포되어 있다. 인권과 관용의 관계를 이해하기 위해서는 평등의 인정과 다양성 혹은 차이의 허용을 연결시키는 일이 중요하다. 관용이란 '아무래도 좋다' 는 식으로 임의성을 뜻하는 것이 아니라, 다른 시각 혹은 관점이 타인을 위해 가질 수 있는 정당성 및 특별한 의미가 있다는 것을 알기 때문에, 그 다른 시각을 인정하는 것이다. 이러한 관용의 태도를 보여 주려면 내면적으로 '열린 자아(open ego)' 의 바탕을 갖추고 있어야 한다(허영식, 2002 · 2008).

(3) 배려와 평화적 갈등 해결

인간은 사회적 존재다. 다른 사람들과 원만한 공동생활을 하려면, 자신뿐 아니라 타인의 감정을 의식할 수 있는 기능과 타인의 감정과 권리를 존중해 줄 수 있는 능력이 필요하다. 이런 기능은 타인에 대한 배려의 기능과 친사회적 기능으로 표현할 수 있다. 이것은 문화와 문화 사이의 국제적인 교류 상황뿐 아니라, 한 사회 내에서 여러 문화와 민족이 공동생활을 해야 하는 상황에서도 마찬가지로 적용할 수 있는 이야기다. 그러한 간문화적 상황에서는 특히 간문화적인 공감능력이 요구된다(허영식, 2008).

간문화적 공감이란 다른 문화에 속하는 사람의 입장이 되어 그 사람의 감정과 사고 그리고 가치관에서 이해할 수 있는 능력을 말하며, 자기 자신의 이해 지평에서 성급하게 판단하거나 비난하지 않는 능력을 말한다. 이것은 서로 다른 문화 · 국가 · 민족 · 인종에 속하거나 서로 다른 피부색 · 종교를 가진 사람들이 평화롭게 공동생활을 하고, 이해관계와 가치관의 차이로 인하여 갈등이 생길 경우 이 갈등을 평화적으로 해결하기 위한 전제조건이다.

2) 세계시민성교육의 방법

오늘날 이루어지고 있는 세계시민교육을 유형화하여 보면 접근법에서 세 가지 차원으로 분류가 가능하다(노찬옥, 2001). 즉, 첫 번째 차원으로 경쟁을 강조하느냐 또는 협동을 강조하느냐의 관점, 두 번째 차원으로 세계시민교육에 대하여 인지지향적 접근을 강조하느냐 또는 행동지향적 접근을 취하느냐의 관점, 세 번째 차원으로 전적으로 교사의 재량과 역량에 맡기느냐 또는 지원제도를 제공하여 체계적으로 접근하느냐는 관점으로 구분하여 볼 수 있다.

여기서 노찬옥(2001)은 세계시민교육은 경쟁보다는 협동이 강조되어야 한다고 주장한다. 세계시민교육은 '지구적 의식'을 함양함으로써 오늘날 '위기의식' 을 불러일으키고 있는 세계적 차원의 문제를 해결하고자 하는 데에서 직접적인 동기화를 제공받고 있다. 그런데 경쟁력을 강조하게 되면 경쟁을 통하여 이런 세계적 차원의 문제를 더 심화시키는 방향으로 나가는 결과를 초래하게 되어, 이는 애초의 교육취지를 훼손하게 된다.

또한 세계시민교육은 '도덕적 책임의식'에 바탕을 둔 행동지향을 보여야 한다. '인지 지향적' 시민교육은 학생들의 흥미를 유발하는 데에도 한계가 있을 뿐 아니라 전 지구적 차원의 문제에 대한 학생들의 냉소적인 태도, 무력감만을 초래할 가능성이 있다. 조그만 실천이라도 행동과 연결될 수 있는 교육활동에 초점을 맞춤으로써 학생들의 흥미와 자신감을 불러일으켜 주어야 한다.

셋째, 세계시민교육은 세계적 차원을 교육범위로 하는 것이므로 체계적인 지원과 연구기관이 필요하다. 폭넓은 지식의 필요성과 다양한 교육자료를 위해 요구되는 교육비용 등의 요인도 고려되어야 한다. 그러므로 전문지식을 폭넓게 제공해 주고 교육에 필요한 자금이나 자료를 제공해 주는 지원기관이 필요하다.

박은종(2007)은 세계화 · 정보화 시대인 21세기 시민교육은 과거처럼 구태의연한 획일적인 교육과정과 기계적인 지식교육의 강조로는 자아실현이나 사회에 봉사 · 공헌할 수 있는 민주시민 육성을 효과적으로 할 수 없음을 강조하였다. 또한 학생들의 내면세계의 변화를 일으키는 인간교육으로 연결될 수 있어야 한다고 하였다.

이를 위해 그는 학교 교육과정과 학교현장에서는 사회과학과 선택과목의 강화, 법 교육 강화, 사회 참여 및 봉사활동 활성화, 비판적 사고 및 합리적 판단, 사회문제 연구, 세계의 상호의존 및 다문화교육 강화, 민주적 학교환경 조성, 정보화 능력 및 정보윤리교육 등이 강화되어야 한다고 주장하였다. 이를 구체적으로 살펴보면 다음과 같다.

첫째, 사회과학과 선택과목의 충실한 이수가 필수적이다. 민주시민교육의 장은 사회다. 사회생활은 인간의 상호작용으로 이루어진다. 이러한 사회현상을 올바르게 이해하고 적극적으로 대처하기 위해서는 사회과학에 대한 이해를 돈독히 하고, 학생들의 관심과 흥미 및 요구에 부합하는 다양한 선택과목을 내실 있게 이수해야 한다.

둘째, 법 교육의 강화다. 전통적으로 우리 교육에서 중요한 교육임에도 간과해 온 것이 바로 법 관련 교육이다. 법 교육은 단순히 법 관련 지식과 내용을 이해하는 데서 끝나지 않고, 사회생활을 영위하는 데 필요한 규칙, 권리, 책임, 질서, 공중도덕 등을 준수할 수 있는 가치와 태도를 함께 함양해야 한다.

셋째, 지역사회 활동 · 봉사활동의 적극 참여다. 민주시민교육은 시공을 초월하는 종합교육이다. 즉, 민주시민교육은 평생교육적 관점으로 접근해야 하며, 학교 · 고장 · 지역 · 국가 · 세계로 깊이와 폭을 더해 가면서 민주적 사회생활에 적극 참여하고 활동해야 한다. 아울러, 세계화 · 정보화 시대의 현대는 지구촌 인류가 어우러져 사는 사회다. 따라서 타인 등 사회 구성원을 배려하고 봉사활동에 앞장서도록 내면화시켜야 한다.

넷째, 비판적 사고와 합리적 판단이 중요하다. 현대사회에서는 문제 해결력, 탐구력, 창의력, 의사결정력, 메타 인지 등을 포함한 고등 사고력이 중요하다. 따라서 민주시민교육에서는 이러한 고등 사고력을 바탕으로 비판적 사고와 합리적 판단을 신장시키는 데 초점을 맞추어야 한다.

다섯째, 사회문제 연구와 탐구에 적극적으로 참여해야 한다. 사회는 인간이 모여 사는 생활과 활동의 장이다. 따라서 사회는 다양한 사회현상과 사회문제가 발생하기 마련이다. 민주시민교육은 이러한 다원화된 사회문제와 사회현상에 대하여 탐구적으로 접근하는 데 중점을 두어야 한다.

여섯째, 세계의 상호의존 및 다문화이해교육의 충실이다. 현대 세계화 · 정보화 시대는 국제결혼이 급증하고 세계가 하나 되어 지구촌을 이루고 있다. 따라서 세계 각국의 국민, 민족들이 상호 이해와 배려의 태도를 가져야 하고, 문화 상대주의의 입장에서 각국의 고유한 문화를 이해하고 배려해야 한다.

일곱째, 민주적 학교환경이 조성되어야 한다. 학교는 민주주의의 실험실이라는 말이 있다. 그러므로 민주시민교육을 위해서는 먼저 학교 조직이 민주적 분위기로 변화되어야 한다. 민주적 학교 분위기 속에서 민주시민교육이 싹터 튼실한 열매를 맺기 때문이다.

여덟째, 정보화 능력 향상 및 정보윤리교육을 강화해야 한다. 세계화 · 정보화 시대에 정보 관련 능력과 정보윤리는 아무리 강조해도 지나치지 않는다. 전 세계가 네트워킹이 된 사이버공간에 살고 있는 현대에는 정보 능력 신장과 정보 보호 및 정보윤리교육이 민주시민교육의 근간을 이룬다는 점을 명심하여야 한다.

3 우리나라 교육과정에서의 세계시민성교육

1) 도덕과 교육에서의 세계시민성교육

이제까지 우리나라에서는 적지 않은 시민교육을 추진해 왔다. 가장 이르게는 1961년 미국의 피바디(Peabody) 대학 교육사절단이 미국의 민주시민교육을 우리나라에 소개한 이래 학교현장에 보급되었고, 가장 대표적이고 체계적인 시도는 한국교육개발원에서 1989년부터 1993년까지 4년에 걸쳐 다각적인 연구를 중점 과제로 실행한 것이다(곽병선, 1993). 학교 내 교과교육에서는 도덕과, 윤리과, 사회과 수업시간을 중심으로, 그리고 다른 교과 외 활동에서는 특별활동에서의 생활 실천 중심으로 추진해 왔다.

그러나 성과 면에서는 만족한 수준에 도달하였다고 보기는 어려운 실정이다. 그 이유로는 여러 가지를 지적할 수 있겠지만 가장 큰 이유는 이러한 교육을 부차적으로 수행했기 때문이다. 어떤 교과활동이나 교과 외 활동에서도 그 본래의 교육목표를 달성하면서 민주시민의 교육적 성과를 거두려 했기 때문에 그에 대한 관심 면에서나 실제 교육적 노력에서 열성적이지 못하고 지지부진했다고 볼 수 있다.

하지만 제7차 교육과정에서는 고등학교 『윤리와 사상』과 『시민윤리』에서 세계시민교육을 담당해 왔으며, 2007 개정 교육과정과 2009 개정 교육과정에서는 중학교 『도덕』에서 세계시민교육을 추가하고 있으며, 고등학교에서는 선택교과인 『현대생활과 윤리』에서 강조하고 있다. 특히 제7차 교육과정에서는 『시민윤리』라는 하나의 독립 과목으로 한국의 민주시민이 통합적으로 지녀야 할 시민생활의 기본적인 윤리적 기준을 제시하고, 일상적인 시민생활에서 당면하는 문제를 올바르게 해결하는 데 필요한 윤리적 규범에서부터 민주적인 삶의 방식을 학생들이 자율적으로 학습할 수 있도록 활동형 · 체험형 주제를 제공하고 있다.

『윤리와 사상』에서는 한국윤리와 세계윤리를 고루 다루었으며, 『시민윤리』에서는 국가시민교육이 아니라 세계시민으로서의 올바른 자세에 대한 내용을 담고 있다.

현재 도덕과 교육에서는 세계가 당면한 문제를 진술하고 그 문제를 해결하기 위해 보편윤리가 강조되고 있다(손경원, 2006). 초등학교 『도덕』에서는 평화로운 지구촌 사회에서 전쟁으로 인해 빈곤과 기아에 시달리는 아이들의 사례를 제시하고 평화로운 세상의 중요성과 필요성을 설명하고 있으며, 『윤리와 사상』에서는 '세계윤리의 등장 배경'에서, 『시민윤리』에서는 '지구공동체의 윤리적 상황'에서 환경, 안전과 평화, 인구 증가와 빈곤문제 등을 해결하기 위해 세계윤리를 강조하고 있다.

그러나 우리나라의 도덕교육을 시민성교육을 세계시민성교육으로 확대하는 경우, 반드시 국가시민성과의 조화를 지향해야 한다는 점을 강조하고 있다. 교육과정상에 도덕과의 성격을 국가민족 성원으로서 그리고 세계사회의 일원으로서의 역할과 책임을 파악하게 하여 한국인, 나아가 세계시민으로서의 바람직한 삶을 살아가는 데 도움을 주기 위한 교과라고 규정하고 있다는 점에서, 우리나라는 국가시민성과 세계시민성의 조화를 중시한다고 볼 수 있다.

최근 고시된 2007 개정 교육과정에서는 '추구하는 인간상'으로 '민주시민의식을 기초로 공동체의 발전에 공헌하는 사람(교육인적자원부, 2007)'을 명시하고 있으며, 2009 개정 교육과정에서는 '세계와 소통하는 시민으로서 배려와 나눔의 정신으로 공동체 발전에 참여하는 사람(교육과학기술부, 2009)'을 추구하는 인간상으로 명시함으로써 국가 수준 교육과정상에 보다 구체적이고 적극적으로 세계시민성교육의 중요성을 강조하고 있다.

2) 고등학교 선택교과에 나타난 세계시민성교육

제7차 교육과정의 도덕과 선택교과인 『시민윤리』가 2007 개정 교육과정부터는 『현대생활과 윤리』로, 2009 개정 교육과정에서는 『생활과 윤리』로 개편되었다. 그러나 여기서는 우리나라 도덕과 교육과정에서 시민성교육과 관련하여 가장 직접적으로 관련되어 왔던 『시민윤리』 교과를 중심으로 지금까지 우리나라의 세계시민성교육의 특징을 살펴보기로 하겠다. 『시민윤리』의 도입 배경과 교육의 방향 및 내용을 살펴보면 다음과 같다.

『시민윤리』는 우리나라의 민주적 정치발전과 민주주의의 토착화를 위하여 본격적인 민주시민교육을 시도한 것이다(교육인적자원부, 2005). 『시민윤리』는 사회윤리학적 관점을 수용함으로써 시민사회의 문제가 단순히 시민의 덕에 의해서만 해결될 수 없는 복잡한 문제임을 일깨워 줌과 동시에 궁극적인 사회문제 해결을 위해서는 개인적 노력과 더불어 제도적 개혁이 병행되어야 한다는 사실을 강조하고 있다. 기존의 도덕 · 윤리교육이 주로 방법론적 개인주의를 채택하고 있는 데 비하여, 『시민윤리』는 방법론적 개인주의와 방법론적 전체주의를 포괄하려는 학문적 입장을 취하고 있다.

또한 응용윤리학도 『시민윤리』의 내용을 이론적으로 뒷받침해 주고 있다. 『시민윤리』는 그 내용체계 속에 성윤리, 환경윤리, 직업윤리, 정보윤리, 세계윤리 등을 포괄하고 있는데, 이러한 내용들은 현대 응용윤리학의 주류를 이루고 있다. 『시민윤리』는 시민사회, 공동체, 통일, 국가안보, 사회화, 복지와 같은 주제를 담고 있으며, 해당 개념에 대한 체계적 탐구를 시도하고 있는 정치학, 경제학, 사회학 등과 같은 사회과학적 접근법에도 학문적 근거를 두고 있다.

『시민윤리』의 목표는 민주시민으로서 생활하는 데 필요한 자질을 아무런 기준 없이 백화점 식으로 나열해 놓은 것이 아니라, 한국 사회 및 지구 공동체 속의 민주시민으로서 지녀야 할 윤리적 성향의 형성에 초점을 맞출 것(추병완, 1999)을 강조하고 있다.

다음으로 『시민윤리』의 내용은 〈표 8-2〉와 같다. 여기서 특히 세계시민성과 관련한 '국가발전과 지구 공동체' 영역의 목표를 살펴보면, 국가발전 및 통일국가 형성을 위하여 시민으로서 지녀야 할 국가관, 안보관 및 민족 공동체 의식의 중요성을 올바르게 인식하여 실천하고, 지구 공동체의 윤리적 상황에 대한 인식을 바탕으로 세계시민으로서의 올바른 자세를 지닐 것을 명시해 두고 있다.

특히, '세계시민으로서의 올바른 자세'는 지구 공동체가 당면하고 있는 윤리적 상황과 시민윤리의 보편적 적용으로서의 지구 공동체 윤리의 특성을 이해하고, 세계시민으로서 지녀야 할 바람직한 능력과 태도를 지니기 위한 내용이다. 이를 위해 지구 공동체의 윤리적 상황, 시민윤리의 보편성과 지구 공동체 윤리, 세계시민으로서의 올바른 자세를 학습하도록 되어 있다.

한편, 『시민윤리』의 후속 과목으로서 『윤리와 사상』은 우리가 오래전부터 강조해 온 '국민윤리'의 전통을 이어받아 한국인으로서의 바람직한 윤리적 인식체계와 이념적 시각을 확립하는 데 도움을 주기 위한 교과다. 『시민윤

표 8-2 『시민윤리』의 내용체계표

영역	내용
시민사회와 윤리	• 시민사회의 특징과 윤리적 과제 • 시민으로서의 자각과 윤리적 삶 • 시민 공동체 속에서 사는 지혜 • 민주시민으로서의 능력과 태도
현대사회 문제와 시민윤리	• 생명 존중과 환경윤리 • 성윤리와 약물문제 • 과학, 정보와 윤리 • 문화, 예술, 종교와 윤리
경제생활과 직업윤리	• 자유 민주사회에서의 경제생활 • 경제 발전과 경제윤리 • 삶의 설계와 직업 선택 • 직업생활의 기본 자세
국가 발전과 지구 공동체 윤리	• 국가 발전과 시민의 자세 • 민족 공동체의 번영과 통일 • 문화 교류와 민족문화의 주체성 • 세계시민으로서의 올바른 자세

리』와 『윤리와 사상』의 내용체계 가운데 세계시민성교육과 관련한 내용을 추출하면 〈표 8-3〉과 같다.

앞서 밝혔듯이, 제7차 교육과정에서 시민교육의 중심이 되어 왔던 『시민윤리』 교과는 2007 개정 교육과정에서 사라지고 『현대생활과 윤리』라는 교과로 개편되었는데(2009 개정 교육과정에서는 이것이 다시 기존의 전통윤리와 통합하여 『생활과 윤리』로 명칭이 바뀜), 이는 오늘날 우리 생활에서 제기되는 구체적인 윤리문제를 탐구 대상으로 하여 이러한 문제에 대한 다양한 논의를 이해하고, 이를 토대로 합리적인 해결방안을 모색하는 실천윤리에 중점을 두고 있다. 이를 위해 생명 · 성윤리, 과학 · 생태 · 정보윤리, 사회정의와 직업윤리, 문화윤리, 평화윤리 등 현대사회의 주요 윤리적 쟁점과 연관된 주제를 윤리적 관점에서 체계적으로 성찰해 볼 수 있도록 다양한 학습내용을

표 8-3 『시민윤리』와 『윤리와 사상』 교과의 '세계시민성교육' 관련 내용

<table>
<tr><td rowspan="7">고등학교 『시민 윤리』</td><td colspan="2" rowspan="2">3. 민족문화와 민족 정체성</td><td>(2) 민족문화의 계승과 발전</td><td>• 세계화 시대의 전통문화
• 민족문화의 계승과 발전을 위한 과제</td></tr>
<tr><td>(3) 문화교류의 올바른 자세</td><td>• 세계화와 문화적 다양성
• 자문화 중심주의의 위험성</td></tr>
<tr><td colspan="2" rowspan="3">4. 세계시민으로서의 올바른 자세</td><td>(1) 지구 공동체의 윤리적 상황</td><td>• 인구와 인권문제
• 환경과 빈곤문제
• 전쟁과 평화문제</td></tr>
<tr><td>(2) 세계시민 사회와 지구 공동체 윤리</td><td>• 세계시민 사회의 등장과 기능
• 지구 공동체 윤리의 필요성
• 지구 공동체 윤리규범</td></tr>
<tr><td>(3) 세계시민으로서의 바람직한 자세</td><td>• 지구적 세계관
• 인권과 다양성의 존중
• 배려와 공감의 자세</td></tr>
<tr><td colspan="4"></td></tr>
<tr><td colspan="4"></td></tr>
<tr><td rowspan="7">고등학교 『윤리와 사상』</td><td rowspan="3">III. 윤리의 흐름과 특징</td><td rowspan="3">4. 세계윤리</td><td>(1) 세계윤리의 필요성과 의미</td><td>• 세계윤리의 필요성
• 세계윤리의 의미
• 세계윤리의 특징</td></tr>
<tr><td>(2) 세계윤리의 등장 배경</td><td>• 생태계 파괴와 환경
• 핵 확산 및 핵전쟁의 위험
• 인구폭발과 식량 부족</td></tr>
<tr><td>(3) 세계윤리의 전망</td><td>• 세계윤리와 종교적 평화
• 세계윤리와 한국인
• 세계윤리의 교훈</td></tr>
<tr><td rowspan="4">IV. 사회사상의 흐름과 변화</td><td>2. 현대사회 사상의 유형과 변화</td><td>(2) 현대사회 사상들 간의 관계</td><td>세계화와 민족주의</td></tr>
<tr><td>3. 현대사회 사상의 쟁점</td><td>(3) 민족주의의 쟁점</td><td>닫힌 민족주의와 열린 민족주의</td></tr>
<tr><td rowspan="2">4. 미래사회 사상의 전망</td><td>(1) 미래사회의 특징</td><td>다원화</td></tr>
<tr><td>(2) 미래사회 사상에 대한 도전</td><td>공생적 삶에 대한 위협(국제사회의 이기주의)</td></tr>
</table>

포함하고 있다. 세계시민성교육과 관련한 내용체계를 살펴보면 〈표 8-4〉와 같다.

표 8-4 『현대생활과 윤리』 『생활과 윤리』 교과의 '세계시민성교육' 관련 내용

영 역	내용 요소	비 고
평화와 윤리	• 민족 통합의 윤리적 과제 • 국가생활과 윤리	민족 통합과 윤리
	• 지구촌의 윤리적 상황과 과제 • 전쟁과 평화	세계평화와 윤리

구체적으로 단원의 목표와 내용을 살펴보면, '민족 통합의 윤리적 과제'에서는 우리 민족의 통일과 관련한 제반 문제가 민족 공동체의 윤리와 연결되어 있음을 인식하고, 바람직한 민족관 및 통일관을 함양하는 태도를 기를 것을 목표로 한다. 또한 이를 위해 국제화 및 세계화의 시대 흐름 속에서 단일 민족의 정체성을 강조하는 것이 보편 타당한 것인가, 바람직한 통일 방향은 무엇인가 등에 대해서 다루고 있다. 그리고 '지구촌의 윤리적 상황과 과제' 단원에서는 교통 · 통신의 발달에 따라 세계는 '지구촌'화 되고 있음을 인식하고, 고유한 문화 가치와 세계적인 문화 가치의 융화를 모색하려는 태도를 지니는 것을 목표로 하고 있다. 마지막으로 '전쟁과 평화' 단원에서는 국제 관계 속에서 발생하는 다양한 문제를 극복하기 위해 국제 관계의 윤리성 회복이 중요함을 인식하도록 하는 것을 목표로 하고 있으며, 이를 위해 현재의 분쟁 지역, 세계 각국이 평화를 위해 펼치고 있는 활동과 평화를 유지하기 위한 노력, 국제 관계에서 윤리성이 중요한 이유에 대해서 다루고 있다.

2009 개정 교육과정에서 『현대생활과 윤리』가 『전통윤리』와 통합되면서 〈표 8-4〉의 내용요소에 기존의 전통윤리 단원인 '국가생활과 국민의 도리'가 '국가생활과 윤리'로 변경 · 추가되었다.

한편, 2009 개정 교육과정에서 윤리와 사상은 '민족주의와 세계주의' 단원 속에 '민족과 국가' '세계주의와 세계시민' 이라는 단원을 설정하고 있다. '민족과 국가' 에서는 다문화 사회라는 시대적 · 공간적 변화 속에서 다른 사람들과 함께 살아갈 것을 강조하면서 궁극적으로는 한 국가의 국민, 한 민족의 구성원이라는 사실을 잊지 않으려는 노력이 필요함을 역설하고 있으며, '세계주의와 세계시민' 에서는 한 민족 구성원으로서만 사는 것이 아니라 세계 공동체의 구성원으로 살고 있음을 이해하고 세계시민이 갖추어야 할 바람직한 삶의 자세를 함양할 것을 목표로 하고 있다.

3) 우리나라 교육과정상의 세계시민성교육의 문제점

강익수 외(2008)는 우리나라 고등학교의 교육목표가 세계화 시대를 대비한 세계시민으로서의 자질을 함양하기 위한 '세계시민 육성' 에 있지만, 고등학교 학생들의 활동, 교과, 교과목표, 교과내용에는 이러한 내용이 구체화되어 있지 못한 것을 문제점으로 지적하고 있다. 이들은 세계화가 분명한 고등학교 교육목표의 하나가 되기 위해서는 그 목표 진술 체계가 교사와 학생들의 구체적인 교육활동에 영향을 미칠 수 있는 연계성이 확보되어야 한다고 보고, 그 대안으로 세계화 혹은 국제화에 관한 IBO의 방법을 적용할 것을 제안하였다. IBO에서는 세계시민으로 육성해 나간다는 것은 지역민으로서, 국가의 국민으로서의 중요성을 부각하려는 것이 아니라, 학생들이 자신이 살고 있는 곳이 어디인지 간에 인류의 삶에 대한 보편적 가치를 판단할 줄 알고 이해할 수 있도록 지지하고 돕고자 하는 것을 말하며, 공통된 인류애라는 덕목에 의해서 모든 다른 사람과의 강한 연대감을 나누고자 하는 것을 목적으로 삼고 있다(IBO, 2005).

또한 도덕과 교육에서 세계윤리의 이론적 기초를 보다 정교화할 필요가 있다(손경원, 2006). 세계윤리로서 논의되는 인권선언이나 21세기 공동윤리의 틀, 세계시민주의, 칸트주의, 공리주의, 자유주의 정의이론이 세계윤리의 이론적 기초로서 재해석될 수 있는 가능성에 대한 논의를 모색해야 하고, 다른 한편으로 세계윤리에 대한 진술 간의 일관된 관점이 요구되는 것으로 보인다. 현재 고등학교 『시민윤리』에서 세계윤리를 "배려의 범위가 가장 넓혀진 윤리"로 정의하고 있는데, 이러한 정의는 다양한 세계윤리이론을 포괄하기에는 너무 넓거나 너무 좁은 정의라는 것이다.

세계시민교육은 세계윤리와 시민성의 교육을 동시에 추구하고 있기에, 모든 인류에 대한 의무의 인식은 물론 전 지구적 책임의식의 교육을 지향하는 것이어야 한다(손경원, 2006). 그러나 현재 『윤리와 사상』에서는 현대사회가 처한 각종 위기들, 예를 들면 환경문제, 평화와 안전문제, 인구와 빈곤문제에 대해 다루고 있지만 그러한 문제들이 얼마나 심각한 상황인지에 대해서만 논의하고 있을 뿐이다. 이러한 위기 중심의 교과서 기술은 『시민윤리』 역시 마찬가지다. 시민윤리에서는 지구 공동체의 윤리적 현황이라는 제목 아래, 인구와 인권문제, 환경과 빈곤문제, 전쟁과 평화문제가 다루어지고 있다. 더욱이 이러한 문제가 좀 더 구체적으로 왜 발생했는지에 대한 원인의 규명 없이 상황에 대한 '객관적 사실' 중심으로 기술되어 있기 때문에, 왜 한국이 그리고 한국 사람들이 이러한 문제에 관심을 가져야 하는지, 그리고 도대체 무엇을 해야 하는지에 대한 내용 역시 명확하지 않다는 것이다.

또한 세계시민교육의 내용으로서 무엇을 좀 더 중요하게 가르쳐야 하는지에 대한 재고찰이 필요하다. 예를 들어 영국의 세계시민교육은 공통성, 상호의존성 비판정신, 소속감과 자긍심, 다중 정체성에 대한 인식, 다양성에 대한 가치, 확신과 변화에 대응하는 능력을 교육내용으로 선정하여 가르치고 있다.

또한 규범적 지식 중심이 아닌 실제적인 타문화 이해 중심으로 전환될 필요가 있다(손경원, 2006). 세계시민성을 실천할 수 있는 사람을 기르고자 한다면 수많은 문화 차이에도 불구하고 인간으로서의 공통성을 발견할 수 있는 능력을 길러 주어야 한다. 그러나 지금까지의 세계시민교육은 정작 중요한 타문화에 대한 실제적 논의를 거의 언급하고 있지 않다. 다양한 세계문화와 그 문제 해결에 직접적 사례를 들어 관련 국가에 대한 정치 · 사회 · 문화 · 역사에 대한 충분한 지식을 가르치면서, 이 과정에서 타문화 이해와 존중에 대한 교육을 하지 않는 한, 세계시민교육은 피상적으로 전락할 위험이 있다.

4 세계시민성교육의 문제점과 개선방안

여기서는 세계시민성교육을 먼저 실시한 나라들의 사례와 그 비판을 통해 우리의 개선방안을 모색해 보고자 한다. 먼저, Kathleen Cotton은 미국의 기존 시민교육에 대해 다음과 같이 비판한 바 있다.

첫째, 시민교육은 의미 있는 내용이 결여되어 있다. 즉, 대부분의 학생들은 시민교육을 현실 상황과는 동떨어진 사실의 모음으로 경험한다는 것이다. 권리장전이 무엇인지 기억하기를 요구받지만, 그러한 권리들이 실제로 우리 삶에서 무엇을 의미하는지 이해하기를 요구받지는 않는다는 것이다.

둘째, 시민교육의 부적절성을 들고 있다. 학생들은 그들의 실제 삶과 관련된 내용을 거의 경험하지 않는다. "우리가 왜 이것을 배워야 하는가?"라는 청소년 · 사춘기 학생들의 전형적인 반응은 종종 "너희들은 언젠가 이것이 필요할 것이다."라고 대답한다.

셋째, 시민권리에 대한 초점의 결여다. 대부분의 시민교육은 보장된 자유의 표현을 위하여 관용을 보장하는 것을 학생들이 이해하도록 돕기보다는 법에 대한 방종에 초점을 맞춘다.

넷째, 생각하는 기술과 진행기술에 대한 훈련의 결여다. 비록 교육과정에 대한 논의가 교사로 하여금 비판적 사고와 문제 해결, 그리고 의사결정을 촉진하도록 격려하지만, 학교에서 이루어지는 시민교육 프로그램 가운데 이러한 기술을 보강하는 경우는 거의 없다.

다섯째, 소극적인 배움(passive learning)에 초점을 맞춘다는 점이다. 전형적인 시민교육의 과정은 강의나 교과서, 그리고 필기시험으로 이루어지거나 가르쳐진다.

여섯째, 논쟁의 여지가 있는 주제를 회피한다는 점이다. 민주주의 사회 안에서 일어날 수 있는 사회적으로 논쟁의 여지가 있는 주제를 선택하는 교사는 거의 없다. 국가정책의 장점과 단점(혹은 찬반)에 대해 토론하거나 국내적이고 국제적인 사안에 대하여 토론하기보다, 대부분의 교사들은 국가의 덕목에 관한 편안하고 공식적인 담론에 고착되어 있다.

일곱째, 교사의 통제와 학생의 복종에 초점을 맞춘다는 점이다. 시민교육은 독립적 사고나 사회적 행동으로부터 출현하는 민주적 행위를 기르기보다는 언어적 통제와 맹종을 사용한다.

여덟째, 열등반 학생들에 대한 낮은 질의 교육과정이다. 민주적 시민의식에 대한 전망에 대해 냉소적인 열등반 학생들은 빈번히 반민주주의적, 독재주의적인 교수법과 무의미한 교육과정에 노출되어 있다. 열등반 학생들은 종종 민주주의의 자료들(문서들)을 이해하고 실행하기보다는 민주주의 자료들을 암기하도록 요구받는다.

아홉째, 글로벌 이슈에 대한 관심이 결여되어 있다. 미국에서의 시민교육은 보다 넓은 글로벌 상황 안에서 국가가 감당해야 할 역할에 대해 탐구하는 경우는 매우 드물다. 시민교육 과정이 국제법과 글로벌 시민의식의 개념을 소개하는 경우는 거의 없다.

열 번째, 편협하고 피상적인 교과서의 내용이다. 미국의 역사와 오늘날의 상황에 대한 주요한 시민적 쟁점이 교과서에는 불충분하게 기술되어 있다. 입헌정치의 중대 국면, 이를테면 대통령 탄핵, 논쟁의 여지가 있는 연방 대법원의 결정(혹은 앞으로 공개될 판결) 또는 입법 조치 등이 피상적으로 기술되고 다루어진다는 것이다.

열한 번째, 교과서의 본문에 한정된 교수활동이다. 본문의 낮은 질에도 불구하고 대부분의 교사들은 교과서의 본문을 그들 교수의 주된 원천으로 의지한다.

열두 번째, 부적절한 평가다. 시민교육에서 제공되는 시민의식에 대한 근거 있는 평가는 드물다. 게다가 시민교육에서의 평가는 학생들이 배운 것을 평가하는 규격화된 시험과 그들에 대해 등급을 매기는 것으로 좌우된다.

이러한 비판과 함께, 그는 교사가 소극적이고 부적절하며 논쟁의 여지가 없는 교육과정의 사용을 기획하면서 동시에 민주적이고 다문화적인 사회에서 실제적인 시민의식교육을 위하여 학생들을 준비시킨다는 것은 매우 역설적인 일이라고 주장한다.

특히 그는 우리가 다문화적인 시민의식에 대하여 고찰할 때, 다양한 시민과 인종, 그리고 문화집단 사이에 존재하는 불평등한 권리관계에 대하여 주목해야 함을 강조한다. 예를 들어 미국에서 백인들은 그들의 문화적 정체성을 대신하는, 보다 충성스럽고 보다 애국적이며 그들의 민족국가보다 더 위임하는 것처럼 보이는 '미국' 정체성을 갖는다. 그러나 유색의 미국 시민들은 자민족 중심주의적이며 덜 애국적이라고 빈번히 비난당한다(Wilkins, 2001).

따라서, 세계시민성교육은 교육과정, 교과서, 수업에서 일관성 있는 목표 설정과 내용 선정이 요구되며 특히 수업에서 교사는 인지적 영역의 지적 발달에 초점을 두기보다는 실천중심, 또한 체험중심의 수업 설계와 운영이 이루어져야 한다고 볼 수 있다. 또한 이러한 것이 효과를 거두기 위해서는 무엇보다 학교문화, 교실문화가 동시에 변화되어야 함을 알 수 있다. 즉, 학교가 세계시민성교육의 중요성을 알고 이러한 교육적 실천이 가능한 문화적 여건이 조성되어야 한다는 것이다.

특히, 카네기협회와 시민교육 정보연구센터는 학교가 시민성 함양을 위해 적절한 최상의 장소라고 주장했다. 2003년 학교의 시민사업보고서는 능력 있고 책임 있는 시민들은 다음과 같은 특성을 갖추어야 함을 강조하였다.

① (책임 있는 시민들은) 지식을 갖추고 사려가 깊다. 그들은 미국 민주주의에 역사와 근본적 과정의 의미를 알고 그에 대한 올바른 인식을 가지며, 공적이고 공동체 이슈들을 이해하고 그들이 필요할 때 정보를 획득할 수 있는 능력이 있으며, 비판적으로 사고할 수 있는 역량이 있고, 자신

과는 다른 관념을 가지고 있는 타인을 이해하기 위하여 대화하려는 의지가 있다. 그들은 모호함에 대해 관대하며 복잡한 질문에 단순하게 대답하는 것을 반대한다.

② (책임 있는 시민들은) 그들의 공동체에 참여한다. 시민들은 공적 서비스에 참여하고 문제들을 극복하는데 함께 일하며 문화적 · 사회적 · 정치적 그리고 종교적 관심과 신념을 추구하는 시민사회의 모임에 속하고 또한 이러한 모임에 기여한다.

③ (책임 있는 시민들은) 정치적으로 행동한다. 그들은 공적 목적을 성취하는 데 필요한 기술과 지식과 헌신을 가지고 있다. 예를 들어, 사람들을 조직하여 사회적 이슈를 알리거나 집단의 문제를 해결하거나 공적으로 말하거나 공적 정책의 경향에 대하여 탄원 또는 저항하거나 투표한다.

④ (책임 있는 시민들은) 도덕적이고 시민적인 덕을 갖는다. 그들은 권리와 다른 이들의 복지, 사회적 책임, 상호적 관점을 귀기울여 듣는 것, 무엇인가 다르게 만들 수 있다는 역량에 대한 확신, 그리고 개인적으로 시민적이고 정치적인 실행으로 공헌할 수 있는 준비 등에 관계한다. 그들은 그들 자신의 이익과 공공 선 사이에 합리적인 균형을 이룬다. 그들은 투표하는 것이나 법적 규범을 존중하는 것과 같은 시민 의무의 실행의 중요성을 인정한다.

우리나라와 같이 민족과 문화의 동질성을 강조하고 유지해 온 사회는 세계화의 과정에 많은 갈등과 충격, 그리고 충돌을 경험하게 될 것이다. 그동안 학교교육을 통하여 민족의 동질성과 정체성을 강조하는 과정에서 한민족의 문화와 가치가 타민족과 타문화, 특히 제3세계와 저개발 지역의 문화권에 대해 많은 부정적인 고정관념을 형성해 온 반면, 미국과 서구문화권에 대해서는 지나치게 긍정적인 고정관념을 형성해 온 것이 사실이다(천희환, 2000; 임성택, 주동범, 2000에서 재인용). 따라서 우리나라의 경우 이러한 특수성으로 인해 세계시민성교육의 실행에 있어 어려움이 많을 것으로 예상된다. 최근 다문화 가정의 수가 급증하고 세계화 · 국제화 시대로 빠른 속도로 나아가는 이 시점에서 세계시민성교육은 보다 명확한 방향 설정을 통해 이루어져야 할 것이다.

마지막으로 세계시민성교육이 구체적으로 추구해야 할 방향을 제시하면 다음과 같다(임성택, 주동범, 2000).

첫째, 세계시민교육은 진화론적 관점이 아닌 문화 상대론적 관점에서 세계의 모든 문화와 인종, 그리고 가치체계를 객관적으로 이해하고 수용할 수 있는 능력을 길러 주어야 할 것이다.

둘째, 세계시민교육은 세계의 모든 구성국가와 민족문화를 존중하는 데서 출발해야 한다. 타문화, 타국가에 대해서 객관적인 태도를 견지할 수 있는 열린 의식이 전제되어야 한다. 현재 교육과정 속에 존재하는 특정문화에 대한 편향적 태도, 지식, 시각, 관념에 대한 재검토가 필요하다.

셋째, 세계시민교육은 다양성을 인정하고 수용하는 시민의식을 기르는 것에서 출발해야 한다. 배타적이고 획일적인 민족은 세계화될 수 없다. 미국에서 사회적 통합을 위해 개발한 'melting pot'이라는 개념이 허구였다는 것을 인식해야 한다. 이는 남의 것을 자신에게 맞추려는 것이다.

넷째, 학교교육을 통하여 집단 내에서의 개별성을 존중하는 태도를 길러야 할 것이다. 우리는 개인을 그 개체로서보다는 그가 속한 한 집단의 구성원으로 보려는 성향이 너무 강하며 집단적 표준을 내세워 개별성과 다양성을 희생시키는 사례를 흔히 관찰할 수 있다. 같은 민족 내에서 지역 간에 고정관념을 형성하고 이로 인해 적대적인 감정과 태도를 형성하면서 타민족, 타국가를 하나의 공동체 내에서 수용하기를 기대하는 것은 무리가 있다.

탐구과제

- 국가시민성과 세계시민성의 정체성의 문제에 대해 논의해 보자.
- 단위 학교에서 창의적 체험활동을 통해 세계시민성교육이 효과적으로 이루어질 수 있는 실제적 방안에 대해 탐구해 보자.

참고문헌

강익수, 박하식, 백경선(2008). 세계화 시대의 고교 교육과정 구성 방향 탐색. 다문화-세계화 교육환경에 따른 학교 교육과정의 대응 국제 학술대회, 413-437.

교육인적자원부(2005). 교육과정 해설집. 서울: 대한교과서주식회사.

교육인적자원부(2007). 중학교 교육과정 해설, 도덕. 서울: 교육인적자원부.

교육과학기술부(2009). 고등학교 교육과정 해설, 도덕. 서울: 교육과학기술부.

곽병선(1993). 교육과정. 서울: 배영사.

김동택 역(2003). 지구화, 야누스의 두 얼굴. 파주: 한길사.

김경원, 임현진 공편(1996). 세계화의 도전과 한국의 대응. 서울: 나남출판.

노찬옥(2001). 세계시민교육에 대한 시안적 연구. 시민교육연구, 33, 89-108.

박은종(2007). 세계화 시대에 바람직한 한국 민주시민교육 접근방법 탐색. 인문학 연구, 34(1), 27-58.

변종헌(1999). 21세기를 대비하는 민주시민교육의 기본적 정향. 국민윤리연구, 42(1), 65-85.

변종헌(2001). 세계시민교육의 방향과 관제. 아시아교육연구, 2(2), 65-85.

변종헌(2006). 세계시민성 관념과 지구적 시민성의 가능성. 윤리교육연구, 제10집.

손경원(2006). 도덕과 교육에서의 세계시민교육의 방향과 과제. 윤리교육연구, 제11집.

임성택, 주동범(2000). 세계시민교육의 방향 탐색. 비교교육연구, 10-2, 33-60.

임혁백(2000). 세계화 시대의 민주주의. 서울: 나남출판.

천희환(2000). 사회교과서에 나타난 미국관: 역사문화아카데미 세미나 발표논문.

추병완(1999). 도덕교육의 이해. 서울: 백의.

허영식(2002). 지구촌시대의 국제테러, 어떻게 이해할 것인가. 서울: 한국문화사.

허영식(2008). 지구사회의 도전과 시민교육의 과제. 서울: 원미사.

Bowden, B. (2003). "The Perils of Global Citizenship", *Citizenship Studies* Vol. 7, No. 3, 353-354.

Dynneson, T. L., & Gross, R. E. (1982). Citizen Education and the Social Studies: Which is Which? *Social Studies, 73*, 229-234.

Heater, D. (1998). *World Citizenship and Government.* London: Macmillan Press Ltd., 170-176.

Falk, R. (1994). "The Making of Global Citizenship," in B. van Steenbergen (Ed.), *The Condition of Citizenship.* London: Sage Publication Ltd., 132-139.

IBO(2003). *IB Diploma Programme guide:* Theory of knowledge.

IBO(2005). *A Continuum of International Education:* PYP MYP DY of IB.

Ichilov, O. (1998). *Citizenship and citizenshipship education in a changing work.* London: Cassell.

Pagden, A. (2000). "Stoicism, Cosmopolitanism, and the Legacy of European Imperialism," *Constellations* Vol. 7, No. 1, 3-4.

Randall, R. E. (1988). Citizenship in the 21st Century. *Education and Society, 1*(2), 17-20.

Soysal, Y. N. (1998). "Toward a Postnational model of Membership," in G. Shafir (Ed.), *The Citizenship Debates.* Minnesota: University of Minnesota Press. 191-195.

제9장

세계시민성교육의 실제

-김아영-

- 세계시민성교육은 학생들이 전 지구적으로 사고하고, 세계에서 일어나는 여러 가지 일에 관심을 가지며 지구 공동의 문제를 자신의 문제로 인식하고자 하는 데 목적이 있다.
- 이 장의 세계시민성교육이 추구하는 바는 정치적 인식(Political literacy)이다. 세계의 여러 가지 이슈나 사안에 대한 지식을 습득하고 이에 대해 관심을 갖고, 공정한 것과 그렇지 못한 것을 판단하며 자신의 수준에서 필요한 참여내용을 행동으로 옮길 수 있는 능력을 말한다.
- 세계시민성교육은 인지적 측면보다 태도나 가치에 대한 정의적 측면에 호소하는 프로그램으로 이루어지며, 최종적으로는 학생들의 인식 변화가 참여나 행동으로 나타나기를 기대한다.
- 이 장에서는 세계시민성교육의 교육과정 관련성, 우수사례를 살펴보고 '지구가 100명의 마을이라면' '지구마을 게임' '지구마을 모의회의' '공정무역과 공정여행' 이라는 네 가지 프로그램을 제시하였다.

학 습 목 표

- 세계시민성교육의 목적에 공감한다.
- 세계에서 벌어지고 있는 일과 이슈에 관심을 갖는다.
- 지구 공동 문제의 여러 측면에 대해 이해한다.
- 세계사회에 대한 책임감을 갖는다.
- 세계시민성교육 프로그램에 적극적으로 참여할 수 있다.
- 세계시민성교육 프로그램을 실행할 수 있다.

1 교육과정 관련성

세계시민교육은 교육과정과 다양한 연관성을 보여 준다. 특히, 사회과가 지구 공동의 문제를 인식하고 촉구하는 점에서 관련이 깊다. 도덕과에서도 부분적으로 세계시민교육과 관련이 나타나지만, 여기서는 사회과를 중점적으로 살펴보고자 한다. 사회과의 세계시민교육 관련성은 〈표 9-1〉과 같다.

표 9-1 세계시민교육의 교육과정 관련성

교과	교육과정 내용	비고
사회과	인류의 발전에 기여할 수 있는 사람 세계시민으로서의 가치와 태도에 대한 요소	성격 영역
	인류의 발전에 기여할 수 있는 민주시민의 자질	목표 영역
	〈6학년〉 (6) 세계 여러 지역의 자연과 문화 • 지구촌의 여러 가지 갈등과 해결하려는 노력에 대한 내용 • 세계인류와 평화로운 삶을 위한 다양한 노력 〈7학년〉 (5) 인구 변화와 인구문제 • 세계의 다양한 인구문제	내용 영역
세계지리	세계 여러 지역에 사는 다양한 사람들의 생활 이해	성격 영역
	• 세계 여러 지역에 대한 정보수집 능력 • 지역 간 분쟁문제 해결을 위해 노력하는 태도	목표 영역
	(6) 갈등과 공존의 세계 • 자유무역에 관련한 내용 • 환경문제에 대한 비정부기구의 활동	내용 영역
경제지리	(6) 세계경제 환경의 변화 • 세계무역, 세계화와 지역화	
정치	(5) 국제사회와 정치 • 국제사회의 문제와 협력 • 국제기구, 다국적 기업	

이 장은 세계시민교육을 학생들이 지구적으로 사고하며 세계에서 일어나는 여러 가지 일과 문제를 공동의 것, 자신의 문제로 인식하도록 하는 교육이라고 규정하고 있다. 이런 점에서 교육과정의 국제사회와 세계 여러 지역에 대한 사항은 세계시민성교육과 관련이 있다.

2 세계시민성교육의 사례

▶ Christian Aid의 지구시민교육

영국의 기독교 자선단체인 Christian Aid는 지구시민교육(Global Citizenship Education)을 선도하고 있다. 빈곤 퇴치를 목표로 물 부족, 공정무역, 기아, 평화, 인권 등의 주제에 관해 집중 대상 국가를 정하고 이를 학생들과 함께 고민하고 대안을 모색하는 활동으로 구성된 다양한 프로그램을 보급하고 있다. Christian Aid는 학교 교육과정과 지구시민교육이 연결되는 지점을 찾아 접목하고 프로그램화시킨 'Re Curriculum Global Citizenship' 시리즈도 내놓고 있다. 'Re Curriculum' 책자는 돌보며 살기(Living Caringly, 5~7학년), 생각하며 살기(Living Thoughtfully, 7~11학년), 책임감 있게 살기(Living Responsibly, 11~14학년)의 단계로 구성되어 있다. 이들 프로그램의 구성은 주제와 관련한 노래, 이야기, 학생들의 활동과 보충자료의 소개로 이루어져 있다.

Christian Aid에서 발행한 지구시민교육에 대한 교사 안내서는 프로그램의 목표, 준비물, 프로그램 진행 순서, 기독교 단체답게 이에 따른 성경구절, 기도문, 반성(reflection), 행동으로 옮기기, 관련 자료, 워크시트지, 추후 토론과 사후 활동 제안의 양식으로 구성되어 있다. 이 단체의 프로그램은 대부분 게임으로 구현되어 있는 것이 특징이다. 초등과 중등 프로그램을 모두 제공하고 있으며, 자유무역의 비공정함을 깨닫도록 초콜릿, 신발, 종이가방 등의 게임으로 프로그램이 구성되어 있다.

Christian Aid는 이러한 개발자료 일체를 홈페이지에 공개하여 모든 교사나 학생들이 자료를 얻어 갈 수 있도록 제공하고 있다.

Christian Aid의 공정함에 대한 주제 영역의 프로그램 활동계획표를 통해 상세히 살펴보기로 하자. 프로그램 진행사항은 〈표 9-2〉와 같다. 여기서는 공정무역에 대한 프로그램 하나를 제시하였는데, 기독교 자선단체의 특징이 드러나 있다. 국가적 배경이 영국이므로 주제와 그 주제에 해당하는 학년(stage)이 표시되고, 목표가 드러난다. 자선단체의 특징상 지식과 이해를 돕는 인지적 영역이나 가치와 태도, 공감을 이끌어 내는 정의적 영역의 목표보다는 기부 실천하기, 공정무역에 따른 쇼핑하기 등의 행동적 목표가 더 많이 드러나는 경향이 있다. 주로 학생들의 일상생활에서 주제에 접근하는 방식을 사용하며, 이 프로그램에서도 쇼핑백을 이용하여 한쪽은 그 지역에서 나는 농산물(감자, 당근, 고구마 등)을 담고, 다른 쇼핑백에는 외국에서 수입된 농산물(바나나, 커피, 초콜릿 등)을 담아 학생들 스스로 비교해 보게 한다. 공정무역이라는 중심 주제에 접근하기 위해 학생들의 경험을 통하고 질문하며 설명하는 방식을 취한다. 중심 주제에 이르면 Christian Aid에서 제공하는 프레젠테이션용 슬라이드가 있다. 이 슬라이드를 각 설명 부분에 보여 주면서 교사는 이야기를 전개해 나가게 된다. 설명을 통해 학생들의 공감을 얻으면 정당한 가격으로 수입된 농산물을 구입하는 것이 올바른 행동이라는 것을 인식시키고 공정무역으로 생산된 물건 위주로 쇼핑할 것에 대한 실천 약속을 받는다. 주일학교에서도 사용할 수 있도록 성경의 구절과 기도문이 같이 제시되며, 좀 더 나아가 학생들의 반성(reflection)을 이끌어 낸다. 매 프로그램마다 행동 영역이 명료하게 제시되는데, 일주일에 초콜릿을 사먹는 데 쓰는 돈 만큼 Christian Aid의 어린이 구호 프로그램에 기부한다든지, 공정무역 스티커가 붙은 상품만 사기로 약정한다거나, 공정무역을 알리는 캠페인을 개최하는 등의 아이디어를 내고 있다.

Christian Aid는 그 외에도 물 부족, 빈곤 퇴치, 식량 부족, 평화 등의 주제로 특색에 맞게 프로그램을 구성하고 있다.

표 9-2 Christian Aid의 세계시민교육 사례

프로그램 명	Fair's fair-Fair Trade	대 상	7~11세
제시	• 주제: 공정무역 • 목표: 공정무역에 참여하는 책임 있는 소비자 되기 • 주요 대상 국가: 아프리카, 가나 • 준비물: 2개의 쇼핑백(하나는 지역의 산물로 채워진 것, 다른 하나는 수입품으로 채워진 것) 1. 두 쇼핑백의 차이를 학생들에게 묻는다. 2. 초콜릿이 어디서 만들어지고, 카카오 열매를 원료로 하는 것임을 설명한다. 3. 학생들에게 초콜릿을 사먹는 데 일주일에 얼마의 돈을 쓰는지 질문한다. 4. 카카오 농장의 공정무역 프로그램을 소개한다. 5. 공정무역에 참여하는 카카오 농가의 어린이가 어떻게 무슨 돈으로 학교를 다닐 수 있었는지 이야기해 준다. 6. 공정무역 스티커가 붙은 상품을 구입할 필요성에 대해 설명한다. 7. 마트에서 공정무역 상품을 찾아서 조사해 온다.		
성경구절	• 마태복음 25장 31~40절 기독교인들은 그들의 믿음을 하나님 안에 두고 있으니 어려움이 있는 사람들을 돕는 행동을 할 필요가 있다.		
기도	하나님, 우리에게 많은 먹을 것을 주셔서 감사합니다. 우리가 이를 기른 농부와 가난한 사람들을 기억하게 하시고 공정무역으로 이들을 돕는 지혜로운 소비자가 되게 해 주세요.		
반성	우리가 매일 먹고 접하는 많은 물건이 세계 다른 나라와 연결되어 있음을 깨닫고 공정무역에 참여하도록 한다.		
행동	• 적은 돈이라도 기부하기 • 공정무역에 참여를 독려하는 캠페인 열기 • 공정무역을 지지하는 젊은이들의 모임에 가입하기		

3 프로그램 약안

여기서는 학생들에게 세계시민성교육을 심어주기 위하여 네 가지 교육 프로그램을 제시한다.

1. 지구가 만약 100명의 마을이라면

<table>
<tr><th colspan="2">대 상</th><td>초등학교 고학년~중학교</td><th>시 량</th><td>120분</td></tr>
<tr><th colspan="2">학습목표</th><td colspan="3">• 세계 사회에 대한 책임감이 자신과 연결된 사안이라는 것을 깨닫도록 한다.
• 국제사회가 평등하지 않다는 것을 깨닫는다.</td></tr>
<tr><th colspan="2">준비물</th><td colspan="3">세계전도, 내용 카드, 지름이 다른 둥근 노끈, 이면지</td></tr>
<tr><th>단계
(시간)</th><th>학습
형태</th><th colspan="2">교수-학습활동</th><th>지도 및
유의점</th></tr>
<tr><td>도입
(5′)</td><td>전체</td><td colspan="2">* 세계전도를 보여 준다.
* 세계에는 우리 외에 많은 사람이 다른 지역과 조건에서 살고 있음을 상기시킨다.</td><td>한국이나 유럽, 미국 중심의 지도가 아닐 것</td></tr>
<tr><td>전개
(35′)</td><td>모둠
·
개별
및
전체</td><td colspan="2">* 세계가 만약 100명의 마을이라면
• 학생들의 수만큼 나누기를 하여 각 대륙별로 배치할 인원을 정한다.
• 학생 개개인에게 역할카드를 준다.
• 배치된 인원에게 종교와 언어를 정해 준다.
• 학생들이 자신의 역할카드에 따라 각 대륙별 노끈 원안으로 모이게 한다.
• 각 대륙별로 물과 전기, 풀, 가위, 종이 등의 자원을 개수만큼 제공한다.
• 지정된 원 안에서 제공된 자원을 이용하여 종이가방을 만들게 한다.
• 만든 백의 개수와 질을 비교한다.
• 각 팀에서 무엇이 더 필요한지 의논하여 한 개씩 말하게 하고 필요한 것 대신 내놓을 수 있는 자원은 무엇인지 정하게 한다.
• 수업자가 중간에서 자원 간의 교환을 주선한다.</td><td>카드 정보는 대륙, 국가, 언어, 종교, 자원, 문맹률 등 학생들이 정해진 지역을 이탈하지 않는 것이 중요함을 상기</td></tr>
<tr><td>정리
(10′)</td><td>개별
및
모둠</td><td colspan="2">• 원을 유지한 채 피드백을 시작한다.
• 각자의 역할에 따라 각 지역에서 수행한 느낌이 어떠했는지 나눈다.
• 첫 프로그램인 만큼 학생들의 자유로운 발언을 허용한다.
• 원을 풀고 자신이 원하는 지역으로 옮겨 갈 수 있도록 한다.
• 선택의 이유를 밝히게 한다.</td><td>자기 지역이 안전해도 다른 지역의 곤란을 못 본 체하지 않도록 지도한다.</td></tr>
</table>

1) 프로그램의 의도

이 프로그램은 도서 『지구가 100명의 마을이라면』에서 아이디어를 빌려 구현한 것이다. 세계가 얼마나 다양한 사람들로 구성되어 있으며, 나와 우리나라 사람 외에도 많은 사람들이 각 지역과 나라에서 서로 다른 조건으로 살아가고 있음을 느낄 수 있도록 경험하는 형식으로 구성되어 있다. 학생들은 프로그램 전반부에서 이미 좁은 면적에 많은 사람들이 모여 사는 지역과 그렇지 않은 지역이 있음을 알게 된다. 프로그램 후반부의 종이가방 만들기 활동은 세계의 모든 자원이 공평하게 배분되어 있지 않음을 직접 느낄 수 있도록 하였다.

2) 목표 영역

영역	내용	비고
지식과 기술	• 세계의 대륙별 구성에 대해 이해하기 • 세계의 지역별 다른 특징을 이해하기 • 세계 여러 지역의 공평하지 못한 현상에 대한 정치적 읽기(정치적 올바름 판단하기) • 비판적으로 사고하기	-
가치와 태도	• 세계의 다른 지역에 대한 관심 가지기 • 자신의 역할에 대한 분명한 느낌을 알기	-
행동과 참여	• 선호하는 지역을 정해서 선택하기	-

3) 프로그램의 진행

(1) 준비물

① 세계전도

제시되는 세계전도는 유럽이나 우리나라, 미국이 세계의 중심에 있는 지도는 가급적 피하도록 한다. 남반구의 호주를 중심으로 작성된 지도라면 더욱 좋다.

② 노끈

노끈이든 빨랫줄이든 상관없다. 이는 대륙별 면적을 나타내기 위해 준비될 것인데, 각 대륙마다 지름을 달리하여 매듭을 지어 두도록 한다. 학생 수를 감안하여 다음의 비율로 지름을 설정한다. A4 용지 100장을 주고, 학생들에게 직접 아시아는 30장, 남아메리카는 11장 등으로 면적을 설정하여 종이를 이어 붙이게 하는 방법을 써도 좋다.

지 역	아프리카	아시아	중앙, 남아메리카	북아메리카	오세아니아	유럽
면 적	20%	30%	11%	13	0.3%	0.3%

③ 역할카드

학생 수만큼 준비해야 한다. 각 카드에는 대륙, 국적, 언어, 종교 등의 기본적인 정보가 담겨 있다. 다음의 자료를 이용하여 100명을 대상으로 다양하게 정보를 구성하여 카드를 미리 만들어 놓고, 학생 수에 따라 프로그램마다 비율을 유지하여 나누는 방법이 편리하다. 국적의 경우는 그 나라의 국기로 대체해도 좋다. 그리고 마분지로 만드는 것이 좋다.

④ 자원카드

전기, 물, 석유 등을 그림으로 대신해도 좋다.

⑤ 종이가방 재료

색깔 있는 패션잡지 3권, 색종이 10묶음, 색지 10장, 신문지 15장, 가위 10개, 풀 7개, 종이가방 샘플, 종이가방 만드는 방법 안내지

(2) 지시사항

① 학생들에게 낯선 세계지도를 보여 준다(북반구의 한국, 유럽, 미국을 제외한 나라가 중심이 된 지도 혹은 남반구에서 만들어진 지도).

② 이 시뮬레이션은 지구가 만약 100명이 사는 마을이라고 가정한 아이디어에서 비롯된 것임을 알린다.

③ 학생들에게 역할카드를 나누어 준다.

④ 학생들은 이제 각자의 역할을 숙지하고 그 역할에 따라 움직이도록 한다.

⑤ 수업자는 장소를 대강 지정해 주고, '1번이 아프리카인 사람은 여기로 모이세요.' '1번이 아시아인 사람은 여기 모이세요.' 하는 식으로 학생들을 역할에 따라 모은다.

⑥ A4 용지를 이용하여 모인 학생들의 대륙별로 면적을 설정하게 하고 노끈이나 빨랫줄로 그 범위 내에 모든 학생이 다 들어가도록 한다.

지 역	아프리카	아시아	중앙, 남아메리카	북아메리카	오세아니아	유럽
면 적	자원 없음	전기 3개 물 3개 석유 3개	물 2개	전기 3개 물 5개 석유 2개	전기 1개 물 3개	전기 2개 물 3개

⑦ 대륙별로 자원이 적힌 카드를 배분한다.

⑧ 다음과 같이 대륙별 학생들 그룹에 종이가방을 만들 재료를 배부한다. 종이가방을 만드는 방법은 동일하되 크기는 A4 용지의 절반으로 만들어야 한다.

지 역	아프리카	아시아	중앙, 남아메리카	북아메리카	오세아니아	유럽
면 적	신문지 1장 풀 1개	신문지 3장 가위 2개 풀 2개 칼 1개	신문지 3장 풀 1개	색지 5장 가위 2개 칼 2개 풀 2개	색잡지 1권 칼 1개 풀 1개	색잡지 1권 색종이 3묶음 가위 2개 풀 2개 칼 1개

⑨ 10분의 시간을 주고, 학생들이 예쁜 종이가방을 최대한 많은 개수만큼 만들도록 한다.

⑩ 학생들은 여전히 A4 용지 위의 대륙 면적 내에서 작업해야 한다.

⑪ 10분 뒤 각 대륙별 종이가방의 결과물을 비교한다.

지 역	종이가방의 개수	종이가방의 질
아프리카	개	상 · 중 · 하
아시아	개	상 · 중 · 하
중앙, 남아메리카	개	상 · 중 · 하
북아메리카	개	상 · 중 · 하
오세아니아	개	상 · 중 · 하
유럽	개	상 · 중 · 하

⑫ 더 좋은 종이가방을 만들기 위해 대륙별 그룹이 자신들의 자원을 종이가방의 재료와 교환할 의사가 있는지 확인한다. 대신, 자원과 종이가방의 재료의 교환비는 다음과 같다.

재 료	가위	풀	칼	색잡지	색종이	색지
교환 자원	물 3개 석유 2개	물 2개 석유 1개	물 1개	물 3개	물 2개	물 2개

⑬ 교환이 이루어지면 다시 한 번 5분 이내에 종이가방을 최대한 예쁘게 많이 만들게 한다. 교환이 이루어지지 않으면 소감 단계로 넘어간다.

⑭ 학생들은 대륙별 면적의 범위가 제한된 상태에서 대륙별로 소감을 이야기한다.

⑮ 면적을 표시한 노끈을 풀어 주고 학생들이 가고 싶은 지역에 갈 수 있도록 허용한다.

⑯ 전체적인 소감을 서로 이야기하고 들어 주며 공유한다.

4) 관련 자료

* 역할카드

이제부터 여러분은 지구마을의 다음과 같은 사람입니다.
역할에 따라서 행동하세요.

1. 대륙: 아프리카
2. 국적: 가나
3. 종교: 아프리카 민간신앙
4. 언어: 아프리카어(유코 바르타: 안녕하세요?)
5. 성별: 여

* 오스트레일리아 중심의 세계전도

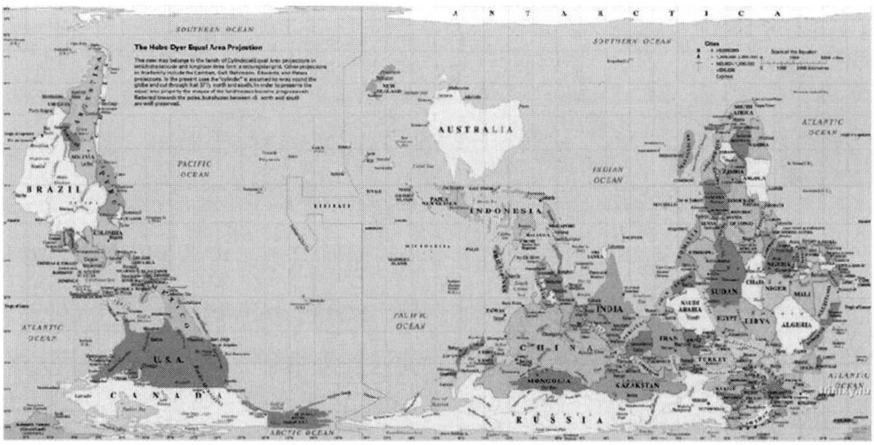

출처: http://pixdaus.com/%3Fsort%3Drel...gs%3Dmap

* 지구가 100명의 마을이라면(100명 기준)

지 역	아프리카	아시아	중앙, 남아메리카	북아메리카	오세아니아	유 럽
인 구	13명	61명	8명	5명	1명	12명
언 어	중국어	영어	힌두어	스페인어	아랍어	러시아/포르투갈어
인 원	22명	9명	8명	7명	4명	3명
종 교	기독교	회교	힌두교	민간신앙	불교	무교
인 원	32명	19명	13명	12명	6명	15명
설 비	깨끗한 물			물 부족		
인 원	75명			25명		

* 카드 이미지

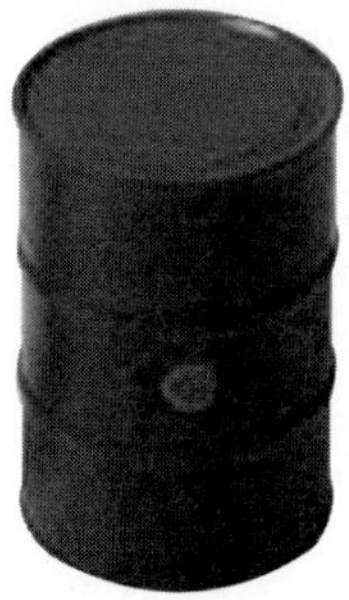

석유 카드

물 카드

전기 카드

2. 지구마을 게임

대상		중학생	시량	60분
학습목표		세계에서 일어나는 여러 가지 일이 자신과 연결되어 있음을 인식한다.		
준비물		지구마을 게임판, 주사위, 말		
단계 (시간)	학습 형태	교수-학습활동		지도 및 유의점
도입 (5′)	전체	• 세계 다른 나라를 여행해 본 경험이 있는지 묻는다. - 경험이 없다면 세계 다른 지역에서 일어나는 일에 대해 이야기를 듣거나 매체를 통해 알게 된 내용이 무엇인지 발표하게 한다.		-
전개 (35′)	모둠 · 개별 및 전체	• 지구마을 게임 - 칠판에 지구마을 게임판을 펼친다. - 각 네 팀별로 말을 정한다. - 가위, 바위, 보로 순서를 정하고 첫 팀부터 주사위를 굴려 말을 움직인다. - 게임판의 골격은 부르마블 게임과 흡사하다. 대륙별로 네 변이 나누어지고, 각 나라와 수도가 표시되어 있으며, 각 칸에는 그 나라의 이슈가 담겨 있다. 물음표 칸은 별도의 카드를 뒤집도록 지시하며, 그 카드에는 여러 나라가 협력해서 해결해야 하는 사안이 적혀 있다. 자신의 말이 해당하는 나라에 머물고 있는 팀은 그 문제를 해결할 방안을 5분 동안 공개적으로 서로 의논하여 잠정적인 해결안을 하나 제출해야 말을 진출할 수 있다. 해결안에 대한 승인은 다른 두 팀의 동의가 있어야 한다. 5분 이내에 해결안을 내놓지 못하면 출발점에서 다시 시작해야 한다. - 윷놀이와 흡사하게 뒤로 가는 명령어, 뛰어넘는 명령어가 적절하게 섞여 있다. - 여러 가지 난관을 극복하고 골인 지점으로 빨리 들어오는 팀이 승리한다.		-
정리 (10′)	개별 및 모둠	• 게임의 느낌 공유하기 - 특별히 위급한 사안의 경우 해결책을 만들어 냈을 때의 느낌을 이야기하도록 한다.		-

1) 프로그램의 의도

이 프로그램은 학생들의 지구사회에서 일어나고 있는 여러 가지 이슈에 대해 관심을 갖도록 의도된 것이다. 초등학생도 할 수 있도록 게임 형식에 세계 공동의 문제를 포함시켰다. 학생들에게 비교적 익숙한 게임 형식을 제시하고 세계 시민사회에 대한 부분으로 내용만 대체한 것이라고 보아도 무방할 것이다.

2) 목표 영역

영역	내용	비고
지식과 기술	• 세계 여러 지역의 이슈와 문제 알기 • 문제를 해결하는 방법 모색하기(정보수집방법) • 창의적 사고로 대안 모색하기	정치적 읽기
가치와 태도	• 세계 다른 지역의 사회문제에 대해 관심 가지기 • 지구 공동의 해결해야 할 문제를 자신의 문제로 대하기 • 세계의 이슈 게임에 흥미를 느끼기 • 지정된 문제에 대해 다른 사람과 협의, 토론하기	-
행동과 참여	• 세계의 이슈 게임에 적극적으로 참여하기	-

3) 프로그램의 진행

(1) 준비물

① 게임판

되도록 크게 제작한다. 칠판 크기면 좋고, 그렇지 못하더라도 적어도 칠판의 절반 사이즈는 되는 것이 좋다. 여의치 않으면 실물화상기로 띄우고 게임의 진행과 말의 움직임은 실물화상기 위에서 하고 학생들이 실감나게 잘 볼 수 있도록 스크린에 쏘아 주는 것이 좋다.

② 말

말의 모양이나 형태는 특별하지 않아도 된다. 일반적으로 윷놀이에서 쓰듯이 바둑알이나 장기알을 사용해도 된다. 보다 의미를 부여하고 싶다면 지구상에서 사라지고 있는 동물, 빙하가 녹아서 살 곳이 부족해진 북극곰, 펭귄, 산양, 독수리 따위의 말을 사용하는 방법도 좋다.

③ 주사위

농구공 정도의 크기가 되도록 제작한다. 마분지로 만들어도 상관없다. 일반 주사위처럼 1~4까지 표시하고 뒤로 가기(←), 한 칸 건너뛰기(∨)도 표시한다.

(2) 지시사항

① 이 게임이 세계에서 일어나고 있는 이슈를 다루는 것임을 소개한다.
② 학생들을 네 팀으로 나눈다.
③ 각 팀은 자신의 말을 정한다.
④ 가위, 바위, 보를 통해 게임을 시작할 순서를 정한다.
⑤ 주사위를 굴려 나온 수만큼 말을 진행시킨다.
⑥ 말의 진행방향은 반시계 방향이다.
⑦ 물음표 칸이 나온 경우, 카드를 뒤집어 지시사항을 따른다.

4) 관련 자료

(1) 각 나라별 이슈

① 중국: 티베트, 몽골 독립과의 관계
② 티베트: 중국과의 독립운동
③ 미얀마: 군부정부의 부패와 서민 착취, 극심한 빈부 격차
④ 인도: 교육받지 못하고 노동에 투입되는 아동들

⑤ 파키스탄: 탈레반의 습격, 에너지 수송경로를 놓고 영토분쟁
⑥ 러시아: 자본주의 경제체제 도입에 따른 혼란
⑦ 이스라엘: 팔레스타인과의 영토분쟁, 가자지구 팔레스타인 격리
⑧ 가나: 정부와 공무원의 뇌물수수, 부패
⑨ 케냐: 정부의 부정부패
⑩ 소말리아: 가뭄과 기아, 극심한 빈곤
⑪ 멕시코: 일자리 부족, 빈곤
⑫ 미국: 경기침체
⑬ 쿠바: 사회적 빈곤, 정치적, 경제적 미국 종속
⑭ 우즈베키스탄: 사회기반 시설의 부족
⑮ 카자흐스탄: 산업기반 시설이 미흡하여 생필품 공급 부족
⑯ 스웨덴: 인구 감소, 사회복지 비용의 지속적인 증가
⑰ 독일: 통일 후 동독에 대한 경제적 부담
⑱ 네팔: 수도 카트만두의 인구과잉 집중화
⑲ 영국: 아프리카계 불법체류자의 증가
⑳ 스페인: 청년실업
㉑ 프랑스: 이민 증가에 따른 문화적 통합
㉒ 핀란드: 청년실업
㉓ 일본: 젊은 세대의 히키코모리화
㉔ 필리핀: 개발독재와 도시 빈민
㉕ 태국: 청소년 인신매매, 정치적 충돌과 불안정
㉖ 베트남: 수도 호치민의 인구 집중과 극심한 빈부 격차, 서민들의 빈곤

(2) 게임판

출발 (한국) ← ↓	베트남	태국	?	필리핀	일본
중국					핀란드
티베트					프랑스
미얀마					?
인도					스페인
파키스탄					영국
러시아		?			네팔
이스라엘					독일
?					스웨덴
가나					카자흐스탄
케냐					?
소말리아	?	멕시코	미국	쿠바	우즈베키스탄

(3) 물음표 카드의 세계 공동의 문제

① 지구의 온난화

② 중국의 황사

③ 아프리카의 가뭄과 기아

④ 열대우림의 파괴

⑤ 팔레스타인 문제

⑥ 교육받지 못하고 노동을 착취당하는 아동들

⑦ 여성의 강제결혼 및 교육 배제

⑧ 아동의 노동착취

⑨ 미국의 불황, 세계적인 경기침체로 인한 청년실업 증가

⑩ 팜오일 생산을 위한 말레이시아 목재 및 우림 파괴

3. 지구마을 모의회의

<table>
<tr><th colspan="2">대 상</th><td>중학생</td><th>시 량</th><td colspan="2">120분</td></tr>
<tr><th colspan="2">학습목표</th><td colspan="4">지구에서 벌어지고 있는 이슈들이 자신의 일이라는 관심과 책임감을 가지고 자신이 할 수 있는 대안적 해결책을 행동에 옮길 수 있다.</td></tr>
<tr><th colspan="2">준비물</th><td colspan="4">신문의 국제 섹션, 지구 이슈 경매지, 캠페인 작성도구</td></tr>
<tr><th>단계
(시간)</th><th>학습
형태</th><th colspan="3">교수-학습활동</th><th>지도 및
유의점</th></tr>
<tr><td>도입
(5′)</td><td>전체</td><td colspan="3">• 기아, 아동노동 등의 지구 공동의 문제가 담긴 사진을 제시한다.
• 팀별로 신문에서 자신의 일로 생각되는 지구 공동의 이슈를 찾아보기</td><td>시각적 효과가 뛰어난 사진을 선택할 것</td></tr>
<tr><td rowspan="2">전개
(35′)</td><td>모둠
·
개별 및
전체</td><td colspan="3">• 신문에서 지구 공동의 문제나 책임을 가지고 같이 해결해야 할 사안을 스크랩하기
- 각 팀에서 지구 공동의 책임인 이슈나 문제를 신문에서 10개 오려 정하기
- 각 팀의 문제를 수집하여 공통된 사안을 종합, 전체 지구 해결 문제의 리스트를 칠판에 작성한다. 전체 20개 내외가 적합하다.
- 경매용지를 팀별로 나누고 가장 시급하게 해결해야 한다고 생각하는 것의 우선순위를 정하게 한다.
- 각 팀에게 토큰 100만 원어치를 지급한다. 각 토큰은 5만 원 단위로 구성되어 있다.
- 지구의 시급한 이슈를 정하는 경매 게임을 한다.
- 경매 후 가장 시급하게 정해진 열 가지 문제에 대해 그 문제를 산 팀의 이유를 듣는다.
- 경매의 소감을 공유한다.</td><td>-</td></tr>
<tr><td>개별 및
모둠</td><td colspan="3">• 참여를 위한 행동
- 지구의 시급한 문제들을 위해 각 팀별로 자신들이 지금 직접 할 수 있는 일을 한 가지씩 정하도록 한다.
- 포스터, 팬던트, 팔찌, 피켓 제작팀
- 청소년 헌장을 보여 주고 지구문제 해결을 위한 헌장 작성
- 영향력 있는 사람이나 언론매체에 투고하는 글 작성
- 캠페인 계획 짜기</td><td>-</td></tr>
<tr><td>정리
(10′)</td><td>개별 및
모둠</td><td colspan="3">• 활동의 느낀 점을 나눈다.</td><td>-</td></tr>
</table>

1) 프로그램의 의도

이 프로그램은 학생들의 지구사회에 대한 책임감을 고취시키기 위한 목적으로 고안한 것이다. 지구 위에서 벌어지고 있는 많은 일이 강 건너 불구경하듯이 우리와는 상관 없는 일이 아님을 학생들이 활동을 통해 느낄 수 있도록 구성하였다. 특별히 경매라는 형식을 이용해 학생들이 우선순위를 부여하는 지구의 문제를 알아볼 수 있고, 지구의 이슈를 해결하기 위한 자신들의 행동을 보여 주는 활동으로 이분화하였다.

2) 목표 영역

영역	내용	비고
지식과 기술	• 지구의 여러 가지 문제 알기	정치적 읽기
가치와 태도	• 기아, 아동노동, 빈곤 등의 문제에 대해 측은지심 가지기 • 세계의 문제에 대해 관심 갖기 • 세계 여러 곳에서 일어나고 있는 문제를 자신의 문제로 여기기	-
행동과 참여	• 지구 공동의 문제 해결을 위해 자신의 할 일 선택하기 • 지구 문제에 대한 현재 자신의 책임을 행동으로 실천하기	-

3) 프로그램의 진행

(1) 준비물

① 신문

국제 세션을 포함하고 있는 여러 종류의 신문을 준비한다. 국제 영역을 다루는 잡지도 몇 권 준비하면 더욱 좋다.

② 가위, 풀

신문과 잡지 스크랩을 위해 필요하다.

③ 빈 용지, 모조전지

학생들이 선언문을 작성하거나 피켓을 제작할 때 필요하다.

④ 색매직, 크레파스, 색연필, 사인펜

⑤ 토큰

가상 경매를 진행할 때 학생들에게 가상 실물인 돈이 수중에 있는 것이 경매 진행을 원활하게 해 준다. 5만 원 단위로 만들되 10만 원권을 섞어서 제작한다. 플라스틱이라면 영구성이 있겠지만 두꺼운 마분지나 하드보드지라도 상관없다. 토큰 형태는 원형으로 제작해도 무방하다.

⑥ 나무망치와 도마

경매 중에 사용되는 것인데, 소리가 울리는 종을 사용해도 무방하다. 구하기 힘들다면 플라스틱 뿅망치와 두꺼운 책으로 대신해도 좋다. 한 가지 항목의 경매에 대한 시작과 끝을 분명히 해 주는 도구가 있는 것이 바람직하다.

(2) 지시사항

① 국제적 이슈가 되고 시각적 효과가 분명한 사안의 사진을 보여 준다.

② 신문을 나누고 각 팀별로 시급히 해결해야 할 국제적 사안이 무엇인지 스크랩하도록 한다.

③ 각 팀의 스크랩을 모아 공통된 점을 분류하고 경매항목으로 칠판에 적는다. 항목은 20개 정도가 적당하다.

④ 각 팀에게 100만 원어치의 토큰을 지급한다.

⑤ 경매의 규칙을 간단하게 알리고 각 팀에게 가진 돈으로 살 항목과 금액 배분을 계획하도록 한다.

⑥ 수업자는 경매인 모자를 쓰고 경매를 시작한다. 그럴듯한 상황 설정이 학생들이 활동에 더 몰입할 수 있도록 도와준다.

⑦ 한 항목씩 경매에 들어가고 학생들은 원하는 만큼의 금액을 부르고 낙찰되면 낙찰가만큼의 토큰을 경매보조자에게 지불한다.
⑧ 경매가 다 끝난 다음에 높은 낙찰가에서 낮은 낙찰가까지 순위를 매겨 본다.
⑨ 팀 별로 경매의 느낌을 이야기한다.
⑩ 각 팀이 구입한 국제적 사안에 대한 해결방안을 모색한다.
⑪ 해결방안을 위해서 지금 우리가 할 수 있는 일을 선택사항 중에서 선정한다. 포스터 만들기, 언론사에 투고하기, 선언문 제작, 펜던트, 팔찌, 포스터 등의 계도물품 디자인, 캠페인 피켓 제작, 캠페인 계획하기 등의 활동에서 선택하도록 한다.
⑫ 학생들에게서 선택사항 이외의 제안이 나올 수도 있다. 직접 국제구호단체에 돈을 모아 기부한다거나, 기부팔찌를 구입한다든지의 의견을 수용하도록 한다.
⑬ 활동이 끝난 후 각 팀별로 한 명씩 전체적인 프로그램 활동의 소감을 발표한다.

4) 관련 자료

(1) 국제청소년선언문, 청소년헌장

청소년의 평화이념 및 국민 간 상호존중과 이해의 증진에 관한 선언

총회는 유엔헌장의 규정에 따라, 국민들 스스로가 다음 세대를 전쟁의 재앙으로부터 보호하기로 결정했음을 상기하고, 나아가 유엔은 그 헌장에서 인간의 기본권과 인간의 존엄성 및 인간과 국가들 사이의 평등권에 대한 신뢰를 확인하였음을 상기하며, 세계인권선언, 식민지 국가와 인민의 독립 부여에 관한 선언, 모든 형태의 인종차별 제거에 관한 유엔 선언, 평화에 대해 여하한 위협

을 야기하거나 조장하는 모든 형태의 선전을 비난하는 1947년 11월 3일의 총회 결의 110(II), '아동의 권리선언', 그리고 청소년을 평화와 국민 간의 상호 존중 및 이해의 정신으로 양육하는 것에 특별한 관심을 기울인 1960년 12월 18일의 총회 결의 1572(XV)에 구현된 원칙을 재확인하고, 유엔교육과학문화기구(유네스코)의 목적이 교육, 과학 및 문화를 통하여 국민들 간의 협력을 촉진함으로써 평화와 안전의 공헌함에 있음을 상기하고, 청소년을 국제적 이해와 협력 및 평화의 정신으로 교육하기 위한 유네스코의 역할과 기여를 인식하며, 인류가 대재난으로 고통당할 때에 청소년의 괴로움이 가장 컸고 청소년의 희생자 수가 가장 많았던 사실을 고려하고, 청소년은 보장된 미래를 가지고자 희망하며, 평화, 자유 및 정의는 그들의 행복을 향한 욕구가 실현될 수 있게 하는 보증 중의 하나임을 확신하며, 인간 노력의 모든 분야에서 청소년이 수행하는 중요한 역할과 그들이 인류의 운명을 인도하도록 예정되어 있다는 사실을 염두에 두고, 나아가 위대한 과학적 · 기술적 · 문화적 성취의 시대에 청소년의 에너지, 열정 및 창조력이 모든 국민의 물질적이고 정신적인 진보를 위해 바쳐져야 함을 더욱 염두에 두며, 청소년이 자신의 나라가 지니고 있는 문화적 유산과 온 인류의 문화적 유산을 이해하고 존중하며 발전시켜야 함을 확신하고, 나아가 평화정신 및 국민 간 상호 존중과 이해의 분야에서 행해지는 청소년 교육과 청소년 사이의 인적 · 사상적 교류는 국제관계를 개선하고 평화와 안전을 강화하는 데 도움이 될 수 있음을 확신하며, 이 '청소년의 평화이념 및 국민 간 상호 존중과 이해의 증진에 관한 선언'을 선포하고, 각국 정부와 비정부기구, 그리고 청소년 운동 단체가 이 선언에 제시된 원칙을 인식하고 적절한 조치를 통해 그 원칙의 준수를 보장하기를 요구한다.

원 칙 I: 모든 인간과 제 국민의 평등권, 경제 사회적 진보, 군비 축소, 그리고 국제적 평화와 안전의 유지를 촉진하기 위해 청소년은 평화, 정의, 자유 및 상호 존중과 이해의 정신으로 자라야 한다.

원 칙 II: 부모나 가족이 주는 안내 및 청소년을 위해 의도적으로 제공되는 가르침과 정보 등 중요한 수단을 포함한 모든 교육수단은 청소년 사이에 평화, 인간성, 자유 및 국제적 유대의 이념과 국민들이 더욱 가까

워지는데 도움을 주는 다른 이념을 고취시켜야 하며, 평화의 보존과 유지, 그리고 국제적 이해 및 협력의 촉진수단으로서 유엔에 맡겨진 역할에 대해 청소년들이 익숙해질 수 있도록 하여야 한다.

원 칙 III: 청소년은 종족, 피부색, 인종적 출생 성분 혹은 신념에 대한 차별 없이 온 인류의 존엄성과 평등성에 관한 이해 속에서, 그리고 인간의 기본권과 인민의 자결권에 대한 존중 속에서 자라야 한다.

원 칙 IV: 모든 국가의 청소년들이 이 선언의 취지에 따라 교육, 문화, 스포츠 활동을 위해 모일 수 있도록, 차별이나 그에 유사한 행위 없이 교류, 여행, 모임, 외국어 학습, 도시와 대학 간 결연을 장려하고 촉진하여야 한다.

원 칙 V: 국가적 · 국제적 청소년 단체가 유엔의 목적, 특히 국제 평화와 안전, 그리고 국가의 동등한 주권 존중에 근거한 국민들 간의 우호관계를 촉진하고, 식민주의와 인종차별 및 여타 인권침해의 궁극적 폐지를 촉진하도록 권장하여야 한다.

이 선언의 취지에 따르고자 하는 청소년 기구들은 젊은 세대를 이러한 이상에 따라 교육하는 일에 아무런 차별 없이 기여할 수 있도록 각자의 활동 영역에서 적절한 조치를 취해야 한다.

이러한 기구들은, 결사의 자유의 원칙에 따라, 그리고 이 선언의 원칙과 국제연합 헌장에 명시된 국제연합 목적의 정신에 비추어, 사사의 자유로운 교류를 촉진하여야 한다.

모든 청소년 기구들은 이 선언에서 밝힌 원칙을 준수해야 한다.

원 칙 VI: 청소년 교육의 주요 목적은 그들의 모든 재능을 개발하고, 그들이 보다 높은 도덕적 자질을 획득하며, 평화, 자유, 만인의 존엄과 평등의 고상한 이상에 대해 깊은 애착을 가지고, 인간과 인간의 창조적 업적에 대한 존경과 애정에 고취되도록 훈련하는 것이다. 이러한 목적을 달성하기 위해 가족은 중요한 역할을 담당한다.

청소년은 자신들이 관리하도록 소명을 받은 이 세계에 대해 책임감을 의식해야 하며 인류 행복의 미래에 대한 확신으로 고무되어야 한다.

〈1965년 12월 7일〉

(2) 국제 이슈 경매지

번호	항목	사전 우선순위	금액 배분	낙찰가	사후 우선순위
1	팜유 생산을 위한 말레이시아의 열대림 파괴				
2	에티오피아 아동들의 18시간 노동				
3	파키스탄 여성에 대한 강제결혼과 교육 배제				
4	아프리카 아동들의 AIDS				
5	르완다의 물 부족				
6	케냐의 야간에 전기 공급				
7	지구온난화와 빙하 붕괴로 북극곰의 서식처 파괴				
8	아프리카의 마약중독				
9					
10					
11					
12					
13					
14					
15					
16					
17					
18					
19					
20					
경매에서 느낀 점					

(3) 지구 공동의 이슈에 대한 사진자료

지구온난화	기아

난민	가뭄
 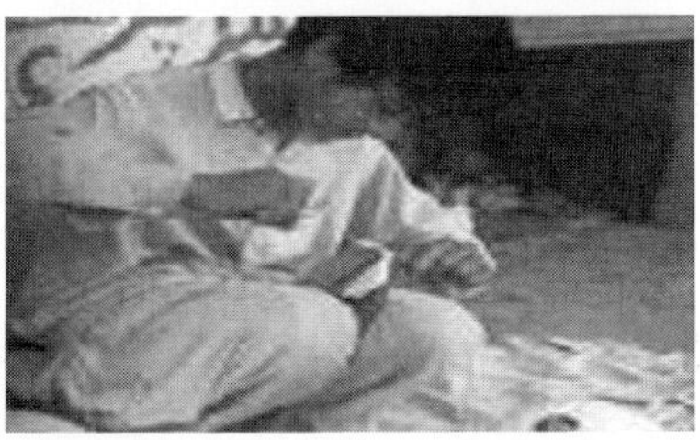	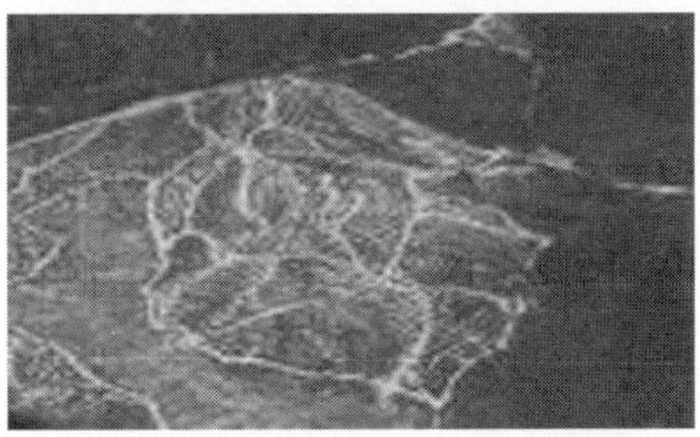 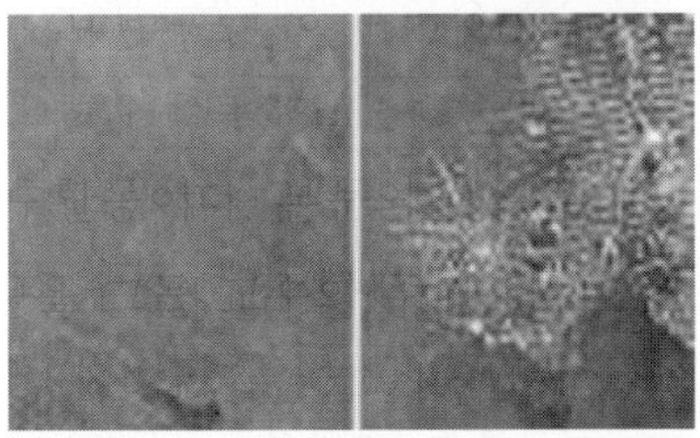
아동노동	열대우림 파괴

4. 공정무역과 공정여행

중단원명	중학교 3학년 이상 고등학생	시 량	90분
학습목표	세계의 무역과 교환 현상에 대한 정치적 올바름을 추구하고 자기 행동계획을 작성할 수 있다.		
준비물	워크시트지, 커피, 초콜릿, 바나나, 공정여행 일정표, 여행 사진들		

단계(시간)	학습형태	교수-학습활동	지도 및 유의점
도입(5′)	전체	• 자신의 오늘 아침 행동 반경을 기록한다. - 아침에 일어나 사용한 자원, 골라 입은 옷, 먹은 음식 등을 기록한 시트지를 준다. - 이중 다른 나라와 관련된 것은 무엇이 있는지 보고하게 한다.	-
전개(35′)	모둠 · 개별 및 전체	• 가나의 초콜릿, 콜롬비아의 커피가 우리 손에 들어오기까지의 과정을 역추적한다. - 역추적 과정의 힌트를 제공하는 시트지를 나누어 준다. - 학생들에게 많은 자료를 제공해야 한다. - 공정무역 사이트, 인터넷과 백과사전, 관련 도서 등 • 학생들의 역추적 과정의 발표를 듣는다. • 무엇이 정치적으로 잘못되었는지 비판하도록 한다. • 커피 공정무역을 소개한다. - 공정무역을 추진하고 있는 관련 기관의 사업을 소개한다. - 공정무역과 관련하여 자신이 할 수 있는 일을 발표한다. - 학생들의 소감을 이야기한다.	-
	개별 및 모둠	• 자신이 가고 싶은 세계여행지의 일정표를 작성하게 한다. • 학생들의 계획표상에 정치적으로 올바르지 못한 구조를 짚어내도록 한다. • 자신들의 여행 일정표를 공정여행, 에코 여행으로 수정하여 발표하게 한다. - 공정에코 여행의 대표적인 샘플을 제공한다. - 공정에코 여행을 계획할 수 있는 시트지를 제공한다. - 자신들의 변경된 여행계획서를 발표한다. - 학생들의 소감을 듣는다.	-
정리(10′)	개별 및 모둠	학생들이 수정한 공정여행 일정표는 프로그램실 공간 벽에 부착하여 프로그램 종료 이후에도 학생들이 열람할 수 있도록 한다.	-

1) 프로그램의 의도

이 프로그램은 세계화, 국제화라는 이름하에 행해지는 자유무역의 실상은 공정하지가 못하다는 것을 학생들에게 일깨우려는 의도에서 만들어졌다. 특별히 세계시민교육에서 강조하고 있는 정치적 문해교육(Political Literacy)이 부분적으로나마 이루어질 수 있을 것이다. 유명 브랜드 운동화, 초콜릿과 커피 등의 생활 속의 제품이 만들어지고 우리 손에 들어오기까지의 경로와 그 내부의 불공정함을 발견하는 것도 프로그램의 중요한 부분이다. 학생들이 가고 싶어 하는 여행을 주제로 불공정한 무역과 국제사회에서 개개인이 정치적으로 올바른 공정함을 추구하기 위한 노력을 시도하도록 한다는 데 프로그램의 의의를 발견할 수 있을 것이다.

2) 목표 영역

영역	내용	비고
지식과 기술	• 정치적 올바름과 공정, 불공정을 가려낼 수 있기 • 불공정한 무역의 현실 알기	정치적 읽기
가치와 태도	• 불공정함에 대해 울분 느끼기 • 공정한 무역과 공정한 여행에 대해 관심 가지기	-
행동과 참여	• 공정한 무역에 참여할 수 있는 방법 찾기 • 공정한 여행계획 세우기	피스커피 등

3) 프로그램의 진행

(1) 지시사항

① 학생들에게 워크시트지를 나누어 주며 자신이 오늘 아침 접했던 물건과 자원을 기록하게 한다.

② 학생들의 기록에서 다국적 기업이 생산한 물건에 표시하게 한다.

③ 자료를 이용해서 자신의 물건이 어디에서 생산되었고, 어떤 경로를 거

쳐 자기 손에 들어왔는지 역추적하게 한다.

④ 물건의 이동경로에서 공정한 부분과 그렇지 못한 부분을 발견하여 워크시트지에 쓰게 한다.

⑤ 소감을 나눈다.

⑥ 각 팀별로 가고 싶은 해외 여행지를 선정하여 여행계획과 일정표를 짠다.

⑦ 공정여행에 대해 소개한다. 네팔 공정에코 여행의 일정표 사례를 통해 설명하는 것이 효과적이다.

⑧ 자신들의 여행에서 정치적으로 올바르지 못한 부분을 비판하도록 한다.

⑨ 여행 일정표를 공정여행으로 수정하여 발표한다.

⑩ 소감을 서로 나눈다.

4) 관련 자료

(1) 역추적 시트지

우리 주변의 물건들						
이 름			날 짜			
오늘 아침에 먹은 것	나의 가방		나의 신발		우리집의 물건	
돌 바나나의 여행	←		←		←	
가나 초콜릿의 여행	초콜릿 회사	→	정부	→	가게	→나
	↖	수입업자	←	코코아 상인	←	농부
델몬트 파인애플의 여행	←		←		←	
나이키신발의 여행	←		←		←	
면 티셔츠의 여행	←		←		←	
공정한 것			불공정한 것			
느낀 점						

(2) 공정무역 피스커피 사례

동티모르는 인도네시아 섬에 위치해 있으며, 포르투갈과 인도네시아의 침략으로 고통을 겪어 왔다. 유엔의 도움으로 2002년 독립하였지만 전쟁으로 학살과 사회적으로도 막대한 피해를 입었다. 피스커피(Peace Coffee)는 동티모르의 사메 지역의 로뚜뚜와 카브라키 두 마을에서 생산된다. 환경을 해치지 않는 범위에서, 가난한 커피생산 농민들에게 합리적인 가격으로 커피를 수입하는 사업을 한국 YMCA가 현재 진행하고 있다. 생산지 농민들에게 커피 가공 기술 전수, 지속가능한 개발, 대안무역을 알리기 위한 캠페인의 일환이다.

사메의 '공정무역'

빨간 커피열매 한 알 한 알이 보석처럼 빛을 내며 익어 가고 있습니다.

공정무역 하면 떠오르는 상품 중인 하나, 커피…….

동티모르는 여느 지역과는 달리 대규모 플랜테이션 농업이 아니라 대부분의 커피 농사가 자작농으로 이루어지고 있습니다.

그래서인지 빈곤의 문제는 안고 있지만 노동력의 수탈이나 아동노동의 문제는 거의 없다고 할 수 있습니다.

물론 커피 시즌이 되면 아이들 역시 빨간 열매를 따러 산으로 가지만 학교가 끝나고 부모님의 일손을 도와 가족이 함께 열매를 채집하는 수준 정도입니다.

작년은 동티모르 커피농사가 풍작이었지만 올해는 해갈이로 인해 커피 열매가 그리 많지 않다고 합니다.

이런 상황에서 동티모르에서 공정무역 활동을 하고 있는 여러 NGO(비정부기구)의 고민은 깊어집니다.

동티모르의 유일한 수출품인 커피, 이 커피를 둘러싸고 '공정무역'이란 이름으로 여러 가지 다른, 다양한 활동이 진행되고 있습니다.

동티모르 커피의 가공 수출을 60% 이상 차지하고 있는 다국적 기업, 그리고 FLO(국제공정무역 인증기구)에서 공정무역 인증을 받은 A회사.

이 회사는 FLO의 기준에 따라 조합을 결성해 동티모르 전역에 수없이 많은 조합원을 확보하고 있고 조합원을 위한 클리닉도 세웠습니다.

A회사는 수십 대의 트럭으로 전 지역을 돌아다니며 빨간 커피열매(레드체리)를 국제 커피가격에 맞춰 사들입니다.

물론 굳이 조합원이 아니더라도 누구나 팔기만 하면 사들이며 그 자리에서 지불합니다.

가격은 국제 시세에 따라 오르기도 하고 내리기도 하지만 현지에서 커피 수급 상황에 따라 변동이 있기도 합니다.

그런 뒤 회사의 큰 가공장으로 가져와 인부를 고용하여 가공하고 수출합니다.

가공장 인부 급여 또한 현지의 인건비보다 웃도는 수준입니다.

이 회사의 커피는 공정무역이라는 타이틀을 달고 아주 유명한 커피 전문점에서 팔리기도 합니다.

NGO B. 이 NGO는 동티모르가 독립하고 수많은 국제 NGO가 구호활동을 시작했을 때 들어와 활발하게 커피 공정무역을 진행하고 있습니다.

NGO B도 많은 멤버들과 조합을 구성하고 있지만 레드체리가 아닌 각 그룹에 소규모 가공장을 지원하고 그룹에서 직접 가공한 파치멘트(레드체리를 가공한 상태로 그린 빈이라 부르는 녹색 커피콩 직전 상태)를 구입합니다.

이렇게 파치멘트 상태까지 가공함으로써 조합원들이 직접 커피의 품질을 관리하도록 하고 다양한 농업기술 등을 훈련합니다.

파치멘트에 대한 지불은 2주 단위이며 경제 훈련을 하고 가격은 국제 커피 시세를 따르지만 조합원들과 토의를 거칩니다.

그해 정한 가격은 변동이 없고 품질이 좋지 않는 커피는 구입하지 않습니다.

동티모르 현지의 생산자들은 정작 공정무역이 무엇인지 잘 이해하지 못합니다.

다만 한 회사는 클리닉을 세웠고, 한 NGO는 지역 개발이니 자립이니 교육이라는 말을 자주 사용하면서 생산자들을 약간 귀찮게 한다고 생각합니다.

한 회사는 품질을 따지지 않고 무조건 커피열매를 사 주니까 좋고, 한 NGO는 동티모르 전체가 아니라 지역이라는 규모로 무엇인가를 자꾸 해 줄 것 같다는 기대감으로 반깁니다.

과연 공정무역이라는 것이 무엇일까요?

제가 일하는 사메 지역도 사람들은 YMCA를 통해 처음으로 공정무역이라는 것을 듣게 되었습니다. 지역 개발이니 자립이니 이런 이야기를 듣고 난 후 사람들은 "그래서 뭐를 해 줄 수 있냐?"라는 이야기나 "우리를 위해서 ~것들이 필요하다."라는 이야기들을 합니다.

그런 뒤 공정무역이라는 것을 시작한 후 4년이 지난 지금, 특별히 달라진 것이 없어 보입니다.

사람들은 여전히 가난하고 학교는 여전히 낙후되어 있고 아직도 마을은 전기나 수도, 도로가 없습니다.

문득 차라리 집을 지어 주고, 학교를 지어 주고, 도로를 만들어 주는 것이 공정무역보다 효과가 있는 것이 아닐까라는 의문이 듭니다.

사람들도 훨씬 YMCA를 소중하게 생각하고 오해도 없고 행복하지 않을까라는 생각을 해 봅니다.

그렇지만, 대부분 공정무역이 이루어지고 있는 나라는 개발국가로 원조에 익숙한 사람들입니다.

받는 것에 익숙해 스스로 무엇을 한다는 생각, 할 수 있다는 생각을 별로 하지 않습니다. 가만히 앉아 있어도 늘 받을 수 있었으니까요…….

그런 원조가 얼마나 갈 수 있을까요?

배고픈 사람들에게 빵을 가져다주는 것보다, 빵을 살 수 있는 돈을 주는 것보다, 밭을 일구고 밀을 거두어 빵을 만들 수 있는 훈련을 해야 하지 않을까요?

대부분 공정무역을 이야기하거나 조금 알고 있다는 사람들은 공정무역을 안정된, 또는 좋은 가격을 이야기하고 이것이 그 사람들의 빈곤문제를 해결해 줄 수 있다고들 이야기합니다.

그러나 정당한 가격만을 이야기하고 높은 가격으로 생긴 이익이 생산자에게 돌아가 빈곤문제를 해결할 수 있다고 접근한다면 그것 또한 소비자들의 선함을 이용한 마케팅의 하나가 되는 것은 아닌지라는 생각이 듭니다.

빵을 가져다주거나, 빵을 살 수 있는 돈을 주는 것이 아니라 스스로 밭을 일구어 빵을 만들 수 있는 방법을 가르쳐 주는 것이 공정무역의 시작이 아닐까요?

그 빵을 소비자에게 정당한 가격으로 판매하는 것이 단체나 기업의 일이고, 빵을 만든 사람들을 생각하고 건강하게 소비하는 것이 소비자의 역할이며, 그렇게 남긴 이익으로 다시 농기구를 사들여 더 좋은 품질의 빵을 생산하고 자기 삶, 자기 지역을 개발하는 것이 생산자의 역할이 아닐까요?

그것이 우리가 말하고 싶은 공정무역이 아닐까요?

비록 당장 눈에 보이는 것이 없더라도 말입니다.

– 동티모르에서 온 편지

〈출처: 한국 YMCA〉

(3) 공정여행

여행지 주민의 숙소를 이용하고, 지역 주민을 가이드로 활용하며, 그 지역의 생태는 물론, 지구 환경을 해치지 않는 여행을 의미한다. 여행자들의 여행지에서의 소비가 그 지역 주민들에게 혜택으로 돌아가는 여행을 계획하고 실행하는 것을 말한다. 일반적인 여행이 여전히 그 지역에 진출한 맥도날드, 나이키, 이비스 등의 다국적 기업의 음식을 먹고, 세계적인 체인을 가진 호텔이나 숙박업소를 이용하며, 다국적 기업의 물건을 쇼핑함으로써 여행지에 이득이 되지 않는 형태를 되풀이하는 데에 대한 대안적 여행의 개념으로 대두된 것이 공정여행이다. 지역 주민들의 생업을 여행의 대가로 지불한다 하더라도 예를 들어, 히말라야 등반에서 짐을 나르는 세르파를 가혹한 임금으로 고용하는 것은 공정여행에 위배된다.

Tip | 평화여행자 임○○, 이○○ 씨가 전하는 공정여행 가이드

1. 지구를 돌보는 여행
   – 비행기 이용 줄이기, 일회용품 쓰지 않기, 물 낭비하지 않기. 여행자 한 사람은 여행하는 동안 매일 3.5kg의 쓰레기를 만들고 하루 400L의 물을 사용한다. 우리의 안락한 쉼을 위해 파괴되고 사라져 가는 것에 대해 돌아보며 여행을 계획하자.

2. 다른 이의 인권을 존중하는 여행
   – 직원에게 적정한 근로조건을 지키는 숙소, 여행사 선택하기

3. 성매매를 하지 않는 여행
   – 아동 성매매, 섹스관광, 성매매 골프관광 거부하기

4. 지역에 도움이 되는 여행
   – 현지인이 운영하는 숙소, 음식점, 가이드, 교통시설 이용하기

5. 윤리적으로 소비하는 여행
   – 과도한 쇼핑하지 않기, 공정무역 제품 이용하기, 지나치게 깎지 않기

6. 친구가 되는 여행
   – 현지 인사말을 배우고 노래와 춤 배우기, 작은 선물하기

7. 다른 문화를 존중하는 여행
   – 생활방식, 종교를 존중하고 예의를 갖추기

8. 상대를 존중하며 약속을 지키는 여행
   – 사진을 찍을 때는 허락을 구하고, 약속한 것을 지키는 여행

9. 기부하는 여행
   – 적선이 아니라 나눔을 준비하자. 여행 경비 1%는 현지 단체에 기부하자.

10. 행동하는 여행
   – 세상을 변화시키는 여행. 여행 중 동물뿐 아니라 소수부족, 어린이, 여성 등이 본인의 의지와 관계없이 고통받는 현장을 발견하면 작은 용기를 내어 행동해 보자. 사진을 찍고 기록을 남기고 블로그를 통해 알려 시정을 요구할 수 있다.

〈출처: 2009년 6월 5일 여성신문〉

* 네팔의 공정여행 일정표 샘플 http://map.haja.net/zbxe/9481

루구후에서 나는 울었네

송○○ 회사원

여행을 다녀왔다. 아니, '공정여행'을 다녀왔다. 떠나기 전에 들은 공정여행의 뜻은 이랬다. '관광지의 역사와 문화를 만든 현지인들에게 직접적으로 혜택을 주는 여행' 외국의 여행 자본, 즉 항공사와 다국적 호텔 체인, 여행사, 외국 자본으로 운영되는 대규모 식당 등을 이용하지 않는 여행이라고 했다. 그냥 관광지만 둘러보고 오는 것이 아니라 현지인들과 직접 접촉하며 그들의 삶을 알고 느끼는 여행이라고 했다.

마사지를 받아도 되는 걸까

여행을 떠나기 전 공정(公正)의 뜻이 무엇일까 찾아봤다. '공평하고 올바름'이라고 했다. 공평(公平)은 또 무엇인가. '치우침 없이 공정함'이라 했다. 더 어려워졌다. '치우침 없이 올바름'이 가능한가? 그런 의문을 가지고 여행은 시작됐다.

지난 2월 21일 오후 1시 5분 인천공항 출발. 베이징 공항에서 갈아탄 쿤밍행 비행기로 여행의 시작점인 윈난성 쿤밍에 도착한 시간은 저녁 8시 10분이었다.

윈난은 날씨로 사람을 죽인다더니, 공항을 벗어나자마자 불어오는 바람에 온 정신을 빼앗기고 말았다. 꽃향기가 아른한 봄밤은 늘 몽환적이다. 꽃향기에, 말갛게 부는 봄바람에 취한 나는 순식간에 윈난을 사랑하게 됐다. 숙소에 짐을 푸는데 코피가 터졌다. 여행 떠나기 전부터 골골했던 터다. 코피를 핑계로 일행 몇 명과 마사지를 받으러 갔다. 나이 어린 여성들이 와서 마사지를 해 준다. 소수민족 출신이다. 마사지를 받으며 문득 미안한 생각이 들었다. 나의 편안함의 대가는 그들의 수고로움이기에. 세상에는 돈으로 살 수 있는 편리함이 너무 많다. 지금 내가 50위안을 내고 받은 마사지도 그렇고. 공정여행의 취지를 생각한다면 이 마사지는 받으면

안 될 서비스였을까? 여행에 '공정'이 붙으니 쉽지 않다.

이튿날 소수민족박물관에 들렀다. 윈난의 소수민족에 관한 설명을 듣고 민속공연을 감상하고 다리로 이동했다. 트레킹으로 가는 300km가 넘는 길. 샛노랗게 핀 유채꽃과 푸르디푸른 청보리들이 바람에 흔들릴 때마다 '어쩌면 이곳이 천국인지도 모르겠다'는 생각을 했다. 압바스 키아로스타미 감독의 〈올리브 나무 사이로〉의 한 장면이 떠올랐다. 푸른 올리브 나무가 화면 가득 펼쳐지던 그 영화 안으로 들어와 있는 기분이 들었다. 끝도 없이 펼쳐진 봄의 향연에 눈과 마음이 맑아진다. 소수민족들이 세대를 거듭해 힘겹게 산을 깎아 만든 다락밭의 모습에 울컥 눈물이 난다. 아름답다.

여행 닷새째(2월 25일). 이번 여행에서 가장 아름답고 추억이 많았던 루구후. 보통 6시간 걸린다던 그 길이 8시간 이상 걸렸다. 난 길을 좋아한다. 길은 기다림이다. 산 위에서 굴러떨어진 돌이 길을 막고, 염소떼의 행렬에 가던 길이 느려져도, 산길 모퉁이에서 마주친 두 차가 서로를 피하기 위해 곡예 같은 운전을 해도, 차 안에서 지친 일행들을 위해 내가 부른 인순이의 노래 〈거위의 꿈〉과 그 순간 하늘에 총총히 떠 있던 별. 차 속에 있던 우리는 그 순간 하나였고, 자연의 한 부분이었다. 참으로 아름다운 공정여행의 기억 한 페이지였다.

'그대가 곁에 있어도 그대가 그립다'던 어느 시인의 시처럼, 이 순간 루구후를 보고 있어도 루구후가 그리웠다. '이 여행의 끝에서, 일상에 돌아가서도 몸살을 앓게 되겠구나' 싶었다(그리고 마음의 몸살을 앓고 있다).

소수민족 자취 따라 걸은 길

여행은 끝났다. 풍경은 아름다웠고, 순박한 루구후의 모쒀족들과 함께한 문화체험은 즐거웠다. 하지만 나는 아직도 내가 다녀온 여행지와 계속 소통하고 싶어 마음이 어지럽다. 베이징에서의 마지막 날 밤, 난 왜 그렇게 울었을까. 누구보다 발랄하게 여행을 즐겼고, 긴긴 버스 여행 속에서도 졸지 않고 풀 한 포기, 나무 한 그루, 구름 한 점까지 내 눈에 다 담았는데.

'공정여행'이라는 타이틀이 함께하다 보니, 하나하나 힘겨웠나 보다. 루구후에서 다리로 넘어가는 산길에서 만난 아이들을 보고 엉엉 울던 일행의 눈물이 기억난다. 그도 이 순간의 마음과 같았을 테지. 타인에게 공정하게 대하지 못하고 살아온 나의 좁은 소견들이 다시 생각났다.

남은 바람이라면, 여행 뒤에도 국내에서 그곳의 현지인들과 소통할 수 있는 통로가 만들어졌으면 한다. 언제든 내 마음 한곳이 맞닿아 있는 곳, 가난 때문에 매일매일 노동에 시달려야 하는 현지 아이들을 내가 작은 힘으로나마 도울 수 있는 곳이 되도록…….

〈출처: 2009년 3월 13일 한겨레21 제751호〉

공정여행 일정표

1일차

- 인천(오후 1시 5분 출발) → 쿤밍(저녁 8시 10분 도착) 이동, 쿤밍 숙박

2일차(쿤밍)

- 윈난성 소수민족박물관 탐방(역사 · 문화 강연 및 질의응답)
- 윈난성 소수민족 민속촌 탐방(윈난성 25개 소수민족 중 14개 민족의 생활양식 · 복식 · 공연을 볼 수 있음)
- 다리로 이동(버스 4시간), 다리의 소수민족인 바이족이 운영하는 객잔(민박)에서 숙박

3일차(다리 · 리장)

- 다리의 성산인 창산 중화사까지 말 타고 트레킹
- 바이족 전통가옥 밀집지역인 시저우로 이동, 민속공연 보고 전통차 시음, 월요 장터 탐방
- 리장으로 이동(버스로 3시간 30분이 걸림)

• 윈난성 나시족들의 옛 음악과 춤을 즐길 수 있는 동파궁 공연 관람
• 세계 각국의 배낭여행객들이 몰려드는 리장 고성의 밤풍경 즐기기
• 리장 소수민족인 나시족이 운영하는 객잔(민박)에서 숙박

4일차(리장 · 루구후)
• 성 전체가 세계문화유산으로 지정된 리장 고성 도보 탐방
• 중식 뒤 루구후로 이동(버스로 6시간)
• 루구후의 소수민족인 모쒀족 객잔(민박)에서 숙박

5일차(루구후)
• 루구 호수에서 일출 보기, 모쒀족 할머니의 아침 치성 드리는 모습 보기, 모쒀족들이 물고기 잡는 현장 따라나서기
• 모쒀족 할머니에게 모쒀족 주거 형태와 전통에 대한 이야기 듣고 질의응답
• 오지 중의 오지 융닝 장터 탐방
• 융닝의 티베트 불교 사찰인 자메이사 탐방, 스님에게 사찰 이야기 듣기
• 물오리 수렵 모습 보기
• 모쒀족 등불야회 참가, 모쒀족들과 뒤풀이(민속주인 수리마주와 돼지 두마리 안주)

6일차(루구후 · 리장)
• 루구 호수 도보 트레킹(왕복 3시간)
• 리장으로 이동(버스로 6시간)
• 그들만의 발마사지 체험(여느 관광지의 것과 다름)
• 작은 마을 쑤허의 소수민족 완화(춤과 음악) 참가
• 쑤허 마을의 나시족 전통민가 객잔(민박)에서 숙박

7일차(리장 · 다리)
• 쑤허 마을 도보 탐방, 티베트 장족 가옥에서 티베트인들의 삶을 보고 듣

기, 차마고도박물관 방문
- 다리로 이동(버스로 3시간 30분)
- 다리 바이족의 사랑을 그린 지역 공연 '호접지몽' 관람

8일차(다리 · 베이징)
- 윈난의 역사를 대표하는 천년고도 다리 고성 탐방
- 쿤밍으로 이동(4시간) → 쿤밍(오후 5시 10분 출발) → 베이징(저녁 8시 10분 도착) 항공 이동
- 베이징의 작은 호텔에서 숙박

9일차
- 베이징(오후 1시 45분 출발) → 인천(오후 4시 50분 도착) 이동

〈출처: 2009년 3월 13일 한겨레21 제751호〉

(4) 워크시트지

공정에코 여행 일정표			
여행지		여행 인원	
여행 콘셉트(주제)		여행 목적	
우리의 일정표		공정여행 일정표	
첫째 날		첫째 날	
둘째 날		둘째 날	
셋째 날		셋째 날	
넷째 날		넷째 날	
비판할 부분		수정된 부분	
소 감			

탐구과제

- 세계시민성교육을 규명해 보자.
- NGO에서 세계시민성교육을 지구시민교육이라고 주장하고 그 용어를 사용하는 원인은 어디에 있을까 생각해 보자.
- Christian Aid의 세계시민성교육의 다른 주제를 다룬 프로그램은 어떻게 구성되어 있는지 생각해 보자.
- 이 장에서 다루고 있는 세계시민성교육의 하위 주제와 관련된 청소년들이 읽을 만한 기사나 이야기는 무엇이 있을지 생각해 보자.
- 세계시민성교육의 한 주제로 세계 여러 지역의 문제가 자신의 문제라는 청소년들의 공감을 이끌어 내기 위한 프로그램을 설계한다면 어떻게 구성할 수 있을지 생각해 보자.

참고문헌

Bigelow, B., & Peterson, B. (2002). "Rethinking globalization: Teaching for justice In an unjust world". Rethinking Schools.

Brownlie, A. (2001). "Citizenship education: the global dimension, guidance for key stages 3 and 4". Development and Education Association(DEA).

Evans, M., & Reynolds, C. (2004). "Education for global citizenship in changing world: a teacher' s resource handbook". OISE/UT (Ontario Institute for studies in Education, University of Toronto). Canadian International Development Agency.

Hughes, C. (2006). "Education for global citizenship: a guide for schools". Oxfam.

Peters, M. A., Britton, A., & Blee, H. (2008). *Global citizenship Education: philosophy, theory and pedagogy.* Sense Publishers.

Smith, D. J., & Slackman, C. B. (1996). *If the world were a village.* 노경실 역(2002). 지구가 100명의 마을이라면. 파주: 푸른숲.

www.goodneighbors.org.

www.Christianaid.org.uk.

www.dea.org.uk.

www.citizenship-global.org.uk.

www.dear.or.jp (Development Education Association and Resource Center).

제10장 환경교육의 이론

- 이은화 -

• 현재의 환경은 더는 인간과 구분된 객관화된 대상으로서가 아니라 커다란 하나의 생명체로 인식되고, 인간은 더는 환경과 동등한 위치의 대응되는 존재로서가 아니라 커다란 생태계의 구성원으로 존재한다고 인식되기에 이르렀다. 이러한 환경교육에 대한 인식론적 변화는 환경교육의 방향을 평면적이고 기계적인 관점에서가 아니라 다양한 목표 측면에 대한 입체적, 유기체적 접근으로 파악하고자 하는 방향으로 환경교육의 내용과 방법을 변화시키게 되었다. 따라서 이 장에서 환경교육의 정의는 지속가능한 발전교육(Education for Sustainable Development)으로 본다.

• 우리나라의 환경교육의 발전과정은 1980년 이전 태동기로 환경운동과 환경교육이 선구적으로 행해지던 시기, 1981~1991년 성립기는 분산적 접근을 통해 환경교육을 최초로 성립한 시기, 1992~1999년 정착기로 독립된 환경과를 설정함으로써 환경교육이 제도적으로 정착된 시기, 그리고 2000년 이후 확립기로 환경교육의 위상이 확립된 시기의 4단계로 구분된다.

학습목표

- 자연학습, 보존교육, 야외학습, 환경관리교육 등 용어와의 관련성 속에서 환경교육의 개념을 설명할 수 있다.
- 지속가능한 발전교육으로서의 환경교육의 정의를 이해한다.
- 우리나라 환경교육의 발전과정을 4단계로 구분하여 설명할 수 있다.
- 환경교육의 내용 구성을 스트랜드 방식과 주제 중심 방식의 유형으로 구분하여 설명할 수 있다.
- 우리나라 학교환경교육의 문제점과 개선방안을 설명할 수 있다.

1 환경교육의 주요 개념과 정의

환경교육이라는 용어는 Brennan(1957)에 의해 처음 사용된 이후, Schoenfeld (1968)가 학술적 의미로 활용하면서 등장하였다. 이 용어를 처음 사용하였던 Brennan에게 환경교육이란 보존교육(Conservation Education)과 동일한 의미였다. 이러한 경향이 아직까지 남아 환경교육을 보존교육, 야외교육(Outdoor Education), 자연학습(Nature Study) 등과 유사한 것으로 보는 경우가 많다.

이 절에서는 2001년 한국교육과정평가원과 한국직업능력개발원에서 공동으로 연구한 '환경교육 교수학습 및 평가방법 연구 개발'의 논의에 기초하여, 환경교육과 유사한 의미로 사용되고 있는 자연학습, 보존교육, 야외학습, 환경관리교육 등 기타 용어와의 관련성을 검토함으로써 환경교육의 개념을 정리하고자 한다.

1) 20세기 전반기의 환경교육에 대한 인식

(1) 환경교육은 자연학습이다

자연학습(Nature Study)운동은 1891년 미국에서 시작되어 1920년대까지 지속되었던 운동이다. 이 관점에서는 학습자의 교실 밖의 경험과 학문적 접근을 불가분의 관계로 보고, 지식의 습득은 환경을 떠나서 독립적으로 학습될 수 없으며 복합적인 환경과 통합될 때 비로소 종합적으로 획득될 수 있는 것으로 본다. Roth(1978)에 의하면 당시 자연학습은 학습자가 보고 싶은 것을 직접 보고 느끼게 하는 데 초점이 맞추어졌다. 그러나 실제 학교에서 이루어진 자연학습은 주로 자연에 대한 사실을 수집하는 것으로, 교실 안에서 자연에 대하여 수업을 하거나 시골길을 거닐거나 하늘의 별을 관찰하는 등 자연현상에 대한 사실을 수집하는 것이었다. 이처럼 체계적이지 못했던 자연학습은 차츰 정규교육과정으로서 위치가 약화되었다.

(2) 환경교육은 보존교육이다

1900년대 초반 미국 보존운동은 인적 자원의 보존, 특히 오늘날의 보건교육에 초점이 맞추어졌다. 보존교육(Conservation Education)의 내용은 숲, 토양, 초지, 자원, 석유, 물고기, 아름다운 경관 등 자연자원의 중요성을 인식하고, 오래 사용할 수 있도록 의사결정을 하며, 이들 자원을 적당하게 처리하고 보호하기 위한 일반적 지식을 제공하는 것이었다. 따라서 보존교육의 관점에서는 '현명한 이용'과 '천연자원 경영'이라는 개념을 중요시한다. Roth와 Swan에 따르면 당시 보존교육이 주 수준의 교육과정으로 법제화하는 데는 성공하였으나 교실 수준에서 가르쳐졌는지에 대해서는 알려져 있지 않다.

(3) 환경교육은 야외교육이다

야외교육(Outdoor Education)은 교실 밖 자원을 이용한 교육으로, Dewey의 'learning by doing'의 철학과 밀접하다. Sharp의 '야외에서 가르치기에 가장 적당한 것은 야외에서 가르치고, 실내에서 가르치기 적합한 것은 실내에서 가르친다.'라고 야외학습에 대한 언급을 가장 적절한 표현으로 이해할 수 있다. 야외교육은 다른 자연학습이나 보존학습과 달리, 교육과정의 모든 요소와 과목에 적용된다는 점과 자연학습이나 보존학습이 교실 안과 밖에서 모두 이루어질 수 있지만 야외교육은 교실 밖에서만 이루어진다는 점에서 차별적이다.

2) 20세기 후반기의 환경교육에 대한 인식

(1) 환경교육은 환경관리교육이다

Schoenfeld(1968)는 20세기 초반의 환경교육과 1960년대 후반 환경교육의 특징을 비교하였는데, 그 결과 1960년대 후반 환경교육은 생물학적 환경에 대한 지식을 갖추고 환경 관련 문제를 인식하여 그것을 해결하려는 동기와 어떻게 해결할지를 알게 하는 데 목표를 두었던 점에 차이가 있음을 밝혔다. Brennan(1970)은 이러한 환경관리교육의 맥락에서 환경교육에 대한 종합적인 정의를 "환경교육은 인간과 모든 살아 있는 것과의 상호의존성에 대한 인식과 환경을 생활하는데 적합하도록 유지하는 데 요구되는 책임감을 발전시키는 것"이라고 규정하였다.

환경교육을 환경관리교육(Environment Management Education)이라고 이해하는 관점은 현재의 환경교육을 이해하는 데 기초가 되는 벨그라드 헌장(UNESCO-UNEP, 1986)과 트빌리시 선언(UNESCO, 1976)에 나타난 환경관을 통해서도 확인된다. 벨그라드 헌장에 따르면 환경교육의 목적은 세계 모든 사람이 환경과 관련한 문제들에 대해서 인식하도록 함은 물론, 현존하는 문제점과 새롭게 야기되는 문제점을 개인적 혹은 집단적으로 해결하고 예방하는 데 필요한 지식, 기능, 태도 및 동기를 제공하는 데 있다. 또한 트빌리시 선언에 나타난 환경교육의 목표는 도시와 촌락 내에서의 경제적, 사회적, 정치적, 그리고 생태학적 상호작용에 대한 명확한 인식과 관심을 기르고, 환경을 보호하고 개선하는 데 요구되는 지식, 가치, 태도, 참여와 기능을 획득할 수 있는 기회를 제공하며, 환경에 대한 개인, 집단, 전체로서의 사회적 행동 유형을 만드는 데 있다.

(2) 환경교육은 지속가능한 발전교육이다

지속가능한 발전교육(Education for Sustainable Development)이란 모든 사람이 질 높은 교육의 혜택을 받을 수 있으며, 이를 통해 지속 가능한 미래와 사회 변혁을 위해 필요한 가치, 행동, 삶의 방식을 배울 수 있는 사회를 지향하는 교육이다(UNESCO, 2004). 현재의 환경은 더는 인간과 구분된 객관화된 대상으로서가 아니라 커다란 하나의 생명체로 인식되고, 인간은 더는 환경과 동등한 위치의 대응되는 존재로서가 아니라 커다란 생태계의 구성원으로 존재한다고 인식되기에 이르렀다. 인간은 자연 생태계를 구성하는 하나의 인자이지, 초월적 존재로서의 환경문제를 인식하고 해결할 수 있는 존재가 아니라는 것이다.

국제이해교육의 맥락에서 지속가능한 발전교육은 유네스코 아시아 · 태평양 국제이해교육원(2004)에서 구분한 국제이해교육의 다섯 영역, 즉 다문화 이해 영역, 세계화 문제 영역, 인권 존중 영역, 평화로운 세계 영역, 지속가능한 발전 영역 중 하나다. 지속가능한 발전이 경제성장, 사회변화, 환경문제, 자원문제와 밀접한 관련이 있기 때문에 이러한 주제들의 대부분은 관련 교과에서 커버하고 있다. 따라서 국제이해교육의 환경교육은 지속가능한 발전교육 영역 중 전 지구적 차원의 문제가 인류에게 끼치는 영향에 초점을 두고, 문제를 해결하기 위해 가져야 할 자세와 가치관에 중점을 두고 지도하는 내용으로 구성된다.

지속가능한 발전교육의 핵심 영역에 있어 환경적 관점은 사회적 관점, 경제적 관점과 더불어 주요한 세 영역 중 하나로 구분된다(이선경 외, 2005). 환경적 관점의 쟁점에는 자연자원, 생물종 다양성, 재해 예방 및 축소, 교통, 주거환경 등이 포함된다. 이러한 환경교육에 대한 인식론적 변화는 환경교육의 방향을 평면적이고 기계적인 관점에서가 아니라 다양한 목표 측면에 대한 입체적, 유기체적 접근으로 파악하고자 하는 방향으로 환경교육의 내용과 방법을 변화시키게 되었다.

1992년 브라질의 리우데자네이루에서 개최된 '유엔 환경 개발회의' 이후, 1996년 영국은 '21세기로 진입한 환경교육(Taking Environment Education into the 21st Century)'을 표명하였고, 1996년 UN지속가능개발위원회에서 '지속가능한 소비와 생산 유형을 증진하기 위한 교육' 프로그램을 채택하였다. 1998년 오스트리아 린츠에서는 '지속가능한 미래를 위한 환경교육' 세미나를 개최하고, 1998년 호주의 OECD 교육혁신연구센터(CERI)와 환경국에서는 '지속가능한 소비를 위한 교육과 학습에 관한 워크숍'을 개최하는 등 세계 각국이 '환경적으로 건전하고 지속가능한 개발(Environmentally Sound and Sustainable Development: ESSD)'의 이념 구현을 위해 부응하고 있는 추세다.

이러한 맥락에서 미국 NAAEE가 2000년 Excellence in Environmental

Education Guideline for Learning(k-12)에서 제시한, 시스템적 접근, 상호 의존성 강조, 우리가 살고 있는 장소의 중요성, 통합과 융합, 실세계와의 적합성 강조, 평생교육 등 환경교육의 방향도 이러한 관점 변화를 수용한 것이라고 할 수 있다.

노희정(2006)은 지속가능한 발전 개념이 첫째는 지속가능한 발전 개념은 경제발전과 환경보전 간의 오랜 갈등을 하나로 통합하고, 환경문제를 국제관계 및 세계경제란 관점에서 접근하였다는 점과, 둘째는 지속가능한 발전 개념은 미래 세대의 권리를 고려한다는 점에서 긍정적인 평가를 내리고 있다.

2 환경교육의 발전과정과 현황

우리나라의 환경교육의 발전과정은 네 단계의 시기로 구분된다. 첫째, 1980년 이전 태동기로 환경운동과 환경교육이 선구적으로 행해지던 시기이며, 둘째 1981~1991년 성립기는 분산적 접근을 통해 환경교육을 최초로 성립한 시기다. 셋째, 1992~1999년 정착기로 독립된 환경과를 설정함으로써 환경교육이 제도적으로 정착된 시기이며, 넷째 2000년 이후 확립기로 환경교육의 위상이 확립된 시기다(최돈형, 2006).

이 절에서는 최돈형이 2006년 한국환경교육학회 학술대회에서 발표한 내용과 최돈형 외(2007)에서 추가된 내용을 기초로 하여 우리나라 학교환경교육의 발전과정을 정리하고, 유네스코를 중심으로 한 국제이해교육에서의 환경교육 동향을 소개하고자 한다.

1) 태동기(1980년 이전)의 학교환경교육

1970년대에는 환경교육의 발전과정에 큰 이정표 역할을 하였던 국제적인 노력들이 전개되었다. 또한 이 시기에는 세계적 조직을 갖춘 민간환경단체(그린피스, 시에라클럽, 지구의 벗 인터내셔널, 로마클럽 등)가 조직 출범하여 매우 활발한 활동을 전개함으로써 세계 수준에서의 환경교육 풍토를 조성하였다.

한국에서도 이러한 세계적 흐름에 따라 환경교육이 논의되기 시작하였다. 이 시기는 1970년대 초반에 시작된 제3차 경제개발 5개년 계획의 진행과정에서 개발의 부작용으로 많은 환경문제가 발생한 때다. 이에 따라 환경보전의 필요성을 인식하고 처음으로 환경교육에 대해 언급하였다. 그러나 이 시기의 환경교육은 자연보호운동과 구별되지 않은 채 국민홍보 수준에서 이루어져 국민들의 공통된 인식을 이끌어 내기에는 설득력 있는 체계를 갖추지는 못하였다.

2) 성립기(1981~1991년, 제4~5차 교육과정)의 학교환경교육

이 시기는 환경문제의 심각성과 해결의 필요성에 대한 인식이 전국적으로 확산되는 경향을 나타낸다. 즉, 도시의 급속한 성장과 팽창으로 인해 도시환경의 악화와 도시 주변의 삼림지역이 심각하게 훼손되던 시기였다. 다른 한편에서는 국민의 소득 수준 증대로 인한 여가에 대한 욕구가 증가하는 등 삶의 질에 대한 관심이 높아지면서 환경문제의 심각성과 환경보전의 필요성이 더욱 높아지는 시기였다.

이 시기에 환경교육은 이러한 국가 사회의 요구가 교육과정에 처음으로 반영되었다는 점에 의미가 있다. 1981년 고시된 제4차 교육과정 총론 편의 운영 지침에서 '…… 환경교육 등은 교육활동 전반에 걸쳐 이루어지도록……'이라는 선언적 규정을 하고 있으며, 각론에서는 관련 교과의 목표와 내용에 대한 환경교육 관련 내용을 제시하였다. 이때 사회과에서는 '공해', 자연과에서는 '환경오염' 등 구체적인 환경 용어가 교육과정에 등장하게 된다.

1987년에 고시된 제5차 교육과정에서는 교육과정 구성의 방향에서 '모든 국민이 쾌적한 환경 속에서 행복한 삶을 누릴 수 있는 터전을 마련하기' 라는 규정과 '인간을 존중하고 자연을 아끼며' 라는 규정을 두어 환경교육에의 의지를 더욱 분명히 하였다. 이러한 교육과정의 지침에 따라 이 시기부터 우리나라 초 · 중등학교의 여러 관련 과목에서 환경문제를 다루게 되는 환경교육이 시작되었다.

또한 1989년 한국의 환경교육연구의 발전을 기하고 환경문제 해결에 기여할 것을 목적으로 '한국환경교육학회'가 창립됨으로써 국가 수준에서 환경교육을 체계적으로 연구하고 지원하는 체제를 갖추게 되었고, 국가 행정 측면에서도 환경정책을 강화하기 위하여 1990년 1월 환경청이 환경처로 승격되었다.

3) 정착기(1992~1999년, 제6차 교육과정)의 학교환경교육

이 시기에는 환경교육이 학교교육 내에서 제도화되어 '환경과'가 독립함으로써 우리나라의 환경교육사에 획기적인 전기를 마련하게 된다. 1992년 고시된 제6차 교육과정을 살펴보면, 초등학교에서는 학교 재량시간 및 특별활동을 활용하여 환경교육을 활성화하고, 중학교와 고등학교에서는 '환경' '환경과학' 등 환경과가 독립 과목으로 신설되었다. 이러한 환경과의 독립은 보다 안정된 기반 위에서 실천할 수 있는 환경교육이 제도화되었다는 점에서 의의를 찾을 수 있다.

중학교에서 환경 과목은 선택교과로 한문, 컴퓨터 등과 더불어 학교장의 재량에 따라 주당 2시간을 설정하여 실시할 수 있도록 하였다. 1994년 12월 환경처가 환경부로 확대되었으며, 환경행정 및 정책적 측면에서 환경교육을 지원하게 되었다.

4) 확립기(2000년 이후, 제7차 교육과정)의 학교환경교육

이 시기는 제6차 교육과정을 통해 환경교육이 하나의 교과로 독립하여 환경교육사에서 커다란 전기를 마련하고, 정착기에 접어들었던 환경교육의 위상을 확립시키는 계기가 되었다. 중등학교에서 2001학년도부터 시행된 제7차 교육과정에서는 제6차 교육과정에서와 마찬가지로 선택교과로서 중학교에서의 '환경'과 고등학교에서의 '생태와 환경' 과목이 운영되면서 독립 교과로 환경교육의 위상을 확립하게 되었다.

중학교 '환경' 과목은 재량활동의 선택과목으로 이수할 수 있어 제6차 교육과정과 비교할 때 학교에 따라 어느 정도 편차가 있다 하더라도 산술적으로 환경교육 활동이 늘어날 수 있는 여지가 있으며, 고등학교 선택 중심 교육과정 교과의 일반선택 과목 열 개 과목 중 하나인 '생태와 환경' 과목을 이수할 수 있도록 편성되었다.

5) 국제이해교육 측면에서의 환경교육 동향

환경교육은 국제이해교육의 주요 다섯 영역 중 지속가능한 발전 영역의 교육과 밀접한 관련이 있다. 지속가능발전교육은 유엔 제57차 유엔총회(2002. 12.)에서 '유엔 지속가능발전교육 10년(UN Decade of Education for Sustainable Development)'을 제정하고 유네스코를 선도기관으로 지정한 이후 더욱 활성화되고 있다.

지속가능한 발전교육은 세대 간 형평성, 양성평등, 사회적 관용, 문화 다양성, 빈곤 퇴치, 환경보존, 지속가능한 도시화, 공정하고 평화로운 사회 등 지속가능성의 원칙과 이념에 기초하여 지속가능하지 않은 사회의 구조나 행동양식을 변화시키기 위해 사람들을 참여시키고, 역량을 강화시키기 위한 교육을 포괄하는 의미다.

국제이해교육 측면에서의 환경교육은 지속가능한 발전교육 영역 중 특히 전 지구적 차원의 문제가 인류에게 미치는 영향에 초점을 두고 있으며, 전 지구적 문제를 해결하기 위해 개인이 어떤 자세와 가치관을 가져야 하는지를 중점적으로 다루게 된다.

2009년 3월 31일부터 4월 2일까지 독일 본에서 개최된 유네스코 지속가능발전교육세계회의에서 유엔 지속가능발전교육 10년(UN DESD) 경과를 정리한 바에 의하면, 먼저, 유네스코가 선도하고 조정하고 있는 유엔 지속가능발전교육 10년 중 전반 5년 동안 많은 국가들이 지속가능발전교육의 이행에서 진전을 이루었고, 혁신적인 정책 틀을 만들어 온 것으로 보고하고 있다. 수많은 유엔 기관, 비정부기구, 지역단체, 파트너들이 지속가능발전교육의 세부 영역을 지원하는 구체적인 활동에 동참했다. 이후 지속가능발전교육 이해 증진, 홍보, 실행, 평가를 위한 노력이 계속되고 있다.

또한 이 회의에서는 다음과 같은 성명을 내고 행동준칙을 촉구한 바 있다(독일 지속가능발전교육 세계회의 선언, 2009). 그중 환경교육과 관련한 내용을 발췌하면 다음과 같다.

첫째, 21세기의 10년째 접어든 지금, 세계는 개발 및 생활양식이 가져온 실제적이고 복잡하며 상호 연관되어 있는 도전과제와 문제에 직면해 있다. 이들은 지속불가능한 사회를 만들어 온 가치에서 비롯된 것이다. 상호 연관되어 있는 도전과제의 해결을 위해서는 더 강력한 정치적 의지와 단호한 행동이 필요하다. 우리에게는 이러한 상황을 반전시킬 수 있는 지식, 과학기술, 능력 등이 있다. 이제 행동과 변화를 향상시킬 모든 기회를 활용하여 우리의 잠재력을 발휘해야 한다.

둘째, 지속불가능한 발전의 영향, 우선순위, 책임, 역량은 지역별로, 그리고 개발도상국과 선진국에 따라 다르다. 모든 국가가 현재와 미래의 지속가능 발전을 보장하기 위해 협력할 필요가 있다. 지속가능발전교육에 대한 투자는 미래에 대한 투자이며, 생명을 구하는 조치로서, 특히 분쟁을 겪은 국가나 저개발국에서 중요하다.

지속가능발전교육은 모든 사람을 위한 교육과 학습에 대한 새로운 방향을 설정하고 있다. 이는 양질의 교육을 증진하고 모든 사람을 대상으로 한다. 이는 현재와 미래의 도전에 효과적으로 대응하기 위해 필요한 가치, 원칙, 관행에 기반을 두고 있다.

셋째, 지속가능발전교육은 여러 우선순위와 이슈, 특히 물, 에너지, 기후변화, 재해 및 위기 저감, 생물다양성, 식량위기, 보건, 사회적 취약성 등에 사회가 대처하는 데 도움을 준다. 이는 새로운 경제적 사고를 개발하는 데에도 중요하다. 지속가능발전교육은 건강하고 치유적인 지속가능 사회를 구축하는 데 체계적이고 통합적인 접근을 제공한다. 교육과 훈련 시스템에 새로운 연관성, 질(質), 의미, 목적을 부여한다.

넷째, 지속가능발전교육은 정의, 형평, 관용, 충만, 책임 등의 가치에 기초한다. 지구헌장(Earth Charter)에도 명시된 양성 평등, 사회통합, 빈곤 감소를 촉진하고 돌봄, 성실, 정직을 강조한다. ESD는 지속가능한 삶, 민주주의, 인간의 행복을 지지하는 원칙에 의해 보강된다. 환경 보호와 복원, 천연자원 보존과 지속가능한 사용, 지속불가능한 생산 및 소비 양상에 대한 대처, 정의롭고 평화로운 사회 건설은 지속가능발전교육을 지탱하는 중요한 원칙이다.

다섯째, 사람들의 다양한 필요와 구체적인 삶의 조건과 연관하여, 지속가능발전교육은 문제 해결을 위한 기술을 제공하고 새로운 생각과 과학기술에서뿐만 아니라 지방문화에 담긴 관행과 지식까지 이끌어 낸다.

여섯째, 생물다양성, 기후변화, 사막화, 무형문화유산 등 주요 지속가능발전 영역의 회의에서 지속가능발전교육을 강화하기 위해 유엔체계 내 전문성을 활용한다.

일곱째, 기후변화, 물, 식량안보 등 중요하고 시급한 지속가능성 문제를 해결할 수 있도록 유엔지속가능발전교육 및 관련 틀 내에서 구체적인 실천계획과 프로그램을 개발하는 등 교육 및 훈련체계를 통한 노력을 강화한다.

3 환경교육의 주요 내용 및 유형

환경교육의 내용은 스트랜드 방식과 주제 중심 방식의 두 가지 유형으로 구분이 가능하다. 첫 번째 스트랜드 방식은 환경교육의 목표와의 정합성을 고려하여 설정한 방식으로, 환경교육에서 가르쳐야 할 내용을 지식에 국한하지 않고 기능과 가치까지 포함하여 구체화하는 방식이다. 두 번째 주제 중심 방식은 환경교육의 내용 영역 중 지식 영역에 초점을 맞추어 주제를 중심으로 내용을 범주화하는 방식이다.

이 절에서는 선행연구(최석진 외, 2001)에 기초하여, 각 유형의 환경교육에서 강조하는 주요 내용을 소개하고, 국제이해교육 측면에서의 환경교육에서 주로 다루는 내용 영역을 소개하고자 한다.

1) 스트랜드 방식의 환경교육 내용 영역 구분

스트랜드 방식은 환경교육에서 가르쳐야 할 내용을 지식에 국한하지 않고 길러야 할 기능과 가치와 태도를 구체화시킨 것이다. 대표적인 예로 1988년 미국 펜실베이니아 주의 환경자원부와 교육부에서 제시한 환경교육 내용 영역 구분과 1999년에 미국 NAAEE에서 출판한 Excellence in Environmental Education Guideline for Learning(k-12)에 제시된 네 가지 스트랜드를 들 수 있다. 또한 환경교육의 내용을 설계하고 실행하는 데 가장 일반적으로 받아들여지고 있는 영국의 학교협의회에서 제시한 'Project Environment'도 이러한 맥락에서 환경교육 내용 영역을 제안한 모형으로 볼 수 있다.

(1) 미국 펜실베이니아 주 사례

미국 펜실베이니아 주 1988년 환경자원부와 교육부에서 발표한 환경교육 영역 구분은 스트랜드 방식의 대표적인 예다. 여기에서 환경교육 영역 구분은 ① 천연자원과 인간자원, ② 국지적, 광역적, 국제적 차원에서의 지리적 이해, ③ 자연계와 인간계의 상호연관성과 상호의존성, ④ 개인의 환경적 태도와 가치 개발, ⑤ 환경문제 해결과 관리 기능, ⑥ 에너지에 대한 지식과 적절한 사용 등으로 여섯 가지로 제시되었다. 그리고 각 영역마다 학년별로 배워야 할 구체적인 내용 요소가 포함되어 있다.

(2) 미국 NAAEE 사례

스트랜드 1. 질문하고 분석할 수 있는 기능

환경적 소양은 학습자가 자신을 둘러싼 세계에 대하여 질문을 제기하고, 숙고하며, 가설을 설정한 후, 정보를 구하고 자신이 던진 질문에 대답을 발전시키는 능력에 의존한다. 학습자는 정보를 수집 · 조직하여 해석하고 종합하는 일련의 탐구과정에 익숙해져야 하고, 그러한 결과를 의사소통하는 기본 기능을 익혀야 한다.

스트랜드 2. 환경의 프로세스와 체계에 대한 지식

환경교육의 주요한 요소는 인문체계와 그 영향을 포함하여 환경을 구성하는 프로세스와 체계를 이해하는 것이다. 이해는 전통적 교과 영역으로부터 도출된 지식을 종합하여 재구성하는 것을 기본으로 한다. 하위 내용은 ① 자연체계로서의 지구, ② 살아 있는 환경, ③ 인간과 사회, ④ 환경과 사회 등이다.

스트랜드 3. 환경적 쟁점을 이해하고 말하는 기능

기능과 지식은 환경적 쟁점의 맥락에서 정련되고 적용된다. 이들 환경 쟁점은 환경문제와 그 해결에 대한 여러 관점이 존재하는 실세계의 드라마다. 환경교육은 환경 쟁점을 정의하고, 학습하며, 평가하고 행동하는 능력을 기르도록 해야 한다. 하위 내용은 ① 환경 쟁점을 분석하고 조사하는 기능, ② 환경 쟁점에 대한 조사 및 분석, ③ 의사결정과 시민 기능 등이다.

스트랜드 4. 개인적 · 시민적 책임감

환경 소양을 갖춘 시민은 환경의 질을 유지하기 위해 해야 할 일이 무엇인지를 판단하여 그것을 행위로 연결시키려는 의지를 갖고 실천하는 사람이다. 이를 위해 탐구, 분석, 행위를 위한 기능과 개념 기반 학습을 적용하고 발전시킬 뿐 아니라, 사람이 할 수 있는 일의 차이를 인정할 수 있어야 한다.

(3) 영국 학교협의회 사례

영국 학교협의회에서 제시한 'project environment'에서는 환경교육 내용 영역을 '환경에 관한 교육(education about the environment)' '환경으로부터의 교육(education from the environment)' '환경을 위한 교육(education for the environment)'의 세 가지로 구분하고 있다.

환경에 관한 교육은 환경에 대한 지식과 정보를 수집하고 분석함으로써 습득하도록 하고, 환경으로부터의 교육은 환경을 통해 직접 경험하고 느끼며 파악함으로써 체득되는 친환경적 감수성과 태도를 기르는 데 초점이 맞추어진다. 그리고 환경을 위한 교육은 학습자들이 환경을 위한 관심을 불러일으키고, 교육을 통한 친환경적 행위를 이끌어 내는 내용으로 구성된다. 이들은 상호보완적인 성격을 지니므로 어느 한 측면만을 지나치게 강조하기보다는 세 영역에 대한 균형 있는 교육을 지향한다.

2) 주제 중심의 환경교육 내용 영역 구분

주제 중심의 환경교육 내용 영역 구분은 지식 영역에 초점을 맞추어 범주화한 것으로, 스트랜드 방식보다는 협소하나 의미의 내용 영역 구분이라 할 수 있다. 주제 중심의 내용 영역을 범주화하는 방식은 매우 다양하다.

(1) 미국 뉴욕 주 사례

1988년 뉴욕 주립대와 뉴욕 주 교육부에서 작성한 '환경교육과정 설계와 과정' 이라는 보고서에 제시된 환경교육 내용 범주는 ① 화학적 · 생물학적 · 방사선의 오염, ② 건전한 소비생활, ③ 경제적 · 사회적 · 문화적 환경, ④ 에너지, ⑤ 환경계획 및 설계, ⑥ 보건(오염, 식품첨가제, 마약, 스트레스 포함), ⑦ 토지 이용과 개발, ⑧ 자연환경, ⑨ 오염, ⑩ 인구, ⑪ 자원, ⑫ 고체 폐기물, ⑬ 교통문제로 구성되어 있다.

(2) 영국 NCC(National Curriculum Council) 사례

영국의 국가교육과정위원회(NCC, 1990)는 환경교육의 내용 영역을 ① 기후, ② 토양 · 암석 · 광물, ③ 물, ④ 에너지를 포함한 물질과 자원, ⑤ 식물과 동물, ⑥ 사람들과 사회, ⑦ 건축 · 산업화 · 사회의 일곱 가지로 제안하였다.

(3) 우리나라 사례

우리나라에서도 환경교육에 무엇을 가르칠 것인가에 관해 1970년대 후반부터 끊임없이 논의되어 왔는데, 환경교육 내용 영역에 대해 우리나라에서 논의되어 왔던 방식도 주제 중심의 유형 구분이라 할 수 있다. 논의 초기에는 자연환경과 환경오염을 중심으로 구성되었으나, 점차 환경문제의 속성을 반영하여 간학문적 내용이 많이 포함되는 방향으로 변화하였다. 관련 연구(최돈형 외, 2007; 최석진 외, 2001)에 따르면 우리나라에서 가르쳐야 할 환경교육 주제는 ① 자연환경, ② 인권환경, ③ 인구, ④ 산업화 · 도시화, ⑤ 자원 · 교통문제, ⑥ 환경오염, ⑦ 환경오염, ⑧ 환경보전과 대책, ⑨ 환경위생, ⑩ 환경윤리, ⑪ 지속가능한 발전교육, ⑫ 건전한 소비생활, ⑬ 식품의 열한 가지로 구분하였다.

(4) 유네스코의 국제이해교육 사례

유네스코를 중심으로 한 국제이해교육에서 환경교육은 주로 지속가능발전교육을 중심으로 이루어져 왔다. 국제이해교육 아시아 · 태평양 국제이해교육원에서 실시하는 국제이해교육에 대한 교사연수의 내용 중 환경교육은 대략 ① 지구 온난화, ② 오존층 파괴, ③ 사막화, ④ 산성비, ⑤ 해양오염, ⑥ 물 부족, ⑦ 생물 멸종의 일곱 가지 주제로 구분된다.

(5) Agenda 21 사례

Agenda 21은 1992년 리오 유엔환경개발회의에서 채택된 지속가능발전 관련 의제다. Agenda 21은 지구 환경문제의 원인이 되는 다양한 사회 · 경제적 요인에 대한 해결책, 대기, 해양, 폐기물, 토지 등 각종 환경문제에 대한 해결책, 사회 각계각층의 역할, 그리고 법, 제도, 기술 이전 및 재정 지원 등 광범위하고 포괄적인 실행 체계를 규정하고 있다.

주요 내용은 전문을 포함하여 네 개 영역으로 구분되는데, 제1부는 사회경제적 차원, 제2부는 개발을 위한 자원의 보존 관리, 제3부는 주요 집단별 역할, 제4부는 실행방안에 관한 내용으로 구성되어 있다. 특히 제2부의 내용이 환경교육과 관련성이 깊으며, 구성은 다음과 같다.

제2부 개발을 위한 자원의 보존 관리

- 제9장 대기 보호
- 제10장 토지자원의 통합적 기획관리
- 제11장 토지자원: 사막화
- 제12장 취약 생태계 관리: 사막화의 대응
- 제13장 취약 생태계 관리: 지속가능한 산지 개발
- 제14장 토지자원: 지속가능한 농업 및 농촌 개발
- 제15장 생물다양성 보존
- 제16장 생명공학의 환경안전관리
- 제17장 해양 및 해양생물자원 보호
- 제18장 담수자원의 질과 공급 보호
- 제19장 독성화학물질의 환경안전관리
- 제20장 유해폐기물의 환경안전관리
- 제21장 고형 및 하수폐기물의 환경청정관리
- 제22장 방사성 폐기물의 환경안전관리

4 환경교육의 문제점과 개선방안

지속가능한 발전을 위한 환경문제를 해결하기 위하여 과학자, 정책입안자, 경제학자, 사회학자 등이 여러 분야에서 노력해 오고 있는 것이 사실이다. 과학자들은 친환경적인 새로운 기술 개발에 노력하고 있고, 정책입안자들은 규제와 벌칙을 통해, 그리고 경제학자나 사회학자들은 최소성장정책과 같은 각각의 방법으로 노력하고 있다.

그러나 환경문제를 줄이거나 해결하는 데 가장 근본적인 해결책은 인간과 자연의 상호 관련성을 이해시키며, 환경에 대한 올바른 태도와 가치관을 갖도록 하는 '교육' 임에 틀림없다. 앞 절에서 살펴보았듯이 우리나라 환경교육의 전개과정은 환경의 질을 높이는 데 기여할 수 있는 인간을 길러 내고자 하는, 학교교육에 대한 새롭게 부과된 과제다. 어린 학생들로 하여금 환경에 대한 무지와 무감각에서 벗어나게 도와주고, 환경에 대한 올바른 의식과 가치를 갖도록 하는 것이 학교교육이 담당해야 할 새로운 과제다.

이 절에서는 방진영, 김대희(2000)와 최돈형(2006)의 연구에 기초하여 우리나라 학교환경교육의 제 문제와 개선방안에 대해 살펴보고자 한다.

1) 환경교육의 문제점

(1) 중등학교의 환경교육 선택 운영에 따른 문제점

흔히 환경오염 문제는 과학기술의 사용 결과와 관련이 큰 반면, 그 문제에 관련한 행위는 사회적 요소가 더 많고, 이러한 문제들은 사회적 · 정치적 · 법률적으로 다루어지는 경우가 대부분이다. 따라서 환경교육은 그 특성상 생물, 물리, 화학, 지리, 역사, 문화, 사회, 미적 경관 등 여러 요소에 근거하는 종합적 고찰과 다학문적이고 간학문적인 접근이 필요하다. 환경교육을 여러 과목에서 분산된 형태로 다루게 된다면 여러 개별 교과목 사이에서 공통된 방향 없이 과목 간 연계가 이루어지지 않아 환경교육 본래의 통합적인 관점을 잃게 될 수 있다.

다행히 우리나라 학교환경교육의 경우, 제4 · 5차 교육과정에서는 기존의 여러 과목에 분산되는 형태로 제시되었던 반면, 제6차 교육과정 이후에는 선택 교과의 하나로 1995년부터 중학교에서는 '환경'을 시행하였고, 제7차 교육과정에서는 연간 102시간 이상 재량활동시간을 두어 제6차 교육과정의 연간 34~68시간에 비하여 한층 강화되었다. 고등학교에서는 제6차 교육과정에서 '환경과학'을, 제7차 교육과정에서는 '생태와 환경'의 독립교과로 개설하여 학교장의 재량에 의해 선택할 수 있도록 하였다. 또한 제7차 교육과정에서는 환경에 대한 자연과학적 접근과 사회과학적 접근의 조화와 통합을 강조하여 '환경과학'을 '생태와 환경'으로 전환하였으며, 환경에 관한 내용을 유사한 과목에 분산 · 실시하도록 하였다(최돈형, 2006).

중 · 고등학교에서 환경과목을 선택하고 있는 학교는 2005년 말 전국의 4,929개 중 · 고등학교의 18.9%인 933개교로 나타났다. 중학교의 경우 2,858개교 중 12.9%인 368개교, 고등학교는 전국 2,071개교 중 27.3%인 565개교에서 환경과목을 선택하는 것으로 나타났다. 그러나 고등학교의 경우 3학년 과정에서 '생태와 환경' 과목을 선택 · 운영하고 있는 점에 미루어, 입수위주의 풍토에 밀려 제대로 된 환경교육이 어려운 실정이다.

(2) 교사교육의 문제점

환경교육과 같은 통합적인 교과목이 제대로 운영되기 위해서는 우선 환경교육을 통합적인 안목으로 가르칠 수 있는 교사를 양성하는 것이 매우 중요하다. 전통적인 교과목에서는 주어진 주제에 대하여 그동안 널리 알려져 일반에게 받아들여지는 학설이나 이론에 근거하여 교과서적인 관점에서 교육내용을 전개할 수 있다. 그러나 환경에 대해서는 자연상태 본래로 되돌려야 한다는 극단적인 환경보전론에 근거하는 견해에서부터, 환경을 인간생활에 필요한 만큼 적절히 사용할 수 있다는 견해, 또는 자연은 무한한 풍요함을 갖고 있어 마음대로 사용할 수 있다는 극단적 견해에 이르기까지 다양하다.

따라서 환경교사에게는 환경이라는 과목 특성과 관련하여 상이한 가치관이나 환경관을 서로 비교할 수 있고 상반되는 점을 제시할 수 있어야 한다. 교사는 학생에게 무엇이 진실된 것인지를 제시할 수 있어야 하고, 이것이 교사의 편견이나 개인의 가치관과 무관해야 하는 어려움이 있다. 그러나 교육현장에서 실제로는 특정 환경 주제에 대하여 교사의 편견 없이 주제와 관련한 모든 면을 가치중립적으로 제시할 수 있도록 훈련을 받은 교사 양성이 제도적으로 되어 있지도 않고 쉽게 이루어지기 어려운 실정이다.

2) 환경교육의 개선방안

(1) 교육과정 및 교육방법의 개선

우리나라 학교환경교육의 문제점에서 환경 교과가 독립교과로 채택되었지만 여전히 매우 낮은 선택률에 그치고 있다. 쓰레기 매립, 수질 관리, 그린라운드, 국제환경인증제도 등 국내외적인 환경문제는 불편을 감수하는 정도를 넘어선 생존의 문제다. 따라서 환경 관련 교과목의 선택률을 높이기 위한 교육과정 체제의 개선을 고민할 필요가 있다. 또한 환경교육은 가치관, 신념, 태도, 참여 의지 등 정의적 영역에 강조를 두므로, 지식 위주의 강의 중심 교육으로는 그 실효성이 매우 낮을 수밖에 없다.

따라서 교육방법적 측면에서 다음 몇 가지 개선안을 고려할 필요가 있을 것이다. 첫째, 학교 밖에 있는 자연을 직접 찾는 방법이다. 그러나 이 방법은 현재의 학교 내외의 상황을 고려할 때 방학 중이 아니면 실행하기 어려울 수는 있겠으나, 열성적인 교사와 지역사회 네트워크의 개선으로 실행 가능하다. 둘째, 학교 안에서 풍부한 자연환경을 접할 수 있도록 학교 옥외환경을 조성하는 방법이다. 예를 들어, 도시에 위치하고 있는 학교의 경우 학교에 텃밭을 만들 수 있을 것이다. 교실 한 개만 한 크기의 땅 정도로 시작할 수 있으므로 경비도 크게 들지 않을 것이다. 셋째, 실적과 전시 위주의 교육에서 벗어나 학교와 지역사회의 실정에 맞는 창의적인 환경교육 프로그램의 개발과 보급이 필요하다.

(2) 지속가능성 교육을 위한 교사 및 관련 전문가들의 공감대 형성

한국의 학교환경교육이 지속가능성 교육으로서 사회적 · 문화적 · 환경적 상황에 부합하는 역할과 목적을 달성하기 위해서는 먼저 한국 환경교육이 현재 상황과 목표 수준을 종합적으로 파악하여야 하며, 이를 구현하기 위해서는 환경교육과 환경교육학에 종사하는 사람들이 환경교육의 정체성에 대한 공감대를 형성하는 것이 무엇보다 필요하다(최돈형, 2006).

이를 위하여 첫째, 환경교육의 목적을 공유할 필요가 있다. 환경교육의 역사적 진화과정에서 살펴보면 환경교육의 목적은 인간과 환경과의 관계에 대한 인식과 이해에서, 인간 삶의 질과 환경 질의 균형 있는 발달, 그리고 환경적으로 책임 있는 의사결정과 행동을 할 수 있는 인간 육성을 강조할 필요가 있다.

둘째, '환경교육'과 '환경교육이 아닌 것'을 구별하고 정체성 있는 환경교육 프로그램을 개발 · 운영할 필요가 있다. Engleson(1986)에 의하면, 환경교육은 행동지향적, 지속적, 경험적, 미래지향적, 세계지향적, 총체적, 간학문적, 경험지향적, 중립적이라는 다면적 속성을 지닌다.

셋째, 환경교육자와 환경론자의 역할을 구분할 필요가 있다. 흔히 환경교육자와 환경론자를 동일시하는 경향이 있지만, 이들은 분명히 다르다. 환경론자는 환경에 나쁜 것은 멈추어야 한다는 행동을 지지하는 사람인 반면, 환경교육자는 환경소양능력을 배양하는 사람이다. 환경교육자는 '중재자', '화해자'이기보다는, 기능 개발자이자 정보분석가로서 앞으로 올바른 환경 의사결정을 하게 될 사람을 가르치는 '교육자'라는 공감대가 필요하다.

넷째, 학교환경교육의 질을 향상시키기 위해서는 교사의 질을 향상시켜야 한다. 이를 위해서는 우선적으로 교사양성대학의 환경교육과 교육과정의 개발원칙과 구성비율 등에 대한 연구가 이어져야 하며, 환경교육학의 성격과 목적 및 구성강좌 개요 등이 개발되고, 이에 부합되는 환경교육학 교재가 개발되어야 한다. 그리고 교사 양성과 현직교사 연수과정에 환경교육 관련 강좌를 증설해야 하며, 교육내용으로는 환경에 대한 이론 중심의 연수보다 실제 활용할 수 있는 실습 중심의 내용을 강화해야 한다.

(3) 정책적 · 재정적 지원 개선

환경교육의 활성화를 위해 필요한 정책적 · 재정적 지원은 다음과 같다(환경교육학회, 1996; 방진영, 김대희, 2000에서 재인용).

첫째, 환경교육 전반에 대한 계획과 조절을 위하여 '환경교육위원회'와 같은 기관을 설립하여야 한다. 이 위원회는 교육부의 환경교육 담당자와 정부 각 부처의 환경 관련 업무 담당자, 그리고 환경교육 전문가, 환경보전협회 관계자로 구성되어야 하며, 국가 차원에서 환경교육 활성화를 위한 정책 수립과 실행을 지원하도록 해야 한다.

둘째, 교육부에 환경교육을 담당하는 부서를 신설해야 한다. 여기서는 환경교육과정의 개발, 실시, 평가, 보급 등을 담당하고 교사의 재교육에 대한 계획을 수립하여 실시하는 것을 주관하며, 그 밖에도 야외 환경 교육장의 설치 및 운영에 관한 일과 교육자료 개발 및 제작 등을 관장해야 하며, 환경교육에 대한 연구 및 개발을 지원하는 업무를 담당해야 한다.

셋째, 정부에서는 환경교육의 중요성에 비추어 충분한 예산을 배정해 주어야 한다. 환경교육을 위한 교사교육이나 교재 제작 등은 예산의 확보 없이는 효과적으로 이루어질 수 없기 때문이다.

넷째, 각 시도 단위로 환경교육 담당 전문직을 임용하여야 하며, 지역 특성에 맞는 학습자료와 시청각자료, 학습보조자료 등을 개발하여 보급하여야 한다. 학습자료는 지역에 있는 대학이나 관련 기관과 긴밀한 협조 아래 지역 특성과 교육 대상에 맞게 제작되어야 한다.

다섯째, 다른 나라에서 실시하고 있는 것과 같이 자연관찰 학습장을 전국 각지에 설치하여 초 · 중등학생들이 직접 야외에 나가 자연을 관찰하고 환경과 인간과의 관계를 이해하도록 체험적이고 정의적 학습이 이루어지도록 해야 한다. 이를 위하여 관련 부처 간의 적극적인 협조가 요청된다.

(4) 유네스코 지속가능발전교육의 과제

제57차 유엔총회(2002. 12)에서 '유엔 지속가능발전교육 10년(UN Decade of Education for Sustainable Development)'을 제정하고 유네스코를 선도기관으로 지정한 이후, 유네스코는 2005년 지속가능발전교육 10년 리플릿을 발간하였다. 그 내용 중 환경교육과 관련하여 극복해야 할 과제를 정리하면 다음과 같다.

첫째, 환경교육을 넘어 지속가능발전교육이 되어야 한다. 지속가능발전의 개념이 지구 보호라는 질문과 연관되어 오면서 지속가능발전교육과 환경교육을 동일한 의미로 보는 시각이 있다. 환경교육이 지속가능발전교육의 중요한 부분이기는 하나 전체를 설명하지 못함을 인식해야 하며, 이와 관련한 다양한 교수학습자료를 개발하는 문제를 과제로 삼아야 할 것이다.

둘째, 많은 국가들이 지속가능발전교육 프로그램과 활동을 시행하고 있다. 이들 내용의 현황을 파악하고 결과에 대한 평가를 통해 정보를 보급함으로써 지속가능발전교육이라는 새로운 비전을 국가교육계획에 통합시켜야 할 것이다.

셋째, 언론은 지속가능발전의 원칙과 가치, 유용한 경험에 대한 인식을 고취시키고 확산시키는 강력한 수단이 된다. 언론이 양질의 정보를 시민들에게 전달하는 데 적극적으로 협조한다면 지속가능발전교육의 성공은 매우 희망적일 것이다. 언론의 참여를 통한 인식 제고는 환경교육뿐 아니라 지속가능발전교육에 대한 이해와 실행을 위한 저변 확대에 큰 도움이 될 것이다.

탐구과제

- 시대에 따른 환경교육의 개념 정의의 차이점을 논의해 보자.
- 지속가능한 발전교육으로서의 환경교육의 개념을 설명해 보자.
- 우리나라 환경교육의 발전과정을 시대별로 정리해 보자.
- 환경교육의 주요 내용의 영역 구분에 대해 토론해 보자.
- 우리나라 환경교육의 문제점과 개선방안에 대해 논의해 보자.

참고문헌

노희정(2006). 지속가능한 발전을 위한 환경윤리교육. 환경철학 5집, 1-32.

방진영, 김대희(2000). 우리나라 학교 환경교육의 제 문제와 개선방안, 과학과 교육 8집, 87-103.

이선경 외(2005). 유엔 지속가능발전교육 10년을 위한 국가 추진전략 개발 연구, 대통령자문 지속가능발전위원회 최종보고서.

최돈형(2006). 우리나라 학교환경교육 10년의 회고와 전망. 한국환경교육학회 학술대회 자료집, 3-23.

최돈형, 손연아, 이미옥, 이성희(2007). 환경교육 교수-학습론. 서울: 교육과학사.

최석진, 박선미, 심현민, 이용순, 박종성(2001). 환경교육 교수-학습 및 평가방법 연구 · 개발. 서울: 한국교육과정평가원, 한국직업능력개발원.

Brennan, M. J. (1957). "Conservation for Youth", Bulletin of Massachusetts Audubon Society, May.

Brennan, M. J. (1970). Making Tomorrow Now: Building a Qualitative Environment for All Children. *Children Education, 47*(1), 2-5.

Engleson, D. C. (1986). *A Guide to Curriculum Planning in Environmental Education*, Madison, WI: Wisconsin Department of Public Instruction.

Roth, C. E. (1978). Off the Nerry-Go-Round and on to the Escalator. In From Ought to Action in Environmental Education. edited by William B. Stapp, 12-23. Columbus, OH: SMEAC Information Reference Center. ED 159 046.

Schoenfeld, C. A. (1968). "EE and the University", *Educational Record*, Summer, 305-310.

제11장

환경교육의 실제

- 이은화 · 김대현 -

- 환경교육과 교육과정의 관계는 중학교 도덕과 및 환경과와 고등학교 환경과의 내용 요소와 관련이 있다.
- 환경교육의 목표와 내용은 개별적이고 분과적인 방식의 환경문제 해결이 아니라, 통합적이고 학제적 방식의 체제적인 접근을 통한 지속가능한 발전교육으로 이루어진다.
- 국가 수준 교육과정의 환경교육 주요 방법은 중학교 '환경'의 경우 토론, 역할놀이, 조사, 실험, 현장체험학습, 드라마, 연극, 놀이, 사례연구 등을, 고등학교 '환경'에서는 야외학습, 현장견학 혹은 방문, 사례학습 등 학생 중심 및 문제해결 중심으로 수업을 전개하고, 토의 · 토론식 학습과 과제학습을 실시하도록 하는 등 다양한 교수-학습방법을 제시하고 있다. 이 장에서는 여러 가지 환경교육의 교육방법 중 강의식, 토의 발표식, 사례연구식, 현장체험식, 실험 · 실습식 교육방법을 소개하였다.
- 환경교육 수업사례 두 가지를 소개하였고, 토의 발표식 환경교육 수업지도안을 예시 활동으로 포함하였다.

학 습 목 표

- 환경교육과 국가 수준 교육과정과의 관계를 이해한다.
- 환경교육의 목표와 내용요소에 대해 이해한다.
- 환경교육의 교육방법의 유형별 특징 및 장단점에 대해 이해한다.
- 환경교육을 위한 교수-학습지도안을 작성하고 적용할 수 있다.

1 환경교육과 교육과정 관련성

지속가능한 발전교육으로서 환경교육과 우리나라 중등학교 국가 수준 교육과정과 환경교육의 관련성은 환경교과를 중심으로 하여 도덕과 및 사회과와 일부 관련성을 갖는다. 여기에서는 이들 교과의 국가 수준 교육과정 내용 체계표를 2007 개정 교육과정을 중심으로 관련성을 찾고자 하였다.

표 11-1 환경교육과 관련한 국가 수준 교육과정의 내용체계

교과명	국가 수준 교육과정 관련성		학년
	영역	내용	
도덕과	자연 · 초월적 존재와의 관계	〈환경과 도덕〉 • 환경과 인간의 삶 • 환경친화적 삶의 방식	7
사회과	지리 영역	• 자원의 개발과 이용 • 산업활동과 지역 변화 • 지역에 따라 다른 환경문제 • 세계 속의 우리나라 • 통일한국의 미래	9
		• 국토와 지리정보 • 자연환경과 인간생활 • 문화 경관의 다양성 • 장소 인식과 공간 행동 • 지역 개발과 환경 보전	10
환경과	환경과 나	• 환경의 의미 • 건강하고 쾌적한 환경 • 나의 활동이 환경에 끼치는 영향	중학교
		• 생태계와 생물종 다양성의 중요성 • 생태계의 일부로서의 나 • 환경 감수성과 체험	
	건강하고 쾌적한 환경	• 우리 생활의 변화와 환경의 영향 • 경제활동, 도시화 등과 환경의 변화	
		• 환경에 대한 바람직한 가치관 • 지속가능발전의 의미와 이를 위한 생활양식	

<table>
<tr><td rowspan="9">환경과</td><td rowspan="3">지역환경과
지구환경</td><td>• 소중한 공기
• 공기와 인간 및 생물과의 관계
• 공기의 오염과 보전</td><td rowspan="9">중학교</td></tr>
<tr><td>• 소중한 물
• 물과 인간 및 생물과의 관계
• 물의 오염과 보전</td></tr>
<tr><td>• 소중한 흙
• 흙과 인간 및 생물과의 관계
• 흙의 오염과 보전</td></tr>
<tr><td rowspan="2">자원과 에너지</td><td>• 자원 및 에너지의 의미와 문제
• 에너지의 미래와 환경친화적 이용</td></tr>
<tr><td>• 쓰레기의 발생 원인과 문제
• 쓰레기의 재활용과 자원화</td></tr>
<tr><td rowspan="2">지역환경과
지구환경</td><td>• 자기 지역의 환경문제와 해결 노력
• 지역별 환경문제와 대책</td></tr>
<tr><td>• 여러 가지 지구환경 문제
• 지구환경 위기의 극복 노력</td></tr>
<tr><td rowspan="2">환경 보전의 실천</td><td>• 생태 공간 회복의 의미
• 생태 공간의 회복과 보전 노력</td></tr>
<tr><td>• 일상생활 제품의 환경친화적 이용
• 세계시민으로서의 환경 보전과 지속가능발전에의 참여</td></tr>
<tr><td rowspan="4">환경과</td><td rowspan="3">인간과 환경</td><td>• 지구환경의 구성요소와 지구 부양력
• 환경관과 환경윤리 및 환경 정의</td><td rowspan="4">고등학교</td></tr>
<tr><td>• 생태계의 구성요소와 상호작용
• 인간활동과 생태계 및 생태계 복원
• 생물종 다양성의 중요성과 감소 문제
• 생태 체험과 보전 노력</td></tr>
<tr><td>• 환경문제의 시대별 변화 원인과 상황
• 지속가능발전과 지속가능발전교육의 의미
• 지속가능발전의 구현과 우리 생활</td></tr>
<tr><td>자원과 에너지</td><td>• 자원의 의미와 환경문제 및 대책
• 자원의 환경친화적 이용과 개발</td></tr>
</table>

환경과	자원과 에너지	• 에너지의 의미와 환경문제 및 대책 • 신 · 재생 에너지의 이용 및 개발 • 에너지의 환경친화적 이용과 개발	고등학교
	환경문제의 이해와 대책	• 대기환경과 인간과의 관계 • 대기환경 문제 이해와 대책 • 지하 및 실내 공기 오염, 소음, 악취 문제와 대책	
		• 물 환경과 인간과의 관계 • 물 환경 문제의 이해와 대책 • 해양오염 및 갯벌 문제와 대책	
		• 토양환경과 인간과의 관계 • 토양환경 문제의 이해와 대책 • 토양환경과 연계된 환경문제의 종합적 접근	
		• 폐기물과 인간과의 관계 • 폐기물 문제의 이해와 대책 • 폐기물의 지속가능한 활용과 종합적 접근	
	지역환경과 지구환경	• 지역별 환경 특징과 환경문제 이해 및 개선 노력 • 자기 고장의 환경문제와 대책 • 국토 개발과 환경 보전	
		• 지구환경 문제의 통합적 이해 • 지구환경 문제와 지속가능발전	
	지속가능발전과 사회 및 생활양식	• 세계와 우리나라의 지속가능발전 • 지속가능발전을 위한 정책과 경제 및 사회 • 환경영향평가와 환경 보전	
		• 지속가능발전을 위한 생산 · 소비 · 유통 • 지속가능발전을 위한 의식주와 건강 및 보건 • 지속가능발전을 위한 과학 · 기술	
	지속가능 사회의 구현	• 나와 우리의 노력 • 기업과 민간단체의 활동 • 지방 · 국가 · 국제기구의 활동	
		• 지속가능발전을 위한 환경과학, 환경기술의 전망 • 나의 삶과 환경 • 미래의 지구환경	

각 내용의 세부적인 내용요소와의 관련성은 〈표 11-2〉와 같다.

표 11-2 환경교육과 관련한 국가 수준 교육과정의 세부 내용요소

교과명	국가 수준 교육과정 관련성	학년
	내 용	
도덕과	(4) 환경과 도덕 (가) 환경과 인간의 삶 (나) 환경친화적 삶의 방식	7
사회과 (지리 영역)	(1) 자원의 개발과 이용 (3) 지역에 따라 다른 환경문제	9
	(2) 자연환경과 인간생활 (5) 지역 개발과 환경 보전	10
환경과	(1) 환경과 나 (가) 환경과 나의 관계 (나) 생태계 속의 나 (2) 환경의 변화와 지속가능발전 (가) 우리 활동과 환경의 변화 (나) 환경친화적 가치관과 지속가능한 생활양식 (3) 건강하고 쾌적한 환경 (가) 맑고 상쾌한 공기 (나) 깨끗하고 풍부한 물 (다) 생명의 터전인 흙 (4) 자원과 에너지 (가) 우리 생활과 자원 및 에너지 (나) 다시 사용하는 쓰레기 (5) 지역환경과 지구환경 (가) 지역사회의 환경 (나) 지구환경 (6) 환경 보전의 실천 (가) 생태 공간의 회복 (나) 환경 보전의 실천	7~9

환경과	(1) 인간과 환경 (가) 자연환경과 인간 (나) 생태계와 인간 (다) 환경과 지속가능발전 (1) 자원과 에너지 (가) 자원 (나) 에너지 (1) 환경문제의 이해와 대책 (가) 대기환경 (나) 물환경 (다) 토양환경 (라) 폐기물 (1) 지역환경과 지구환경 (가) 지역환경 (나) 지구환경 (1) 지속가능발전과 사회 및 생활양식 (가) 지속가능발전과 사회 (나) 지속가능발전과 생활양식 (1) 지속가능 사회를 위한 실천 (가) 주체별 실천 (나) 지속가능한 지구환경	11～12

2 환경교육의 목표와 내용

지속가능한 발전교육으로서 환경교육의 목표와 내용은 무엇이어야 할까? 이 절에서는 최돈형 외(2007)가 우리나라 교육과정과의 관련성을 기초로 하여 환경교육의 목표와 내용요소를 제안한 내용을 소개하고자 한다.

최돈형 외(2007)는 우리나라 국가 수준 교육과정의 교육목표를 분석하여 환경교육의 목적은 모든 사람으로 하여금 환경문제의 예방과 해결에 필요한 인식 · 지식 · 태도 · 기능 등을 갖도록 함은 물론, 나아가 환경문제의 해결과정 및 지속가능발전을 위해 적극적으로 참여할 수 있는 기회를 제공하는 것이라 정의하였다.

1) 환경교육의 목표

환경문제는 더는 지역에 국한된 문제가 아니다. 어느 한 지역의 환경문제는 곧 지구 전체의 문제로 확산되기 때문이다. 최석진 외(2001)는 환경문제의 규모가 국지적이든, 광역적이든, 세계적이든지 간에 전체 체계의 한 요소에서 발생하는 문제는 전체 체계 속에서 고찰할 필요가 있음을 지적하고, 환경교육의 목적과 목표에 대한 정의가 시대적으로 변화하고 있음을 설명하였다.

환경교육의 목적과 목표에 대한 정의는 1975년 구 유고의 베오그라드에서 개최된 '국제환경교육 워크숍'에서 채택된 베오그라드 헌장에 명시된 것을 준용하고 있다. 베오그라드 헌장에 제시된 환경교육의 목적은 '모든 국가가 각각의 문화에 기초하여 총체적인 환경이라는 문명 가운데 생활의 질, 인간의 행복 등 기본 개념의 의미를 명백하게 할 것이며, 자국의 영역을 넘어서 타국의 문화에 대한 분명한 이해와 올바른 평가에 이르기까지 확대해 간다. 그리고 인간의 가능성을 보전하고 발전을 확보할 수 있는 행동이 무엇이며, 자연 및 인공환경과 조화롭게 사회적 · 개인적 행복을 증진시킬 수 있는 방법이 무엇인지에 대하여 공통 이해를 명확히 하는 것'이라고 제시한다. 이러한 환경교육의 목적은 인간의 행복과 생활의 질에 초점을 맞추어 지속적으로 인간의 가능성을 보전하고자 하는 데 있다(최석진 외, 2001).

그 후 1977년 구 소련의 트빌리시에서 개최된 '환경교육에 대한 정부간 회의' 보고서에는 베오그라드 헌장과 마찬가지로, 환경교육의 일차적인 목적을 환경문제 해결에 두기는 하였지만, 보다 넓은 체제 속에서 각 요소 간의 관계와 상호작용을 인식하도록 한다는 점이 달라졌으며, 1985년 유네스코에서 규정한 환경교육의 목표도 이와 거의 동일하다.

최석진 외(2001)가 분석한 바에 따르면, 환경교육의 현재적 추세는 여전히 환경문제의 인식과 해결을 강조하지만 환경문제를 예방하는 데 요구되는 생활양식과 소비양식의 변화를 보다 강조한다. 즉, '환경오염' '환경문제' 의 수준이 아니라, 환경에 대한 관점을 전면적으로 재정립함으로써 '지속가능한 발전을 위한 교육' 으로 전환되고 있다. 1992년 브라질의 리우데자네이루에서 개최된 유엔환경개발회의(United Nations Conference on Environment and Development)는 '지속가능한 발전을 위한 교육' 으로서의 환경교육을 명시하고 있다. 지속가능한 발전을 위한 환경교육은 독립된 여러 부분을 산술적으로 더는 평면적이고 기계적인 관점이 아니라, 지구환경을 다양한 요소와 체계 간의 유기적이고 입체적인 상호작용이라는 생태학적 관점으로 접근한다.

최돈형 외(2007)는 우리나라 교육과정에 나타난 환경교육의 목표를 분석하고 환경교육의 목적을 모든 사람들로 하여금 환경문제의 예방과 해결에 필요한 인식 · 지식 · 태도 · 기능 등을 갖도록 함은 물론, 나아가 환경문제의 해결과정 및 지속가능한 발전을 위해 적극적으로 참여할 수 있는 기회를 제공하는 것이라고 정의하고, 학교환경교육의 방향도 전체 체제를 고려해야 함을 주장하였다.

학교환경교육의 방향을 제안하면서 학교환경교육은 전인교육의 일환으로 실시되어야 할 것과 환경교육의 초기 단계에서는 정의적 영역의 목표를 강조하고, 교육단계가 올라갈수록 상대적으로 인지적 영역의 목표에 비중을 늘리는 것을 제안하였다. 그뿐 아니라 현대의 환경교육은 더는 산업화의 폐해를 치유하는 차원에 머무는 '환경오염' 또는 '환경문제' 의 수준에 머물러서는 안 되며, 환경에 대한 관점을 전면적으로 재정립하면서 인류사회 발전에 기여하는 방식, 즉 환경교육의 새로운 패러다임인 '지속가능한 발전교육' 으로 전환되어야 할 것을 주장하였다.

이상에서 검토한 바, 학교환경교육을 포함한 환경교육의 지향점은 개별적이고 분과적인 방식의 환경문제 해결이 아니라, 통합적이고 학제적인 방식의 체제적인 접근을 통한 지속가능한 발전교육임을 확인할 수 있다.

2) 환경교육의 내용

노희정(2006)은 지속가능한 발전을 위한 환경윤리교육은 생태학적 패러다임에 입각한 생태학적 환경윤리교육, 정치사회교육, 인간과 자연의 공생을 추구하는 가치관 교육, 생태학적 소양함양교육의 성격을 지녀야 함을 주장하고, 이러한 교육의 내용 구성에 대하여 인지적 · 정의적 · 행동적 측면에서 다음과 같이 제안하였다.

첫째, 인지적 측면에서, 환경윤리교육의 내용은 생태학적 지식과 이해에 기초해 자연과 더불어 살아가는 데 필요한 지적 기능을 길러 줄 수 있도록 구성되어야 한다. 예를 들어, 지식 측면에서는 생태계의 보전과 생물종 다양성, 생물체의 생육권, 자연의 본래적 가치와 권리, 자연의 한 구성원으로서의 인간의 형이상학적 도덕적 지위, 생물공동체의 선(통합성, 안정성, 아름다움), 인간과 자연의 상호관계성 등을 학생들이 이해하고 깨달을 수 있도록 구성되어야 한다. 또한 지적 기능의 측면에서는 환경 및 환경문제와 관련한 사실 탐구의 기능, 도덕적 사고와 판단 기능, 비판적 사고 기능, 합리적 의사결정 기능, 사실 및 탐구에 필요한 적절한 과정 절차적 기능, 공적 토론과 갈등의 창조적 해결 기능 등을 기를 수 있도록 구성되어야 한다.

둘째, 정의적 측면에서, 학생들이 생태학적 감수성과 상상력, 내적 통제력을 키울 수 있도록 구성되어야 한다. 인간은 자연환경 속에서 살아가면서 끊임없이 무엇인가를 느끼고 생각하며 영감을 얻는다. 여기서 '더불어 살아간다'는 것은 서로를 배려한다는 것 또한 포함된다. 배려하는 마음은 나 아닌 다른 사람에 대한 애정이라고 할 수도 있고, 인간 이외의 자연환경에 대한 애정이라고도 할 수 있다. 이러한 인간에 대한 애정, 자연환경으로부터 받은 두 요소로 이루어졌다고 할 수 있다.

그 하나는 자연환경으로부터 받은 인상이나 느낌으로 인해 얻어지는 생태학적 감수성(ecological sensibility)이고, 다른 하나는 심미적 감수성(aesthetic sensibility)이다. 생태학적 감수성은 생태학적 불감증의 반대 의미로, 자연환경에 대한 일체감이나 정체성, 자연환경과 하나가 되고 조화를 이루는 감정이나 느낌으로 정의될 수 있다. 심미적 감수성은 자연과의 교감을 통해 느끼는 감정으로 자연을 경외하고 존중하며 아름답게 느끼는 가치관을 의미한다.

이러한 생태학적 감수성과 심미적 감수성이 쌓이면 자연스럽게 무한한 생태학적 상상력이 발휘될 것이다. 그리고 내적 통제력이란 환경문제와 관련해서 어떤 통제를 가할 수 있는 효능감을 의미한다. 자신의 내면에 이러한 통제력이 있다는 신념을 가질 때 학생들은 환경문제나 환경 쟁점에 대해 적극적인 입장을 취하고 적극적으로 행동할 수 있을 것이다.

셋째, 행동 측면에서, 환경윤리교육의 내용은 단순히 생태학적 지식을 제시하는 선에서 구성되는 것보다는 자신의 생활 속에서 실천할 수 있도록 구체적으로 구성되어야 한다. 학생들이 생태학적 세계관을 실천에 옮길 수 있는 구체적인 사례를 제시하는 것이 바람직하다는 것이다. 그리고 지속가능한 발전에 기여하는 실천적 삶을 사회 속에서 구현하기 위해서는 자연사랑과 존중의 품성이 선행되어야 할 것이다.

이상과 같은 인지적 · 정의적 · 행동적 측면의 환경교육 내용 구성은 Roth (1990)가 제안한 명목적 환경교육(Nominal environmental literacy), 기능적 환경교육(Functional environmental literacy), 조작적 환경교육(Operational environmental literacy)으로 단계를 나누고 각 단계마다 지식 스트랜드, 기능 스트랜드, 감성 스트랜드, 행위 스트랜드로 범주화하고 그 내용을 구체화함으로써 환경교육에서 다루어야 할 내용을 종합적이고 체계적으로 정리하였다.

〈표 11-3〉은 환경교육의 단계별 내용을 정리한 것이다(Roth, 1990; 최석진 외, 2001에서 재인용).

표 11-3 환경교육의 단계별 내용

명목적 환경교육	기능적 환경교육	조작적 환경교육
환경에 대하여 의사소통하는 데 사용하는 기본적인 개념	인간체계와 자연체계 간의 상호작용에 대한 지식	행위의 영향과 결과를 평가하는 단계
자연에 대한 인간의 영향에 대해서 초보적 수준에서 이해	인간과 자연 간 상호작용의 부정적 측면에 대한 인식과 관심	지속적으로 정보를 수집, 종합하고 대안을 선택하며, 건강한 환경을 유지하고 고양시키기 위해 행동하는 것
	1차적인 정보와 2차적인 정보의 이용	
자연체계의 작동과정과 인간사회에 미친 영향 및 상호작용에 대한 초보적 지식 획득	선정된 문제와 쟁점을 개인적 가치와 윤리 및 분명한 증거에 기초하여 평가	책임감을 가지고 환경 악화를 치료하거나 예방
	발견과 느낌을 다른 이와 의사소통	주요 요소는 마음의 습관화

3 환경교육의 주요 교육방법

환경교육의 주요 교육방법을 국가 수준 교육과정을 중심으로 살펴보면, 중학교 '환경'의 경우 토론, 역할놀이, 조사, 실험, 현장체험학습, 드라마, 연극, 놀이, 사례연구 등을, 고등학교 '환경'에서는 야외학습, 현장견학 혹은 방문, 사례학습 등 학생 중심 및 문제해결 중심으로 수업을 전개하고, 토의 · 토론식 학습과 과제학습을 실시하도록 하는 등 다양한 교수-학습방법을 제시하면서 이들을 적극적으로 활용하도록 명시하고 있다. 여기에서는 여러 가지 환경교육의 교육방법 중 강의식, 토의 발표식, 사례연구식, 현장 체험식, 실험 · 실습식 교육방법을 소개한다.

1) 강의식 수업

강의식 수업은 교수자가 설명과 해설을 하면서 수업내용을 학습자에게 전달하는 방법이다. 강의식 수업에서 교수자는 사전에 계획된 구조에 따라 지식체(Body of Knowledge)를 언어적으로 전달하게 된다. 이 과정에서 교수자는 아이디어 또는 개념을 제시하고 그들을 발전시키고 평가하며 요점을 요약하는 반면, 학습자들은 그것을 청취하고 노트를 하게 된다. 강의 중에 학습자들의 질문은 일반적으로 허용되지 않으며, 질문이 제기되는 경우라 하더라도 주로 사실이나 정보를 명료화하기 위해서다. 다시 말하면, 한 사람의 교수자가 특정한 논제나 주제를 모두 이야기하는 형태의 교수법이다. 엄격한 의미에서 일방적인 의사소통으로 볼 수 있다.

이로 인하여 많은 사람들은 강의법에 대해 교수자 중심의 주입식 방법이라는, 보편적으로 부정적인 인식을 갖고 있다. 그러나 모든 수업상황에 보편적인 효과를 얻을 수 있는 절대적인 수업방법이 있을 수 없는 것과 마찬가지로, 강의식 수업방법도 때로는 최상의 방법이 되기도 하고, 때로는 최악의 교수방법이 되기도 할 것이다. 많은 경우에 강의식 수업의 효과가 매우 부정적이라고 하더라도 현실적으로 대부분의 학교 장면에서 강의법은 지배적인 교수법임에 틀림없다. 그뿐 아니라, 특정한 상황이나 과제에 따라 강의법을 적절하게 적용할 때 강의법의 효과는 극대화될 수 있을 것이다. 무엇보다 중요한 것은 강의식 수업의 특징을 잘 알고 이를 올바로 사용할 줄 아는가 하는 것이다.

강의식 수업방법의 긍정적인 측면은 다음 몇 가지로 요약할 수 있다(조용개 외, 2009).

먼저 교수자 측면에서, 첫째 강의법은 살아 있는 인물, 즉 교수자를 매개체로 하여 이루어지기 때문에 조금만 주의를 하게 되면 생동적이고, 융통성이 높으며, 교수자와 청중 모두에게 강화를 제공할 수 있는 효과적인 방법이다. 둘째, 교수자는 지식의 전체 범위를 탐색하여 이를 삶의 기본목표와 관계 지울 수 있으며, 학습자의 이해를 유도하고 적극적인 관심을 각성시킬 수 있다. 셋째, 책이 하나의 언어체제로만 설명을 제공하는 반면 교수자는 필요시 다양한 언어표현으로 자료를 반복할 수 있으며, 아직 교과서에 포함되어 있지 않은 가장 최근의 자료와 복잡한 자료를 효율적으로 제시할 수 있다. 즉, 교수자는 어떤 분야에서는 지나치게 풍부한 저서나 자료를, 그리고 다른 어떤 분야에서는 빈약한 자료를 보충할 수 있다. 넷째, 교수자는 인쇄자료에서 밝히고 있는 것과 다른 어떤 준거와 개관, 그리고 비판을 제공할 수 있다. 다섯째, 교수자는 학습자들에게 인쇄된 자료에서 보다 훨씬 더 큰 심미적 즐거움을 제공하고 열성을 전달할 수 있다.

다음으로 학습자 측면에서, 학습자들 또한 효과적인 교수자가 그들에게 부여하는 온화함, 유머, 연기, 정열, 논리, 열성, 그리고 관심에 의해 강화를 받게 될 것이다. 강의실의 학습자들은 그들 자신의 참여와 주의집중이 적절할 때 강의로부터 안정감을 얻게 될 것이다. 즉, 강의 상황은 학습자들에게 그들이 강의에서 다른 많은 학습자들이 반응하는 것과 동일한 방법으로 주의를 집중하도록 하고, 노트필기를 하게 하며, 그리고 흥미나 권태에 반응하도록 함으로써 자신의 행위가 적절하다는 것을 인식하게 해 줄 것이다. 그러므로 강의 상황은 사회적 강화, 심리적 즐거움, 그리고 자기 자신의 적절성에 대한 정서적 만족감을 제공한다고 할 수 있다.

끝으로, 강의법은 교수자와 학습자 모두에게 일종의 강화를 제공한다는 점에서도 유용성이 높다. 교수자들은 그들이 효과적으로 강의를 하고 있는 한 학습자들로부터 받는 주의집중에 의해 보상을 받을 수 있다.

강의식 수업에서 수업의 효과를 극대화하기 위하여 적절한 질문을 활용하는 것은 학습자들을 수업에 몰입하게 할 뿐 아니라 학습자들이 수업내용을 이해하는 데도 도움이 된다. 질문을 위한 요령을 몇 가지 소개하면 다음과 같다.

첫째, 질문은 미리 준비한다. 질문 유형에는 정답이 하나밖에 없는 폐쇄형 질문과 여러 개의 정답이 가능한 수렴형 질문, 정답이 아닌 여러 개의 가능한 답이 존재하는 발산형 질문, 그리고 정답이 없는 개방형 질문이 있다. 발산형 질문과 개방형 질문을 준비하는 것이 학습자들의 수업 참여도를 높일 수 있다. 또한 질문을 이해하는 것을 돕기 위한 자료(도표, 그림, 연구 결과, 신문기사, 사진 등)를 가능한 많이 준비하면 학습자들의 답을 찾는 활동에 방향을 제시함으로써 학습자의 참여를 높일 수 있다.

둘째, 질문을 하고 난 후에는 학습자들의 답을 유도한다. 교수의 질문에 학습자가 답을 찾을 때까지 기다리는 것이 좋고, 대답이 없을 경우 답을 찾고 이끌어 낼 수 있는 질문을 다시 하는 것이 좋다. 질문 후 반응이 없으면 1~2분 정도 옆의 학습자와 의논하도록 지시한 다음, 의논 결과를 답하도록 재질문할 수 있다. 의논한 결과를 발표하는 것에는 학습자들이 부담을 덜 느끼게 되어 수업 참여도를 높일 수 있다.

셋째, 학습자의 답에 적절한 반응을 보인다. 예를 들어, 정답이나 적절한 답에는 구체적으로 '좋다, 잘했다' 라는 칭찬을 한다. 좋다, 잘했다는 모호한 칭찬보다는 적절한 사례다. 간단히 요약해서 '좋네' '질문의 본질을 정확하게 파악했네' 등의 구체적인 칭찬이 효과적이다. 학습자가 질문 내용을 잘 이해하지 못하고 엉뚱한 답을 했을 경우는 순발력을 발휘해야 한다. 틀린 답에 초점을 맞추지 말고, 제대로 답을 하도록 질문을 수정하여 다시 질문하는 것이 좋다.

환경교육에서 강의식 수업방법을 활용할 때의 장점은 다음과 같다.

- 일정시간에 다수인에게 지식과 정보를 전달할 수 있다.
- 체계적인 기초지식을 개괄적으로 가르칠 수 있다.
- 시간이나 학습자들의 수준에 따라 내용을 자유로이 조절할 수 있다.
- 특별한 매체가 필요 없다.
- 강의가 잘 수행될 경우, 정보 전달에 효과적이다.
- 교과내용의 보충, 가감, 삭제가 용이하다.

• 학습자의 감정 자극 등 동기화가 쉽다.

환경교육에서 강의식 수업방법을 활용할 때의 단점 및 유의점은 다음과 같다.

• 학습자들이 필요성에 대한 인식이 없으면 학습의욕이 떨어지며 효율도 오르지 않는다.
• 질의응답을 활용하더라도 학습자들 개개인에 대한 자극은 전반적으로 약한 편이다.
• 학습자들을 수동적 자세로 몰아넣기 쉽다.
• 학습자들의 능력에 따라 이해 정도가 다르다.
• 인지적 이해를 넘어 행동으로까지 연결되지 않는 경우가 많다.
• 다른 교수법에 비해 학습자의 흥미 유발이 어렵다.
• 학습 동기가 지속되기 어렵다.
• 교과서 읽기에 치우치는 수업이 될 가능성이 높다.
• 학습자의 개성과 능력이 무시되기 쉽다.

2) 토의 발표식 수업

토의 발표식 수업은 학습자와 교수자 간, 또는 학습자들 간의 의사소통 및 상호작용을 통해 문제를 해결하고, 이를 발표하는 형태의 수업방식이다. 따라서 토의 발표식 수업에는 참여하는 학습자와 교수자의 역할이 강조되며, 정보와 경험의 상호 교환이 중시된다.

효과적인 토의가 이루어지기 위해서는 개방적인 의사소통과 협조적인 분위기, 그리고 민주적인 태도 등이 전제되어야 한다. 토의와 발표가 일반적인 수업에 자주 활용되고 있는 것은 지식 · 태도 · 기능 등의 학습목표를 달성하는 데 효과적이라는 측면도 있으나, 토의와 발표 경험 그 자체에서 생기는 학습자의 동기 유발과 학습 참여도의 향상 때문이다.

토의 발표식 수업의 이러한 전제와 목적은 국제이해교육의 상호 존중이라는 기본 전제와도 상통하는 바가 크기 때문에 국제이해교육에서 다양한 주제에 적용할 수 있다. 특히 국제이해교육의 여러 주제 중에서 국제분규나 국제협약과 같이 상호 이해가 충돌하는 논란거리, 다양한 해결방안이 존재할 수 있는 환경이나 인권문제 등을 학습하는 데 효과적으로 활용할 수 있다.

토의 발표식 수업을 위한 기본 조건으로는, 첫째 토의와 발표의 주제는 학습자들이 학습의 필요를 느끼는 것이어야 한다. 학습자들이 주제에 대하여 학습동기를 유발하기 위해서는 토의 주제를 제시할 때 다양한 동기유발전략을 활용할 필요가 있다.

둘째, 토의와 발표를 할 때 주장의 근거는 사실에 근거를 두어야 한다. 이를 위하여 토의 발표식 수업을 하기 이전에 설득력 있는 근거를 찾기 위한 자료수집과 분석, 정리방법, 그리고 발표방법에 대한 사전학습을 할 필요가 있다.

셋째, 토의와 발표는 단순한 암기나 질의응답이 아니라 학습자와 교수자 간, 학습자 간 상호작용의 형태를 가진다. 이 과정에서 교수자는 토의과정과 발표 준비과정에서 상황에 따른 다양한 역할을 수행해야 한다. 토의과정에서는 토의 촉진자 내지는 조정자의 역할을 해야 할 것이며 발표에서는 자료수집과 정리, 발표방법에 대한 안내하는 역할을 해야 할 것이다.

넷째, 토의와 발표를 위하여 구성한 집단의 크기와 구성원들의 특성에 따라 학습의 질이 달라질 수 있다. 전체 학급이 토의에 참여하고 집단이나 개인별로 발표를 할 수도 있을 것이고, 집단을 분리하여 토의와 발표를 할 수도 있을 것이다. 그리고 집단을 구성할 때 동질집단을 구성할 수도 있고 이질집단으로 구성할 수도 있다. 어떤 경우라도 토의와 발표의 진행방법과 결과물 산출에 대해 구체적으로 사전계획을 하고, 이를 학습자들에게 인식시킬 필요가 있다.

환경교육에 토의 발표식 수업방법을 적용할 때 기대할 수 있는 장점은 다음과 같다.

- 사회적 기능 및 태도를 형성하기에 적합하다.
- 선입견과 편견이 비판적 탐색과정에서 수정될 수 있다.
- 의사표현능력을 기르기에 적합하다.
- 고등정신기능을 기르기에 적합하다.
- 문제해결력을 향상시킨다.
- 복잡한 수업목표의 달성에 효과적이다.
- 논쟁이 심한 분야의 태도 변화에 효과적이다.
- 의견의 합일점이 낮은 분야의 학습에 적합하다.
- 즉각적 피드백이 가능하다.

환경교육에 토의 발표식 수업방법을 적용할 때 기대할 수 있는 단점 및 유의점은 다음과 같다.

- 정보 전달에 시간이 많이 소요된다.
- 토의 발표 방법에 대한 사전 계획과 훈련이 요구된다.
- 합일점이 높은 분야(수학, 자연과학, 공학)에서는 강의법보다는 비효과적이다.
- 교수자의 역할 수행에 따라 주제에서 이탈할 가능성이 높다.
- 참여하는 학습자만 발언하게 된다.
- 토의 중에 감정적으로 흐르기 쉽다.
- 돌발상황이 발생할 수 있다.

3) 사례연구식 수업

사례연구식 수업은 특정 학습주제를 가르치기 위하여 주제의 각 내용을 포괄하는 사례를 활용하는 방법이다. 이 방법은 학습자들이 현실적인 문제 장면을 분석하고 최적의 해결책을 모색하도록 하는 데 효과적이다. 그 과정에서 여러 사례를 살피고 각 사례들의 공통점과 차이점을 논의하는 과정에서 새로운 지식을 습득하게 된다.

사례연구식 수업에는 극히 간단한 문제를 기술한 단순한 사례에서부터, 매우 복잡한 정보와 자료를 포함하는 복잡한 사례까지 여러 가지 수준을 활용할 수 있다. 여기에서는 미국 하버드 비즈니스 스쿨(Harvaed Business School)에서 개발한 하버드(Harvard) 방식과 간단한 사건경위만 제시하는 인시던트(Incident) 방식을 소개한다.

먼저 하버드 방식은 길고 복합하고 간접적인 정보가 다양하게 혼합된 사례가 제공되기 때문에 분석에 많은 시간이 필요하다. 하버드 방식은 주로 경영층의 의사결정능력 향상에 활용되는데, 이 방식은 지도할 수 있는 숙달된 지도자가 적다는 점과 몇 번의 사례분석으로 고도의 의사결정능력이 계발되기 어렵다는 제한점이 있다.

다음으로 인시던트 방식은 주어지는 정보량이 아주 적은 것이 특징이다. 적은 정보를 바탕으로 해서 질문하고 대답을 들으며 문제를 생각하는 방식이다. 따라서 이 방식은 사례연구의 일반적인 목표 이외에도 정보탐색능력을 기를 수 있다. 다시 말하면, 특별히 사건경위만 간추려 소개하고 배후의 원인 규명을 위한 사실, 조건, 배경은 정보의 유형별로 나누어 보관하는 방식으로 진행되는 방법이다.

사례연구식 수업의 절차는 상황 관찰 및 문제 발견 → 문제점 파악 및 명확화 → 문제 해결의 계획 → 해결방안의 탐색 및 결정 → 토의를 통한 의사결정의 과정을 거치게 된다. 기본적인 과정을 그림으로 표시하면 [그림 11-1]과 같다.

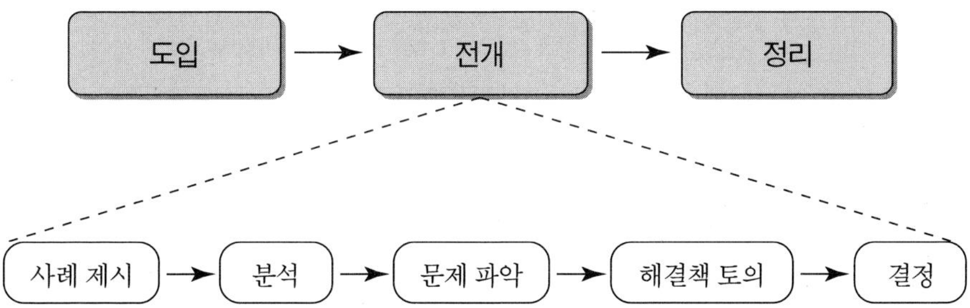

[그림 11-1] 사례연구식 수업의 진행과정

환경교육에서 사례연구식 수업을 적용할 때 기대할 수 있는 장점은 다음과 같다.

- 다양한 이해관계가 존재하는 국제관계 문제를 보는 다양한 시각을 학습할 수 있다.
- 문제를 분석하고 해결방안을 도출해 내는 과정에서 분석력과 판단력을 습득할 수 있다.
- 실제적인 현실 경험과 유사한 체험학습의 효과가 있다.
- 그룹 학습과정을 통해 다양한 역할 수행, 대인관계, 리더십 등을 학습할 수 있다.
- 능동적이고 적극적인 수업 참여를 유도하여 지속적인 흥미 유발이 가능하다.

환경교육에서 사례연구식 수업을 적용할 때의 단점 및 유의점은 다음과 같다.

- 사례를 찾고 어떻게 제시할 것인지 준비하는 데 많은 시간이 걸린다.
- 국제이해교육의 다양한 영역에 적용하기 위한 적절한 사례를 찾기가 어렵다.
- 주제에 대하여 학습자들의 주의집중 및 학습동기를 끌어내지 못할 경우 기대하는 성과를 달성하기 어렵다.
- 분석과 의사결정과정에서 일부의 의견으로 주도하는 경우가 발생할 수 있다.

4) 현장체험식 수업

현장체험식 수업은 학습목표를 달성하기 위하여 현장에서 직접 참여하도록 계획된 프로그램이다. 특히 환경교육의 여러 분야를 학습함에 있어서 교실에서 체계적으로 학습한 지식과 가치를 현장에서 체험함으로써 내면화하

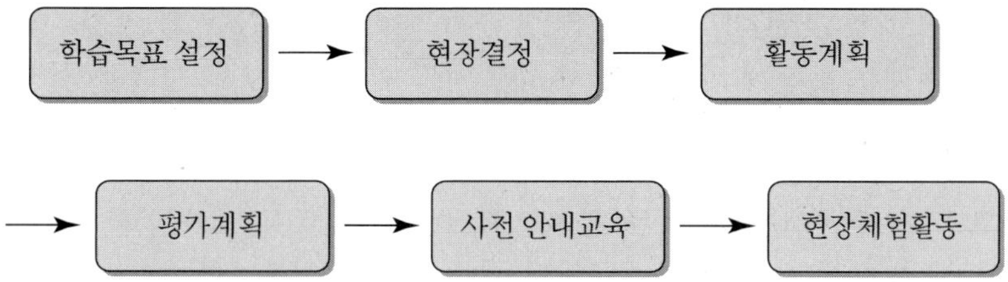

[그림 11-2] 현장체험식 수업의 진행과정

는 효과를 얻을 수 있다. 환경교육에서 활용할 수 있는 현장으로는 국내와 국외의 환경문제를 제기할 수 있는 지역 등으로 다양하며 이러한 다양한 환경교육의 영역에 대해 학습하는 가장 효과적인 방법이 될 수 있다.

현장체험식 수업을 계획할 때 교수자가 준비해야 하는 계획과정은 [그림 11-2]와 같다.

먼저, 현장체험식 수업목표를 설정하기 위해서는 특정한 학습목표를 두고 이를 체험할 수 있는 방문 가능한 현장을 찾거나, 국제이해교육의 학습에 효과를 거둘 수 있다고 생각하는 현장을 염두에 두고 학습목표를 추려 내는 방식을 활용할 수 있다.

다음으로, 현장체험을 하기 이전에 학습자 개개인의 학습능력과 학습태도, 그리고 학습동기 등을 파악할 필요가 있으며, 이러한 조사를 바탕으로 체험하게 될 현장이 학습자들의 학습에 도움이 될지를 검토한 후 최종 결정한다.

세 번째는 현장체험학습을 효과적으로 운영하기 위해 구체적인 활동계획을 마련해야 한다. 현장의 방문 시기, 체험내용 및 방법, 숙식문제, 교통문제 등에 따른 예산계획이 마련되고, 학교에서 지원 가능한 예산이나 행정적 조치를 확인해야 하며, 학습자들이 부담하게 될 시간과 경비에 대해 협조를 구하고 합의하는 과정을 거쳐야 한다.

네 번째는 현장체험에 대한 교육평가 계획을 세워야 한다. 국제이해교육이 다른 교과학습에 비하여 평가의 부담이 적은 만큼 조별 혹은 개인별 활동

점검표, 소감문 등의 자기성찰기록지 등을 작성하는 방법도 좋다.

다섯 번째는 현장에 나가기 전에 학습자들에게 사전 안내교육을 실시하고 학습목표, 방문지의 일반적 특성과 정보, 활동계획, 일반적인 행동 유의사항, 활동 후 평가계획 등에 관하여 사전 교실수업을 실시해야 한다. 특히 학습자들의 학습동기 유발과 적극적인 활동 참여의 태도, 학습효과를 높이기 위해서는 어떠한 목표를 위하여 어떠한 현장에 나갈 것이라는 데 대하여 학습자들에게 명확하게 인식시킬 필요가 있다.

학습의 효과를 보다 높이기 위해서는 이러한 현장체험학습의 전 과정을 교수자 혼자 결정하는 것보다는 학습자가 함께 참여하여 의사를 결정할 기회를 주거나 학습자의 결정에 교수자가 조언하는 방식을 취하는 것이 학습자의 참여도를 높이는 데 좋은 방법이다.

환경교육에서 현장체험식 수업을 적용할 때 기대할 수 있는 장점은 다음과 같다.

- 직접 체험한 내용에 대한 이해와 파지의 효과가 높다.
- 현장활동 계획과 준비과정에 학생들을 참여시킴으로써 학습 참여도가 높아진다.

환경교육에서 현장체험식 수업을 적용할 때의 단점 및 유의점은 다음과 같다.

- 학생들의 현장활동을 관리하기가 어렵다.
- 현장에서 발생할 수 있는 돌발 상황을 미리 예측하기 어렵다.
- 교실 수업에 비하여 현장 방문을 위한 시간과 경제적 비용이 상대적으로 높다.

5) 실험 · 실습식 수업

실험 · 실습식 수업은 문제 상황에 대한 해답을 찾기 위해 실험을 통하여 필요한 자료를 수집하는 과정을 강조하는 교육방법으로, 어떤 것을 만들어 보거나 직접 해 봄으로써 조작의 기능을 기르고 성취감을 맛보게 하는 교육방법이다.

보통 실험 · 실습식 수업방법은 학생들이 실제로 해 봄으로써 조작 경험을 하게 하고, 학습결과에 대해 보고서를 작성하게 할 수도 있고, 교사가 실험 · 실습을 진행하는 것을 학생들이 간접적으로 경험하게 하는 시범 실험 · 실습도 가능하다.

실험 · 실습식 수업의 진행과정은 [그림 11-3]과 같다.

1단계: 가설 설정
측정하려고 하는 측정값에 영향을 줄 것으로 기대되는 변인을 찾아낸 후, 가설을 설정한다.

↓

2단계: 실험 설계 및 수행
설정된 가설을 검증하기 위해 실험을 설계하고 수행한다. 이때 필요하면 변인을 통제한다. 변인 통제는 여러 가지 독립변인 중 조작변인을 제외한 나머지 변인을 똑같이 유지하는 것이다.

↓

3단계: 결론 도출
실험의 결과로 얻어진 자료를 해석하여 결론을 도출한다. 조작변인을 변화시키면서 종속변인의 값을 측정하는 실험을 할 때, 모든 경우를 다 실험하는 경우는 드물고 몇 번의 실험을 거쳐 얻은 결과를 종합하여 일반화된 결론을 도출한다.

↓

4단계: 가설 검증
일반화된 결론과 처음에 예상했던 가설이 일치하는지 그렇지 않은지를 검증하는 단계다. 가설과 결론이 일치하면 처음 가설이 검증되는 것이고, 그렇지 않은 경우는 처음의 가설을 수정한다. 이러한 과정을 거쳐 수정된 가설은 다시 같은 방법을 거치면서 검증하는 순환과정을 거친다.

[그림 11-3] 실험 · 실습식 수업의 과정

환경교육에서 실험 · 실습식 수업을 적용할 때 기대할 수 있는 장점은 다음과 같다.

- 환경문제에 대한 직접 실험을 통해 학습에 대한 흥미와 관심을 높일 수 있다.
- 국제적인 문제와 관련한 환경문제에 대해 가설 설정을 통해 예측해 보고 가설을 검증하는 과정에서 스스로 답을 찾으려는 능동적인 학습자세와 자료 수집 및 해석능력을 기를 수 있다.
- 실험활동을 통해 과학적 사고를 신장할 수 있다.
- 환경교육에 대한 흥미와 호기심, 협동심, 비판적 사고능력 등을 함양할 수 있다.

환경교육에서 실험 · 실습식 수업을 적용할 때 기대할 수 있는 단점 및 유의점은 다음과 같다.

- 학생들이 실험 목적을 인식하지 못하였을 경우, 기구조작능력을 향상시킬 수는 있어도 자발적 탐구력을 기르지 못할 수 있다.
- 교사가 미리 실험 결과를 알려 주거나 이미 알고 있는 사실을 실험할 경우 실험활동을 통한 사고 경험이 이루어지지 않을 수 있다.
- 사용하는 기구와 자료를 준비하는 데 시간과 비용이 발생할 수 있다.
- 실험활동에서 학생들이 수집한 정보와 결과 등을 언제, 어떻게 기록할 것인가에 대한 계획을 세우고 사전에 준비하도록 지도해야 한다.
- 관찰 및 실험활동은 가급적 적은 인원의 모둠학습으로 한다. 모둠실험을 할 때, 모든 학생이 관찰 및 실험활동에 참여할 수 있는 기회가 주어지도록 충분한 기구와 자료를 준비하고, 활동시간을 계획한다.

4 환경교육 사례 소개: 물, 어디에나 있는 것인가

이 사례는 Bill과 Bob(2002)이 저술한 『Rethinking Globalization』의 내용을 발췌 · 수정한 것이다.

1) 학습목표

- 물 부족 문제를 국제적 문제로 인식하기
- 물 부족의 문제에 관련한 증빙자료 찾기
- 물 부족 문제에 대한 국제적 협력방안 찾기

2) 수업계획

- 물 부족 문제가 왜 국제적 문제인지 토론하기
- 물 부족 문제가 얼마나 심각한 상황인지 자료 조사하기
- 물 부족 문제를 해결하기 위한 국제적 협력방안 찾고 발표하기

3) 수업활동자료

토론을 위한 읽기 자료

우리 지구는 지금 담수(fresh water)가 부족한 상태다. 그 원인은 사람들이 물을 많이 마셔서 그런 것은 아니고, 90%의 담수가 전 세계적으로 산업용(대부분 하이테크 제조업과 산업형 농업)으로 이용되고 있기 때문이다. 현재 기업들은 강이나 호수의 물을 거대한 '주머니(bladders)'에 담

아 대양을 건너 물 부족에 시달리고 있는 아시아 대륙의 컴퓨터 회사들로 수송하려고 한다. 우리는 지구상에 물 공급이 무한정이라고 믿는다. 하지만 그렇지 않다. 이용 가능한 담수는 지구상의 전체 물의 0.5%에도 미치지 못한다. 나머지는 바닷물이거나, 극지방의 빙하다. 담수는 오직 빗물에 의해서만 재생되는데 매년 4~5만 ㎦ 정도다. 즉, 공급이 제한적이라는 것이 바로 현실이다.

전 세계적으로 담수의 소비는 매 20년마다 2배로 늘어나고 있다. 이것은 인구 증가율의 2배를 넘는데, 사람이 실생활에서 사용하는 것은 전체 담수의 10%에 불과하다. 약 65%의 담수가 산업형 농업에 사용되고 있는데, 이 대규모 농업은 사멸해 가고 있는 소규모 자급형 가족단위 농업에서의 물 사용량보다 훨씬 높은 비율의 물을 소비하고 있다. 나머지 담수는 하이테크 산업과 컴퓨터 제조업과 같은 다른 산업용수로 사용되고 있다(실리콘 칩 제조에는 엄청난 양의 물이 소비된다).
유엔에 의하면, 이미 10억 이상의 인구가 깨끗하고 신선한 식수를 얻지 못하고 있다. 반면 향후 25년 동안 산업용수의 소비는 2배가 될 것이다. 그때가 되면 전 인류의 2/3가 심각한 물 부족으로 고통받게 될 것이다.

물 위기가 계속적으로 심각해짐에 따라 각국 정부와 국제기구들이 물 보존정책을 추진하리라 기대하는 사람도 있을 것이다. 다음과 같은 새로운 대안이 제시되고 있다. 남아 있는 담수를 민영화하고 세계화하여 담수를 기업들에 판매하고 세계화된 시장에서 소비자와 용도를 결정하게 하자는 것이다. 북미자유무역협정(NAFTA)이나 세계무역기구(WTO)는 이미 물을 일종의 '상품'으로 규정하고 각국 정부가 특정조건하에 물을 수출하도록 하는 규율을 정하고 있다.

기업들은 기대에 부풀어 있다. 물은 석유보다 훨씬 가치 있는 상품이 될 것이고 수십억 달러를 벌 수 있기 때문이다. 기업들이 추진하고 있는 것 중 하나가 북미의 호수물을 태평양을 건너 수송하는 것이다. 초대형 유조선이 대양을 오가면서, 슈페리어 호수의 물을 운반하는 엄청난 크기의 풍선을 끌고 가는 광경을 상상해 보라. 결국 물은 아시아의 하이테크 기업체에 팔리게 될 것이다.

교사용 참고 자료

전 세계 물 위기의 상황

이 새로운 방식은 지난 100년간 전 세계의 물자원의 상태를 절망적으로 만들어 온 치수(治水) 방식－댐, 지하수 개발, 운하 등－의 가장 최신 형태다. 현재 상황을 간단히 정리해 보자.

- 미국에서는 댐으로 가두어지지 않는 강물이 단지 2%에 불과하다. 콜로라도 강과 리오그란데 강의 물은 너무 많이 이용하여서 바다에 흘러들어가는 강물은 거의 없다. 텍사스에서 사우스다코다까지 1,300마일에 걸쳐 있는 오갈라라(Ogallala) 고원지대의 지하수층은 자연적으로 보충되는 것보다 8배 빠른 속도로 고갈되어 가고 있다.

- 멕시코시티에서는 자연 보충량보다 매년 50~80%를 초과하여 지하수를 뽑아 쓰고 있다. 아라비아 반도의 지표수 사용은 자연 보충량보다 세 배나 더 많다. 사우디아라비아는 향후 50년이 되면 물이 완전히 고갈될 것이다. 또한 이스라엘은 최근 25년 동안 자연 보충량보다 더 뽑아 사용한 물이 25억 ㎥에 달하고 있고, 해안 지하수층의 13%는 농업용 화학물질이나 바닷물에 의하여 오염되었다.

- 아프리카에서는 지하수층이 거의 보충되고 있지 않아서 매년 약 10억 ㎥의 물이 고갈되어 가고 있다. 중국에서는 지하수층을 지나치게 뽑아 쓴 곳이 북부에만 8군데에 이르고, 베이징 지역의 지하수층의 수면 높이는 지난 40년간 37m나 낮아졌다. 방콕도 지하수의 과도한 용출로 사실상 지면이 내려앉고 있다. 미국의 콜로라도 강과 마찬가지로 나일 강, 갠지스 강, 중국 황하도 댐들로 다 막아서, 강물이 바다로 흘러들어 가지 못한다.

- 도시나 공업지역은 물을 확보하려고 기업형 농업과 직접적으로 경쟁하고 있다. 멕시코의 마킬라도라(Maquiladora) 같은 자유무역지대에서는 모든 물이 제조업에 들어가는데 한때 가뭄이 들었을 때 멕시코 당국은 모든 물의 공급을 중단하고 공업용수만 제공하기도 하였다.

- 어떤 나라들은 물 때문에 거의 전쟁 수준의 갈등을 빚고 있는데, 나미비아와 보츠와나는 오카방고 강물의 사용을 놓고 다투고 있는 중이다. 말레이시아는 싱가포르에 물 공급을 중단하겠다고 위협한 적도 있다.

- 인도에서는 식수를 구입하는데 가족 수입의 25%를 지출하고 있다. 페루의 리마에 사는 빈민들은 1㎥의 물을 사는데 3달러를 지불하는데 이마저도 종종 오염된 물이다. 매년 500만 명 이상이 질 나쁜 식수 때문에 죽어 가는데 대부분이 어린아이들이다.

- 야생동물과 생물다양성에 미치는 영향은 비극 그 이상이다. 미국은 습지의 50%를 잃었고, 캐나다도 마찬가지다. 캘리포니아 습지의 95%가 없어진 결과, 1950년에 6000만에 달하던 철새와 물새의 숫자가 지금은 300만으로 격감하였다. 미대륙의 민물고기의 37%가량이 멸종위기를 맞고 있는데, 가재의 51%, 양서류의 40%, 민물조개의 67%가 위험에 처해 있다. 그 원인은 대부분 산업형 농업에서 흘러들어 온 독극물에 담수가 오염되었기 때문이다. 미국 내 강과 하천의 약 40%가 낚시나 수영, 또는 음용하기에 너무 위험하다.

- 영국 강의 30%에서는 강 수심이 예전의 평균 수심의 1/3에 불과하다. 폴란드는 강의 75%가 너무 오염되어서 공업용수로도 부적합하다. 오늘날 지구상의 물 위기는 너무 심각해서 아무리 강조해도 허풍이 아니다.

국제적 협력을 통한 물 부족 문제 해결방안 예시

국제적 협력행동지침

- 물은 모든 동식물에게 생명이라는 점을 인식하라. 물은 하나의 상품이 되어서는 안 되며, 물은 우리 모두가 영원히 함께 공유해야 할 공공재다. 사유화되든가, 거래되든가, 세계화되어서는 안 된다.

- 거대한 생태계의 한 부분으로서 자연이 부여한 그 수역(水域)을 유지하도록 물을 그대로 두어라. 물의 용도는 그 지역의 특성에 맞게 결정되어야 한다.

- 전면적인 보존과 회복 프로그램이 즉각 시작되어야 하며, 그 비용은 산업용수 수요자들이 부담하여야 한다.

- 산업형 농업은 단계적으로 폐지되어야 한다. 독성물질 배출이 너무 많고, 에너지와 물 소비가 많기 때문이다. 소규모의 지역농으로의 전환이야말로 물과 에너지 소비를 줄일 수 있고, 강물을 깨끗하게 보존할 것이다. 하이테크 제조업의 물 사용에 대하여는 엄격한 규제가 가해져야 한다.

- 국제적 협약으로 긴급히 음용수가 필요한 지역을 선정해야 한다. 적십자와 같은 비영리단체들이 그러한 지역에 필요한 만큼의 물을 무료로 공급해야 한다.

5 환경교육 수업계획안 예시

1) 주제: 생태 발자국

(1) 국가 수준 교육과정 관련성

- 7학년 도덕 '환경친화적 삶의 방식' 단원
- 중학교 환경 '환경과 나의 관계' 단원
- 고등학교 환경 '지속가능발전과 사회 및 생활양식 단원

(2) 수업 의도 및 핵심전략

생태 발자국은 우리 삶의 방식에 대한 선택이 지구 전체에 어떤 영향을 미치는지를 측정하는 수단이다. 이 수업의 핵심 의도는 자신의 일상생활 생태 발자국을 계산해 보고 자신이 소비를 통해 만들어 내는 쓰레기들을 처리하기 위해 얼마나 많은 생산적인 땅과 물이 필요한지를 깨닫게 하는 것이다. 이를 위한 핵심전략은 생태 발자국 크기를 측정하는 것인데, 가정에 돌아가 가족들의 생활을 반성해 보는 계기로 확대 · 활용할 수 있을 것이다.

(3) 지도계획

<table>
<tr><th>대 상</th><th>주제명</th><th>차 시</th><th>관련 교과</th></tr>
<tr><td>중 ·
고등학생</td><td>생태 발자국</td><td>1/3</td><td>7학년 도덕 '환경친화적 삶의 방식'
중학교 환경 '환경과 나의 관계'
고등학교 환경 '지속가능발전과 사회 및 생활양식'</td></tr>
<tr><th>학습
목표</th><td colspan="3">생태 발자국 개념을 이해한다.
생태 발자국의 크기를 줄일 수 있는 실천방법을 안다.</td></tr>
<tr><th>교수-
학습
방법</th><td>토의 발표식 수업</td><th>준비물</th><td>생태 발자국 체크리스트 및 채점지</td></tr>
</table>

단계	학습 과정	교수-학습활동	시량(분)	자료 및 유의점
도입	동기 유발	▶ 생태 발자국 크기 비교하기 • 대륙별 생태 발자국 크기를 비교한 사진을 보여 준다. - 미국 12.22헥타르, 세계 평균 2.85헥타르, 아프리카 1.33헥타르 발자국 모양 그래프 • 발자국 크기의 의미가 무엇일까? - 자유롭게 추측하여 발표하게 한다.	5	-
	학습 문제 확인	▶ 학습문제 알아보기 생태 발자국 개념을 알고, 생태 발자국의 크기를 줄일 수 있는 실천방법을 학습해 봅시다.		
전개	학습 활동 안내	▶ 학습활동 안내하기 • 활동 1: 생태 발자국 개념 토의하기 • 활동 2: 생태 발자국 계산하기 • 활동 3: 생태 발자국 크기 줄이는 실천방법 토론하기	2	-
	학습 활동 전개	▶학습활동 전개하기 【활동 1】 생태 발자국 개념 토의하기 • 읽기자료를 읽고 생태 발자국 개념을 조별로 정리해 봅시다. 〈읽기자료〉 • 생태 발자국이란? • 생태 발자국은 클수록 좋을까요?	10	• 모둠별로 읽기 자료를 읽고 토의내용을 정리하여 발표하게 한다.
		【활동 2】 생태 발자국 계산하기 • 생태 발자국 체크리스트를 가지고 각자의 생태 발자국 크기를 계산해 봅시다. 〈토의거리〉 • 나의 생태 발자국 크기는 얼마인가? • 생태 발자국의 크기와 생활방식은 어떤 관련이 있을까? 〈토의거리〉 • 우리 모둠에서 생태 발자국 크기가 가장 작은 사람은 누구인가? • 생태 발자국 크기가 가장 작은 사람과 가장 큰 사람의 생활방식의 차이는 무엇일가? • 왜 생태 발자국 크기가 큰 것보다 작은 것이 좋을까?	10 10	• 생태 발자국 체크리스트 • 생태 발자국 크기를 계산한 후 모둠별로 생활방식을 토론하게 한다.
		【활동 3】 생태 발자국 크기 줄이는 실천방법 토론하기 • 생태 발자국 크기를 줄이는 방법 중 학생의 입장에서 개인별로 실천 가능한 항목을 찾는다.	8	• 토의한 내용을 개인별로 정리하게 한다.

<table>
<tr><td rowspan="2">정리</td><td>학습
활동
정리</td><td>• 학습한 내용 정리하기
• 생태 발자국의 개념을 설명해 봅시다.
• 나의 생태 발자국의 크기를 계산해 봅시다.
• 생태 발자국의 크기를 줄이는 실천방법을 발표해 봅시다.</td><td rowspan="2">5</td><td rowspan="2">–</td></tr>
<tr><td>차시
예고</td><td>• 차시 예고하기
• 다음 시간의 학습주제 '물 부족의 문제' 예고하기</td></tr>
</table>

활동자료 1

토론을 위한 읽기자료

생태 발자국 개념은 1996년 마티스 웨커네겔과 윌리엄 리스가 쓴 『우리의 생태 발자국: 인간이 지구에 미치는 영향 줄이기』에서 나왔다. 이 책은 지구상의 모든 사람이 현재 미국인이 살고 있는 수준으로 살기 위해서는 지구가 3개가 있어야 한다고 주장한다.

생태 발자국 분석방법은 어떤 특정 인구가 현재의 삶의 방식을 유지하면서 살기 위해 필요한 땅의 총 면적을 측정하는 것이다. 미국인의 평균 생태 발자국 크기는 9.6헥타르다. 이 면적은 9만 6000m^2 또는 풋볼 경기장 24개를 합친 면적과 같다. 비교해 보면 캐나다인들의 평균 생태 발자국 크기는 미국인들보다 4분의 1 정도 작은 7.2헥타르이며 독일인들은 그 절반에 조금 못 미치는 4.4헥타르다.

비록 독일인과 캐나다인들이 미국인들보다는 생태 발자국이 작지만, 그들의 생태 발자국은 여전히 지구상의 모든 생산적인 토지와 바다의 면적을 정확하게 1999년 세계 인구로 나누었을 때 나오는 1인당 2.1헥타르(공정한 분배)를 크게 초과하는 값이다.

하지만 인간은 지구상의 단지 한 종에 불과하며, 이 '생태 발자국' 수치가 보여 주는 것은 지구는 인간만이 살기에도 부족하다는 것을 의미한다. 이것은 달리 말하면 적어도 지구상의 12% 정도의 생태적으로 생산적인 땅은 1000만 종에 달하는 다른 종의 생명을 지키기 위해 남겨 두어야 한다는 것을 의미한다. 이 부분의 수치를 배려한다면,

지구에서 한 사람당 사용할 수 있는 생명력 있는 땅의 면적은 2.1헥타르에서 1.8헥타르로 줄어들게 된다.

이 결과를 세계 60억 인구로 곱하면 그 면적은 인간들이 사용할 수 있는 생태적으로 생산력 있는 땅의 면적으로, 바로 지구상 전체 인간의 생태 발자국 크기가 된다.

불행히도, 계산 결과는 비록 세계적인 성장의 불균형으로 지구상에 많은 사람들이 정당한 몫을 배분받지 못한 상황에서도 이미 우리의 생태 발자국은 지구의 수용력을 20% 정도 초과한다는 것이다. 생태학자들은 이러한 지구 수용 용량의 초과가 적정 수준을 넘어선 것으로 평가한다. 다시 말해 우리는 자연이 재생산해 낼 수 있는 양 이상을 소비하고 있으며, 지구의 자연자원 용량을 완전히 고갈시키고 있는 셈이다.

활동자료 2

당신의 생태 발자국은 얼마나 큰가요
- 생태 발자국 퀴즈 -

질문에 있는 당신의 생활 스타일을 가장 잘 설명하는 곳에 동그라미를 치세요.

문 항		1점		2점		3점
음식 1. 고기를 얼마나 먹나요?	채식주의자 (고기 안 먹음)		고기를 일주일에 1~4번 먹는다.		거의 매일 고기를 먹는다.	
2. 얼마나 많은 음식이 쓰레기로 버려지나요?	대부분 다 먹는다.		썩거나 먹지 않아서 자주 버린다.		거의 매일 버리는 음식이 있다.	

3. 주로 어떤 음식을 먹나요?	집에서 기르거 나 지역시장에 서 산다. 플라 스틱 포장이 안 된 것		슈퍼마켓에 서 플라스틱 으로 포장된 지역농산물 을 산다.		슈퍼마켓에서 주로 플라스틱 으로 포장된 수입식품을 사 먹는다.	
여행 4. 일주일에 얼마나 멀리 여행하나요?	일주일에 100km 미만		일주일에 100~300km		일주일에 300km 이상	
5. 매년 휴가 때 어디로 가나요?	집에서 멀지 않은 곳		국내 여행		국외 여행	
6. 매일 학교로 등교할 때 어떤 교통수단을 활용하나요?	걷거나 자전거		대중교통		승용차	
7. 집에 차가 있나요?	없다		작은 승용차 한 대 (1,600cc 이하)		큰 승용차 한 대 이상	
주거 8. 당신의 집은 얼마나 큰가요?	작음: 방이 1~3개		중간: 방이 4~5개		크다: 방이 5개 이상	
9. 집에서 어떤 에너지원을 쓰나요?	일부 또는 전부 태양열/ 풍력		전기		나무/석탄/ 파라핀	
10. 집에서 전기를 얼마나 많이 쓰나요? (전기고지서를 체크하세요.)	한 달에 10만 원 미만		한 달에 10~30만 원		한 달에 30만 원 이상	
11. 집에서 물을 얼마나 많이 쓰나요?(수도계량기와 수도요금 고지서를 체크해 보세요.)	하루에 700리터 미만		하루에 700~ 1,200리터		하루에 1,200리터 이상	
12. 가족들이 물을 아껴 쓰려는 노력을 기울이나요?	모든 생활에서 적극적으로 실천한다.		몇 가지 방식으로 노력한다.		전혀 실천하지 않는다.	
13. 재활용을 합니까?	모든 생활에서 적극적으로 실천한다.		몇 가지 방식으로 노력한다.		전혀 실천하지 않는다.	
인구 14. 형제가 몇 명인가요?	없다		한 명		두 명 또는 그 이상	

자, 이제 당신이 표기한 곳의 점수를 모두 더해 주세요. 총점 = (   )

당신의 생태 발자국 점수가 의미하는 것

퀴즈를 통해 나온 총점을 통해 당신의 생활방식이
우리 지구에 어떤 영향을 미치는지 알아보세요.

16 이하
당신은 지구를 소중히 다루며 다른 사람에 비해 생태 발자국이 작습니다. 지구상에 당신과 같은 사람이 더 많기를 바랍니다.

17~30
당신의 생태 발자국은 중간 정도이며 당신은 지구에 피해를 주고 있습니다. – 자연환경은 당신과 같은 사람을 많이 보살필 수 없습니다.

30 이상
깨어나세요. 만약 모든 사람의 생태 발자국이 이와 같다면 우리는 이런 요구를 충족시키기 위한 충분한 자원을 구하기 위해 몇 개의 지구가 더 있어야 합니다.

〈출처: 나눔 – 넷, 남아프리카〉

2) 주제: 생물다양성, 국제적 책임

이 사례는 유네스코 한국위원회와 유엔 지속가능한 발전교육 통영센터(2007)에서 발간한 『지속가능한 발전교육을 위한 교사지침서』의 내용을 수정 · 발췌한 것이다.

(1) 학습목표

지 식	• 멸종의 다양한 원인에 대해 알 수 있다. • 생물다양성이 생태계에 어떠한 영향을 미치는지를 알 수 있다. • 생물다양성이 주는 경제적 효과를 알 수 있다.
기 능	• 멸종현상과 관련하여 시간변인을 고려할 수 있다. • 왜 우리나라에서 다른 나라의 사막화 방지를 위한 노력에 참여해야 하는지를 설득할 수 있어야 한다.
가치 · 태도	• 남북갈등에서 북측은 남측에 생태적 빚을 지고 있음을 알고 지구 차원의 생물다양성 보존 노력에 적극적으로 참여할 수 있어야 한다. • 인간 이외의 다양한 생물체에 대하여 배려할 수 있어야 한다.

(2) 수업계획

생물다양성 보존이 단순히 주변 생물을 보호하자는 차원을 넘어서 이들이 생태계에서 얼마나 중요한지를 생태적 · 경제적 · 사회적 관점에서 분석적으로 설명할 수 있도록 한다.

대상 학년	초 · 중 · 고등학생	관련 교과	과학, 사회, 도덕
관련 단원	도덕: 3학년/(4), 6학년/(1, 3), 7학년/(3) 사회: 6학년/(1), 8학년/(7, 8) 과학: 3학년/(5), 6학년/(4), 7학년/(1), 10학년/(4)		
ESD 핵심내용	생물다양성, 구체적 책임		
ESD 핵심가치	미래세대 존중(사회적, 경제적 정의 추구), 생태계 존중		
시 간	2차시	교수-학습방법	강의식 수업, 조사 수업
지도상의 유의점	생물다양성이 확보되어야만 하는 이유를 생태적 · 경제적 · 사회적 관점에서 분석적으로 설명할 수 있도록 한다.		
시 수	단 계	학습주제	
1차시	이론적 토대 쌓기	• 생물다양성이 생태계 안정에 왜 중요한가를 이론적으로 설명	
	생태적 · 경제적 · 사회적 필요성 규명	• 생물다양성이 생태계뿐 아니라 경제적 · 사회적 문제와 어떻게 연관되어 있는지 관련성 찾기	
2차시	현황 파악하기	• 생물다양성 현황 파악 • 생물다양성 상실의 원인 찾기	
	보존 노력과 국제적 책임	• 열대림 보호를 위해, 또는 사막화 방지를 위해 왜 전 지구적 책임을 져야 하는가에 대한 논의 • 생물다양성 확보를 위한 국제적 노력에 대해 알아보기	

(3) 수업지도안

학 년	초 · 중 · 고등학생	시 간	1/2차시
ESD 핵심내용	생물다양성, 국제적 책임		
ESD 핵심가치	미래세대 존중(사회적 · 경제적 정의 추구), 생태계 존중		
학습목표	• 왜 생물다양성을 확보해야 하는지에 대한 이유를 말할 수 있다. • 생물다양성 현황을 알 수 있다. • 생물다양성 상실의 원인을 알 수 있다.		
주안점	생물다양성이 확보되어야 하는 이유를 생태적 · 경제적 · 사회적 관점에서 분석적으로 설명할 수 있도록 한다.		
단 계	교수-학습활동	시 간	수업자료 및 방법
도입	▶ 생물종이 사라지고 있다는 것을 느낄 수 있도록 한다. 주변에서 생물종이 사라지고 있음을 느낄 수 있도록 멸종 위기종 사진, 지리산 반달곰 살리기 작전, 함평 나비축제 소개 등을 통해 우리가 흔히 볼 수 있을 것으로 생각되는 생물들이 주변에서 사라지고 있음을 관련 자료를 통해 느낄 수 있도록 한다.	10′	강의식 수업 〈학습활동지 1〉
전개	▶ 멸종 과정 이해하기 • 과거의 멸종과 현재의 멸종 현상의 차이점을 이해한다. • 멸종의 다양한 원인을 알 수 있도록 한다. ▶ 생물다양성이 사라지면 어떻게 될까? • 생물다양성의 가치를 생태적 · 경제적 · 윤리적으로 설명할 수 있도록 한다. • 멸종과 생태계 안정성의 관계를 모형 만들기를 통해 설명한다. • 멸종이 생태계뿐 아니라 경제에 미치는 영향을 알 수 있도록 한다.	30′	〈학습활동지 2〉
정리	▶ 핵심내용 정리 생물다양성이 생태계 안정에 중요한 역할을 하며, 경제적 · 사회적 가치를 알 수 있도록 한다. ▶ 다음 과제 예고 우리가 먹는 바나나는 어디에서 온 것인지 알아보고, 바나나와 시중의 과일값을 조사해 오기	5′	요약 강의식 수업

학 년	초 · 중 · 고등학생	시 간	2/2차시
ESD 핵심내용	생물다양성, 국제적 책임		
ESD 핵심가치	미래세대 존중(사회적 · 경제적 정의 추구), 생태계 존중		
학습목표	• 생물다양성 현황 및 멸종 원인을 알 수 있다. • 열대림 보존, 사막화 방지에 대한 지구인으로서의 책임을 인식할 수 있다.		
주안점	생물다양성을 보존하기 위한 국제적 노력의 필요성을 인식할 수 있도록 지도한다.		
단 계	교수-학습활동	시 간	수업자료 및 방법
도입	▶ 지난 차시 요약 및 본시 수업과의 연관성 찾기 생물다양성 보존의 필요성을 인식한 후 현재 생물다양성의 정도와 상실의 원인을 찾아보도록 한다.	5′	-
전개	▶ 우리가 먹는 바나나는 어디에서 왔는가? • 조사해 온 과일값을 비교하여 우리가 어떻게 바나나를 싸게 먹을 수 있는지 알아본다. ▶ 열대림은 왜 자꾸 사라지는가? • 생물다양성 현황 알아보기 • 사라져 간 생물종들 • 생물다양성을 보고 열대림 바로 알기 • 우리가 왜 열대림을 보존하고 사막화 방지를 위해 노력해야 하는가를 알아보고 국제적 책임을 느낄 수 있도록 한다.	20′ 15′	강의식 수업 〈학습활동지 3〉
정리	▶ 핵심내용 정리 생물다양성이 풍부한 열대림의 특징을 제대로 이해하고 우리들은 저개발국가에 대해 생태적 빚을 지고 있다는 개념을 이해하여 세계시민으로서의 책임감을 느끼도록 한다.	5′	요약 강의식 수업

(4) 학습활동자료

활동지 1

학습활동지 1	우리 주변에서 사라져 가는 생물 조사하기
학습목표	주변 생물에 관심을 갖고 왜 이들이 사라지는지 알 수 있다.
( )학교 ( )학년 ( )반 ( )번 이름 ( )	

• 우리 고장에서 사라져 간 동식물 조사하기

부모님들의 어린 시절, 도시나 시골이나 할 것 없이 여름방학의 단골 숙제로 곤충채집이 빠지지 않았다. 그런데 언제부터인가 이 숙제는 슬그머니 여름방학 숙제에서 사라지고 대신 박물관 체험활동 보고서로 바뀌고 말았다. 부모님과 함께 30년 전의 과거로 시간여행을 떠나 보자.

부모님이 사셨던 곳	
30년 전에는 주변에서 흔히 볼 수 있었으나 지금은 볼 수 없는 동식물	
동물	식물

활동지 2

학습활동지 2	어느 집이 튼튼할까?
학습목표	생물다양성이 생태계 안정에 얼마나 중요한지를 모형 만들기를 통해 이해해 보자.
( )학교 ( )학년 ( )반 ( )번 이름 ( )	

• 이쑤시개를 활용하여 집을 만들어 보자. 먼저 집을 만들기 전 도면을 그려 보자.

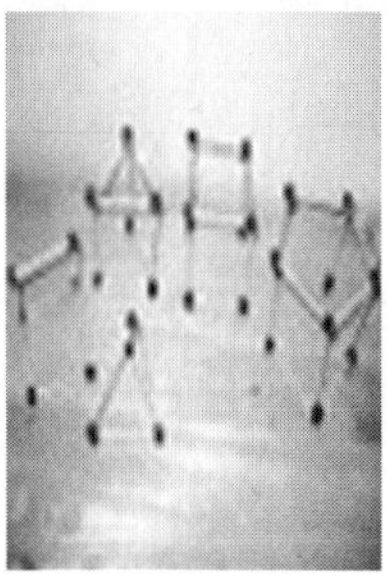

• 도면대로 주어진 이쑤시개와 스티로폼 조각을 사용하여 집을 만들어 보자.

준비물	이쑤시개 1통, 둥근 스티로폼 조각

시합방법
만든 것을 책상 위에서
떨어뜨려 본다.

• 모둠별로 다 만든 후 사진을 찍어 출력해 둘 것

제일 튼튼한 집	제일 약한 집
- 특징	- 특징
- 알 수 있는 사실	

＊ 생태계의 안정성에 영향을 줄 수 있는 것은 무엇이라 생각하는지 적어 보자.

활동지 3

학습활동지 3	바나나에 얽힌 추억
학습목표	바나나 값이 싸진 이유와 선진국의 생태적 빚에 대한 의미를 이해할 수 있다.
( )학교 ( )학년 ( )반 ( )번 이름 ( )	

• 과일값 조사하기

부모님과 함께 가게에서 과일값과 산지를 조사해 보자(단위 g당 가격)

과 일	산 지	가 격	과 일	산 지	가 격
딸기			포도		
토마토			자몽		
바나나			사과		
키위			배		
참외			귤		

1. 여러분들이 조사한 과일 중에서 가격이 가장 싼 것은 어느 과일일까?

2. 과거 부모님 세대에서는 어린 시절 바나나가 가장 비싼 과일로 쉽게 먹어 볼 수 없는 과일 중의 하나였다. 그런데 요즘은 어떻게 가장 값싼 과일이 되었을까?

3. 주로 바나나는 어디에서 수입된 것이고, 이러한 국가의 경제적 · 환경적 상황은 어떠한지 적어 보자.

저재발국	선진국

• 열대림의 특징

열대림 하면 떠오르는 이미지를 그림이나 글로 표현해 보자.

열대림

• 열대림에서 사막으로

다음은 사하라 사막의 과거와 미래의 모습이다.

과 거	현 재
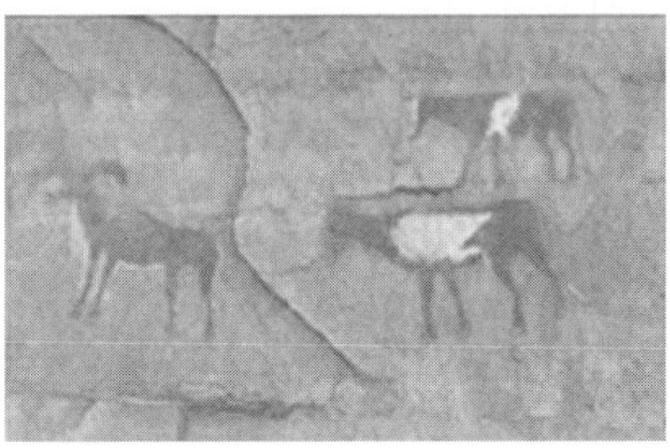	

출처: http://biogdaum.ent/zoozak/629602mil.profile=biog

* 타실리: 알제리와 리비아의 국경지대인 사하라 사막 중앙부에 있는 산악지대로 '강이 많은 대지' 를 뜻한다.

4. 앞의 사진을 보고 알 수 있는 사실은 무엇인가?

5. 열대림의 탐구

1) 특징

- 연중 고온다습하여 환경변화에 민감하다.
- 식물이 자랄 수 있는 토양의 표토층이 얇은 땅(bare ground)이어서 화전이나 개발로 인해 생물들이 사라지면 사막화되기 쉽다. 그래서 열대림을 젖은 사막(wet desert)이라고 한다.
- 생물다양성이 가장 풍부한 지역으로 지표의 7%를 차지하지만 지구상 종의 약 50%가 서식

2) 열대림 파괴현황

매년 18만 km^2 소실. 2040년에 극히 일부만 남을 것이다(브라질의 경우 원시림의 5% 미만이 남아 있다).

3) 열대림 파괴의 원인

연료목, 과다한 벌목, 남벌, 화전

6. 열대림이 사막으로 변하기 쉬운 이유를 적어 보자.

탐구과제

- 환경교육의 사례를 찾아 중 · 고등학생에게 어떻게 적용할지를 토론해 보자.
- 환경교육에 활용할 만한 읽을거리, 토론거리, 활동자료를 찾아보자.
- 국가 수준 교육과정에서 지속가능한 발전을 위한 환경교육과 관련한 부분을 찾아 교수-학습지도안을 작성해 보자.
- 일상생활에서 생태 발자국을 줄이기 위한 실천요령을 작성해 보자.

참 고 문 헌

교육부(2007). 초 · 중등학교 교육과정. 교육인적자원부 고시 제2007-79호.

노희정(2006). 지속가능한 발전을 위한 환경윤리교육. 환경철학 5집, 1-32.

유네스코 아시아 · 태평양 국제이해교육원(2004). 함께 배우고 나누는 세계의 교실 1. 서울: 한울아카데미.

유네스코 한국위원회 · 유엔지속가능발전교육 통영센터(2007). 지속가능발전교육을 위한 교사 지침서. 유네스코 한국위원회 · 유엔지속가능발전교육 통영센터.

조용개, 이은화, 심미자, 이재경, 손연아, 박선희(2009). 성공적인 수업을 위한 교수전략. 서울: 학지사.

최돈형, 손연아, 이미옥, 이성희(2007). 환경교육 교수-학습론. 서울: 교육과학사.

최석진, 박선미, 심현민, 이용순, 박종성(2001). 환경교육 교수-학습 및 평가방법 연구 · 개발. 서울: 한국교육과정평가원, 한국직업능력개발원.

Bill, B., & Bob, P. (2002). *Rethinking Globalization*. Rethinking Schools, Ltd.

UNESCO(2004). United Nations Decade of Education for Sustainable Development 2005-2014. Draft International Implementation Scheme.

찾아보기

인명

● 내 용 ●

저자소개

부산대학교 사범대학 국제이해교육연구팀

- 진시원 부산대학교 일반사회교육과 교수
- 박소영 대구대학교 교육대학원 교수
- 김부윤 부산대학교 수학교육과 교수
- 송승아 가야고등학교 교사
- 나흥하 남목초등학교 교사
- 박재국 부산대학교 특수교육과 교수
- 황순영 부산대학교 특수교육과 교수
- 김은주 신덕초등학교 교사
- 김기홍 부산대학교 경제학부 교수
- 왕경순 교리초등학교 교사
- 정성아 부곡여자중학교 교사
- 김아영 동아대학교 교육학과 강의전담교수
- 이은화 신라대학교 교육대학원 교수
- 김대현 부산대학교 교육학과 교수

국제이해교육의 이론과 실제

2012년 1월 5일 1판 1쇄 인쇄
2012년 1월 10일 1판 1쇄 발행

지은이 • 부산대학교 사범대학 국제이해교육연구팀
펴낸이 • 김진환
펴낸곳 • (주) 학지사
121-837 서울특별시 마포구 서교동 352-29 마인드월드빌딩 5층
대표전화 • 02)330-5114 팩스 • 02)324-2345
등록번호 • 제313-2006-000265호

홈페이지 • http://www.hakjisa.co.kr
커뮤니티 • http://cafe.naver.com/hakjisa

ISBN 978-89-6330-705-3 93370

정가 17,000원

저자와의 협약으로 인지는 생략합니다.
파본은 구입처에서 교환해 드립니다.